Peter Boekholt

Der Laie in der Kirche

Peter Boekholt

Der Laie in der Kirche

Seine Rechte und Pflichten im neuen Kirchenrecht

Verlag Butzon & Bercker Kevelaer

Mitglied der »verlagsgruppe engagement«

Die Texte der Canones sind zitiert nach:
Codex Iuris Canonici – Codex des kanonischen Rechtes.
Lateinisch-deutsche Ausgabe, herausgegeben im Auftrag der Deutschen und der Berliner Bischofskonferenz, der Österreichischen Bischofskonferenz, der Schweizer Bischofskonferenz sowie der Bischöfe von Bozen-Brixen, von Luxemburg, von Lüttich, von Metz und von Straßburg, 2., vermehrte und in der deutschen Übersetzung verbesserte Auflage 1984, Verlag Butzon & Bercker, Kevelaer.

CIP-Kurztitelaufnahme der Deutschen Bibliothek

Boekholt, Peter:
Der Laie in der Kirche : seine Rechte u. Pflichten im neuen Kirchenrecht / Peter Boekholt. –
Kevelaer : Butzon und Bercker, 1984.
ISBN 3-7666-9354-9

ISBN 3-7666-9354-9

Umschlaggestaltung: Meussen/Künert, Essen,
unter Verwendung eines Fotos von Hartmut Vogler.
Herstellung: Bercker Graphischer Betrieb GmbH Kevelaer.

Inhalt

Verzeichnis der Abkürzungen

Dokumente des II. Vatikanischen Konzils

AA	Das Dekret über das Laienapostolat „Apostolicam actuositatem", 18. 11. 1965, in AAS 58 (1966), S. 837–864.
AG	Das Dekret über die Missionstätigkeit der Kirche „Ad gentes", 7. 12. 1965, in AAS 58 (1966), S. 947–990.
CD	Das Dekret über die Hirtenaufgabe der Bischöfe in der Kirche „Christus Dominus", 28. 10. 1965, in AAS 58 (1966), S. 673–696.
DH	Die Erklärung über die Religionsfreiheit „Dignitatis humanae", 7. 12. 1965, in AAS 58 (1966), S. 929–941.
GE	Die Erklärung über die christliche Erziehung „Gravissimum educationis", 28. 10. 1965, in AAS 58 (1966), S. 728–739.
GS	Die pastorale Konstitution über die Kirche in der Welt von heute „Gaudium et spes", 7. 12. 1965, in AAS 58 (1966), S. 1025–1115.
IM	Das Dekret über die sozialen Kommunikationsmittel „Inter mirifica", 4. 12. 1963, in AAS 56 (1964), S. 145–153.
LG	Die dogmatische Konstitution über die Kirche „Lumen gentium", 21. 11. 1964, in AAS 57 (1965), S. 5–57.
OT	Das Dekret über die Ausbildung der Priester „Optatam totius", 28. 10. 1965, in AAS 58 (1966), S. 713–727.
PC	Das Dekret über die zeitgemäße Erneuerung des Ordenslebens „Perfectae caritatis", 28. 10. 1965, in AAS 58 (1966), S. 702–712.
PO	Das Dekret über Dienst und Leben der Priester „Presbyterorum ordinis", 7. 12. 1965, in AAS 58 (1966), S. 991–1024.
SC	Die Konstitution über die heilige Liturgie „Sacrosanctum Concilium", 4. 12. 1963, in AAS 56 (1964), S. 97–134.
UR	Das Dekret über den Ökumenismus „Unitatis redintegratio", 21. 11. 1964, in AAS 57 (1965), S. 90–107.

Sonstige Abkürzungen

AAS	Acta Apostolicae Sedis (= Amtliche Verlautbarungen des Heiligen Stuhles)
ABl	Amtsblatt
AEM	Allgemeine Einführung in das Römische Meßbuch
AfkKR	Archiv für katholisches Kirchenrecht
Art.	Artikel
Can.	Canon
Cann.	Canones
CIC	Codex Iuris Canonici (= Codex des kanonischen Rechtes)
ebd.	ebenda
EM	Ritenkongregation, Instruktion über die Eucharistie „Eucharisticum Mysterium", 25. 5. 1967, in AAS 59 (1967), S. 539–573.
EnN	Apostolische Pönitentiarie, Enchiridion indulgentiarum, 29. 6. 1968, in AAS 60 (1968), S. 143 f.; deutscher Text in: Österreichisches Archiv für Kirchenrecht 20 (1969), S. 151 f.
HK	Herder Korrespondenz
LThK	Lexikon für Theologie und Kirche
MQ	Paul VI., Motuproprio „Ministeria quaedam", 15. 8. 1972, in AAS 64 (1972), S. 529–534.
MthStkna	Münchener theologische Studien, kanonistische Abteilung
PG	Patrologia Graeca
S.	Seite(n)
Synode	Gemeinsame Synode der Bistümer in der Bundesrepublik Deutschland
TThZ	Trierer Theologische Zeitschrift

Vorwort

Wenn wir die heutige Situation in der katholischen Kirche betrachten, so müssen wir objektiv feststellen, daß das Gemeinschaftsbewußtsein und das Bewußtsein einer gemeinsamen Verantwortung für den Sendungsauftrag der Kirche sehr darniederliegt, ein Auftrag, den alle in der Kirche von Jesus selbst erhalten haben: „Wie mich der Vater gesandt hat, so sende ich euch" (Joh 20, 21). Diese Sendung verpflichtet jeden Christgläubigen, also jeden Kleriker und jeden Laien, zu treuem Gehorsam, und sie beinhaltet, die Botschaft Christi allen Völkern zu verkünden (vgl. Mt 28, 19) und alle Menschen zu heiligen.

Als einzelner ist hier der Mensch überfordert, und einzeln ist jede auch noch so gut gemeinte Seelsorge zum Scheitern verurteilt; erst die Gemeinschaft vieler Einzelpersonen macht Kirche aus, ein im Heiligen Geist geeintes und versammeltes Volk. „Gott hat es aber gefallen, die Menschen nicht einzeln, unabhängig von aller wechselseitigen Verbindung zu heiligen und zu retten, sondern sie zu einem Volk zu machen, daß ihn in Wahrheit anerkennt und ihm in Heiligkeit dienen soll" (LG, Art. 9).

Die gemeinsame Verantwortung an der ganzen Sendung der Kirche wird mit dem paulinischen Bild vom Leib Christi (vgl. 1 Kor 10, 17) anschaulich gemacht. Von Christus, dem Haupt, geht der Sendungsauftrag aus, den die einzelnen Glieder in lebendiger Verbindung mit dem Haupt und untereinander erfüllen sollen. *Alle* Menschen sind also zur Kirche berufen. „Zum neuen Gottesvolk werden alle Menschen gerufen" (LG, Art. 13).

Die Christgläubigen, die aufgrund ihrer empfangenen Taufe das Volk Gottes bilden, nehmen am priesterlichen, prophetischen und königlichen Amt Christi teil, und zwar jeder gemäß seiner eigenen juridischen Stellung (vgl. Can. 204, § 1). Unter diesen Christgläubigen besteht, „und zwar aufgrund ihrer Wiedergeburt in Christus, eine wahre Gleichheit in ihrer Würde und Tätigkeit, kraft der alle je nach ihrer eigenen Stellung und Aufgabe am Aufbau des Leibes Christi mitwirken" (Can. 208).

Diese wichtige Aussage im neuen Kirchenrecht möchte endlich aufräumen mit der unheilvollen Ansicht, daß es in der Kirche gleichsam zwei sich gegenseitig ausschließende Gruppen gibt: Kleriker, die die Kirche („Amtskirche") ausmachen, und Laien, die in dieser „Klerikerkirche" das zu leitende einfache „Volk" darstellen. Anlaß zu diesem Mißverständnis war wohl die Tatsache, daß es in der Kirche Jesu Christi Kleriker und Laien gibt mit einer je verschiedenen Rechtsstellung, was aber nicht bedeutet, daß man deshalb gleichsam von „zwei Arten von Christen" mit unterschiedlicher Würde sprechen kann. Das neue kirchliche Gesetzbuch betont, wie bereits auch schon das II. Vat. Konzil, daß Kleriker und Laien *zusammen* das Volk Gottes bilden. Dabei soll besonders betont werden, daß der Begriff „Laie" nicht mit „Nicht-Fachmann" oder „Nicht-Kleriker" gleichzusetzen ist, was zweifelsohne einen negativen Beigeschmack vermittelt. Hier ist auch heute noch ein tieferes und beherztes Umdenken erforderlich.

Das II. Vat. Konzil hat in der dogmatischen Konstitution über die Kirche dieses Umdenken bereits initiiert, indem es sich ausdrücklich zur Würde des Laien als *aktives* Glied in der Kirche bekennt. Daß dieser Neuansatz des Konzils sich in den beiden darauffolgenden Jahrzehnten fruchtbar weiterentwickelt hat und heute aktueller ist denn je, zeigt der Entschluß des päpstlichen Bischofsrates, Auftrag und Rolle des Laien in der Kirche und in der Welt zum Thema der Weltbischofssynode im Herbst 1986 zu machen.

Wenn wir nun trotz der oben erwähnten fundamentalen Gleichheit aller Christgläubigen bezüglich ihrer Würde und Tätigkeit in der Kirche zwischen Klerikern und Laien unterscheiden, ist dies nicht Willkür oder Inkonsequenz der Kirche, sondern diese Unterscheidung beruht auf göttlicher Einsetzung: „Kraft göttlicher Weisung gibt es in der Kirche unter den Gläubigen geistliche Amtsträger, die im Recht auch Kleriker genannt werden; die übrigen dagegen heißen auch Laien" erklärt das Gesetzbuch in Canon 207, § 1.

Gott hat diese Unterschiedenheit für seinen Heilsplan mit der Kirche gewollt; sie besteht aber nicht in einem „quantitativen Mehr oder Weniger der Teilhabe an der Aufgabe Christi und damit an der Heilssendung der Kirche, sondern in einer qualitativen Andersartigkeit dieser Teilhabe" (M. Kaiser). So sind die Kleriker durch die empfangene Weihe besonders verpflichtet, in der Kirche den Dienst zu erfüllen, den nicht alle Christgläubigen leisten können (z. B. die Feier der heiligen Eucharistie).

Der allen gemeinsame Sendungsauftrag der Kirche ist eingebettet in eine sichtbare äußere Ordnung, hat also eine juridische Struktur (Stickler). Überall, wo Menschen zusammenleben, ist es notwendig, daß dieses Zusammenleben mit Hilfe von rechtlichen Normen erleichtert und verbessert wird (ubi societas, ibi ius). Das gilt auch für das Gemeinschaftsleben und das gemeinsame Arbeiten in der Kirche.

In diesem Zusammenhang ist es außerordentlich beachtenswert, daß das neue Kirchenrecht die Grundpflichten und Grundrechte aller Christgläubigen und dann auch speziell der Laien besonders hervorhebt; diese Gesetze wollen den mündigen Christen nicht einschränken oder bevormunden, sondern sie sind auf die Förderung des Gemeinwohls ausgerichtet und deshalb mehr als ein wohlgemeinter Rat; sie sind für einen jeden verpflichtende Norm und beruhen auf göttlicher Grundlage. Sie geben der kirchlichen Gemeinschaft Festigkeit und Sicherheit gegen möglichen kurzsichtigen Opportunismus all derer, die „selber bestimmen wollen" und eine notwendige Autorität, wie sie jede Gemeinschaft braucht, nicht anerkennen. Eine Gemeinschaft, die das notwendig ordnende Prinzip des Rechtes anerkennt, kann schöpferische Initiativen entwickeln. Dazu sind besonders in unserer Zeit die Laien erneut aufgerufen.

Überall dort, wo zwischen Freiheit und Bindung der gerechte Ausgleich getroffen und bejaht wird, dort also, wo weder religiöser Individualismus noch die juridischen Elemente in der Kirche den Ton angeben, kann der von Christus übernommene Sendungsauftrag erfüllt werden. Dies kann jedoch nur in gemeinsamer Verantwortung gelingen; zu lange hat man diese Verantwortung allein den Klerikern überlassen bzw. sie haben diese Verantwortung als an sie allein ergangen betrachtet. Das oben erwähnte Bild vom Leib Christi verdeutlicht jedoch die gemeinsame Verantwortung.

An diese gemeinsame Verantwortung für den Sendungsauftrag der Kirche appelliert das neue Kirchenrecht.

Wir wollen in unserer Untersuchung besonders die zahlreichen Canones vorstellen und mit pastoralen Inhalten füllen, in denen der Gesetzgeber den Laien konkrete Möglichkeiten aufzeigt, sein *eigenes Leben* und das *Leben der Kirche* christlich zu gestalten, sei es im Bereich der Sakramente, der Liturgie, der Verkündigung und der Erziehung, um nur einige Schwerpunkte zu nennen; kein Bereich im Gemeinschaftsleben der Kirche ist der Mitverantwortung der Laien entzogen. So verstehen sich die kirchlichen Normen zwar als Grenzsteine, auf die nicht verzichtet werden kann und die den oben erwähnten nötigen Ausgleich zwischen Bindung und Freiheit regeln, die aber die notwendige Bewegungsfreiheit bei der Anwendung dieser Normen auf das konkrete Leben garantieren.

Dieses Buch will dazu beitragen, einen neuen Aufbruch der Laien in der Kirche hervorzurufen, bei dem jeder unheilvolle Individualismus nur dann vermieden werden kann, wenn für alle das Kirchenrecht „Richtschnur" bedeutet und nicht „Hemmschuh". So untersuchen wir zunächst

die Grundpflichten und Grundrechte aller Christgläubigen und damit verbunden auch die speziellen Grundpflichten und Grundrechte der Laien, und wie sie auf der Basis dieser Pflichten und Rechte ihr christliches Leben in Kirche und Welt verwirklichen können. Darüber hinaus wollen wir die wesentlichen Normen vorstellen und kommentieren, die einer geordneten Mitarbeit der Laien in der Kirche die Tore öffnen. Durch die Kenntnis der für sie maßgeblichen Normen, durch unseren Versuch, diese Normen mit konkreten pastoralen Inhalten zu füllen – ohne ihre rechtliche Bedeutung zu verwischen –, könnte es gelingen, daß die Laien auf dem Fundament der Normen mit neuer Be-Geist-erung der Kirche zu einem „neuen Frühling" verhelfen.
Wer das Kirchenrecht beim Wort nimmt, wird spüren, daß es sich als ein wirklich geistliches Recht erweist, das im Dienst des kirchlichen Sendungsauftrages steht, die Menschen zum Heil zu führen.
Dies möge auf der Basis des neuen Kirchenrechts allen Klerikern und LAIEN in der Kirche immer mehr gelingen!

An dieser Stelle möchte ich dem Verlag Butzon & Bercker danken für die Drucklegung dieses Buches. Besonderer Dank gebührt Herrn Verlagsleiter Josef Heckens, der mich nicht nur zu diesem Buch angeregt hat, sondern dessen Entstehung auch mit Rat und Tat begleitet hat.

Zur geschichtlichen Entwicklung des Laienapostolats

Die Bedeutung des Laienapostolats

Die Berufung der Laien zur aktiven Teilnahme am Apostolat in der Kirche, die dem „unverkennbaren Wirken des Heiligen Geistes“[1] zugeschrieben wird, ist im Laufe der Kirchengeschichte nicht immer so deutlich und detailliert gesehen worden wie gerade in unserer heutigen Zeit. Durch das II. Vat. Konzil und durch das neue kirchliche Gesetzbuch Codex Iuris Canonici von 1983 ist dem Laien als Mitglied des Volkes Gottes seine ursprüngliche biblische Einheit und Gleichheit mit *allen*, die zum Volk Gottes gehören, neu bestätigt worden (auch wenn das Wort „Laie“ als solches gar nicht in der Heiligen Schrift vorkommt). Mit dieser Bestätigung erwächst dem Laien eine grundsätzliche Verantwortung für seinen Dienst an der Sendung der Kirche in und an der Welt, zu dem er durch Taufe und Firmung beauftragt ist.

Was bedeutet im katholischen Sprachgebrauch überhaupt der Begriff „Laie“? Das II. Vat. Konzil gibt darauf eine eindeutige Antwort:

„Unter der Bezeichnung Laien sind hier alle Christgläubigen verstanden, mit Ausnahme der Glieder des Weihestandes und des in der Kirche anerkannten Ordensstandes, das heißt die Christgläubigen, die, durch die Taufe Christus einverleibt, zum Volk Gottes gemacht und des priesterlichen, prophetischen und königlichen Amtes Christi auf ihre Weise teilhaftig, zu ihrem Teil die Sendung des ganzen christlichen Volkes in der Kirche und in der Welt ausüben“[2].

Die vom II. Vat. Konzil erklärte *Einheit* und *Gleichheit* der Mitglieder des Volkes Gottes wird auch vom neuen Gesetzbuch CIC übernommen: „Unter allen Gläubigen besteht, und zwar auf Grund ihrer Wiedergeburt in Christus, eine wahre Gleichheit in ihrer Würde und Tätigkeit, kraft der alle je nach ihrer eigenen Stellung und Aufgabe am Aufbau des Leibes Christi mitwirken“[3].

Wie weit man noch zu Beginn dieses Jahrhunderts von diesem Bewußtsein entfernt war, möge folgende Aussage verdeutlichen: „Die katholische Kirche ist die Kirche des Klerus. Papst, Bischöfe und Priester machen die Kirche aus. Nach ihrem Recht erscheinen die Laien mehr nur als Schutzgenossen und allein die Kleriker als Volksgenossen. Die Laien bilden lediglich das zu leitende und zu belehrende Volk“[4].

Das Bewußtsein für die Teilnahme der Laien am Sendungsauftrag der Kirche war also im Laufe der Kirchengeschichte unterschiedlich stark ausgeprägt. Wir wollen das im Folgenden etwas verdeutlichen.

Das Laienapostolat in der Heiligen Schrift und in der Urkirche

Der Begriff „Laie" leitet sich von dem griechischen Wort „laikos" ab; dieses Wort wiederum kommt von „laos". Im allgemeinen Sprachgebrauch des Neuen Testaments bedeutet dies „Gottesvolk", das aus der gleichen Glaubenshaltung aller sein Leben gestaltet durch Wort und Tat. Gemeinsam mit den Amtsträgern wirkt dieses Gottesvolk „in der Welt", Gottes Großtaten verkündend. Es versteht sich von daher auch als „ein auserwähltes Geschlecht, eine königliche Priesterschaft, ein heiliger Stamm, ein zu eigen erworbenes Volk..."[5].
Die Gemeinschaft derer, die von Gott durch „das Wirken des Geistes" Erwählung, Berufung und Heiligung erfahren haben, arbeiten also „in der Welt" mit an der Ausbreitung des Evangeliums. In der Apostelgeschichte und in den Paulusbriefen wird uns diese Tätigkeit besonders deutlich geschildert.
Die Apostelgeschichte berichtet von der aktiven Missionstätigkeit jener Christen, die durch Saulus verfolgt werden: „Die Gläubigen, die zerstreut worden waren, zogen umher und verkündeten das Wort"[6]. Paulus beschreibt die wertvolle Mitarbeit der Gläubigen bei der Ausbreitung der Frohen Botschaft; indem er sie zur persönlichen Mitarbeit einlädt, macht er deutlich, daß er als berufener und bevollmächtigter „Amtsträger" auf seine Gemeinde im Glauben angewiesen ist: „Denn ich sehne mich danach, euch zu sehen; ich möchte euch geistliche Gaben vermitteln, damit ihr dadurch gestärkt werdet, oder besser: damit wir, wenn ich bei euch bin, miteinander Zuspruch empfangen durch euren und meinen Glauben"[7]. Für Paulus ist das „Bruder-Sein" unter Brüdern ein wesentliches Element seiner Verkündigung; der Bruder soll ihn, Paulus, persönlich mittragen und gleichzeitig auch die anderen Brüder bestärken.

Wir sehen bereits aus diesen wenigen Beispielen, daß die Urkirche eine ausgeglichene Harmonie zwischen Klerikern und Gemeinde aufweist. In ihrer Beziehung zueinander sind weder größere Spannungen noch Gegensätze erkennbar. Das „Aufeinander-Verwiesensein im Glauben ist wesentlich für das Verhältnis von Amt und Gemeinde"[8]. Alle sind Glieder *eines* Leibes: „Denn wie wir an dem einen Leib viele Glieder haben, aber nicht alle Glieder denselben Dienst leisten, so sind wir, die vielen, ein Leib in Christus, als einzelne aber sind wir Glieder, die zueinander gehören"[9].

Einige Gesichtspunkte zur Stellung der Laien im Laufe der Kirchengeschichte bis zu Beginn des 20. Jahrhunderts

Solange die Kirche in der nachapostolischen Zeit mit allen ihren Mitgliedern „gegen die Welt", d. h. gegen alle nichtchristlichen Strömungen, eintrat, änderte sich die Situation der großen Gemeinsamkeit von Priesterschaft und Laien nicht. Erst als sich im 4. Jahrhundert die Spannungen zwischen „Kirche" und „Welt" verringerten, und sich diese mehr und mehr in das Innere der Kirche verlagerten, wuchsen damit auch die Konflikte zwischen den Geistlichen und den Laien, was zu einem konkreten Bewußtseinswandel und zu einer Einschränkung der Rechte und Pflichten der Laien führte. Durch große wissenschaftliche und kulturelle Fortschritte *in* der Kirche und *durch* die kirchliche Hierarchie wurden die Laien zu „Nicht-Fachmännern" degradiert und so immer mehr in eine passive Rolle gewissermaßen an den Rand kirchlicher Existenz gedrängt, was dazu führte, daß das gläubige Volk zu einer schweigenden Masse wurde, ohne jegliche Kompetenz der Mitberatung und Mitbestimmung in der „Klerikerkirche". Diese Kirche fällte also ihre Entscheidungen *ohne* die Konsultierung der Laien. Sie hatten theoretisch und praktisch in der Kirche Bedeutung und Einfluß verloren. Ihre Grundrechte und Grundpflichten waren erloschen.
Im 14. und 16. Jahrhundert (Reformation) war verschiedenen Versuchen der Laien, sich gegen diese Strömungen durchzusetzen, zunächst infolge der harten, autoritären Reaktion der Kirche nur wechselhafter Erfolg beschieden, bis schließlich doch die „weltliche Welt" wieder Übermacht gewann über die „geistliche Welt" (Humanismus, Aufklärung, Französische Revolution). Der Laie wurde erneut Mitarbeiter des Klerus und konnte so allmählich wieder neue Rechte und Pflichten in der Kirche erhalten und mehr und mehr seine Mitverantwortung im kirchlichen Leben erfahren.

Die weitere positive Entwicklung der Laien-Mitverantwortung im 20. Jahrhundert

Die „Stunde der Laien" rückte im Laufe des beginnenden 20. Jahrhunderts immer näher. Das kirchliche Lehramt mit den Päpsten Pius X., Benedikt XV., Pius XI. und Pius XII. verkündete, daß die Kirche ihre verantwortungsvolle Aufgabe in der Welt nur dann erfüllen könne, wenn die Laien tatkräftig am Verkündigungsauftrag mitarbeiteten. Immer mehr wurde deutlich, daß „der Laie nicht einfach als Nicht-Priester, sondern positiv von seiner Eingliederung in das Volk Gottes her gesehen werden muß"[10].

Nach dem 2. Weltkrieg wurde die Idee und die Realisierung der Laienmitverantwortung in der Kirche weiter vorangetrieben. In Rom wurden 1951 und 1957 zwei Weltkongresse für das Laienapostolat durchgeführt. Ermutigend und richtungsweisend ist in diesem Zusammenhang, was Paul VI. bezüglich der Laienarbeit aussagt: „Der Laie ist erwacht zu einer ihm eigenen kirchlichen Berufung und er möge sich nicht damit zufrieden geben, nur passiv und uninteressiert mitzuarbeiten, sondern er möge mit Enthusiasmus am Aufbau der Kirche mitarbeiten. Wir wollen versichern, dies ist ohne Zweifel die Stunde der Laien"[11].

Den konkreten Höhepunkt dieser gesamten Entwicklung bildet zweifelsohne das II. Vat. Konzil mit seinen zahlreichen Aussagen über die aktive Teilnahme der Laien am kirchlichen Leben; die Kirche wird wieder verstanden als Volk Gottes, als aktive Gemeinde und als „Leib des Herrn".

Im Folgenden wollen wir einige wesentliche Inhalte der bedeutendsten Dokumente des II. Vat. Konzils untersuchen, die als Basis der neuen kirchlichen Gesetzgebung über die Rechte und Pflichten der Laien in der Kirche anzusehen sind. Wenn wir die einschlägigen Konzilsdokumente untersucht haben, ist der Weg bereitet für unsere Untersuchung des neuen CIC, die den schon so lange gewünschten Ort der Laien im Kirchenrecht aufzeigen will.

Allgemeine grundsätzliche Aussagen des II. Vat. Konzils über die Mitarbeit der Laien in der Kirche

Es kann im Rahmen der hier gestellten Aufgabe nicht darum gehen, die *Inhalte* der einzelnen Dokumente des II. Vat. Konzils aufzuzeigen, sondern es geht in unserem Zusammenhang darum, die wesentlichen einschlägigen Dokumente des Konzils in ihren Grundaussagen vorzustellen, um dann den neuen CIC von 1983, dem die entsprechenden Dokumente des II. Vat. Konzils als Grundlage dienen, detailliert nach den Rechten und den sich daraus ergebenden Pflichten der Laien in der Kirche zu befragen.

In fast allen Dokumenten des II. Vat. Konzils finden wir Aussagen über die Mitarbeit der Laien in der Kirche, was um so erstaunlicher ist, wenn man bedenkt, daß das II. Vatikanum in der zweitausendjährigen Geschichte der Kirche das erste Konzil ist, das sich ausdrücklich mit den Laien beschäftigt.

Es ist in der Tat nicht wenig, was in den verschiedenen Dokumenten über den Laien ausgesagt wird. In der *Konstitution über die heilige Liturgie „Sacrosanctum Concilium"* wird besonders die „participatio actuosa", die aktive und bewußte Teilnahme der Laien beim Gottesdienst hervorgehoben, zu der ja das christliche Volk „kraft der Taufe Recht und Amt besitzt". So wird der pastorale Dienst in der Kirche nicht ausschließlich Recht und Pflicht der einen, sondern ein Miteinander der verschiedenen Seiten. Die unterschiedlichen Dienste, die aufeinander hingeordnet sind und im gemeinsamen Ziel zusammenlaufen, machen besonders deutlich die Einheit der Kirche in ihrer Vielfalt sichtbar. So darf man der Liturgiekonstitution zustimmen, daß erst in der vollen und tätigen Teilnahme des ganzen Gottesvolkes die Kirche in ihrem Gottesdienst die vollkommenste Manifestation erlangt, am besten und damit am glaubwürdigsten dargestellt wird[12], wobei „jeder, sei er Liturge oder Gläubiger, in der Ausführung seiner Aufgabe nur das und all das tun (darf), was ihm aus der Natur der Sache und gemäß den liturgischen Regeln zukommt"[13]. Im Einsetzen der eigenen Fähigkeiten und Möglichkeiten behält der Laie jedoch immer konsequente Distanz vor dem Einsatz des anderen.

Das *Dekret über die sozialen Kommunikationsmittel „Inter mirifica"* spricht von der Notwendigkeit der Heranbildung von Geistlichen, Ordensleuten und Laien für die kirchliche Arbeit in den Medien.

Besonders zu erwähnen ist die *dogmatische Konstitution über die Kirche „Lumen gentium"* mit dem 2. Kapitel über das Volk Gottes und mit seinem 4. Kapitel, das ausschließlich über den Laien handelt. In diesem Dokument wird die Teilhabe der Laien an der Sendung der Kirche herausgestellt: „Sache der Laien ist es, kraft der ihnen eigenen Berufung in der Verwaltung und gottgemäßen Regelung der zeitlichen Dinge das Reich Gottes zu suchen. Sie leben in der Welt, das heißt in all den einzelnen irdischen Aufgaben und Werken und den normalen Verhältnissen des Familien- und Gesellschaftslebens, aus denen ihre Existenz gleichsam zusammengewoben ist. Dort sind sie von Gott gerufen, ihre eigentümliche Aufgabe, vom Geist des Evangeliums geleitet, auszuüben und so wie ein Sauerteig zur Heiligung der Welt gewissermaßen von innen her beizutragen und vor allem durch das Zeugnis ihres Lebens, im Glanz von Glaube,

Hoffnung und Liebe Christus den anderen kund zu machen. Ihre Aufgabe ist es also in besonderer Weise, alle zeitlichen Dinge, mit denen sie eng verbunden sind, so zu durchleuchten und zu ordnen, daß sie immer Christus entsprechend geschehen und sich entwickeln und zum Lob des Schöpfers und Erlösers gereichen"[14].

Das *Dekret über den Ökumenismus „Unitatis redintegratio"* spricht ebenfalls vom Anteil der Laien an der Sendung der Kirche im wichtigen Bereich der praktischen Verwirklichung des Ökumenismus, die „Sache der ganzen Kirche, sowohl der Gläubigen wie auch der Hirten"[15] ist.

Ferner ist das *Dekret über die Hirtenaufgabe der Bischöfe in der Kirche „Christus Dominus"* zu erwähnen, in dem den Bischöfen eingeschärft wird, das Gespräch mit den Laien immer wieder aufzunehmen und zu pflegen.

Ebenso zeichnet sich die *Erklärung über die christliche Erziehung „Gravissimum educationis"* durch eine besonders hohe Wertschätzung der Laienarbeit (Eltern, Lehrer, Gesellschaft) aus.

Zu erwähnen ist in diesem Zusammenhang natürlich das *Dekret über das Laienapostolat „Apostolicam actuositatem"*, das erst in der 8. öffentlichen Sitzung verabschiedet wurde. Das Dokument sieht in der neuen Laienbewegung der Kirche ein deutliches und „unverkennbares Wirken des Heiligen Geistes", wie wir bereits sahen, und das Konzil ruft schließlich alle Laien auf, „dem Ruf Christi, der sie in dieser Stunde noch eindringlicher einlädt, und dem Antrieb des Heiligen Geistes gern, großmütig und entschlossen zu antworten. In besonderer Weise möge die jüngere Generation diesen Anruf als an sich gerichtet betrachten und ihn mit Freude und Hochherzigkeit aufnehmen; denn der Herr selbst lädt durch diese Heilige Synode alle Laien noch einmal ein, sich von Tag zu Tag inniger mit ihm zu verbinden und sich in seiner heilbringenden Sendung zusammenzuschließen..."[16].

Dienende Hinweise und Ausführungen zu unserer Frage sind auch in der *pastoralen Konstitution über die Kirche in der Welt von heute „Gaudium et spes"* zu finden, besonders in Artikel 43 über die Hilfe der Christen beim Aufbau einer gerechten Weltordnung.

Im *Dekret über Dienst und Leben der Priester „Presbyterorum ordinis"* wird den Geistlichen besonders ans Herz gelegt, die Zusammenarbeit mit den Laien zu suchen und sich in ihrer Mitte so zu verhalten, wie es Christus der Meister getan hätte.

Abschließend sei noch auf das *Dekret über die Missionstätigkeit der Kirche „Ad gentes"* hingewiesen, das bemerkenswerte Aussagen macht über das christliche Zeugnis der Laien in den Missionsländern beim Aufbau der Gemeinde.

Die Botschaft des II. Vat. Konzils an die Laien, die, wie wir sahen, in zahlreichen Dokumenten manifestiert ist, findet den Höhepunkt ihrer vielen Aussagen wohl in folgender Feststellung: „Das Apostolat der Laien ist Teilnahme an der Heilssendung der Kirche selbst. Zu diesem Apostolat werden alle vom Herrn selbst durch Taufe und Firmung bestellt. Durch die Sakramente, vor allem durch die heilige Eucharistie, wird jene Liebe zu Gott und den Menschen mitgeteilt und genährt, die die Seele des ganzen Apostolates ist. Die Laien sind besonders dazu berufen, die Kirche an jenen Stellen und in den Verhältnissen anwesend und wirksam zu machen, wo die Kirche nur durch sie das Salz der Erde werden kann"[17]. Darin liegt das wahre Wesen und die Bedeutung des Apostolates der Kirche.

Wir sehen aus diesen wenigen Ausführungen, wie weit sich das Arbeitsfeld des Laien ausdehnt, und noch mehr, welche Kompetenzbereiche die kirchliche Autorität den Laien zumißt, die bei dieser Zumessung lediglich den Willen Jesu Christi erfüllt.

Wir können nicht anders, als diese „neue Bewegung" in der Kirche dem Geist Gottes und seinem Wirken in der Welt zuzuschreiben. Wenn wir nun im Folgenden die *Rechte* und *Pflichten* der Laien im Kirchenrecht untersuchen, können wir davon ausgehen, daß sich der neue Codex auf die Forschungen und Ergebnisse der Tradition und besonders des II. Vat. Konzils stützt.

„Das Instrument, das der Codex ist, entspricht deutlich dem Wesen der Kirche, wie es vor allem durch das Lehramt des II. Vatikanischen Konzils ganz allgemein und besonders in seiner ekklesiologischen Lehre dargestellt wird. Ja, dieser neue Codex kann gewissermaßen als ein großes Bemühen aufgefaßt werden, eben diese Lehre, nämlich die konziliare Ekklesiologie, in die kanonistische Sprache zu übersetzen. Auch wenn es unmöglich ist, das in der Lehre des Konzils beschriebene Bild der Kirche erschöpfend in die kanonische Sprache zu übertragen, so muß doch der Codex sich immer auf dieses Bild wie auf ein vorrangiges Beispiel beziehen, dessen Züge er soweit wie möglich gemäß seiner Natur ausdrücken muß. Daraus entspringen einige grundlegende Richtlinien, von denen der neue Codex insgesamt bestimmt wird, innerhalb des ihm eigenen Inhalts und auch seiner Sprache, die mit diesem Inhalt zusammenhängt. Ja, man darf sagen, daß daraus auch jenes Merkmal herrührt, aufgrund dessen der Codex als Vervollständigung der vom II. Vatikanischen Konzil vorgestellten

Lehre angesehen wird, insbesondere was zwei Konstitutionen betrifft, nämlich die dogmatische Konstitution über die Kirche und die Pastoralkonstitution. Daraus folgt, daß jenes grundlegende Neue, das, ohne jemals von der gesetzgeberischen Tradition der Kirche abzuweichen, im II. Vatikanischen Konzil anzutreffen ist, besonders was seine ekklesiologische Lehre betrifft, auch das Neue im neuen Codex ausmacht"[18].

ANMERKUNGEN

1 AA, Art. 1.
2 LG, Art. 31.
3 Can. 208.
4 U. Stutz, Der Geist des Codex Iuris Canonici, Stuttgart 1918, S. 83 f.
5 1 Petr 2,9.
6 Apg 8,4.
7 Röm 1,11–12.
8 R. Lettmann, Vom Glauben, S. 94.
9 Röm 12,4–5.
10 M. Abler, Gottesdienst erleben – leben aus dem Gottesdienst. Der Ort der Laien in der Liturgie, Regensburg 1980.
11 Paul VI., Apostolisches Schreiben an den argentinischen Episkopat, 12. 4. 1964, in AAS 56 (1964), S. 455–457.
12 Vgl. SC, Art. 41.
13 SC, Art. 28.
14 LG, Art. 31.
15 UR, Art. 5.
16 AA, Art. 33.
17 LG, Art. 33.
18 Johannes Paul II., Apostolische Konstitution „Sacrae disciplinae leges", 25. 1. 1983, in CIC, Rom 1983, IX–XXVII, hier XIX.

Die Grundpflichten und Grundrechte der Laien in der Kirche

Zwei einführende Canones

Unterscheidung zwischen Klerikern und Laien

Can. 207 – § 1. Kraft göttlicher Weisung gibt es in der Kirche unter den Gläubigen geistliche Amtsträger, die im Recht auch Kleriker genannt werden; die übrigen dagegen heißen auch Laien.

Wenn wir also trotz gemeinsamen Priestertums und der fundamentalen Gleichheit aller Kirchenglieder zwischen Klerikern und Laien unterscheiden, ist diese Unterschiedenheit nicht Willkür der Kirche, sondern beruht auf göttlicher Einsetzung; das bedeutet, daß Gott diese Unterschiedenheit für seinen Heilsplan mit der Kirche und für die Kirche gewollt hat.
Aufgrund seiner Weihe ist der Kleriker zu einem besonderen Dienst berufen, der eben nur für ihn vorgesehen ist, und den der Laie, der keine Weihe erhalten hat, nicht erfüllen kann bzw. dann auch nicht zu erfüllen braucht. Dazu führt das II. Vat. Konzil aus: „Das Weihesakrament zeichnet die Priester durch die Salbung des Heiligen Geistes mit einem besonderen Prägemal und macht sie auf diese Weise dem Priester Christus gleichförmig, so daß sie in der Person des Hauptes Christi handeln können"[1]. Die Unterschiedenheit zwischen Klerikern und Laien besteht also darin, daß die Geistlichen aufgrund ihrer empfangenen Weihe in „persona Christi" handeln, und die Laien aufgrund der empfangenen Taufe und Firmung als Glieder des Leibes Christi handeln.

Aus der fundamentalen Gleichheit aller Christgläubigen erwachsen Pflichten und Rechte, weil eben *alle* teilhaben am dreifachen Amt Christi: dem Heiligungsamt, dem Lehramt und dem Hirtenamt. Durch den Empfang der Taufe wird diese Teilhabe begründet.

Grundsätzliche Gleichheit aller Gläubigen

Can. 208 – Unter allen Gläubigen besteht, und zwar aufgrund ihrer Wiedergeburt in Christus, eine wahre Gleichheit in ihrer Würde und Tätigkeit, kraft der alle je nach ihrer eigenen Stellung und Aufgabe am Aufbau des Leibes Christi mitwirken.

Zwischen sämtlichen Christgläubigen (Klerikern und Laien) besteht eine fundamentale Gleichheit in der Würde und in den gemeinsamen Aktivitäten; diese Gleichheit liegt in der empfangenen Taufe, der Wiedergeburt in Christus, begründet: „Ein Leib und ein Geist, wie euch durch eure Berufung auch eine gemeinsame Hoffnung gegeben ist; ein Herr, ein Glaube, eine Taufe, ein Gott und Vater aller, der über allem und durch alles und in allem ist"[2].
Die „wahre Gleichheit" und Verbundenheit aller Glaubenden wird am besten verdeutlicht durch das Bild, das der heilige Paulus in seinem Brief an die Römer verwendet: „Denn wie wir an dem einen Leib viele Glieder haben, aber nicht alle Glieder denselben Dienst leisten, so sind wir, die vielen, ein Leib in Christus, als einzelne aber sind wir Glieder, die zueinander gehören"[3]. Das auserwählte Volk Gottes, die Christgläubigen, sind „ein Leib" in Christus, d. h., durch die brüderliche Verbundenheit mit Christus herrscht auch eine brüderliche Verbundenheit untereinander.
Jedoch müssen sich geweihte Hirten und Laien in der Kirche im Rahmen ihrer *gemeinsamen Sendung* und ihrer Mitwirkung zur Auferbauung des Leibes Christi ihrer eigenen juridischen Stellung bewußt bleiben (Priestertum des Dienstes, d. h. hierarchisches Priestertum einerseits und gemeinsames Priestertum aller Gläubigen andererseits), was eine volle Bejahung der von Christus eingesetzten Unterschiedenheit zwischen den geweihten Amtsträgern und dem übrigen Gottesvolk beinhaltet, die allerdings die fundamentale Gleichheit in ihrer Würde und Tätigkeit nicht beeinträchtigt.
Die bereits in der Heiligen Schrift manifestierte „wahre Gleichheit" wird auch in den Dokumenten des II. Vat. Konzils aufgenommen und verdeutlicht: „Wenn auch einige nach Gottes Willen als Lehrer, Ausspender der Geheimnisse und Hirten für die anderen bestellt sind, so waltet doch unter allen eine wahre Gleichheit in der allen Gläubigen gemeinsamen Würde und Tätigkeit zum Aufbau des Leibes Christi"[4]. Die Gleichheit in der Würde und in der Tätigkeit aller Christgläubigen, die vor den hierarchischen Unterschieden betont wird, beinhaltet also auch – je nach Stellung und Aufgabe in der Kirche – die *gemeinsame Verantwortung* am Aufbau des Leibes Christi, an dem ja alle „als einzelne Glieder" sind.
Nur in der gemeinsamen Verantwortung für den ganzen „Leib" kann die

Heilssendung der Kirche in der Welt erfüllt werden, nur im brüderlichen Dialog zwischen den geweihten Hirten und den Laien können in der Kirche die umfassenden und vielfältigen Aufgaben bewältigt werden.
„Aus diesem vertrauten Umgang zwischen Laien und Hirten kann man viel Gutes für die Kirche erwarten. In den Laien wird so der Sinn für eigene Verantwortung gestärkt, die Bereitwilligkeit gefördert. Die Kraft der Laien verbindet sich leichter mit dem Werk der Hirten. Sie können mit Hilfe der Erfahrung der Laien in geistlichen wie in weltlichen Dingen genauer und besser urteilen. So mag die ganze Kirche, durch all ihre Glieder gestärkt, ihre Sendung für das Leben der Welt wirksamer erfüllen"[5].
Es wäre also vollkommen falsch, anzunehmen, die geweihten Hirten hätten in der Kirche *allein* die Verantwortung zu tragen für die gesamte Heilssendung. Würden die Hirten jedoch so denken, dann vergäßen sie, wie wertvoll und unverzichtbar der Beitrag der Laien zum Gesamtwohl der Kirche ist. Dächten jedoch die Laien so, würden sie sich ihrer Berufung zur Mitverantwortung in der Kirche entziehen. Den Laien muß bewußt sein, daß ihr Sendungsauftrag und ihre aktive Mitarbeit für die Kirche unverzichtbar sind.
Die geweihten Hirten sollen bedenken, „daß sie von Christus nicht bestellt sind, um die ganze Heilsmission der Kirche an der Welt allein auf sich zu nehmen, sondern daß es ihre vornehmliche Aufgabe ist, die Gläubigen so als Hirten zu führen und ihre Dienstleistungen und Charismen so zu prüfen, daß alle in ihrer Weise zum gemeinsamen Werk einmütig zusammenarbeiten"[6], denn der Geist Gottes wirkt in der gesamten Kirche und „verteilt unter den Gläubigen jeglichen Standes auch besondere Gnaden. Durch diese macht er sie geeignet und bereit, für die Erneuerung und den vollen Aufbau der Kirche verschiedene Werke und Dienste zu übernehmen..."[7].
Wenn so die ungesunde und unbegründete Distanz unter den Christgläubigen zu einem harmonischen und konstruktiven Miteinander wird – unter Wahrung der nötigen gegenseitigen Ehrfurcht –, dann kann sich in der Kirche der Aufbau des Leibes Christi immer optimaler und umfassender vollziehen.

ANMERKUNGEN

1 PO, Art. 2.
2 Eph 4,4–6.
3 Röm 12,4–5.
4 LG, Art. 32.
5 LG, Art. 37.
6 LG, Art. 30.
7 LG, Art. 12.

Die Grundpflichten aller Christgläubigen

Gemeinschaft mit der Kirche

Can. 209 – § 1. Die Gläubigen sind verpflichtet, auch in ihrem eigenen Verhalten, immer die Gemeinschaft mit der Kirche zu wahren.

So, wie die Gemeinschaft mit der Familie für jedes Kind lebens- und existenznotwendig ist, wenn seine Zukunft gelingen soll, so ist auch für jeden Christgläubigen die Gemeinschaft mit der Kirche mehr als eine „fromme Tradition" oder Erbe einer Erziehung. Das Eingebundensein in die Gemeinschaft der Kirche, das sich in der Zugehörigkeit zu einer bestimmten Diözese und Pfarrei konkretisiert, bringt einerseits für jeden einzelnen persönliche Sicherheit auf dem Weg durch die Zeit, da er sich mit vielen Gleichgesinnten verbunden wissen kann; andererseits bringt es ihm auch die Verantwortung für den anderen bei.
Als Gemeinschaft stehen wir in der Kirche vor Gott, als Gemeinschaft ist das „pilgernde Volk Gottes" unterwegs, und nur in Gemeinschaft kann es die gemeinsamen Ziele erreichen. Dabei kommt es nicht nur auf das ehrliche Bekenntnis an, zu dieser Gemeinschaft gehören zu wollen, sondern dieses Bekenntnis muß im Handeln und Tun und insgesamt in der ganzen Lebensweise sichtbar und deutlich werden. „Gemeinschaft mit der Kirche" ist keine statische, sondern vielmehr eine dynamische Größe, damit die Kirche zu ihrer vollen Entfaltung gelangen kann.
Wie die Trennung des Kindes von der Familie nicht wiedergutzumachende Schäden mit sich bringen kann und in den meisten Fällen auch mit sich bringt, so ist die Trennung von der Gemeinschaft der Kirche für jeden Gläubigen auch lebensbedrohend, insofern, als er sein Leben in dieser Welt nur in Gemeinschaft mit den Brüdern und Schwestern bewältigen kann.
Weil die kirchliche Autorität diese notwendige Bindung an die Gemeinschaft mit der Kirche als unersetzbar betrachtet, bestraft sie Apostasie, Häresie und Schisma (vgl. Can. 751, S. 162) mit der Strafe der Exkommunikation (vgl. Can 1364, S. 337), d. h. mit der einstweiligen strafweisen Aussonderung aus der aktiven Kirchengemeinschaft, die erst dann wieder aufgehoben wird, wenn der Betreffende sich wieder neu offiziell zur Kir-

che bekennt und entsprechend lebt (zur Frage des Kirchenaustritts vgl. S. 92 f.).

Pflichten gegenüber der Kirche

Can. 209 – § 2. Mit großer Sorgfalt haben sie ihre Pflichten zu erfüllen, die ihnen gegenüber der Gesamtkirche wie gegenüber der Teilkirche obliegen, zu der sie gemäß den Rechtsvorschriften gehören.

Gemeinschaft mit der Kirche bedeutet nicht nur Gemeinschaft mit der Gesamtkirche, sondern auch Gemeinschaft mit der Teilkirche, d. h. der Diözese und der konkreten Gemeinde, in der die Gläubigen leben und zu der sie gehören. So bezieht sich also auch die oben beschriebene Verpflichtung nicht nur auf die Gesamtkirche, sondern auch auf die Teilkirche; besonders wird sich dieses Gemeinschaftsbewußtsein in der Teilkirche ausdrücken können und müssen, da dort konkrete Gemeinschaft sehr intensiv erlebt wird. Engagement in der Teilkirche besagt aber auch, daß das Apostolat in derselben „in rechter Weise in das Apostolat der Gesamtkirche eingeordnet sein muß"[1]; das bedeutet, daß jedes Apostolat in der Kirche im Hinblick auf „die Verbindung mit denen, die der Heilige Geist dazu bestellt hat, die Kirche Gottes zu leiten (vgl. Apg 20, 28)"[2], aufgebaut werden muß, um so den Geist der Einheit in der Gesamtkirche zu wahren. So ist also jeder Dienst in der Teilkirche auch ein Dienst an der Gesamtkirche, der um so deutlicher Früchte tragen wird, je stärker in den verschiedenen Teilen der Kirche das Bewußtsein einer allumfassenden, aufrichtigen Gemeinschaft gepflegt wird und lebendig ist.
Was die Verpflichtungen bzw. Aufgabenbereiche insgesamt in der Kirche angeht, sollen die Gläubigen diese mit Sorgfalt erfüllen. Wir werden im Folgenden die einzelnen Grundverpflichtungen und auch die anderen Verpflichtungen detailliert untersuchen und darstellen.
Wer in einer Gemeinschaft lebt und die Vorteile einer solchen Gemeinschaft erfahren darf, ist auch verpflichtet, sich um diese konkrete Gemeinschaft zu kümmern, d. h., er ist verpflichtet, seinen Beitrag zu leisten, damit gemeinschaftliches Leben wirklich gelingen kann. So wollen die den Gläubigen auferlegten Verpflichtungen eigentlich nur helfen, daß die Gemeinschaft der Kirche möglichst optimal das ihr von Gott bestimmte Lebensziel erreicht.

Heiligung des Lebens – Wachstum der Kirche

Can. 210 – Alle Gläubigen müssen je nach ihrer eigenen Stellung ihre Kräfte einsetzen, ein heiliges Leben zu führen sowie das Wachstum der Kirche und ihre ständige Heiligung zu fördern.

In diesem Canon wird Gemeinschaftsleben konkretisiert. Es ist nicht nur ein beziehungsloses Nebeneinander, sondern ein Miteinander und ein Füreinander. Das heiligmäßige Leben des einzelnen soll überzeugend auf die anderen wirken, es soll gleichsam anstecken. Keiner darf und kann für sich allein heilig werden und sein Ziel erreichen wollen, d. h., keiner darf nur an sich denken. In der Gemeinschaft mit der Kirche kann der einzelne sein Leben entfalten und zur Heiligkeit führen, er seinerseits verhilft der Gemeinschaft der Kirche zu Wachstum und Heiligung.
Dabei darf niemand ausgeschlossen werden, und ein jeder hat dabei seine ganz bestimmte eigene Verantwortung, je nach seiner Stellung in der Kirche. Alle sind gefordert. Dadurch, daß die einzelnen die Heilige Schrift als Glaubens- und Lebensnorm achten, im aufrichtigen religiösen Eifer am Tisch des Wortes und des Brotes teilnehmen und ihren Alltag in Wort und Tat nach Christus orientieren und nach ihm ausrichten und so ein heiliges Leben führen, können sie das Wachstum der Kirche fördern. Das vorgelebte Beispiel reißt mit, denn „das Zeugnis des christlichen Lebens selbst und die guten in übernatürlichem Geist vollbrachten Werke haben die Kraft, Menschen zum Glauben und zu Gott zu führen"[3].
Neben diesem christlichen Zeugnis ist jeder Christgläubige aufgerufen, auch durch sein bekennendes Wort Christus zu verkünden: in der Familie, im Freundeskreis, am Arbeitsplatz. Die einen werden dadurch vielleicht zum erstenmal auf die Kraft des Glaubens aufmerksam gemacht, andere werden durch das bekennende Wort neu bestärkt und ermuntert, auch ihr Leben für Jesus Christus einzusetzen. Gerade in der heutigen Zeit schwerster religiöser Krisen, Unsicherheiten und Irrtümer ist das christliche Lebenszeugnis und das bekennende Wort für jeden Gläubigen eine schwere Verpflichtung und Verantwortung, damit die Gemeinschaft der Kirche „wächst" und nicht „abnimmt". „Ich aber habe für dich gebetet, daß dein Glaube nicht erlischt. Und wenn du dich wieder bekehrt hast, dann stärke deine Brüder"[4].

Teilhabe am Sendungsauftrag der Kirche

Can. 211 – Alle Gläubigen haben die Pflicht und das Recht, dazu beizutragen, daß die göttliche Heilsbotschaft immer mehr zu allen Menschen aller Zeiten auf der ganzen Welt gelangt.

Aus der Heiligen Schrift ist uns die Stelle vertraut, wo Jesus seine Jünger in alle Welt hinaussendet, um überall auf Erden für Christus Zeugnis zu geben: „Darum geht zu allen Völkern, und macht alle Menschen zu meinen Jüngern; tauft sie im Namen des Vaters und des Sohnes und des Heiligen Geistes, und lehrt sie, alles zu befolgen, was ich euch geboten habe. Seid gewiß: Ich bin bei euch alle Tage bis zum Ende der Welt"[5].
Indem Jesus diesen Auftrag seinen Jüngern anvertraut hat, wird er zum Auftrag für die ganze Kirche. Er wird zum Auftrag für jeden Christgläubigen – bis an die Grenzen der Erde. Jeder hat teil am Sendungsauftrag der Kirche. Zum Sendungsauftrag gehört in erster Linie die Ausbreitung der göttlichen Heilsbotschaft, damit sie nicht nur einer kleinen, privilegierten Gruppe vorbehalten bleibt, sondern zu allen Menschen aller Zeiten und an allen Orten gelangt.
Somit hat also jeder Christgläubige von Christus her den Auftrag, „missionarisch" tätig zu sein. Um den Missionsgedanken in den Herzen aller Gläubigen wach und lebendig zu halten, bzw. um ihn wieder aufleben zu lassen, hat ihn der neue CIC in diesem Canon 211 nochmals verbalisiert und seinen Inhalt sowohl als Verpflichtung wie auch als Berechtigung dargestellt. – Abgesehen davon, daß auch die Welt, in der die Christgläubigen leben, echtes „Missionsland" sein kann, sind die Kleriker und Laien aufgefordert, ihren positiven Beitrag (Gebet, Opfer, Spenden, persönlicher Einsatz) für die sogenannten klassischen Missionsgebiete zu leisten, um der geforderten Verpflichtung des Herrn und der Kirche nachzukommen.
So können alle am inneren und äußeren Wachstum der Kirche verantwortungsbewußt und tatkräftig mithelfen und sich die Worte des Apostels zu eigen machen: „Weh mir, wenn ich das Evangelium nicht verkünde"[6]. *Alle* sind dazu aufgerufen, ja, sie sind dazu sogar verpflichtet; nicht nur die geweihten Amtsträger, denn „der Herr will ja sein Reich auch durch die gläubigen Laien ausbreiten, das Reich der Wahrheit und des Lebens, das Reich der Heiligkeit und der Gnade, das Reich der Gerechtigkeit, der Liebe und des Friedens"[7].

Gehorsam gegenüber den geistlichen Hirten

Can. 212 – § 1. Was die geistlichen Hirten in Stellvertretung Christi als Lehrer des Glaubens erklären oder als Leiter der Kirche bestimmen, haben die Gläubigen im Bewußtsein ihrer eigenen Verantwortung in christlichem Gehorsam zu befolgen.

Die Gehorsamspflicht gegenüber den Trägern des Lehr- und Leitungsamtes gründet in der Tatsache, daß die geweihten Hirten im Namen Christi, d. h. an Christi Stelle, den Glauben erklären bzw. ihn auslegen und so die Kirchengemeinschaft auch an Christi Statt leiten. „Die Laien sollen wie alle Gläubigen das, was die geweihten Hirten in Stellvertretung Christi als Lehrer und Leiter in der Kirche festsetzen, in christlichem Gehorsam bereitwillig aufnehmen nach dem Beispiel Christi, der durch seinen Gehorsam bis zum Tod den seligen Weg der Freiheit der Kinder Gottes für alle Menschen eröffnet hat"[8].
Immer dann, wenn die geweihten Hirten als Lehrer des Glaubens Glaubensaussagen aus der heiligen Offenbarung erklären bzw. auslegen und als ex-cathedra-Aussagen deklarieren, bezieht sich der geschuldete Glaubensgehorsam *aller* Christgläubigen direkt auf Gott, der sich allen Menschen offenbaren, d. h. ganz konkret mitteilen will.
Werden von den geweihten Hirten als Leiter der kirchlichen Gemeinschaft rechtliche Vorschriften erlassen, die dem Wohl aller Christgläubigen dienen, so bezieht sich der zu leistende Gehorsam nicht unmittelbar auf Gott noch auf den gesetzgebenden geweihten Hirten, sondern er bezieht sich auf die Norm selbst. Dieser Gehorsam ist jedoch nicht weniger verpflichtend bzw. auch notwendig, weil nur in der gewissenhaften Befolgung der kirchlichen Normen und Anordnungen das allgemeine Wohl der Gläubigen in der Kirche gewährleistet werden kann, für das *alle* verantwortlich sind.
Besteht auch ein qualitativer Unterschied zwischen dem Gehorsam gegen Gott und gegenüber einer Norm, so ist doch den Offenbarungswahrheiten, die die geweihten Hirten als Lehrer des Glaubens erklären, und den konkreten Normen, die sie als Leiter der Kirche festsetzen, gleichermaßen verantwortungsbewußter Gehorsam geschuldet, und zwar seitens aller Christgläubigen, also auch der geweihten Hirten selbst. Das heißt also konkret: „Der geistliche Hirt, der eine Offenbarungswahrheit vorlegt, schuldet wie jeder andere Christgläubige dem sie offenbarenden Gott

Glaubensgehorsam. Der geistliche Hirt, der ein Gesetz für die kirchliche Gemeinschaft erläßt, muß wie jeder andere Christgläubige diese Gesetze befolgen"[9].

Mit Nachdruck muß an dieser Stelle darauf hingewiesen werden, daß es bei der in Can. 212, § 1 geforderten Normenbefolgung nicht um ein legalistisches Gesetzesverständnis geht, sondern die Gesetze als Anruf, Appell bzw. Aufforderung zu verstehen sind, denen ge-antwortet werden soll (vgl. die Aussagen der Bergpredigt, die Jesus auch nicht als Gesetze, sondern als Appelle an die Ver-antwortung der Menschen verstanden wissen wollte).

Materielle Unterstützung der Kirche

Can. 222 – § 1. Die Gläubigen sind verpflichtet, für die Erfordernisse der Kirche Beiträge zu leisten, damit ihr die Mittel zur Verfügung stehen, die für den Gottesdienst, die Werke des Apostolats und der Caritas sowie für einen angemessenen Unterhalt der in ihrem Dienst Stehenden notwendig sind.

In einer echten christlichen Gemeinde dürfen Christen nicht beziehungslos nebeneinander leben. Jeder ist für den anderen mitverantwortlich und das nicht nur „am Sonntag beim Gemeindegottesdienst", sondern auch in vielen „Werktagssituationen", in die jeder Mensch oft genug gerät und in denen er dann die Hilfe des Nächsten notwendig braucht. Jeder Christgläubige ist deshalb verpflichtet, über den „eigenen Zaun" zu schauen, wie es dem Nachbarn geht und wo er ihm helfen muß. Zugehörigkeit zur Kirchengemeinschaft beinhaltet für den Christgläubigen nicht nur die Verpflichtung, seinen Glauben treu zu leben und seinen Sendungsauftrag in Wort und Tat gewissenhaft zu erfüllen, sondern er muß auch dafür Sorge tragen, daß die Kirche als ganze ihre Mission erfüllen kann.

Als ein nicht unbedeutender Teil dieses Ganzen obliegt dem Christgläubigen die konkrete Verpflichtung, neben dem persönlichen Glaubenszeugnis auch materielle Hilfen mit einzubringen für die vielfältigen Aufgaben und Verantwortungsbereiche der Kirche. Diese materiellen Hilfen dienen der Durchführung und Gestaltung von Gottesdiensten, der Erfüllung apostolischer Werke wie caritativer Unternehmungen, und schließlich dienen sie auch dazu, den Leitern der Gemeinden und ihren kirchlichen Mitarbeitern einen angemessenen Unterhalt zu sichern.

Es ist von Fall zu Fall verschieden, *wie* diese notwendige Solidarität zum Ausdruck kommt, damit Kirche „leben" und „atmen" kann. Unter anderem dient die Kirchensteuer auch solchen oben genannten Aufgaben. Ebenso sind die verschiedensten sogenannten Kollekten, als freiwillige Gabe innerhalb und außerhalb von Gottesdiensten, als Geldleistung einerseits dafür bestimmt, die vielen Formen von Gottesdiensten mit allen notwendigen Ausgaben zu ermöglichen (Kirchenbau, Gewänder, Kerzen, Blumen usw.), andererseits sind solche Gaben dazu bestimmt, notleidenden, armen Menschen konkret zu helfen. Je nach der besonderen Lebenssituation einer bestimmten Gemeinde können auch Naturalleistungen helfen, die pastoralen und caritativen Aufgaben in ihr zu erfüllen.

„Das caritative Tun kann und muß heute alle Menschen und Nöte umfassen. Wo immer Menschen leben, denen es an Speise und Trank, an Kleidung, Wohnung, Medikamenten, Arbeit, Unterweisung, notwendigen Mitteln zu einem menschenwürdigen Leben fehlt, wo Menschen von Drangsal und Krankheit gequält werden, Verbannung und Haft erdulden müssen, muß die christliche Hilfe sie suchen und finden, alle Sorgen für sie aufwenden, um sie zu trösten und mit tätiger Hilfe ihr Los zu erleichtern. Diese Verpflichtung obliegt in erster Linie den einzelnen Menschen wie den Völkern, die in Wohlstand leben. Damit die Übung dieser Liebe über jeden Verdacht erhaben sei und als solche auch in Erscheinung trete, muß man im Nächsten das Bild Gottes sehen, nach dem er geschaffen ist, und Christus den Herrn, dem in Wahrheit all das dargeboten wird, was einem Bedürftigen gegeben wird"[10].

Nur in einer Gemeinschaft des Glaubens und der Solidarität können kirchliches Leben und Engagement sich ausbreiten. Erst, wenn der Magen gefüllt ist am Tisch der Brüderlichkeit und Nächstenliebe, kann auch das Herz gefüllt werden am Tisch des Wortes und am Tisch des Brotes. Kirchliche Verkündigung und konkrete Werke der Mitverantwortung und Nächstenliebe als Beitrag zum Unterhalt der Kirche sind untrennbar miteinander verbunden, wie es ja auch als Ideal aus vielen Gemeinden der Urkirche bekannt ist: „Und alle, die gläubig geworden waren, bildeten eine Gemeinschaft und hatten alles gemeinsam. Sie verkauften Hab und Gut und gaben davon allen, jedem so viel, wie er nötig hatte"[11].

Die Verpflichtungen, die im Canon 222, § 1 auferlegt werden, gehen also dahin, daß die Christgläubigen bereit sein sollen, finanzielle Beiträge zu leisten in dem Bewußtsein, daß sie damit nicht den Reichtum der Kirche

noch vermehren, sondern vielmehr der Kirche helfen, daß sie ihren Sendungsauftrag überhaupt in seinem ganzen Umfang erfüllen kann, der unter anderem auch den Auftrag beinhaltet, Aufgaben des Helfens zu übernehmen und zu erfüllen.
Wer so vom Glauben und von der Solidarität einer Gemeinde mitgetragen wird, findet Heimat in der Kirche; wer Glauben und Solidarität mitträgt, schenkt Heimat und Geborgenheit. Auch heute findet man in den Gemeinden viele Beispiele dieser Solidarität, besonders im Bereich apostolischer und caritativer Werke. Gläubige „Werktagschristen" praktizieren ihren Glauben und ihre Hilfsbereitschaft im Alltag für die Menschen am Rande des kirchlichen Lebens oder am Rande der Gesellschaft: für die Kranken, die Behinderten, die Alten und Schwachen. Besonders auch die Jugendlichen zeigen hier ein sehr großes, erfreuliches Interesse.
Auch aus besonderen Stiftungen werden Erträge geschöpft, mit denen man vor allem den Armen helfen will, die überall auf der Welt Hilfe benötigen, insbesondere in den großen Not- und Katastrophengebieten; aber auch in unserer Welt, in der wir leben, gibt es diese Not (Arbeitslosigkeit, kinderreiche Familien mit zuwenig sozialer Hilfe und Förderung usw.). Mit Geld- und Sachspenden werden unter anderem Missionsstationen unterstützt und oft sogar am Leben erhalten. Es sind die Werke der Mitverantwortung und Nächstenliebe, die Christ-sein ausmachen[12].
Was das Spenden und die verschiedensten Aufrufe zu solchen Spenden in unseren deutschen Diözesen und Pfarrgemeinden angeht, ist darauf zu verweisen, daß die allermeisten Aktionen zugunsten der armen Kirche in vielen Gebieten der Welt durchgeführt werden. Die relativ reiche katholische Kirche in der Bundesrepublik Deutschland darf über die große Armut der Kirchen in anderen Ländern nicht hinwegtäuschen und der Beitrag der „reichen Kirche" allein ist nicht ausreichend, die große Not zu lindern. Auch von daher sind alle in die Pflicht genommen, großzügig zu helfen.

Soziale Gerechtigkeit

Can. 222 – § 2. Sie sind auch verpflichtet, die soziale Gerechtigkeit zu fördern und, des Gebotes des Herrn eingedenk, aus ihren eigenen Einkünften die Armen zu unterstützen.

Bei der Verkündigung der christlichen Botschaft wird die Kirche um so größere Glaubwürdigkeit bekommen, je intensiver sie sich – wie Christus es tat – der Armen und Bedürftigen annimmt: „Nehmt euch der Schwachen an"[13]. Die Kirche verpflichtet daher die Christgläubigen, nicht nur die geistigen, sondern auch die materiellen Güter mit den Brüdern und Schwestern zu teilen. Die Sorge um den Nächsten beschränkt sich also nicht auf den „Himmel", sondern beinhaltet auch ganz konkret die „Erde" mit allem, was sie für den notwendigen Lebensunterhalt anbietet.

Wer ohne eigene Schuld auf das Lebensnotwendige verzichten muß, hat ein Anrecht auf Hilfe seitens der (gläubigen) Gemeinschaft; dabei muß immer das Interesse des anderen im Vordergrund stehen. Er erfährt helfende Zuwendung, weil diese ihm zusteht, und weil der gläubige Christ sie ihm schuldet, der im Armen Christus begegnet. Dabei ist es notwendig, über den eigenen Kirchturm hinwegzuschauen in jene Gegenden, wo es am Lebensnotwendigsten fehlt. Werke wie „Misereor" und „Adveniat" sind ein Beispiel für diese helfende Solidarität; auf sich allein gestellt sind aber auch diese Werke der Mitverantwortung nur mehr „ein Tropfen auf den heißen Stein". Besonders die Christgläubigen, die ihren Sendungsauftrag ernst nehmen, mögen „die Werke der Liebe und die Unternehmungen der sozialen Hilfe, private oder öffentliche, auch die internationalen Hilfswerke hochschätzen und nach Kräften fördern. Durch sie wird einzelnen Menschen und ganzen Völkern in ihrer Not wirklich geholfen"[14].

Aber nicht nur materielle Hilfen sind notwendig. Oft helfen auch schon veränderte Einstellungen, die soziale Gerechtigkeit noch mehr zu fördern. „Zuerst muß man den Forderungen der Gerechtigkeit Genüge tun, und man darf nicht als Liebesgabe anbieten, was schon aus Gerechtigkeit geschuldet ist. Man muß die Ursachen der Übel beseitigen, nicht nur die Wirkungen. Die Hilfeleistung sollte so geordnet sein, daß sich die Empfänger, allmählich von äußerer Abhängigkeit befreit, auf die Dauer selbst helfen können"[15].

Rücksichtnahme auf das Gemeinwohl

Can. 223 – § 1. Bei der Ausübung ihrer Rechte müssen die Gläubigen sowohl als einzelne wie auch in Vereinigungen auf das Gemeinwohl der Kirche, die Rechte anderer und ihre eigenen Pflichten gegenüber anderen Rücksicht nehmen.
§ 2. Der kirchlichen Autorität steht es zu, im Hinblick auf das Gemeinwohl die Ausübung der Rechte, die den Gläubigen eigen sind, zu regeln.

In diesem Canon werden noch einige grundsätzliche allgemeine Hinweise bezüglich der richtigen Einschätzung und des verantwortungsbewußten Gebrauchs von Rechten gegeben.
Die Christgläubigen sind verpflichtet, den Rechtsgebrauch, d. h. die Anwendung bzw. Ausübung ihrer Rechte, mit dem allgemeinen Wohl der Kirche (Gemeinwohl), den Rechten Dritter und mit den eigenen Pflichten anderen gegenüber abzustimmen.
Auch Grundrechte haben jeweils ihre Grenzen immer dort, wo die Rechte des anderen durch unreflektierte oder rücksichtslose Ausübung der eigenen Rechte beeinträchtigt werden. Selbst wenn das geltende Recht *für* eine Person oder einen Sachverhalt spricht, darf die persönliche Verantwortung des einzelnen für sein Handeln nicht außer acht gelassen werden. Niemand darf rücksichtslos von seinem Recht Gebrauch machen. Ähnliche Beispiele sind aus dem Verkehrsrecht bekannt. Auch bei grüner Ampel ist Vorsicht geboten. – Die große Ehrfurcht vor der Menschenwürde des anderen gebietet es, nicht rücksichtslos von seinem Recht Gebrauch zu machen. Maßstab allen Rechtsgebrauchs sind die von der kirchlichen Autorität im Hinblick auf das Gemeinwohl erlassenen einschlägigen Regelungen. Die kirchliche Autorität hat das Recht und die Verpflichtung, darüber zu wachen, daß die einzelnen Gläubigen ihre Rechte nicht mißbrauchen, damit der Allgemeinheit kein Schaden zugefügt wird und das Gemeinwohl gewahrt bleibt.

ANMERKUNGEN

1 AA, Art. 23.
2 Ebd.
3 AA, Art. 6.

4 Lk 22, 32.
5 Mt 28,19–20; vgl. 1 Petr 3,15.
6 1 Kor 9,16.
7 LG, Art. 36.
8 LG, Art. 37.
9 M. Kaiser, Die rechtliche Grundstellung der Christgläubigen, in J. Listl/H Müller/H. Schmitz, Handbuch, S. 176.
10 AA, Art. 8.
11 Apg 2,44–46.
12 Vgl. Mt 25,34–40.
13 1 Thess 5,14.
14 AA, Art. 8.
15 Ebd.

Die besonderen Laienpflichten

Teilhabe am christlichen Sendungsauftrag (Laienapostolat)

Can. 225 – § 1. Da die Laien wie alle Gläubigen zum Apostolat von Gott durch die Taufe und die Firmung bestimmt sind, haben sie die allgemeine Pflicht und das Recht, sei es als einzelne oder in Vereinigungen, mitzuhelfen, daß die göttliche Heilsbotschaft von allen Menschen überall auf der Welt erkannt und angenommen wird; diese Verpflichtung ist um so dringlicher unter solchen Umständen, in denen die Menschen nur durch sie das Evangelium hören und Christus kennenlernen können.

Wie in Can. 211 bereits für alle Christgläubigen, also für Kleriker und Laien, die Forderung erhoben wird, allen Menschen auf der Welt die Heilsbotschaft zu verkünden, so wird in Can. 225, § 1 nochmals eigens für die *Laien* die Verpflichtung und die Berechtigung zur Teilnahme an der Heilssendung aufgezeigt, die sie mit dem Empfang der Taufe, dem Eingangstor in die kirchliche Gemeinschaft, und in der Firmung, durch deren Empfang sie zu Zeugen in Wort und Tat werden, übernehmen.
Wer durch den Empfang der heiligen Firmung in der Kirche „Erwachsener" wird, übernimmt damit auch besondere Verpflichtungen und Verantwortung, sei es als Einzelperson, sei es in Vereinigungen mit anderen verbunden, denn „durch das Sakrament der Firmung werden sie vollkommener der Kirche verbunden und mit einer besonderen Kraft des Heiligen Geistes ausgestattet. So sind sie in strenger Weise verpflichtet, den Glauben als wahre Zeugen Christi in Wort und Tat zugleich zu verbreiten und zu verteidigen"[1], damit er überall auf der Welt erkannt und angenommen wird, besonders in jenen Gegenden der Welt, in denen kein Priester gegenwärtig ist und die Frohe Botschaft *nur* durch die Laien verkündet und Christus *nur* durch sie bekannt gemacht werden kann. So sind die Laien also „besonders dazu berufen, die Kirche an jenen Stellen und in den Verhältnissen anwesend und wirksam zu machen, wo die Kirche nur durch sie das Salz der Erde werden kann. So ist jeder Laie kraft der ihm geschenkten Gaben zugleich Zeuge und lebendiges Werkzeug der Sendung der Kirche selbst..."[2].
Das ist für die in Frage kommenden Laien „vor Ort", in den Missionsge-

bieten z. B. eine ehrenvolle Aufgabe, die sie zu erfüllen haben. Vor allem wird es für ihr Apostolat darauf ankommen, daß christliches Bekenntnis im Wort mit dem Zeugnis der Tat vollkommen übereinstimmt.
„So obliegt allen Laien die ehrenvolle Bürde, dafür zu wirken, daß der göttliche Heilsratschluß mehr und mehr alle Menschen aller Zeiten und überall auf der Erde erreiche. Es soll daher auch ihnen in jeder Hinsicht der Weg offen stehen, nach ihren Kräften und entsprechend den Zeitbedürfnissen am Heilswirken der Kirche in tätigem Eifer teilzunehmen"[3].
Nicht jeder kann jedoch als Missionar oder Entwicklungshelfer in die Welt hinausziehen; auch können viele nicht von ihrem Leben „ein Jahr für die Kirche" in den Missionsgebieten abzweigen, auch wenn eine solche erfreuliche Tendenz gerade bei jungen Christen stärker festzustellen ist.
Aber auch dort, wo der einzelne lebt, kann und muß er ein entsprechendes christliches und religiöses Klima auch im Bereich der zeitlichen Dinge verbreiten, das Familienangehörige, Freunde, Arbeits- bzw. Studienkollegen dann erfahren und weitergeben sollen aus der Welt des einen in die Welt des anderen. Hier liegt die großartige Chance der Kirche durch die Laien. Nur sie können hier durch die harte Schale hindurch zum Kern vorstoßen.
„Das Apostolat im sozialen Milieu, nämlich das Bemühen, Mentalität und Sitte, Gesetz und Strukturen der Gemeinschaft, in der jemand lebt, im Geist Christi zu gestalten, ist so sehr Aufgabe und Pflicht der Laien, daß sie durch andere niemals entsprechend erfüllt werden kann. In diesem Bereich können die Laien ein Apostolat unter ihresgleichen ausüben. Hier ergänzen sie das Zeugnis des Lebens durch das Zeugnis des Wortes. Hier im Bereich der Arbeit, des Berufes, des Studiums, der Wohnstätte, der Freizeit, des kameradschaftlichen Zusammenseins, sind sie eher imstande, ihren Brüdern zu helfen"[4]. Jeder hat andere Bezugspersonen und Ansprechpartner, die sogar oft auf ein überzeugendes Wort oder eine entsprechende Tat des Bekenntnisses warten, das in vielen Fällen, wie wir sahen, oft nur von einem Laien „in der Welt" gegeben werden kann.
Die große Bedeutung des Laien für die Verkündigung der Heilsbotschaft und seine diesbezügliche weltumfassende Kompetenz ist also auch im kirchlichen Gesetzbuch deutlich verankert. Vor allem wird er – wie wir sahen – seinem Auftrag in „seiner Welt" bei den irdischen Aufgaben gerecht werden können, darüber hinaus aber auch überall dort, wo er in Zusammenarbeit mit den Geistlichen oder auch in eigener Verantwortung im Bereich der geistlichen Aufgaben die göttliche Heilsbotschaft verkünden darf, so z. B. in Gegenden der Diaspora.

Wir wissen aus den Statistiken, daß in etwa zehn Jahren in vielen Diözesen der Bundesrepublik Deutschland nur noch die Hälfte aller Pfarreien einen eigenen Priester haben kann. Den Laien bietet sich hier neben den weltlichen Aufgaben eine große Chance und Verantwortung. Neben vielen Aufgaben in der Welt können und müssen in Zukunft von den Laien auch viele Aufgaben in der Kirche übernommen werden, so z. B. im Rahmen der Gottesdienstfeiern.

Wie wertvoll dieses christliche Zeugnis für die Botschaft Christi in der Gesellschaft sein wird, kann man im vollen Umfang erst dann ahnen, wenn die „Stunde der Laien" wirklich angebrochen ist. Oberflächlich gesehen ist die Welt der Seelsorge in unseren Gemeinden eine heile Welt, die meisten Gemeinden haben noch einen Seelsorger oder werden wenigstens gut von einem Priester der Nachbargemeinde oder einem Ordenspriester „versorgt". Bei näherer Untersuchung stellt man jedoch jetzt schon fest, daß in vielen Gemeinden das religiöse Leben verkümmert, es fehlen die Priester, und die Laien haben ihre diesbezügliche Verpflichtung noch zu wenig erkannt, die gerade in diesem Can. 225, § 1 zum Ausdruck gebracht wird.

Besonders wird hier also hervorgehoben, daß die Verpflichtung zur Verbreitung der Heilsbotschaft vor allem in jenen Gebieten unserer Welt gilt, wo die Menschen ausschließlich durch Laien die Frohbotschaft in ihrem Inhalt und in ihrer Aussagekraft kennenlernen können. Das sind neben den Missionsländern besonders die Gebiete mit großem Priestermangel und auch jene, in denen Geistliche verfolgt bzw. die Kirchen bedrängt werden. Auch die Bundesrepublik Deutschland wird in absehbarer Zeit zu jenen Ländern gehören, in denen die Laien wegen akuten Priestermangels besonders eindringlich in die Verpflichtung genommen sind, in priesterlosen Gemeinden die göttliche Heilsbotschaft „vor Ort" zu verkünden und die christliche Durchwirkung der Welt voranzutreiben.

Wenn man davon ausgehen kann, daß Laien besondere Gaben des Heiligen Geistes empfangen, dann haben sie auch die Pflicht und das Recht, diese Charismen in Kirche und Welt zu gebrauchen, unabhängig vom „Wohlwollen" der geweihten Hirten, denen lediglich die Prüfung dieser Gaben vorbehalten ist, wohl aber „in Gemeinschaft mit den Brüdern in Christus, besonders mit ihren Hirten"[5].

Christliche Lebensführung

Can. 225 – § 2. Sie haben auch die besondere Pflicht, und zwar jeder gemäß seiner eigenen Stellung, die Ordnung der zeitlichen Dinge im Geiste des Evangeliums zu gestalten und zur Vollendung zu bringen und so in besonderer Weise bei der Besorgung dieser Dinge und bei der Ausübung weltlicher Aufgaben Zeugnis für Christus abzulegen.

Über den innerkirchlichen Bereich (Can. 225, § 1) hinaus, sollen Inhalt und Umfang der Heilsbotschaft auch in der weltlichen Ordnung transparent und wirksam werden, und zwar besonders und in erster Linie durch das Engagement der Laien.

„Den Laien ist der Weltcharakter in besonderer Weise eigen. Die Glieder des geweihten Standes können zwar bisweilen mit weltlichen Dingen zu tun haben, sogar in Ausübung eines weltlichen Berufes. Aufgrund ihrer besonderen Erwählung aber sind sie vor allem und von Berufs wegen dem heiligen Dienstamt zugeordnet... Sache der Laien ist es, kraft der ihnen eigenen Berufung in der Verwaltung und gottgemäßen Regelung der zeitlichen Dinge das Reich Gottes zu suchen“[6].

Dem Laien obliegt also die besondere Verpflichtung, seinen Alltag, seine Mühen und Arbeiten, seinen Umgang mit den Menschen und mit sich selbst im Geist des Evangeliums nach christlichen Grundsätzen zu gestalten. Die täglichen Dinge, die erledigt werden, müssen in Einklang gebracht werden mit dem Geist des Evangeliums. Konkret bedeutet das, daß sie versuchen, ihr Leben vom Glauben her zu bestimmen und zu orientieren, daß sie den Nächsten nicht übersehen und auch für ihn, für seinen Glauben, für sein religiöses Leben Verantwortung übernehmen, so weit das im Rahmen der Möglichkeiten durchführbar ist.

„Diese Sendung der Kirche in der Welt erfüllen die Laien vor allem durch jene Einheit von Leben und Glauben, durch die sie zum Licht der Welt werden; durch die Rechtschaffenheit in all ihrem Tun, in der sie alle für die Liebe zum Wahren und Guten und schließlich für Christus und die Kirche gewinnen durch eine brüderliche Liebe, die sie am Leben, Arbeiten, Leiden und Sehnen ihrer Brüder teilnehmen läßt und in der sie die Herzen aller allmählich und unaufdringlich für das Wirken der Heilsgnade vorbereiten; endlich durch jenes volle Bewußtsein ihres Anteils am Aufbau der Gesellschaft, in dem sie ihre häusliche, gesellschaftliche und berufliche Tätigkeit mit christlichem Großmut auszuüben trachten. So

durchdringt ihre Art zu handeln allmählich das ganze Lebens- und Arbeitsmilieu.
Dieses Apostolat muß alle umfassen, die in jenem Milieu leben. Es darf auch kein erreichbares geistliches oder zeitliches Gut ausschließen. Aber die wahren Apostel begnügen sich nicht mit solchem Tun; sie sind darüber hinaus bestrebt, Christus auch durch ihr Wort ihren Nächsten zu verkünden. Viele Menschen kommen ja nur durch ihnen nahestehende Laien dazu, das Evangelium zu hören und Christus zu erkennen"[7].
Diese Verantwortung beinhaltet also vor allen Dingen das Zeugnis für Jesus Christus in Wort und Tat. Gerade dort, wo die Ideale des Glaubens an Gott, der Beziehung zu Christus und seinem Evangelium nur oberflächlich gelebt und sogar lächerlich gemacht werden, ist das bekennende Zeugnis der Laien gefordert. Dabei kann jeder einzelne Laie damit rechnen, daß sein Zeugnis für Christus von den echten Glaubensbrüdern mitgetragen wird, insofern dieses kirchliche Gesetz treue Befolgung erfährt, und zwar von einem jeden nach seiner jeweiligen Lebenssituation. Gott braucht überall Menschen, die von ihm sprechen und die von seiner Botschaft Zeugnis ablegen.
Auch wenn schon das ehrliche Bekenntnis eines Arbeiters in jedem Fall seine Wirkung nicht verfehlen wird und dort, wo er steht, unverzichtbar ist, weil an dieser Stelle eben nur er das Zeugnis für Christus ablegen kann, so wird doch im besonderen Maße das Zeugnis für Christus von jenen verlangt, die in verantwortungsvoller Position stehen. Sie dürfen das Zeugnis nicht den amtlich bestellten Vertretern allein überlassen; einerseits schaffen es jene nicht alleine, andererseits erstreckt sich eben diese Verantwortung nicht nur auf sie.
Gefordert sind also Menschen, die bei der Erfüllung ihrer täglichen weltlichen Aufgaben von Gott sprechen, sich freimütig zu ihm bekennen, und zwar ohne jegliche Menschenfurcht, Bequemlichkeit oder Resignation. Dabei geht es in erster Linie gar nicht um theologische Diskussionen oder „Streitereien", sondern es geht dabei immer nur um das eindeutige *Bekenntnis,* was Gott mir in meiner konkreten Lebenssituation, in meinem Alltag bedeutet und welchen Stellenwert für mich seine Frohe Botschaft hat. Das mutige Zeugnis der eigenen Gotteserfahrung bei der Eucharistiefeier, beim persönlichen Gebet allein oder mit der Familie, oder – soweit es besonders die Jugendlichen betrifft – im Religionsunterricht oder bei religiösen Angeboten (Wallfahrt, „Frühschicht", „Spätschicht", Jugendkreuzweg, Katholikentage usw.) ist für die christliche Durchwirkung der Welt und für die Verbreitung von Glaubenswahrhei-

ten und des Glaubens ganz allgemein von unverzichtbarer Bedeutung, damit Gott im Alltagsleben der Menschen wieder „vorkommen" und seinem ureigensten Wesen treu bleiben kann: ICH bin DA für euch.
Allerdings muß das abgelegte Zeugnis der Worte und der Wertvorstellungen in vollkommener Harmonie mit der eigenen christlichen Lebensführung stehen. Eine diesbezügliche Disharmonie, d. h. ein Auseinanderklaffen von Wort und Leben im Alltag, würde eher das Gegenteil bewirken. „Nicht nur unser Wort, sondern das Leben soll von Gott und seiner guten Botschaft sprechen. Wir sollen seine Zeugen werden mit unserem ganzen Leben"[8].
Die Frohe Botschaft, die Christus den Menschen gebracht hat, beinhaltet, wie keine andere Botschaft unserer Welt und unserer Zeit, so viel Aufbauendes für alle Menschen, daß sich ihrer – auch beim Zeugnis – niemand zu schämen braucht. „Schäme dich also nicht, dich zu unserem Herrn zu bekennen"[9].
Natürlich gehört zunächst Überwindung dazu – besonders in einer glaubensfeindlichen Umwelt – Zeugnis abzulegen. Wenn man aber davon ausgehen kann, daß viele Menschen – auch kritische Kollegen in der Jugendgruppe oder am Arbeitsplatz – wirklich Suchende sind (auch wenn sie auf den ersten Augenblick nicht als solche erscheinen), dann kann man mutig seinen christlichen Standpunkt vertreten und sich für Christus und die Kirche einsetzen, um so Brüder und Schwestern für Christus neu zu gewinnen: ohne Theologiestudium, ohne Spezialausbildung, ohne „amtlichen Auftrag", sondern „nur" im vorgelebten Zeugnis, im Sprechen von Gott, im Wort, das im Leben und im täglichen Einsatz „Fleisch wird". Denn „keine menschliche Tätigkeit, auch in weltlichen Dingen nicht, läßt sich ja der Herrschaft Gottes entziehen"[10].

Pflichten in Ehe und Familie

Can. 226 – § 1. Die im Ehestand leben, haben gemäß ihrer eigenen Berufung die besondere Pflicht, durch Ehe und Familie am Aufbau des Volkes Gottes mitzuwirken.

Es gibt immer wieder Stimmen, die gerade in unserer Zeit laut werden und sagen, daß es keinen Zusammenhang zwischen Christus und Ehe und Familie gebe. Diese Menschen wollen ohne Christus ihr Eheleben auf spontane Gefühle und persönliche Zuneigung aufbauen; oberflächlich gesehen scheint das auch allenthalben zu gelingen (Ehe auf Probe, Ehe auf Zeit usw.). Bei näherem Hinsehen muß aber genau das Gegenteil festgestellt werden: mit der Trennung von Christus in Ehe und Familie geht oft die Trennung der Partner einher. Das hat dann fatale Konsequenzen: Kinder werden aus der Geborgenheit der Familie entwurzelt, junge Menschen müssen die folgenschwere Erfahrung machen, daß Treue und Liebe auf Dauer scheinbar doch nicht so wesentlich sind. Einerseits führt das dann zu oberflächlichen Beziehungen, in denen man den Partner bei unangenehmen Lebenssituationen aufgibt, und andererseits ist bei Jugendlichen, die in solch liberaler Umgebung aufwachsen, eine große Bindungsangst festzustellen; sie wollen sich gar nicht fest binden, oder sie haben Angst davor, denn die Verbindung könnte scheitern. Bevor man sich in eine eventuelle derartige Tragik begibt, bindet man sich erst gar nicht, um so von Enttäuschungen verschont zu bleiben. Treue und Liebe sind eben ein Wagnis, meinen sie, und deshalb lassen sie sich nicht darauf ein. Menschliche Enttäuschungen in den Beziehungen gehen einher mit Angst und Mißtrauen.

Dort, wo Christus als die Mitte des Lebens fehlt, fehlt dem Leben die Kraft und die innere Dynamik. Deshalb ist die Voraussetzung für eine glückliche und gesunde Familie die gläubige Verbindung mit Christus. Christi Liebe stärkt und festigt die menschliche Liebe und stellt die eigene „Leistung" in der Ehe in den Hintergrund. Nur dann kann die Familie zur Hauskirche werden, in der Kirche auch konkret erlebt wird, wenn in ihr Christus das Haupt ist, der Mittelpunkt, wenn die Liebe der Eheleute in der Liebe Christi verankert ist.

Dort kann dann auch Ehe und Familie gelingen, und dort kann man auch langfristig eine glückliche Ehe und Familie aufbauen. Dort können Kinder Geborgenheit, Heimat und Liebe erfahren. Und dort können auch Jugendliche, die sich auf die Ehe vorbereiten, die innere Kraft von Treue und echter Liebe erfahren. Wer das im Elternhaus und in seiner Umgebung erfahren darf, wird selber mit dem gebotenen Realismus und dem notwendigen gläubigen Optimismus eine christliche Ehe aufbauen. Gläubige und harmonische Ehen und Familien sind immer noch der beste Garant für eine sinnerfüllte Zukunft aller Generationen und für einen fruchtbaren Aufbau des Volkes Gottes; schließlich sind die Eheleute zu einem solchen Aufbau verpflichtet.

„Der Schöpfer aller Dinge hat die eheliche Gemeinschaft zum Ursprung und Fundament der menschlichen Gesellschaft bestimmt und durch sei-

ne Gnade zu einem großen Geheimnis in Christus und seiner Kirche (vgl. Eph 5,32) gemacht. Darum hat das Apostolat der Eheleute und Familien eine einzigartige Bedeutung für die Kirche wie für die menschliche Gesellschaft.
Die christlichen Eheleute sind füreinander, für ihre Kinder und die übrigen Familienangehörigen Mitarbeiter der Gnade und Zeugen des Glaubens. Ihren Kindern sind sie die ersten Künder und Erzieher des Glaubens. Durch Wort und Beispiel bilden sie diese zu einem christlichen und apostolischen Leben heran, helfen ihnen klug in der Wahl ihres Berufes und pflegen mit aller Sorgfalt eine vielleicht in ihnen sich zeigende Berufung zum Priester- und Ordensstand"[11].
Wo Christus Mittelpunkt und Sinn im Leben ist, da können Menschen über die Bedeutung materieller Werte hinauswachsen zur gegenseitigen Hinwendung, in der der eine zum Geschenk für den anderen wird. Um dieses zu ermöglichen, haben alle, die zur Ehe berufen sind, die besondere Verpflichtung, ihre Ehe und Familie mit christlichen Grundsätzen zu durchwirken, damit sie ihren Glauben überzeugend weitergeben und den ihnen Anvertrauten Heimat und ein Zuhause schenken können.
Wo Ehe und Familie mehr ist als eine Schicksals- oder Versorgungsgemeinschaft, dort, wo sich gläubige Christen in ihrem Ehestand getragen wissen von einem liebenden Vater im Himmel und wo sie dieses Getragen-sein auch weitergeben, nur dort hat Ehe und Familie die Kraft, am Aufbau des Volkes Gottes mitzuwirken.
Aus dem Ehebund, der „das Geheimnis der Einheit und der fruchtbaren Liebe zwischen Christus und der Kirche bezeichnet", geht, wie das II. Vat. Konzil lehrt, „die Familie hervor, in der die neuen Bürger der menschlichen Gesellschaft geboren werden, die durch die Gnade des Heiligen Geistes in der Taufe zu Söhnen Gottes gemacht werden, um dem Volke Gottes im Fluß der Zeiten Dauer zu verleihen"[12].

Christliche Erziehung der Kinder

Can. 226 – § 2. Da die Eltern ihren Kindern das Leben geschenkt haben, haben sie die sehr schwerwiegende Pflicht und das Recht, sie zu erziehen; daher ist es vor allem Aufgabe der christlichen Eltern, für die christliche Erziehung ihrer Kinder gemäß der von der Kirche überlieferten Lehre zu sorgen.

Es soll hier zunächst betont werden, daß die Erziehungsverantwortung für Kinder keine ausschließliche Verpflichtung der *Laien* darstellt, sondern einer spezifischen Gruppe innerhalb der Christgläubigen vorbehalten ist, nämlich den Eltern, die nicht ausschließlich Laien sein müssen, wenn man an die Eltern denkt, bei denen der Vater als ständiger Diakon Kleriker ist.
Es ist die erste, wesentliche und auch beglückende Pflicht (und gleichzeitig auch das Recht) der Eltern, für die Erziehung der Kinder Sorge zu tragen, eine Pflicht, die kaum zu ersetzen bzw. zu delegieren ist, auch wenn Heime oder Internate oft mit ihrem besten Einsatz und allen verfügbaren pädagogischen und psychologischen Mitteln diesen Elternauftrag aufgrund besonderer Krisensituationen in der Familie übernehmen müssen. Heim kann Familie nicht ersetzen, ist jedoch in den besonderen Notsituationen, in denen die Familie die Kindererziehung nicht wahrnehmen kann bzw. nicht will, die beste Alternative.
Aus überzeugtem christlichen Glauben lebende Eltern sind sich ihrer verantwortungsvollen Aufgabe bewußt, die darin begründet liegt, daß sie ihren Kindern das Leben geschenkt haben; dieses Geschenk beinhaltet gleichzeitig die Verpflichtung zur Kindererziehung. „Daher müssen sie als die ersten und bevorzugten Erzieher ihrer Kinder anerkannt werden. Ihr Erziehungswirken ist so entscheidend, daß es dort, wo es fehlt, kaum zu ersetzen ist. Den Eltern obliegt es, die Familie derart zu einer Heimstätte der Frömmigkeit und Liebe zu Gott und den Menschen zu gestalten, daß die gesamte Erziehung der Kinder nach der persönlichen wie der gesellschaftlichen Seite hin davon getragen wird. So ist die Familie die erste Schule der sozialen Tugenden, deren kein gesellschaftliches Gebilde entraten kann. Besonders aber sollen in der christlichen Familie, die mit der Gnade und dem Auftrag des Ehesakramentes ausgestattet ist, die Kinder schon von den frühesten Jahren an angeleitet werden, gemäß dem in der Taufe empfangenen Glauben Gott zu erkennen und zu verehren und

den Nächsten zu lieben. Was gesunde menschliche Gemeinschaft und was Kirche ist, erfahren die Kinder zum erstenmal in einer solchen christlichen Familie; durch sie werden sie auch allmählich in die weltliche Gemeinschaft und in das Volk Gottes eingeführt. Daher sollen die Eltern wohl bedenken, wie entscheidend die echt christliche Familie für das Leben und das Wachstum des Gottesvolkes ist"[13].

Die Kinder ihrerseits haben ein Recht auf eine entsprechende christliche Erziehung, um so unter anderem „allmählich in das Heilsmysterium eingeführt (zu) werden"[14]. Das Recht des Kindes auf eine christliche Erziehung wird also in erster Linie das christliche Elternhaus zu erfüllen haben; es wird zusätzlich in verschiedener Weise und mit verschiedenen Schwerpunkten, die allerdings dem einen erklärten Ziel dienen, vom Staat und von der Kirche unterstützt, die dazu auch die Pflicht und das Recht haben.

Zu den wesentlichen Aufgaben des Staates gehört es, „die Erziehung der Jugend in vielfacher Weise zu fördern; er hat die Pflichten und Rechte der Eltern und all derer, die an der Erziehungsaufgabe teilhaben, zu schützen und ihnen Hilfe zu leisten, und wenn die Initiativen der Eltern und anderer Gemeinschaften nicht genügen, kommt dem Subsidiaritätsprinzip entsprechend dem Staat die Pflicht zu, die Erziehung in die Hand zu nehmen, immer aber unter Beachtung des elterlichen Willens. Schließlich gehört es zu seinen Aufgaben, eigene Schulen und Institute zu gründen, soweit dies das Allgemeinwohl erfordert"[15].

Als Eltern, die sich zum christlichen Glauben bekennen, ergibt sich für sie die besondere Verpflichtung, sich um die konsequente christliche Erziehung ihrer Kinder zu kümmern, so, wie die Kirche es ihnen in ihrer Lehre überliefert hat, damit die Kinder in der Familie eine Heimstätte der Frömmigkeit und Liebe zu Gott und allen Menschen erfahren. Nur wer in der frühen Kindheit bereits angeleitet wird, eine Beziehung zu Gott und Jesus Christus aufzubauen, wird eine solche Beziehung auch ein Leben lang durchtragen können und wollen. Hier zu warten, bis das Kind sich selber entscheiden kann, wäre verantwortungslos und stünde auch im Gegensatz zu der überaus schweren Verpflichtung der Eltern zur Kindererziehung. Wenn bereits in den ersten Lebensjahren bezüglich des kindlichen Charakters Entscheidendes und kaum noch zu Korrigierendes geschieht, so gilt das ganz bestimmt auch im religiösen Bereich.

Schon im frühesten Alter sollen also die Kinder spüren und erfahren, daß die Familie, in der sie aufwachsen, den Glauben *lebt.* Das bedeutet zunächst für die Eltern, daß ihre eigene Ehe ein lebendiges und leben-spendendes Zeugnis des Glaubens wird, bei dem Liebe und Treue den ersten Platz einnehmen. Die Kinder haben ein Anrecht auf die Liebe und Treue ihrer Eltern. Neben dem Zeugnis der Liebe und Treue seitens der Eltern ist das gute Vorbild im religiösen, christlichen Leben unverzichtbar, wobei die Taten mehr überzeugen als noch so gut gemeinte Worte. Im gemeinsamen *Tun* geschieht christliche Erziehung, werden Glaube und Gottesliebe vermittelt. Christliche Erziehung erwartet von den Eltern, daß sie ihre Kinder begleiten auf dem Weg zu den Sakramenten der Buße, der Eucharistie und der Firmung. Nur, wenn Mutter und Vater lebendig dabei sind und sich nicht distanziert „ab-setzen", kann die Familie wirklich zur Hauskirche werden.

Papst Johannes Paul II. hat Ende Januar 1979 im Rahmen seiner denkwürdigen Rede an die zur Bischofskonferenz in Puebla versammelten lateinamerikanischen Oberhirten sehr deutlich darauf hingewiesen, daß die Zukunft der Kirche von der Familie abhängt. Die erste entscheidende, ja fundamentale Seelsorge geht von der Familie aus. So hat die Kirche seit ihrer Grundlegung durch Christus der Familie eine elementare Bedeutung zugesprochen. In der geborgenen Atmosphäre des Elternhauses, im Zusammenleben mit Vater und Mutter und den Geschwistern erleben die Kinder den hohen Wert einer gesunden und menschlichen Gemeinschaft, die sich ja in der Kirche manifestiert. In dieser Gemeinschaft kann dann auch nach und nach der Glaube der Kindheit vertieft und der entsprechenden Altersstufe angepaßt werden. Das „liebe Jesuskind" wird zum „treuen Freund".

Besonders als Heranwachsender braucht der junge Christ den stützenden Halt der Familie. Umwelt, Film und Fernsehen, Illustrierte usw. können den Glauben verunsichern und tun das oft auch. Der Jugendliche wird unsicher, beginnt zu zweifeln. Das Glaubensgespräch in der Familie und in der Jugendgruppe kann hier neue Sicherheit geben und den eigenen Standpunkt festigen; oft muß das Glaubensgespräch in der Familie einen qualifizierten Religionsunterricht ersetzen. Indem die Eltern „sich gegenseitig und den Kindern den Glauben und die Liebe Christi bezeugen"[16], wird die Familie für sich und ihre Umwelt zum Eingangstor des Glaubens.

ANMERKUNGEN

1 LG, Art. 11.
2 LG, Art. 33.
3 Ebd.
4 AA, Art. 13.
5 AA, Art. 3.
6 LG, Art. 31.
7 AA, Art. 13.
8 R. Lettmann, Vom Glauben, S. 24.
9 2 Tim 1,8a.
10 LG, Art. 36; vgl. AA, Art. 7.
11 AA, Art. 11.
12 LG, Art. 11.
13 GE, Art. 3.
14 GE, Art. 2.
15 GE, Art. 3.
16 LG, Art. 35.

Die Grundrechte aller Christgläubigen

Petitionsrecht

Can. 212 – § 2. Den Gläubigen ist es unbenommen, ihre Anliegen, insbesondere die geistlichen, und ihre Wünsche den Hirten der Kirche zu eröffnen.

Die Christgläubigen haben nicht nur die Verpflichtung, beim Aufbau des Leibes Christi aktiv mitzuarbeiten, sondern sie haben als Glieder dieses Leibes auch das Recht, daß sie „Aufbau" erfahren seitens der Hirten der Kirche. Das geschieht unter anderem dadurch, daß sie ihre geistlichen Anliegen und alles, was damit zusammenhängt und der Kirche oder ihrem persönlichen Seelenheil dient, den geweihten Hirten der Kirche mitteilen, und zwar ohne falsche Scheu, sondern im Bewußtsein einer gemeinsamen Verantwortung und geforderten engen Zusammenarbeit.
„Die geweihten Hirten aber sollen die Würde und die Verantwortung der Laien in der Kirche anerkennen und fördern. Sie sollen gern deren klugen Rat benutzen, ihnen vertrauensvoll Aufgaben im Dienst der Kirche übertragen und ihnen Freiheit und Raum im Handeln lassen, ihnen auch Mut machen, aus eigener Initiative Werke in Angriff zu nehmen. Mit väterlicher Liebe sollen sie Vorhaben, Eingaben und Wünsche, die die Laien vorlegen, aufmerksam in Christus in Erwägung ziehen. Die gerechte Freiheit, die allen im irdischen, bürgerlichen Bereich zusteht, sollen die Hirten sorgfältig anerkennen.
Aus diesem vertrauten Umgang zwischen Laien und Hirten kann man viel Gutes für die Kirche erwarten. In den Laien wird so der Sinn für eigene Verantwortung gestärkt, die Bereitwilligkeit gefördert. Die Kraft der Laien verbindet sich leichter mit dem Werk der Hirten. Sie können mit Hilfe der Erfahrung der Laien in geistlichen wie in weltlichen Dingen genauer und besser urteilen. So mag die ganze Kirche, durch alle ihre Glieder gestärkt, ihre Sendung für das Leben der Welt wirksamer erfüllen"[1].
Diese brüderliche Zusammenarbeit ist notwendig, gibt ein klares Bild von der Einheit im Leibe Christi und dient ihr im hohen Maße. Der fruchtbare Dialog unter den Christgläubigen aller Altersstufen, aller Bil-

dungsgrade und aller verschiedenen Ämter ist für den Aufbau des Leibes Christi und für die Erreichung der pastoralen Ziele der Kirche immer eine nicht zu unterschätzende Bereicherung; er sollte oft gesucht und nie als Belastung empfunden werden, besonders dann nicht, wenn konstruktive kritische Anmerkungen zu machen sind.
Ebenso fordert das Kirchenrecht, daß dieser Dialog für *alle* Christgläubigen offen sein muß und nicht nur für einige „Privilegierte" in der Nähe der Hirten. Der Dialog in der Kirche soll von beiden Seiten ausgehen, von den Laien und von den Hirten. Wenn nach Can. 212, § 2 die Gläubigen ihre Anliegen den Hirten sagen sollen, so schließt das auch die Forderung ein, daß die Hirten nicht nur die Gläubigen auf sich zukommen lassen, was rein technisch oft schwierig ist, sondern auch sie müssen auf die Gläubigen zugehen, um den fruchtbaren Dialog zu initiieren, damit die Christgläubigen ihr ihnen zustehendes Recht möglichst voll ausschöpfen können.
„Da es der Kirche aufgegeben ist, mit der menschlichen Gesellschaft, mit der sie lebt, in ein Gespräch zu kommen, ist es in erster Linie Pflicht der Bischöfe, zu den Menschen zu gehen und das Gespräch mit ihnen zu suchen und zu fördern. Damit immer Wahrheit mit Liebe, Einsicht mit Güte gepaart sind, muß sich dieser Heilsdialog sowohl durch Klarheit der Rede als auch zugleich durch Demut und Sanftmut auszeichnen, ferner durch gebührende Klugheit, die jedoch mit Vertrauen verbunden sein muß, das ja die Freundschaft fördert und somit darauf hinwirkt, die Geister zu einen"[2].

Recht auf freie Meinungsäußerung

Can. 212 – § 3. Entsprechend ihrem Wissen, ihrer Zuständigkeit und ihrer hervorragenden Stellung haben sie das Recht und bisweilen sogar die Pflicht, ihre Meinung in dem, was das Wohl der Kirche angeht, den geistlichen Hirten mitzuteilen und sie unter Wahrung der Unversehrtheit des Glaubens und der Sitten und der Ehrfurcht gegenüber den Hirten und unter Beachtung des allgemeinen Nutzens und der Würde der Personen den übrigen Gläubigen kundzutun.

Der Gesetzestext geht davon aus, daß die geweihten Hirten, die Diakone, Priester, Bischöfe und sogar der Papst, nicht in allen Bereichen allein kompetente Antworten haben auf die vielfältigen Fragen und Probleme der Zeit und daß sie nicht allein Entscheidungen fällen können, außer in jenen Bereichen, die ihnen vom Recht her zustehen. Sie bedürfen des Rates kundiger Fachkräfte aus den verschiedensten Disziplinen, seien es andere Kleriker oder Laien.

„Entsprechend dem Wissen, der Zuständigkeit und hervorragenden Stellung, die sie einnehmen, haben sie die Möglichkeit, bisweilen auch die Pflicht, ihre Meinung in dem, was das Wohl der Kirche angeht, zu erklären. Gegebenenfalls soll das durch die dazu von der Kirche festgesetzten Einrichtungen geschehen, immer in Wahrhaftigkeit, Mut und Klugheit, mit Ehrfurcht und Liebe gegenüber denen, die aufgrund ihres geweihten Amtes die Stelle Christi vertreten"[3].

Wer das Recht hat, Wünsche und Anregungen zu äußern, wie es Can. 212, § 3 allen Christgläubigen zugesteht, hat auch ein Recht darauf, daß die geweihten Hirten diese Wünsche und Anregungen entsprechend ihres Kompetenzbereiches prüfen; werden sie den Antragstellern versagt, muß die Ablehnung begründet werden. Ist kein wesentlicher Grund für eine Ablehnung vorhanden, haben die Hirten den Wünschen und Anregungen zu entsprechen und geeignete Maßnahmen einzuleiten, die auf deren Erfüllung abzielen.

Bei den Meinungsäußerungen und Anregungen, die das allgemeine Wohl der kirchlichen Gemeinschaft angehen, spielt die jeweilige Stellung, das Fachwissen oder die Zuständigkeit eines Christgläubigen eine besondere Rolle, was in der Tatsache gründet, daß eben besondere Zuständigkeiten auch besondere Qualifikationen verlangen.

Was die einzelnen Christgläubigen an Wünschen und Anregungen den Hirten vortragen, braucht nicht geheim mitgeteilt zu werden. Wenn es nützlich oder sinnvoll erscheint und es niemandem schadet, dürfen alle anderen Christgläubigen die entsprechende Meinungsäußerung erfahren. Alle sind eingeladen, mitzudenken und mitzuentscheiden in allen Angelegenheiten, die das Wohl der Kirche und jedes einzelnen Gliedes in dieser Kirche betreffen.

Den Hirten, die besondere Verantwortung in der Kirche tragen, ist bei allem erlaubten, ja geforderten Engagement Ehrfurcht und Respekt zu zollen, besonders dann, wenn sie in ihren Entscheidungen schwanken oder gar fehlen und korrigiert werden müssen. Allerdings wird es in den meisten Fällen so sein, daß die Hirten *vor* entsprechenden Entscheidungen fachkundige Experten konsultieren, die dann zum Nutzen der Allgemeinheit ihr Fachwissen mit in die Überlegungen und Entscheidungen ein-

bringen sollen. Dazu sind sie berechtigt und zum Wohle des Ganzen auch verpflichtet und aufgerufen.
Wer *in* der Kirche lebt und sich entsprechend engagiert, darf mitdenken, darf auch laut mitdenken, und die Hirten haben dieses Denken in ihre Überlegungen und Entscheidungen miteinzubeziehen unter Wahrung der Reinheit des Glaubens. In diesem vertrauensvollen Miteinander in der Kirche ist etwas Wesentliches spürbar von dem, was gute und verantwortungsbewußte Gemeinschaft ausmacht, zu der alle Glieder des Gottesvolkes berufen sind. Ihnen gelten die Worte des Apostels: „Dient einander als gute Verwalter der vielfältigen Gnade Gottes, jeder mit der Gabe, die er empfangen hat. Wer redet, der rede mit den Worten, die Gott ihm gibt; wer dient, der diene aus der Kraft, die Gott verleiht"[4].

Gewährung geistlicher Güter

Can. 213 – Die Gläubigen haben das Recht, aus den geistlichen Gütern der Kirche, insbesondere dem Wort Gottes und den Sakramenten, Hilfe von den geistlichen Hirten zu empfangen.

Die geweihten Hirten verwalten in der Kirche in besonderer Weise die geistlichen Güter für die Menschen, d. h. für die Laien sowie für alle Christgläubigen. Diese haben ein Anrecht, die geistlichen Hilfen zu erhalten, vor allem das Wort Gottes und die Sakramente, darüber hinaus aber auch alle anderen geistlichen Hilfen (Beratung, Seelenführung, Sakramentalien, Segnungen usw.).
„Die Laien haben wie alle Christgläubigen das Recht, aus den geistlichen Gütern der Kirche, vor allem die Hilfe des Wortes Gottes und der Sakramente, von den geweihten Hirten reichlich zu empfangen. Und ihnen sollen sie ihre Bedürfnisse und Wünsche mit der Freiheit und dem Vertrauen, wie es den Kindern Gottes und den Brüdern in Christus ansteht, eröffnen"[5].
Die Hirten selbst haben einerseits das Recht, Hilfen auf dem Weg des Heiles zu erhalten; andererseits sind sie aber auch verpflichtet, jedem Christgläubigen ihrer Zuständigkeit die entsprechenden geistlichen Güter zu gewähren, allerdings immer mit der Berechtigung, die wirkliche Notwendigkeit der Bitterfüllung zu prüfen.
Es kann natürlich vorkommen, daß das allgemeine Grundrecht auf den

Heilsdienst der Kirche im Einzelfall einer rechtlichen Beschränkung unterliegt. Das Recht auf geistliche Güter ist also kein absolutes, sondern nur ein relatives Grundrecht. Im Regelfall gilt aber, daß die geweihten Amtsträger denen die Sakramente nicht verweigern dürfen, „die zu gelegener Zeit darum bitten, in rechter Weise disponiert und rechtlich an ihrem Empfang nicht gehindert sind"[6].
Falsche Rücksichtnahme auf die Hirten seitens der Christgläubigen wäre fehl am Platz. Sie haben also ein Recht auf Gewährung geistlicher Hilfen, und zwar nicht nur auf den Sakramentenempfang, auch auf das Wort Gottes und seine Auslegung, auf die Predigt (auch in der Urlaubszeit – vielleicht da ganz besonders). Dieser Canon 213 macht offenkundig, daß z. B. die Sonntagspredigt für die Geistlichen einer Gemeinde eine Verpflichtung darstellt, eben weil sie zu hören dem Grundrecht der Christgläubigen entspricht. Dieses Grundrecht ergibt sich vor allem daraus, daß die Vermittlung der Botschaft vom Heil wesentlich und konstitutiv durch die Verkündigung der Kirche geschieht; ohne diese Verkündigung gäbe es für die Gläubigen nicht die Chance, die Inhalte der für alle Zeiten und alle Völker geltenden Selbstzusage Gottes zu erfahren. Allein deshalb besteht für die Amtsträger die große Verpflichtung, die Verkündigung als das wesentliche Element ihres Gesamtauftrages zu betrachten.

Recht auf eigenen Ritus

Can. 214 – Die Gläubigen haben das Recht, den Gottesdienst gemäß den Vorschriften des eigenen, von den zuständigen Hirten der Kirche genehmigten Ritus zu feiern und der eigenen Form des geistlichen Lebens zu folgen, sofern diese mit der Lehre der Kirche übereinstimmt.

Die Christgläubigen haben ein Grundrecht auf Gottesdienst und die ihnen eigentümliche Lebensweise, sofern diese der Lehre der Kirche nicht entgegensteht. Auch wenn sie ein Grundrecht auf den eigenen Ritus haben, „ist (es) ihnen aber nicht versagt, an liturgischen Zelebrationen anderer Riten teilzunehmen und ggf. auch so die Sonntagspflicht zu erfüllen"[7]. Eine solche gelegentliche Teilnahme kann den Blick für die Weltkirche schärfen und die Verbundenheit mit ihr zum Ausdruck bringen.
Die einzelnen Teilkirchen haben auch das Recht auf eigene Gottesdienst-

gestaltung, diese darf jedoch die Gemeinschaft mit den übrigen Teilkirchen und der Gesamtkirche nicht stören oder gar in Gefahr bringen[8]. Auch kann es in einer Teilkirche notwendig werden, daß in einer besonderen pastoralen Notsituation „nur" ein Wortgottesdienst gefeiert wird, dem ein Diakon oder ein Laie vorsteht. Der akute Priestermangel in der Bundesrepublik Deutschland wird schon in absehbarer Zeit zu einer solchen Möglichkeit führen. In den Gebieten deutscher Diasporadiözesen ist diese Art des Gottesdienstes schon längst notwendig geworden, und sie steht zu den Lehren der Kirche keineswegs im Widerspruch. Das Grundrecht auf Gottesdienst wird in jedem Fall auch durch den Wortgottesdienst erfüllt.

Dem *Recht* der Gläubigen auf einen Gottesdienst im eigenen Ritus entspricht die *Pflicht* der Geistlichen, die Vorschriften ihres eigenen, von den rechtmäßigen Hirten ihrer Kirche gutgeheißenen Ritus unbedingt zu beachten und nicht nach eigenem Belieben zu ändern bzw. zu variieren. Hier scheint offenbar für einige Geistliche eine große Versuchung zu liegen, eigene Maßstäbe anzulegen, die in jedem Fall dem Grundrecht der Laien des Canon 214 entgegenstehen.

Vereinigungsfreiheit

Can. 215 – Den Gläubigen ist es unbenommen, Vereinigungen für Zwekke der Caritas oder der Frömmigkeit oder zur Förderung der christlichen Berufung in der Welt frei zu gründen und zu leiten und Versammlungen abzuhalten, um diese Zwecke gemeinsam zu verfolgen.

Allen Christgläubigen ist Vereinigungsfreiheit und Versammlungsfreiheit einzuräumen. Für viele Aufgaben und Aktivitäten in der Kirche sind die Kräfte einzelner überfordert; erst in Gemeinschaft Gleichgesinnter können solche Aufgaben bewältigt werden, die für Zwecke der Caritas oder der Frömmigkeit oder zur Förderung der christlichen Berufung in der Welt dienlich sind.

„Die Laien können ihre apostolische Tätigkeit als einzelne ausüben; sie können sich dabei aber auch zu verschiedenen Gemeinschaften oder Vereinigungen zusammenschließen"[9], wie das II. Vat. Konzil bestätigt.

Nach Canon 215 sind also die Christgläubigen *frei* bei der Gründung von Vereinigungen zu den oben genannten Zwecken, d. h., sie bedürfen keiner besonderen Genehmigung bzw. Erlaubnis. Sie benötigen nur dann eine solche, wenn durch die Gründung Rechtsgüter höherer Rangordnung beeinträchtigt oder Verstöße gegen Glauben und gute Sitten festgestellt werden. In einem solchen Falle kann eine Einschränkung dieser Befugnis seitens der kirchlichen Autorität erfolgen, die ja die Anliegen und das Wohl aller Christgläubigen zu vertreten hat.

Einzige Bedingung, die bei der Gründung eines Vereins erfüllt werden muß, ist die Pflicht, Statuten auszuarbeiten, zu beschließen und sie der kirchlichen Autorität zur Prüfung vorzulegen. „Kein privater Verein von Gläubigen wird in der Kirche anerkannt, wenn seine Statuten nicht von der zuständigen Autorität überprüft sind"[10]. Vom positiven Ausgang der Prüfung (Bestätigung der Statuten) hängt es also ab, ob eine private Vereinigung in der Kirche Anerkennung findet und ob die Statuten Bindungskraft erfahren. Auch öffentliche Vereinigungen, die von der kirchlichen Autorität errichtet werden, können Statuten beschließen; sie bedürfen der Genehmigung der zuständigen kirchlichen Autorität. Eventuelle spätere Änderungen an den Statuten dürfen nur mit Genehmigung der zuständigen kirchlichen Autorität vorgenommen werden[11], wenn sie Rechtskraft erlangen wollen.

Neben den auszuarbeitenden und vorzulegenden Statuten können die Vereine darüber hinaus noch eigene Richtlinien für besondere Vereinsangelegenheiten erlassen, die keiner Überprüfung seitens der kirchlichen Autorität bedürfen.

Was den *Inhalt* der Statuten aller privaten und öffentlichen Vereine von Christgläubigen angeht, müssen sie Angaben enthalten, „in denen Zweck bzw. soziales Programm, Sitz, Leitung und erforderliche Mitgliedschaftsbedingungen zu regeln sind und in welchen unter Beachtung des Erfordernisses oder der Nützlichkeit von Zeit und Ort die Vorgehensweise zu bestimmen ist"[12].

Was den *Namen* des Vereins angeht, so soll er den spezifischen Zweck des Vereins erkennen lassen und entsprechend den zeitlichen und örtlichen Gebräuchen ausgewählt werden[13].

Was die *Mitgliedschaft* in den Vereinen anbelangt, hat sie „nach Maßgabe des Rechtes und der Statuten eines jeden Vereins zu erfolgen"[14], wobei es ein und derselben Person unbenommen ist, in mehreren Vereinen Mitglied zu sein[15]. Ein Mitglied darf, wenn es rechtmäßig einem Verein angehört, nur aus einem angemessenen Grund nach Maßgabe des Rechts und der Statuten entlassen werden[16].

Was schließlich die *Auflösung* der Vereine angeht, können sich private

Vereine nach Maßgabe ihrer Statuten selbst auflösen; vom Heiligen Stuhl errichtete Vereine können auch nur wieder von diesem aufgelöst werden[17].

Insgesamt kann man feststellen, daß der zuständige kirchliche Hoheitsträger jede Art Verein wieder auflösen kann; allerdings darf ein öffentlicher Verein von der zuständigen Autorität nur aufgelöst werden, wenn sein Vorsitzender und die anderen Vorstandsmitglieder gehört worden sind[18].

Das Vereinswesen der Kirche befindet sich in einem Prozeß beständigen Wachstums. Das in Canon 215 gewährte Grundrecht, allen Christgläubigen Vereinigungsfreiheit einzuräumen, wird im Laufe der Zeit noch stärker ausgeschöpft werden müssen, weil besonders hier die Kirche eine Chance hat, über die Vereine die Menschen zu erreichen, die sich von der Kirche und vom kirchlichen Leben abgewandt haben. Die Menschen suchen wieder nach Orientierung, nach Gemeinschaften, in denen die christliche Botschaft radikal und konsequent gelebt wird. Damit Vereinsleben optimal realisiert werden kann, gibt es noch viele Einzelbestimmungen, die die Durchführung und Abgrenzung der im Canon 215 gewährten Vereinigungsfreiheit abklären; wir werden später noch eigens bezüglich dieser Einzelbestimmungen verschiedene Canones untersuchen.

Entfaltung apostolischer Tätigkeit

Can. 216 – Da alle Gläubigen an der Sendung der Kirche teilhaben, haben sie das Recht, auch durch eigene Unternehmungen je nach ihrem Stand und ihrer Stellung eine apostolische Tätigkeit in Gang zu setzen oder zu unterhalten; keine Unternehmung darf sich jedoch ohne Zustimmung der zuständigen kirchlichen Autorität katholisch nennen.

Die Christgläubigen besitzen das Grundrecht, auch eigene Initiativen in der apostolischen Tätigkeit zu entwickeln, da sie alle verantwortlich sind für die Durchdringung und Vervollkommnung der zeitlichen Ordnung mit dem Geist des Evangeliums, für die Heiligung der Menschen und insgesamt berufen und mitverantwortlich sind für die Sendung des ganzen Gottesvolkes in Kirche und Welt[19].

Nicht ausschließlich die geweihten Hirten tragen die Verantwortung. Ja, sie haben sogar die große Verpflichtung, den Laien „Mut zu machen, aus eigener Initiative Werke in Angriff zu nehmen. Mit väterlicher Liebe sollen sie Vorhaben, Eingaben und Wünsche, die die Laien vorlegen, aufmerksam in Christus in Erwägung ziehen"[20].

Alle sind durch ihre Teilhabe am priesterlichen, prophetischen und königlichen Amt Christi berufen, bei der Verwirklichung des Zieles der Kirche mitzuarbeiten.

„Pflicht und Recht zum Apostolat haben die Laien kraft ihrer Vereinigung mit Christus, dem Haupt. Denn durch die Taufe dem mystischen Leib Christi eingegliedert und durch die Firmung mit der Kraft des Heiligen Geistes gestärkt, werden sie vom Herrn selbst mit dem Apostolat betraut. Sie werden zu einer königlichen Priesterschaft und zu einem heiligen Volk (vgl. 1 Petr 2,4–10) geweiht, damit sie durch alle ihre Werke geistliche Opfergaben darbringen und überall auf Erden Zeugnis für Christus ablegen. Durch die Sakramente, vor allem die heilige Eucharistie, wird jene Liebe mitgeteilt und genährt, die sozusagen die Seele des gesamten Apostolates ist.

Das Apostolat verwirklicht sich in Glaube, Hoffnung und Liebe, die der Heilige Geist in den Herzen aller Glieder der Kirche ausgießt. Ja das Gebot der Liebe, das der große Auftrag des Herrn ist, drängt alle Christen, für die Ehre Gottes, die durch das Kommen seines Reiches offenbar wird, und für das ewige Leben aller Menschen zu wirken, damit sie den einzigen wahren Gott erkennen und den, den er gesandt hat, Jesus Christus (vgl. Joh 17,3).

Allen Christen ist also die ehrenvolle Last auferlegt, mitzuwirken, daß die göttliche Heilsbotschaft überall auf Erden von allen Menschen erkannt und angenommen wird"[21].

Innerhalb der Gemeinschaft der Kirche „vor Ort" tragen die Christgläubigen diese Verantwortung besonders im Bereich der Kindergärten, der Vorschulen, der Schulen ganz allgemein; ebenso in den Jugendheimen und Jugendtreffs, wo viele junge Menschen unserer Zeit Kirche und kirchliche Gemeinschaft suchen und erleben; auch bieten die Krankenhäuser, Alten- und Behindertenheime vielfältige Möglichkeiten, apostolische Tätigkeiten auf den verschiedensten Ebenen in Gang zu setzen. Den Eigeninitiativen sind hier keinerlei Grenzen gesetzt. In den erwähnten Einrichtungen sollen die, die dort Verantwortung tragen und mitarbeiten, einen „pastoralen Lebensraum" schaffen, in dem der Geist der Frohbotschaft spürbar wird (Bibelgespräche, Diskussionsabende, Liederabende, religiöses Rollenspiel usw.).

In vielen Einrichtungen sind die Laien oft die ersten Verkünder der Froh-

botschaft, oder sie verkünden durch Wort und Tat vielen Menschen, die jahrelang kein religiöses Milieu erleben konnten oder erleben wollten. Hier hat das Apostolat der Laien in seinen verschiedenen Angeboten und Möglichkeiten oft eine bessere Chance, die Sendung der Kirche zu erfüllen, als der geweihte Hirte sie hat.
„Katholisch" dürfen sich solche Unternehmungen, die oft von der katholischen Kirche gelobt und empfohlen werden, jedoch nur dann nennen, wenn sie die Zustimmung der zuständigen kirchlichen Autorität eingeholt bzw. erhalten haben. So soll verhindert werden, daß Vereine, die den Namen „katholisch" tragen, in ihrer Zielsetzung und in ihrem Leben nichtkatholische Programme bevorzugen, sondern sie sollen vielmehr ihrem „katholischen" Namen auch in jeder Weise alle Ehre machen.

Recht auf christliche Erziehung

Can. 217 – Da ja die Gläubigen durch die Taufe zu einem Leben nach der Lehre des Evangeliums berufen sind, haben sie das Recht auf eine christliche Erziehung, durch die sie in angemessener Weise zur Erlangung der Reife der menschlichen Person und zugleich zur Erkenntnis des Heilsgeheimnisses und zu einem Leben danach angeleitet werden.

Die Christgläubigen, die durch den Empfang der heiligen Taufe zu einem Leben nach der Lehre des Evangeliums berufen sind, „haben das Recht auf eine christliche Erziehung. Diese erstrebt nicht nur ... die Reifung der menschlichen Person, sondern zielt hauptsächlich darauf ab, daß die Getauften, indem sie allmählich in das Heilsmysterium eingeführt werden, der empfangenen Gabe des Glaubens immer mehr bewußt werden. Sie sollen lernen, Gott den Vater im Geist und in der Wahrheit (vgl. Joh 4,23) vornehmlich durch die Mitfeier der Liturgie anzubeten und ihr eigenes Leben nach dem neuen Menschen in Gerechtigkeit und wahrer Heiligkeit (vgl. Eph 4,22–24) zu gestalten. So sollen sie zur Mannesreife gelangen, zum Vollmaß des Alters Christi (Eph 4,13), und sich um den Aufbau des mystischen Leibes mühen. Überdies sollen sie sich im Bewußtsein ihrer Berufung darin einüben, Zeugnis abzulegen für die Hoffnung, die in ihnen ist (1 Petr 3,15), und an der christlichen Weltgestaltung mitzuhelfen; hierbei sollen ja die natürlichen Werte, die in die Gesamtschau des von Christus erlösten Menschen einbezogen sind, zum

Wohl der ganzen Gesellschaft wirksam werden. Deshalb erinnert die Heilige Synode die Oberhirten an die schwere Verantwortung, alles daranzusetzen, daß alle Gläubigen diese christliche Erziehung genießen, vor allem die jungen Menschen, die die Hoffnung der Kirche sind"[22].

Eine christliche Erziehung geht also über die Hinführung zur Erkenntnis des Heilsmysteriums und die Anleitung zu einem dementsprechenden Leben hinaus und beinhaltet unter anderem auch den Auftrag, den Kindern und Jugendlichen zu helfen, daß sie zu Persönlichkeiten heranreifen, die an der christlichen Weltgestaltung mitzuarbeiten bereit sind. Die Eltern sind *allein* nicht in der Lage, diesen Auftrag zu erfüllen.

In einer ganz besonderen und spezifischen Rolle befindet sich die Kirche bezüglich der religiösen Erziehung der Kinder und Jugendlichen. Dieser Erziehungsauftrag kommt ihr zu, „nicht nur weil auch sie als eine zur Erziehung fähige menschliche Gemeinschaft anzuerkennen ist, sondern vor allem deshalb, weil sie die Aufgabe hat, allen Menschen den Heilsweg zu verkünden, den Gläubigen das Leben Christi mitzuteilen und ihnen mit unablässiger Sorge zu helfen, daß sie zur Fülle dieses Lebens gelangen können. Diesen ihren Kindern hat daher die Kirche gleichsam als ihre Mutter jene Erziehung zu schenken, die ihr ganzes Leben mit dem Geiste Christi erfüllt; zugleich aber bietet sie ihre wirksame Hilfe allen Völkern an zur Vervollkommnung der menschlichen Persönlichkeit, zum Wohl der irdischen Gesellschaft und zum Aufbau einer Welt, die menschlicher gestaltet werden muß"[23].

Bei der verantwortungsbewußten Erfüllung ihrer Erziehungsaufgabe ist die Kirche bestrebt, geeignete Hilfsmittel einzusetzen. Neben der katechetischen Unterweisung, die zum apostolischen Tun hinführt, sind es die Kommunikationsmittel der Gesellschaft, die verschiedenen Vereinigungen, die der geistigen und körperlichen Ertüchtigung dienen, die Jugendgruppen[24] und besonders die Schule, die unter allen Erziehungsmitteln die hervorragendste Stellung einnimmt, „weil sie kraft ihrer Mission die geistigen Fähigkeiten in beharrlicher Mühe heranbildet, das rechte Urteilsvermögen entwickelt, in das von den vergangenen Generationen erworbene kulturelle Erbe einführt, den Sinn für die Werte erschließt und auf das Berufsleben vorbereitet. Zudem stiftet sie zwischen den Schülern verschiedener Anlagen und verschiedenen Standes ein freundschaftliches Zusammenleben und schafft so die Grundlage für ein gegenseitiges Verständnis. Darüber hinaus wird sie gleichsam zu einem Zentrum, an dessen Bestrebungen und Fortschritten zugleich teilnehmen sollen die Familie, die Lehrer, die verschiedenen Vereinigungen für das kulturelle, das weltliche und das religiöse Leben, die Gesellschaft, ja die gesamte Menschheitsfamilie"[25].

Im Rahmen des Erziehungsauftrages an ihren Kindern müssen die Eltern in der Wahl der Schule unbedingt Freiheit haben. So bestimmt es auch das II. Vat. Konzil: „Die Eltern, die zuerst und unveräußerlich die Pflicht und das Recht haben, ihre Kinder zu erziehen, müssen in der Wahl der Schule wirklich frei sein. Die Staatsgewalt, deren Aufgabe es ist, die bürgerlichen Freiheiten zu schützen und zu verteidigen, muß zur Wahrung der ‚ausgleichenden Gerechtigkeit' darauf sehen, daß die öffentlichen Mittel so ausgegeben werden, daß die Eltern für ihre Kinder die Schulen nach ihrem Gewissen wirklich frei wählen können"[26].

Das Grundrecht des Canon 217 richtet sich also an die Eltern und besonders an die Kirche, die ihre Präsenz nicht nur in den Familien, in den Pfarrgemeinden und christlichen Vereinen, sondern auch im schulischen Bereich zeigt, vor allem in den katholischen Schulen, die, wie alle anderen Schulen, Bildung und menschliche Formation vermitteln.

Darüber hinaus ist es aber erklärtes Ziel der katholischen Schule, einen Lebensraum zu schaffen, in dem „der Geist des Evangeliums, der Geist der Freiheit und der Liebe lebendig ist. Sie hilft dem jungen Menschen, seine Persönlichkeit zu entfalten und zugleich der neuen Schöpfung nach zu wachsen, die er durch die Taufe geworden ist. Ferner richtet sich die gesamte menschliche Bildung auf die Heilsbotschaft aus, so daß die Erkenntnis, welche die Schüler allmählich von der Welt, vom Leben und vom Menschen gewinnen, durch den Glauben erleuchtet wird. So erzieht die katholische Schule, indem sie sich den Anforderungen der Zeit gebührend aufschließt, ihre Schüler dazu, das Wohl der irdischen Gemeinschaft wirksam zu fördern, und bereitet sie zum Dienst an der Ausbreitung des Reiches Gottes, damit sie in einem vorbildhaften und apostolischen Leben gleichsam zum Sauerteig des Heils für die menschliche Gemeinschaft werden"[27].

Ein gravierendes Problem unserer Zeit stellt sich für Kirche und Elternhaus dadurch, daß auch viele katholische Kinder und Jugendliche ihre Schulausbildung in nichtkatholischen Schulen erhalten; oft besteht gar keine Möglichkeit, daß die Eltern wählen können zwischen katholischen und nichtkatholischen Schulen.

„Da die Kirche um ihre überaus schwere Pflicht weiß, für die sittliche und religiöse Erziehung aller ihrer Kinder zu sorgen, muß sie mit besonders liebevoller Hilfsbereitschaft der großen Zahl jener nahe sein, die ihre Ausbildung in nichtkatholischen Schulen erhalten: durch das lebendige

Vorbild jener Katholiken, die sie dort lehren und leiten, durch das apostolische Wirken ihrer Mitschüler, vor allem aber durch den Dienst der Priester und Laien, die ihnen die Heilslehre in einer den Altersstufen und sonstigen Gegebenheiten angepaßten Weise vermitteln und ihnen geistige Hilfe leisten durch Einrichtungen, die den jeweiligen Umständen Rechnung tragen"[28].

Auch die Eltern haben in solchen Situationen, wie wir sie soeben beschrieben haben, eine große Verantwortung, „alles zu veranlassen und auch zu fordern, daß ihre Kinder solcher Hilfeleistung teilhaftig werden und daß mit der profanen auch die christliche Ausbildung gleichen Schritt hält. Daher begrüßt die Kirche jene weltlichen Autoritäten und Gemeinwesen, die dem Pluralismus der heutigen Gesellschaft Rechnung tragen, für die gebührende religiöse Freiheit sorgen und so den Familien dazu verhelfen, daß ihren Kindern in allen Schulen eine Erziehung nach den sittlichen und religiösen Grundsätzen der Familien erteilt werden kann"[29].

Die Kinder und Jugendlichen sind die Zukunft der Kirche und der Welt. In dem Maße, wie Elternhaus und Kirche und mit ihnen gemeinsam alle Verantwortlichen im Lebensbereich der jungen Menschen christliche Inhalte verkünden und vorleben und so christliche Erziehung vermitteln, wird auch in Zukunft die Welt von christlichen Grundsätzen geprägt und durchwirkt sein können. Vor solcher Welt und vor solcher Kirche braucht einem dann nicht angst und bange zu werden.

Forschungs- und Publikationsfreiheit der Theologen

Can. 218 – Die sich theologischen Wissenschaften widmen, besitzen die gebührende Freiheit der Forschung und der klugen Meinungsäußerung in den Bereichen, in denen sie über Sachkenntnis verfügen; dabei ist der schuldige Gehorsam gegenüber dem Lehramt der Kirche zu wahren.

Das Grundrecht auf Forschungs- und Publikationsfreiheit im Bereich der theologischen Wissenschaft steht all jenen zu, die sich mit theologischen Disziplinen auseinandersetzen, in denen sie über ausreichende Sachkenntnis verfügen, um fachkundig in die Geheimnisse des Glaubens einzuführen und sie mit wissenschaftlichen Methoden zu erläutern. Um dieses Grundrecht auf Forschungs- und Publikationsfreiheit den in Frage

kommenden theologischen Wissenschaften zu gewährleisten, mißt die Kirche den entsprechenden Hochschulen große Bedeutung bei, insbesondere den Universitäten und Fakultäten.
„In der Tat ist sie bei denen, die ihr unterstehen, naturgemäß bestrebt, daß die einzelnen Disziplinen mit den ihnen eigenen Prinzipien, mit ihrer eigenen Methode und der für die wissenschaftliche Forschung nötigen Freiheit so gepflegt werden, daß sich in ihnen die Erkenntnisse mehr und mehr vertiefen, die neuen Fragen und Forschungsergebnisse der voranschreitenden Zeit sorgfältige Beachtung finden und so tiefer erfaßt wird, wie Glaube und Vernunft sich in der einen Wahrheit treffen"[30].
Die Studierenden dieser Hochschulen werden ihrerseits zu Menschen herangebildet, die mit theologischem Gedankengut und wissenschaftlichen theologischen (neuen) Erkenntnissen umgehen und sie entsprechend einsetzen können, um so dort, wo sie leben und arbeiten, „Zeugen des Glaubens in der Welt"[31] zu sein.
Die theologische Wissenschaft hat nicht nur den Auftrag, die gefundenen Forschungsergebnisse exakt und gewissenhaft mitzuteilen bzw. in geeigneten Kommunikationsorganen zu publizieren, sondern sie hat auch die Verpflichtung, immer weitere Forschungen anzustellen, um so zu einem immer genaueren und tieferen Glaubensverständnis zu führen. So nehmen auch die neuesten Forschungsergebnisse der Naturwissenschaften, der Philosophie, der Human- und Sozialwissenschaften gerade die Theologie immer wieder neu in die Verpflichtung, ihre eigenen Ergebnisse zu überprüfen, weiter zu erforschen und die Erkenntnisse der angrenzenden Wissenschaften mit einzubeziehen, um die Menschen von heute in die Glaubenswahrheiten einzuführen.
So haben also diejenigen, die theologische Wissenschaft betreiben, die Verpflichtung, „immer unter Wahrung der der Theologie eigenen Methoden und Erfordernisse nach einer geeigneteren Weise zu suchen, die Lehre des Glaubens den Menschen ihrer Zeit zu vermitteln. Denn die Glaubenshinterlage selbst, das heißt die Glaubenswahrheiten, darf nicht verwechselt werden mit ihrer Aussageweise, auch wenn diese immer denselben Sinn und Inhalt meint. In der Seelsorge sollen nicht nur die theologischen Prinzipien, sondern auch die Ergebnisse der profanen Wissenschaften, vor allem der Psychologie und der Soziologie, wirklich beachtet und angewendet werden, so daß auch die Laien zu einem reineren und reiferen Glaubensleben kommen"[32].
Bei allem wissenschaftlichen Forschen und bei allen Veröffentlichungen ist dem Lehramt der Kirche gegenüber der geschuldete Gehorsam zu be-

wahren; es hat die besondere Verantwortung, darüber zu wachen, daß das geoffenbarte Glaubensgut rein und unverfälscht den heutigen Menschen vermittelt wird.

Freie Wahl des Lebensstandes

Can. 219 – Alle Gläubigen haben das Recht, ihren Lebensstand frei von jeglichem Zwang zu wählen.

Die freie Wahl des Lebensstandes wird den Christgläubigen im Canon 219 als ein Grundrecht zugestanden, das ihnen aber auch schon durch das Menschenrecht auf freie Persönlichkeitsentfaltung zusteht und ein Ausdruck ihrer Menschenwürde darstellt, die unter anderem besagt, daß jeder Mensch das Recht hat, ohne Zwang seine Standeswahl zu treffen.
„Gleichzeitig wächst auch das Bewußtsein der erhabenen Würde, die der menschlichen Person zukommt, da sie die ganze Dingwelt überragt und Träger allgemeingültiger sowie unverletzlicher Rechte und Pflichten ist. Es muß also alles dem Menschen zugänglich gemacht werden, was er für ein wirklich menschliches Leben braucht, wie Nahrung, Kleidung und Wohnung, sodann das Recht auf eine freie Wahl des Lebensstandes und auf Familiengründung, auf Erziehung, Arbeit, guten Ruf, Ehre und auf geziemende Information; ferner das Recht zum Handeln nach der rechten Norm seines Gewissens, das Recht auf Schutz seiner privaten Sphäre und auf die rechte Freiheit auch in religiösen Dingen"[33].
Selbstverständlich ist der freien Wahl des Lebensstandes jeglicher Zwang fernzuhalten. Das bedeutet konkret, daß einerseits ein Christgläubiger, der sich für den Diakonat berufen fühlt oder für das Priestertum oder für ein Institut des gottgeweihten Lebens, nicht auch schon ein Anrecht auf Aufnahme hätte; der zulassungsberechtigte Amtsträger ist durch die freie Wahl des Bewerbers nicht verpflichtet, ihn anzunehmen; ebenso heißt das aber auch auf der anderen Seite, daß kein Mensch jemals gezwungen werden darf, sich z. B. zur Eheschließung, zum Empfang sakramentaler Weihen oder zum Eintritt in ein Institut des geweihten Lebens zu entscheiden. Es darf also weder der zulassungsberechtigte Amtsträger noch der Bewerber bei der Wahl des Lebensstandes irgendeinem Zwang unterliegen bzw. durch einen Zwang beeinflußt werden.
Der Kandidat, der seine Berufswahl frei und ungezwungen trifft und tref-

fen darf, hat also keinen uneingeschränkten Anspruch auf die freie Wahl seines Lebensstandes; nur dann, wenn die freie Entscheidung des Bewerbers, Ordensmann usw. werden zu wollen, auf freie positive Entscheidung des zulassungsberechtigten Amtsträgers stößt, hat der Bewerber die Möglichkeit, den gewünschten Lebensstand zu wählen.

Schutz der Intimsphäre

Can. 220 – Niemand darf den guten Ruf, den jemand hat, rechtswidrig schädigen und das persönliche Recht eines jeden auf den Schutz der eigenen Intimsphäre verletzen.

Jeder Christgläubige hat das Recht auf Ehre und Schutz seiner Intimsphäre, d. h., niemand hat aus Achtung vor der menschlichen Person das Recht, den guten Ruf eines Mitmenschen in rechtswidriger Weise anzutasten noch zu verletzen.
Gerade in der heutigen Zeit ist eine diesbezügliche Gefahr gegeben, und zwar durch die Zunahme der gegenseitigen Verflechtungen unter den Menschen, die durch den raschen Fortschritt in der Entwicklung der Medien und überhaupt der Kommunikationstechnik gegeben ist. Der gute Ruf eines Menschen und der damit verbundene Schutz der eigenen Privat- bzw. Intimsphäre ist im Alltag schnell verletzbar, und innerhalb weniger Sekunden kann ein Mensch zum „Gesprächsstoff" der ganzen Welt werden, auch innerhalb der „kirchlichen Welt". Auch wenn gerade heutzutage die erhabene Würde der menschlichen Person immer wieder betont wird – vor allem auch im Lebensbereich der Kirche –, so muß man ihr doch all das angedeihen lassen, was sie braucht, um sich wahrhaft menschlich verwirklichen zu können, und dazu gehören unter anderem auch das Recht auf Schutz des guten Rufes und der persönlichen Ehre, das absolut unverletzbar ist.

In diesem Zusammenhang sei erwähnt, daß z. B. das Abhören von Telefongesprächen oder die ungerechtfertigte Einsicht in den Briefverkehr oder die leichtfertige Veröffentlichung von persönlichen Daten eines Menschen seine Intimsphäre gravierend verletzen. Aus dem persönlichen Schaden, den jemand durch die Verletzung seiner Intimsphäre erfährt, können dann auch noch nachteilige Rechtsfolgen für den Betroffenen

entstehen, die im Widerspruch zu den Grundlagen christlicher Sittlichkeit und des kanonischen Rechtes stehen[34].
Es können allerdings auch Situationen im Leben eines Menschen entstehen, in denen es unumgänglich ist, daß sein guter Ruf verletzt wird, d. h. rechtmäßig verletzt wird, wenn er z. B. eine Straftat begeht, vor ein kirchliches Gericht geladen und zu einer Strafe verurteilt wird. Bei einer solchen Maßnahme erlischt für diesen einen konkreten Fall das Grundrecht auf den Schutz des guten Rufes.

Rechts- und Gerichtsschutz

Can. 221 – § 1. Den Gläubigen steht es zu, ihre Rechte, die sie in der Kirche besitzen, rechtmäßig geltend zu machen und sie nach Maßgabe des Rechts vor dem zuständigen kirchlichen Gericht zu verteidigen.

Ein Christgläubiger kann nicht nur vor Gericht geladen werden, er kann auch selbst die Hilfe des kirchlichen Gerichts in Anspruch nehmen. Die Rechtsordnung in der Kirche hat dafür Sorge zu tragen, daß jedem Christgläubigen seine subjektiven Rechte anerkannt und gewährt werden; darüber hinaus muß ihm kirchlicher Gerichtsschutz gewährt werden, damit seine Rechte nicht verletzt werden; dieser kirchliche Gerichtsschutz gehört im vollen Umfang auch zu den Grundrechten aller Christgläubigen.
Deshalb gesteht Canon 221, § 1 allen Gläubigen zu, jene Rechte, die sie in der Kirche haben, entsprechend den Rechtsnormen geltend zu machen und sie vor dem zuständigen kirchlichen Gericht zu verteidigen. Canon 221, § 1 meint damit zunächst, daß alle Grundrechte, die im sogenannten Grundrechtskatalog erscheinen, vor dem zuständigen Forum der Kirche geltend zu machen und zu verteidigen sind; darüber hinaus dürften sich aber alle Rechte, die sich aus einer kirchlichen Rechtsbestimmung für den Christgläubigen ergeben, im Falle ihrer Beeinträchtigungen des kirchlichen Gerichtsschutzes erfreuen, d. h., sie können vor dem zuständigen kirchlichen Gericht geltend gemacht und verteidigt werden.

Recht auf ein faires gerichtliches Verfahren

Can. 221 – § 2. Wenn Gläubige von der zuständigen Autorität vor Gericht gezogen werden, haben sie auch Anrecht auf ein Urteil, das nach Recht und Billigkeit gefällt wird.

Die Christgläubigen haben, wenn sie von der für sie zuständigen kirchlichen Autorität vor Gericht geladen werden, das Recht auf ein entsprechendes gerichtliches Verfahren, d. h. auf ein Urteil, das nach den Vorschriften des Rechts und nach dem kanonischen Billigkeitsgrundsatz gefällt wird.
Es wird sogar die Meinung vertreten, das im Canon 221, § 2 gebrauchte Wort „iudicare" „könnte im Zusammenhang mit dem angerufenen Billigkeitsgrundsatz gegebenenfalls sogar die Auffassung begünstigen, daß, sobald jemand vor Gericht gerufen worden ist, der gegen ihn erhobene Vorwurf, wenn er sich nicht beweisen läßt, nicht im Raume stehen bleiben darf und der Prozeß in gewissen Fällen zu einem freisprechenden Abschluß gebracht werden muß"[35].

Schutz vor richterlicher Willkür

Can. 221 – § 3. Die Gläubigen haben das Recht, daß kanonische Strafen über sie nur nach Maßgabe des Gesetzes verhängt werden.

Ein bekannter Grundsatz aus vielen staatlichen Rechtsordnungen hat auch im Kirchenrecht schon seit jeher seinen Niederschlag gefunden; er lautet: „Nulla poena sine lege", was bedeutet: Keine Strafe ohne Gesetz.
Es soll damit verhindert werden, daß Strafen nach Willkür verhängt werden bzw. das Maß ihrer Verhängung dem jeweils zuständigen Richter anheimgestellt ist. Wieviel Subjektivität könnte hier mitspielen und Einfluß nehmen, ohne sich bei der Strafverhängung auf die Beachtung des gesetzlichen Strafrahmens einzulassen. In Canon 221, § 3 wird das Prinzip „nulla poena sine lege" als Grundrecht allen Christgläubigen gewährt.

ANMERKUNGEN

1 LG, Art. 37.
2 CD, Art. 13.
3 LG, Art. 37.
4 1 Petr 4,10–11.
5 LG, Art. 37.
6 Can. 843, § 1.
7 H. Schwendenwein, Kirchenrecht, S. 133.
8 Vgl. M. Kaiser, Die rechtliche Grundstellung der Christgläubigen, in J. Listl/H. Müller/H. Schmitz, Handbuch, S. 177.
9 AA, Art. 15.
10 Can. 299, § 3.
11 Vgl. Can. 314.
12 Can. 304, § 1.
13 Vgl. Can. 304, § 2.
14 Can. 307, § 1.
15 Vgl. Can. 307, § 2.
16 Vgl. Can. 308.
17 Vgl. Can. 320, § 1.
18 Vgl. Can. 320, § 3.
19 Vgl. LG, Art. 31.
20 LG, Art. 37.
21 AA, Art. 3.
22 GE, Art. 2.
23 GE, Art. 3.
24 Vgl. GE, Art. 4.
25 GE, Art. 5.
26 GE, Art. 6.
27 GE, Art. 8.
28 GE, Art. 7.
29 Ebd.
30 GE, Art. 10.
31 Ebd.
32 GS, Art. 62.
33 GS, Art. 26.
34 Vgl. H. Schwendenwein, Kirchenrecht, S. 133.
35 Ebd., S. 179.

Die Grundrechte aller Laien

Autonomie der irdischen Wirklichkeiten – Garantie der bürgerlichen Freiheiten

Can. 227 – Die Laien haben das Recht, daß ihnen in den Angelegenheiten des irdischen Gemeinwesens jene Freiheit zuerkannt wird, die allen Bürgern zukommt; beim Gebrauch dieser Freiheit haben sie jedoch dafür zu sorgen, daß ihre Tätigkeiten vom Geist des Evangeliums erfüllt sind, und sich nach der vom Lehramt der Kirche vorgelegten Lehre zu richten; dabei haben sie sich jedoch davor zu hüten, in Fragen, die der freien Meinungsbildung unterliegen, ihre eigene Ansicht als Lehre der Kirche auszugeben.

Wer als Laie in der Kirche lebt und sich auch seiner Teilhabe an der Heilssendung der Kirche durch Taufe und Firmung bewußt ist, ist dadurch in keiner Weise der irdischen Wirklichkeit entfremdet. Im Gegenteil. Es darf zwischen Glaube, Engagement in der Kirche und den sogenannten zeitlichen Dingen keine Disharmonie entstehen. Dieses Postulat stützt sich auf die trefflichen Aussagen des II. Vat. Konzils von der Autonomie der irdischen Wirklichkeiten:
„Wenn wir unter Autonomie der irdischen Wirklichkeiten verstehen, daß die geschaffenen Dinge und auch die Gesellschaften ihre eigenen Gesetze und Werte haben, die der Mensch schrittweise erkennen, gebrauchen und gestalten muß, dann ist es durchaus berechtigt, diese Autonomie zu fordern. Das ist nicht nur eine Forderung der Menschen unserer Zeit, sondern entspricht auch dem Willen des Schöpfers. Durch ihr Geschaffensein selber nämlich haben alle Einzelwirklichkeiten ihren festen Eigenstand, ihre eigene Wahrheit, ihre eigene Gutheit sowie ihre Eigengesetzlichkeit und ihre eigenen Ordnungen, die der Mensch unter Anerkennung der den einzelnen Wissenschaften und Techniken eigenen Methode achten muß. Vorausgesetzt, daß die methodische Forschung in allen Wissensbereichen in einer wirklich wissenschaftlichen Weise und gemäß den Normen der Sittlichkeit vorgeht, wird sie niemals in einen echten Konflikt mit dem Glauben kommen, weil die Wirklichkeiten des profanen Bereichs und die des Glaubens in demselben Gott ihren Ursprung haben. Ja wer bescheiden und ausdauernd die Geheimnisse der Wirklich-

keit zu erforschen versucht, wird, auch wenn er sich dessen nicht bewußt ist, von dem Gott an der Hand geführt, der alle Wirklichkeit trägt und sie in sein Eigensein einsetzt. Deshalb sind gewisse Geisteshaltungen, die einst auch unter Christen wegen eines unzulänglichen Verständnisses für die legitime Autonomie der Wissenschaft vorkamen, zu bedauern. Durch die dadurch entfachten Streitigkeiten und Auseinandersetzungen schufen sie in der Mentalität vieler die Überzeugung von einem Widerspruch zwischen Glauben und Wissenschaft"[1].

Auch die geschaffenen, weltlichen Dinge haben in Gott ihren Ursprung und können in ihrer Erforschung und in ihrem Gebrauch als dem Geschöpf vom Schöpfer anvertraut betrachtet werden. Somit haben die Laien in der Kirche ein Grundrecht darauf, daß sie in Angelegenheiten des weltlichen Gemeinwohls die gleichen Freiheitsrechte erfahren, wie sie allen Bürgern zustehen.

Dabei ist darauf zu achten, daß Freiheit recht verstanden wird und daß die Aussagen des Lehramtes der Kirche mit einbezogen werden müssen in das Engagement der Laien um die Angelegenheiten des weltlichen Gemeinwesens. Bei allem Tun im profanen Bereich sollen sich die Laien leiten lassen vom Geist der Frohbotschaft Christi; immer dann, wenn Meinungsverschiedenheiten auftreten oder Unklarheiten entstehen, soll der Laie sich hüten, zu behaupten, daß seine geäußerte Meinung Lehre der Kirche sei.

Heranziehung zu kirchlichen Ämtern und Aufgaben

Can. 228 – § 1. Laien, die als geeignet befunden werden, können von den geistlichen Hirten für jene kirchlichen Ämter und Aufgaben herangezogen werden, die sie gemäß den Rechtsvorschriften wahrzunehmen vermögen.

Nach Maßgabe ihrer Fähigkeit können die Laien von den geistlichen Hirten zu kirchlichen Ämtern und Aufgaben herangezogen werden, die sie im Rahmen der geltenden Rechtsvorschriften ausüben können. Außer dem Apostolat der Teilnahme an der Heilssendung der Kirche, das alle Christgläubigen angeht, „können die Laien darüber hinaus in verschiedener Weise zu unmittelbarerer Mitarbeit mit dem Apostolat der Hierarchie berufen werden, nach Art jener Männer und Frauen, die den Apostel

Paulus in der Verkündigung des Evangeliums unterstützten ... Außerdem haben sie die Befähigung dazu, von der Hierarchie zu gewissen kirchlichen Ämtern herangezogen zu werden, die geistlichen Zielen dienen"[2].
Die geistlichen Hirten können die Laien jedoch nur für kirchliche Ämter und Aufgaben heranziehen, wenn sie (die Laien) dazu ausdrücklich ihre Zustimmung erteilen; niemand darf manipuliert oder gar moralisch gegen seinen Willen gezwungen werden.
Nach ihrer rechtmäßigen Beauftragung können Laien als Richter in Kollegialgerichten mitwirken. „Die Bischofskonferenz kann die Erlaubnis geben, daß auch Laien als Richter bestellt werden, von denen einer bei der Bildung eines Kollegialgerichtes herangezogen werden kann, soweit eine Notwendigkeit dazu besteht"[3].
Ebenso können Laien als beratende Beisitzer bei jedem Verfahren hinzugezogen werden: „Der Einzelrichter kann in jedem Verfahren zwei erprobte Kleriker oder Laien als beratende Beisitzer hinzuziehen"[4]. Auch die Aufgabe eines Vernehmungsrichters kann von Laien übernommen werden: „Der Bischof kann zur Aufgabe eines Vernehmungsrichters Kleriker oder Laien ermächtigen, die sich durch gute Lebensführung, Klugheit und Fachkenntnisse auszeichnen"[5].
Schließlich können Laien als Kirchenanwalt und Bandverteidiger (= Ehe- und Weihebandverteidiger) fungieren: „Sache des Bischofs ist es, Kirchenanwalt und Bandverteidiger zu ernennen; sie können Kleriker oder Laien sein, sollen einen guten Leumund sowie das Doktorat oder Lizentiat des kanonischen Rechtes haben und durch Klugheit und Eifer für die Gerechtigkeit bewährt sein"[6]. Dieser Aufgabenbereich innerhalb der kirchlichen Gemeinschaft für die Laien ist also nicht unerheblich und nicht an unbedeutender Stelle angesetzt worden.

Laien als Sachverständige und Ratgeber

Can. 228 – § 2. Laien, die sich durch Wissen, Klugheit und Ansehen in erforderlichem Maße auszeichnen, können als Sachverständige und Ratgeber, auch in Ratsgremien nach Maßgabe des Rechts, den Hirten der Kirche Hilfe leisten.

Wer von den Laien den geweihten Hirten bei ihrer großen weltweiten Verantwortung für das Gemeinwohl der Kirche Hilfe leisten will als Sachverständiger und Ratgeber oder als Mitglied in Ratsgremien, muß seine Befähigung dazu unter Beweis stellen durch entsprechendes kompetentes Fachwissen und durch Klugheit. Ferner muß sein Ansehen auf kirchlicher und weltlicher Ebene diesem seinem Vorhaben der Mitarbeit entsprechen. Grundsätzlich besteht für die Laien das Recht, den Hirten der Kirche Hilfe anzubieten und zu leisten. Auch in der Kirche sind Fachleute notwendig, die selbstverständlich auch in Laienkreisen zu finden sind. Es sind Männer und Frauen mit gutem Sachverstand und guter Sachkenntnis, die den Hirten zu vielen Bereichen ergänzende Informationen geben können. Soweit das Kirchenrecht solche Hilfen vorsieht und ermöglicht, sind die Hirten gehalten, diese Hilfen auch in Anspruch zu nehmen; guter Wille allein reicht auch in der Kirche nicht aus.

Kenntnis der katholischen Lehre (Recht und Pflicht)

Can. 229 – § 1. Damit die Laien gemäß der christlichen Lehre zu leben vermögen, diese auch selbst verkündigen und, wenn es notwendig ist, verteidigen können und damit sie in der Ausübung des Apostolats ihren Teil beizutragen imstande sind, sind sie verpflichtet und berechtigt, Kenntnis dieser Lehre zu erwerben, wie sie der je eigenen Fähigkeit und der Stellung eines jeden einzelnen entspricht.

Um ihren besonderen (aber nicht ausschließlichen) Weltauftrag erfüllen zu können, haben die Laien einen Anspruch auf allgemeine Unterweisung in der kirchlichen Lehre, damit sie christlich leben und bei der Ausübung des Apostolats mitwirken können. Daher haben sie also das Recht und gleichzeitig auch die Pflicht, die katholische Lehre kennenzulernen, und zwar in dem Maße, wie es ihrer Fassungskraft und ihrer Stellung entspricht, damit sie diese Lehre leben, verkünden, und – wenn notwendig – auch vor Angriffen und Schmähungen verteidigen können. Gerade in einer Zeit der Profanisierung der Dinge erscheint die rechte Sicht von Glauben und christlichem Leben gefordert.
Mit eingeschlossen ist in diesem Canon 229, § 1 all das, was wir oben in Canon 217 für alle Christgläubigen festgestellt haben, vor allem das Recht auf christliche Erziehung als Voraussetzung für ein Gelingen des christlichen Lebens. Den Sinn dieses christlichen Lebens mit seinen Ansprüchen und Inhalten sollten die Laien immer tiefer zu verstehen trach-

ten. Dazu dienen ihnen persönliche kritische Auseinandersetzung und intensives Studium. Darüber hinaus haben die geweihten Hirten die Verpflichtung, den Laien bei der Bewältigung ihres christlichen Lebensauftrages geistliche Hilfe und Richtungsweisungen zu geben. „Es ist die Aufgabe der Hierarchie, das Apostolat der Laien zu fördern, Grundsätze und geistliche Hilfen zu geben, seine Ausübung auf das kirchliche Gemeinwohl hinzuordnen und darüber zu wachen, daß Lehre und Ordnung gewahrt bleiben"[7].

Recht auf theologisches Studium

Can. 229 – § 2. Sie haben auch das Recht, jene tiefere Kenntnis in den theologischen Wissenschaften zu erwerben, die in kirchlichen Universitäten oder Fakultäten oder in Instituten für religiöse Wissenschaften gelehrt werden, indem sie dort Vorlesungen besuchen und akademische Grade erwerben.

Die Laien haben also das Recht auf Weiterbildung, und somit darf ihnen der Zugang zu den kirchlichen Hochschulen, Fakultäten und wissenschaftlichen Instituten nicht verwehrt werden, damit sie dort unter anderem auch akademische Grade der Theologie erwerben können. Wenn wir im Canon 229, § 1 sahen, daß die Laien ein allgemeines Recht auf Unterweisung in der kirchlichen Lehre haben, wird dieses Recht jetzt in Canon 229, § 2 dadurch ergänzt und vervollständigt, daß es im Recht auf das Theologiestudium an kirchlichen Universitäten und Fakultäten und im Recht auf Erlangung akademischer Grade der Theologie konkretisiert wird.

Nach dem Codex von 1917 war das noch nicht möglich; dort war dieses Recht ausschließlich den Klerikern vorbehalten.

Lehrauftrag für Theologie

Can. 229 – § 3. Ebenso können sie unter Beachtung der hinsichtlich der erforderlichen Eignung erlassenen Vorschriften einen Auftrag zur Lehre in theologischen Wissenschaften von der rechtmäßigen kirchlichen Autorität erhalten.

Auch Laien können die Beauftragung zur Lehrtätigkeit in theologischen Wissenschaften (missio docendi scientias sacras) als Dozenten und Professoren von der entsprechenden rechtmäßigen kirchlichen Autorität erhalten. Voraussetzung dafür ist die Einhaltung der Vorschriften bezüglich der erforderlichen Eignung. Auch diese Möglichkeit ist in der Kirche noch ziemlich neu und könnte bei manchen auf Unverständnis oder Befremden stoßen; dabei ist es nur recht und billig, daß auch Laien – die entsprechende Qualifikation und Beauftragung vorausgesetzt – in den theologischen Wissenschaften nicht minder engagiert als die Kleriker den Dienst des Lehrens übernehmen.

Lektoren und Akolythen auf Dauer

Can. 230 – § 1. Männliche Laien, die das Alter und die Begabung haben, die durch Dekret der Bischofskonferenz dafür bestimmt sind, können durch den vorgeschriebenen liturgischen Ritus für die Dienste des Lektors und des Akolythen auf Dauer bestellt werden; die Übertragung dieser Dienste gewährt ihnen jedoch nicht das Recht auf Unterhalt oder Vergütung von seiten der Kirche.

Männliche Laien (viri laici) können in der eigens dafür vorgesehenen liturgischen Feier zum Dienst des Lektors und Akolythen in ständiger Beauftragung (d. h. auf Dauer) bestellt werden. Diese liturgischen Dienstämter des Lektorats und des Akolythats werden also nicht durch Weihe, sondern durch eine Beauftragung oder Einsetzung seitens der kompetenten kirchlichen Autorität übertragen.

Die Übertragung dieser Dienstämter setzt voraus, daß die Kandidaten den Anforderungen bezüglich Alter und Eigenschaften entsprechen, die durch Dekret der Bischofskonferenz festgelegt werden. Ein Anrecht auf

Vergütung seitens der Kirche ist für diese beiden Dienstämter nicht vorgesehen und kann auch nicht eingefordert werden. Ein „ständiger Lektor" oder ein „ständiger Akolyth" hat also auch insgesamt keinen Anspruch auf einen Unterhalt.

Da in Canon 230, § 1 eigens die Betonung auf „männliche Laien" liegt, wird klar, daß Frauen diese Dienstämter nicht auf Dauer ausüben können. Frauen können nur das Amt des Lektors (also niemals das Amt des Akolythen!) dann übernehmen, wenn die Beauftragung dazu nur für einen bestimmten Zeitraum besteht und nicht in der liturgischen Feier stattfindet. Die liturgische Einsetzung in die Dienste des Lektorats und des Akolythats bleibt also „gemäß ehrwürdiger Tradition der Kirche Männern vorbehalten"[8]. Eine bedauerliche Entscheidung neben den begrüßenswerten Reformen im neuen Kirchenrecht.

Was den Aufgabenbereich des *Akolythen* angeht, ist folgendes zu sagen: „Der Akolyth ist zum Dienst am Altar und zur Unterstützung von Priester und Diakon beauftragt. Im besonderen ist es seine Aufgabe, den Altar und die liturgischen Gefäße zu bereiten sowie als außerordentlicher Spender den Gläubigen die Eucharistie zu reichen"[9].

Seine Aufgaben werden also vor allen Dingen als ein Dienst am Altar verstanden, wobei seine erste Aufgabe die außerordentliche Beauftragung zur Kommunionspendung sein dürfte; damit ist er für die Priester und Diakone eine echte Stütze. Daneben hat er aber auch andere Funktionen, wie wir oben sahen.

Gerade in den priesterlosen Gemeinden könnte ein Akolyth, der sich aufgrund seines Amtes in besonderer Weise um ein vertieftes Verständnis des Gottesdienstes bemüht, eine wichtige Aufgabe in der Hinführung der Gemeinde zum Gottesdienst übernehmen. Daher sollte sein Kompetenzbereich noch erweitert werden, um wirklich alle Möglichkeiten liturgischen Tuns ausschöpfen zu können, sofern sie nicht an das Weihesakrament gebunden sind. In einer Zeit, in der das Problem der priesterlosen Gemeinde immer größer wird, wäre hier doch ein positiver Ansatzpunkt, das religiöse Leben durch einen größeren Radius des Akolythen nicht auf ein Minimum reduzieren zu müssen, wie es in vielen priesterlosen Gemeinden schon der Fall ist.

„Im religiösen Kontakt mit den Kindern und im Rahmen ihrer seelsorglichen Betreuung, ebenso wie in der Betreuung der Jugend, der Alten und der Kranken, ist in der priesterlosen Gemeinde eine sehr große, oft verhängnisvolle Lücke entstanden. Hier wäre ein erweiteter Aufgaben- und Kompetenzbereich des Akolythen zum Segen"[10].

Auf dem Gebiet einer größeren Laienaktivierung hat die Liturgiereform mit der stärkeren Beteiligung der Laien am Gottesdienst, besonders des Lektors und Akolythen, einen bedeutsamen Schritt nach vorne getan. Diese Dienste sind zum Vorteil der jeweiligen Gemeinden neu belebt worden. Hier gilt: Je mehr die Gemeinde sich in der ihr zukommenden Weise beteiligt, um so besser ist es. Die Erfahrung zeigt, daß alle, die sich bereitwillig zu solchen Diensten zur Verfügung gestellt haben, ein ganz neues und persönliches Verhältnis zur Messe und zur Eucharistie gewonnen haben. Darüber hinaus kann sich auf diese Weise durch den Akolythen das ganze Volk Gottes eben durch seine Vertreter darstellen in der Vielfalt seiner möglichen Dienste und Gaben.
Was nun den Aufgabenbereich des *Lektors* angeht, so ist zunächst zu sagen: „Der Lektor ist beauftragt, die Lesungen der Heiligen Schrift mit Ausnahme des Evangeliums vorzutragen. Er kann auch die einzelnen Bitten des Fürbittgebetes und den Psalm zwischen den Lesungen vortragen, falls kein Psalmsänger da ist. Der Lektor – auch wenn er Laie ist – hat in der Eucharistiefeier eine eigene Aufgabe, die er auch dann ausüben soll, wenn Mitwirkende der höheren Weihegrade anwesend sind. Da die Gläubigen beim Hören der Schriftlesungen deren lebendige Kraft erfahren sollen, ist es notwendig, daß die Lektoren für die Ausübung dieses Dienstes, auch wenn sie nicht die Beauftragung erhalten haben, geeignet und gut vorbereitet sind"[11].
Nach den geltenden Rechtsbestimmungen besteht der Aufgabenbereich des Lektors also im Vorlesen der Schrift innerhalb der liturgischen Versammlungen. Die Bestimmungen sehen darüber hinaus vor, daß er auch andere Dienste übernehmen kann, falls die dafür Zuständigen fehlen: Antwortpsalm zwischen den Lesungen singen, die Fürbitten vortragen usw. „So sehr es verständlich ist, daß der Lektor sich um dieses kümmert, so wenig ist es doch angebracht, daß ihm diese Aufgaben auch übertragen werden, denn damit erfolgt wieder eine gewisse Vermischung der Aufgaben, die ihrer Natur nach doch verschieden sind, wie auch Beeinträchtigung der pastoral wichtigen Funktionsteilung im Gottesdienst, die zum Ziel hat, daß jeder nur das und all das tun soll, was ihm aus der Natur der Sache zukommt"[12].
Die beiden für die ganze lateinische Kirche eingeführten liturgischen Ämter des Lektors und des Akolythen sind wieder zu ernstzunehmenden Aufträgen aufgewertet worden, nämlich nunmehr entsprechend den besonderen Hauptteilen der Messe auf den Dienst am Wort und am Altar hingeordnet, d. h., der Gemeinde das Wort Gottes zu verlesen und ihr

die heilige Kommunion zu spenden. Der Aufgabenbereich dieser beiden Ämter verdeutlicht die Rollenverteilung in der Liturgie und spiegelt die pastoralen Erfordernisse der heutigen Kirche wieder. Weitere Dienste dieser Art, z. B. der des Ostiarius, des Exorzisten, des Katecheten usw., können vom Apostolischen Stuhl auf Antrag der betreffenden Bischöfe in gleicher Weise institutionalisiert werden[13].

Neben den Dienstämtern der Akolythen und Lektoren sind alle anderen Dienste bei liturgischen Handlungen und Feiern sehr wertvoll und in ihrer Bedeutung für die Pastoral nicht zu unterschätzen. Alle diese Aufgaben mit ihren vielfältigen Möglichkeiten der aktiven und bewußten Teilnahme gewinnen in der Neuordnung der Liturgie die hohe Bedeutung zurück, die sie ehemals im Gottesdienst hatten. Ohne diese „Zwischenämter" kann eine lebendige Liturgie nicht zustandekommen.

„Zum gesamten Problem der kirchlichen Dienste stellt sich die Frage, ob angesichts der weltweiten Krise des Priestermangels, der vielen Amtsniederlegungen, und angesichts der vielen Seelsorger, die ihren Dienst nicht mehr erfüllen können, die Kompetenz dieser Laienämter nicht erheblich ausgedehnt werden sollte und könnte, immer unter dem Aspekt des möglichen Rahmens natürlich, um so vielleicht der Kirche wieder zu helfen, aus ihrer Gesamtkrise herauszukommen, demütig den Dienst derer annehmend, die der Kirche zur pastoralen Sorge anvertraut sind.

Entsprechend der Vielfalt von Aufgaben und Ämtern im Gottesdienst gibt es wohl in jeder Gemeinde auch eine Vielfalt von Begabungen und Fähigkeiten, die es im brüderlichen Miteinander und Füreinander zu entdecken, zu entfalten und zu fördern gilt, um so die vom II. Vat. Konzil betonte eigene Würde des Laien zum Dienst an der Gesamtheit wieder mehr zu betonen. Es wäre doch sehr zu bedauern, wenn aufgrund verschiedener, vom pastoralen Gesichtspunkt weit entfernter Verordnungen weiterhin bestimmte Ämter im Gottesdienst, zumal in der Eucharistiefeier, brach liegen bleiben oder allenfalls einseitig besetzt würden. Wenn sie aber von Laien übernommen werden, dann tut sich hier ein Weg auf, der sehr deutlich die innere Verbundenheit von Priestern und Laien in der Kirche zum Ausdruck bringt, und darüber hinaus könnte man in verstärktem Maße auch denen, die nach dem Brot und dem Wort des Lebens aus Mangel an Hirten hungern, wieder den Tisch decken, diesen Hunger stillen und so wirklich gemeinsam sich auf den Weg machen, die Seelen zu retten in der Überzeugung: Die Liturgie ist das Werk der ganzen Kirche, des Hauptes und der Glieder. Durch die Teilnahme aller am Gottesdienst geben alle ihre Antwort auf den Herrn, der sich uns in Liebe, Wort und Sakrament zuwendet"[14].

Wer sich dem Dienstamt des Akolythen bzw. des Lektors zuwendet, macht hier einen entscheidenden und wertvollen Anfang, die vom II. Vat. Konzil so dringend geforderte „participatio actuosa" (tätige Teilnahme) in die Tat umzusetzen.

Lektoren auf Zeit, Kommentatoren und Kantoren

Can. 230 – § 2. Laien können aufgrund einer zeitlich begrenzten Beauftragung bei liturgischen Handlungen die Aufgabe des Lektors erfüllen; ebenso können alle Laien die Aufgaben des Kommentators, des Kantors oder andere Aufgaben nach Maßgabe des Rechtes wahrnehmen.

Auch ohne eine besondere Übertragung der Dienstämter des Lektorats und des Akolythats *auf Dauer* können Laien, also Männer und Frauen, für eine bestimmte festgelegte Zeit bei liturgischen Handlungen, also aufgrund einer zeitlich begrenzten Beauftragung, die Aufgabe des *Lektors* erfüllen. Ebenso gilt dies für die Aufgabe des Kommentators, des Sängers (des Kirchenchores) oder für andere ähnliche Aufgaben, die das Recht vorsieht.

So betont auch das II. Vat. Konzil: „Auch die Ministranten, Lektoren, Kommentatoren und die Mitglieder der Kirchenchöre vollziehen einen wahrhaft liturgischen Dienst. Deswegen sollen sie ihre Aufgabe in aufrichtiger Frömmigkeit und in einer Ordnung erfüllen, wie sie einem solchen Dienst ziemt und wie sie das Volk Gottes mit Recht von ihnen verlangt. Deshalb muß man sie, jeden nach seiner Weise, sorgfältig in den Geist der Liturgie einführen und unterweisen, auf daß sie sich in rechter Art und Ordnung ihrer Aufgabe unterziehen"[15].

Die Möglichkeit einer größeren Beteiligung der Laien am liturgischen Feiern zeigt deutlich, daß Liturgie nicht allein vom Priester, sondern von der ganzen Gemeinde getragen werden muß. „Daher gehen diese Feiern den ganzen mystischen Leib der Kirche an, machen ihn sichtbar und wirken auf ihn ein; seine einzelnen Glieder aber kommen mit ihnen in verschiedener Weise in Berührung je nach der Verschiedenheit von Stand, Aufgabe und tätiger Teilnahme"[16].

Nach der Überzeugung des heiligen Paulus ist einem jeden Christen irgendeine Gnadengabe zugefallen, mit der er aktiv an der Auferbauung der Kirche teilnehmen soll. Zwischen diesen Gaben gibt es mannigfache

Unterschiede, aber alle zusammen dienen doch der einen Kirche. So ist der kirchliche Dienst nicht – wie oft falsch angenommen wurde – ausschließlich Angelegenheit, Recht und Pflicht von einzelnen, sondern ein Mit- und Füreinander der verschiedensten Seiten. Versteht man die gottesdienstliche Versammlung als sakramentale Verwirklichung der Kirche an je ihrem Ort, so folgt daraus, daß jeder Christ ein unveräußerliches Recht und gleichzeitig die ernste Pflicht hat, an dieser Versammlung teilzunehmen[17], denn durch die Taufe und Firmung hat er die kirchliche Vollmitgliedschaft erworben und sich verpflichtet, mit seinen Gaben am Aufbau der Gemeinde aktiv teilzunehmen.

So kann man im Sinne der Liturgiekonstitution folgern, daß erst in der vollen und tätigen Teilnahme des ganzen Volkes Gottes die Kirche in ihrem Gottesdienst die vollkommene Manifestation erlangt, am besten und damit am glaubwürdigsten dargestellt wird[18], denn wir alle bilden bei der Opferfeier eine heilige Gemeinde, eine heilige Versammlung. Die um den Altar versammelte Gemeinde von Gläubigen ist hier auf Erden der Ausdruck der Kirche. In dieser heiligen Gemeinschaft stellt die Kirche sich selber dar, enthüllt sich und baut sich auf.

Trotz der Beteiligung aller am Gottesdienst wird aus der liturgischen Gemeinde keine beziehungslose Gruppe. Beteiligung besagt „Teilnahme" an der Gesamtfeier, die dem einzelnen gemäß seiner amtlichen Stellung und aufgrund übernommener besonderer Aufgaben zukommt[19]. So soll „jeder, sei er Liturge oder Gläubiger, in der Ausübung seiner Aufgabe nur das und all das tun, was ihm aus der Natur der Sache und gemäß den liturgischen Regeln zukommt"[20].

Hier zeigt sich deutlich, daß das gemeinsame Priestertum aller Getauften als tragendes Prinzip zugrunde liegt: „Die Mutter Kirche wünscht sehr, alle Gläubigen möchten zu der vollen, bewußten und tätigen Teilnahme an den liturgischen Feiern geführt werden, wie sie das Wesen der Liturgie selber verlangt und zu der das christliche Volk, ‚das auserwählte Geschlecht, das königliche Priestertum, der heilige Stamm, das Eigentumsvolk' (1 Petr 2,9; vgl. 2,4–5) kraft der Taufe berechtigt und verpflichtet ist"[21].

Weitere liturgische Aufgaben der Laien

Can. 230 – § 3. Wo es ein Bedarf der Kirche nahelegt, weil für diese Dienste Beauftragte nicht zur Verfügung stehen, können auch Laien, selbst wenn sie nicht Lektoren oder Akolythen sind, nach Maßgabe der Rechtsvorschriften bestimmte Aufgaben derselben erfüllen, nämlich den Dienst am Wort, die Leitung liturgischer Gebete, die Spendung der Taufe und die Austeilung der heiligen Kommunion.

Can. 910 – § 2. Außerordentlicher Spender der heiligen Kommunion ist der Akolyth wie auch ein anderer Gläubiger, der nach Maßgabe des can. 230, § 3 dazu beauftragt ist.

Can. 911 – § 2. Im Notfall oder mit der wenigstens vermuteten Erlaubnis des Pfarrers, des Kaplans oder des Oberen, die nachher davon in Kenntnis zu setzen sind, ist dazu jeder Priester oder andere Spender der heiligen Kommunion verpflichtet.

In Ermangelung geweihter Amtsträger oder liturgisch beauftragter Lektoren bzw. Akolythen, oder wenn der Bedarf der Kirche es in einem konkreten Fall nahelegt, können Laien, „einfache" Mitglieder der Gemeinde, folgende Ämter im Rahmen der Vorschrift des Rechts stellvertretend für die oben genannten übernehmen:

- den Dienst des Wortes,
- den Vorsitz bei den liturgischen Gebeten; ferner können sie
- die heilige Taufe spenden und
- die heilige Kommunion an die Gläubigen austeilen (Kommunionhelfer sein).

Notfalls – oder mit zumindest vermuteter Erlaubnis des zuständigen Pfarrers – können sie auch

- die Krankenkommunion spenden, d. h., immer dann, wenn der ordentliche Spender nicht erreichbar ist; es reicht aus, diesen nachher zu informieren, damit der Verantwortliche Bescheid weiß, welche seelsorglichen Aktivitäten in seiner Gemeinde bzw. in seinem Verantwortungsbereich durchgeführt wurden. Das ist weniger als Kontrolle, sondern vielmehr als ein Zeichen des sensiblen Verantwortungsbewußtseins zu werten.

Ebenso können Laien von den ordentlichen Spendern für die Spendung der Krankenkommunion (viaticum) delegiert werden.

Zu beachten ist, daß selbst in einem Notfall oder auch bei entsprechendem Bedarf der Kirche der Dienst der Akolythen *nicht* von weiblichen Laien übernommen werden kann; das ist insofern logisch, als sonst die Bestimmung des Canon 230, § 1 ausgehöhlt wäre, die für das Amt des Akolythen ausschließlich männliche Laien vorschreibt, während Canon 230, § 3 für die oben genannten „Not-" bzw. „Bedarfsfälle" alle Laien, also auch Frauen, vorsieht.

Insgesamt wird es in vielen Gemeinden so sein, daß der Bedarf der konkreten Kirchengemeinde es nahelegt, möglichst viele Laien mit Dienstaufgaben zu betreuen; so wird im gemeinsamen Tun Gemeinschaft sichtbar und erlebbar. Die Ortsgemeinde muß gerade in ihren liturgischen Zusammenkünften und besonders bei der Eucharistiefeier ihren inneren Zusammenhalt zeigen und erleben. Das wird um so deutlicher, je mehr jedes Mitglied dieser Kirche die eigenen Charismen einsetzt; „dadurch soll aus der Gestalt der Feier selbst die in verschiedenartigen Ämtern und Diensten gegliederte Kirche erkennbar werden"[22]. Dieser innere Zusammenhalt erscheint uns unverzichtbar. Weil die Kirche in ihrer Einheit Zeichen und Gnade ist, Sakrament der Einheit mit Gott und den Menschen[23], erfüllt sie ihre Heilsmission um so besser, je glaubwürdiger sie ihre Einheit darzustellen in der Lage ist. Ihre Zerrissenheit wird Mitursache für den Unglauben, für die Trennung in der Kirche.

Die lokale Kirche, die eine solche Einheit ausstrahlt, tritt – gewiß nicht ausschließlich, aber in erster Linie – in ihren liturgischen Zusammenkünften in Erscheinung[24]. Kraft seines allgemeinen Priestertums hat der Laie in der lokalen Kirche seinen Beitrag zur Liturgie zu leisten durch volle und tätige Teilnahme an den liturgischen Handlungen und durch die Verrichtung besonderer Dienste bei dieser Feier[25].

Laien im kirchlichen Dienst

Can. 231 – § 1. Laien, die auf Dauer oder auf Zeit für einen besonderen Dienst der Kirche bestellt werden, sind verpflichtet, die zur gebührenden Erfüllung ihrer Aufgabe erforderliche Bildung sich anzueignen und diese Aufgabe gewissenhaft, eifrig und sorgfältig zu erfüllen.

Zunächst müssen wir hier festhalten, daß sich das Wirken der Kirche in einem dreifachen Aufgabenkreis aufteilt bzw. vollzieht: dem Lehramt, dem Priesteramt und dem Hirtenamt. Dieser dreifache Aufgabenkreis ist nicht allein und ausschließlich Klerikern vorbehalten. Das ganze Volk Gottes hat daran auf seine Weise Anteil, wobei sich jeweils nur die Art der Mitverantwortung unterscheidet. Die Befähigung zu diesem Wirken erhalten die Gläubigen, also auch die Laien, aufgrund von Taufe und Firmung. Durch den Empfang dieser „Eingangssakramente" sind also auch die Laien berufen, am Dienst des Lehrens, des Heiligens und des Leitens aktiv mitzuwirken, und so „zur Ausübung der Sendung berufen, die Gott der Kirche zur Erfüllung in der Welt anvertraut hat"[26].
Die Teilhabe der Laien am besonderen Dienst der Kirche vollzieht sich in vielfachen Formen und Möglichkeiten. Ihr tägliches Glaubenszeugnis in Ehe und Familie, im Freundeskreis, am Studien- und Arbeitsplatz, ist *ein* Element dieser Teilhabe und läßt Kirche und Leben zur Einheit verschmelzen. Bezüglich der Teilhabe am Lehramt sei der Bereich der Katechese und des Religionsunterrichtes (Elternhaus, Kindergarten, Schule usw.) sowie auch der Auftrag zur Lehre in theologischen Wissenschaften und überhaupt die theologische Forschung angesprochen[27]. Hier öffnen sich dem Laien neue Möglichkeiten und der Kirche neue Chancen.
Für den Bereich des Priesteramtes ist vor allem der Dienst des Lektors und des Akolythen zu erwähnen[28], wobei der Dienst des Akolythen, wie wir bereits sahen, gemäß der altehrwürdigen Tradition der Kirche ausschließlich Männern vorbehalten ist. Allerdings besteht für die Teilnahme des Laien am Priesteramt darüber hinaus noch sehr viel mehr Möglichkeit. „Für den priesterlichen Dienst der Kirche kommt, was das sakramentale Tun als Mitte des priesterlichen Wirkens angeht, eine Mitwirkung des Laien bei der Taufe, Firmung, Weihe, Ehe, Eucharistie und, wenn man die Buße in ihrem ekklesiologischen Bezug sieht, selbst bei der Buße in Betracht"[29].
Was schließlich den Bereich des Hirtenamtes angeht, wird weithin angenommen, „daß gerade auf diesem Gebiet die Laien unbeteiligt seien, was ein Irrtum ist. Zwar hat der Laie keine eigentliche Hirtenfunktion in der Kirche, aber er kann zusammen mit seinem Hirten sehr wohl an dessen Hirtenamt teilnehmen"[30]. Bezüglich der Normsetzung haben die Laien einen nicht unerheblichen Einfluß, wenn man bedenkt, daß das kanonische Recht die Gewohnheit als eine eigene Rechtsquelle betrachtet. Somit können die Laien hier auf diesem Gebiet der Gesetzgebung erheblichen Einfluß nehmen. Darüber hinaus ist, wie wir wissen, jedes erlassene Ge-

setz davon abhängig, wie es die Laien aufnehmen, denn „ein kirchliches Gesetz, das von der Gemeinschaft von Anfang an nicht angenommen oder später nicht befolgt wird, verliert seine verpflichtende Kraft und zerfällt"[31].
In den Bistümern der Bundesrepublik Deutschland ist die Möglichkeit, die Canon 231, § 1 anbietet, positiv realisiert worden. Pfarrhelfer, Pastoral- und Gemeindereferenten übernehmen in großer Mitverantwortung freiwillig seelsorgliche Aufgaben und Dienste, zu denen sie, wie wir sahen, aufgrund der empfangenen Taufe und Firmung zwar berufen, aber nicht verpflichtet sind. Gerade in dieser Freiwilligkeit liegt eine große Chance, und sie gibt Raum für kreative Phantasie und Spontaneität. Um jedoch alle diese Aufgaben in der Kirche gewissenhaft erfüllen zu können, sind die Laien verpflichtet, sich eine entsprechende Ausbildung angedeihen zu lassen, damit sie diese Aufgaben mit Sachkenntnis, mit entsprechendem Engagement und der nötigen Sorgfalt erfüllen können.

Recht auf angemessene Vergütung

Can. 231 – § 2. Unbeschadet der Vorschrift des can. 230, § 1 haben sie das Recht auf eine angemessene Vergütung, die ihrer Stellung entspricht und mit der sie, auch unter Beachtung des weltlichen Rechts, für die eigenen Erfordernisse und für die ihrer Familie in geziemender Weise sorgen können; ebenso steht ihnen das Recht zu, daß für ihre Zukunft, die soziale Sicherheit und die Gesundheitsfürsorge gebührend vorgesorgt wird.

Wir sahen oben in Canon 230, § 1, daß die Übertragung bzw. Annahme der Dienstämter des Lektors und des Akolythen (auf bestimmte Zeit oder auf Dauer) nicht das Recht auf Unterhalt bzw. Bezahlung von seiten der Kirche mit sich bringt. Ungeachtet dieser Vorschrift, die ihre Gültigkeit behält, besagt Canon 231, § 2, daß Laien, die (haupt)beruflich einen kirchlichen Dienst übernehmen, das Recht auf einen angemessenen Lohn haben, der ihrem Lebensstandard bzw. ihren Lebensumständen angepaßt ist, so daß sie in der Lage sind, den eigenen Bedürfnissen und den Bedürfnissen ihrer Familie gerecht zu werden; dabei sind natürlich das Recht auf soziale Sicherheit und die Gesundheitsfürsorge mit eingeschlossen. Bei all dem sind die Bestimmungen des Zivilrechts zu erfüllen.
Wer also zu einem speziellen kirchlichen Dienst beauftragt wird, hat An-

spruch auf Entgelt und Sozialleistungen zur Sicherung für Alter und Krankheit; eine Regelung, die eigentlich selbstverständlich ist. Wer in der Kirche mitarbeitet, soll deswegen keinen persönlichen Nachteil erleiden müssen, was den sozialen Bereich angeht.

ANMERKUNGEN

1 GS, Art. 36.
2 LG, Art. 33.
3 Can. 1421, § 2.
4 Can. 1424.
5 Can. 1428, § 2.
6 Can. 1435.
7 AA, Art. 24.
8 MQ, Art. VII.
9 AEM, Nr. 65.
10 P. Boekholt, Eucharistie, S. 46.
11 AEM, Nr. 66
12 P. Boekholt, Eucharistie, S. 45.
13 Vgl. ebd., S. 45–46.
14 Ebd., S. 50.
15 SC, Art. 29.
16 SC, Art. 26.
17 Vgl. SC, Art. 14.
18 Vgl. SC, Art. 41.
19 Vgl. SC, Art. 26.
20 SC, Art. 28; vgl. E. Lengeling, Kommentar zur Liturgie, S. 62.
21 SC, Art. 14.
22 AEM, III, Nr. 58.
23 Vgl. LG, Art. 1; vgl. auch SC, Art. 2.
24 Vgl. LG, Art. 26.
25 Vgl. AEM, III, Nr. 62, Nr. 73.
26 Can. 204, § 1.
27 Vgl. Can. 229, § 2–3.
28 Vgl. Can. 230, § 3.
29 K. Mörsdorf, Kirchenrecht I, S. 559.
30 P. Boekholt, Eucharistie, S. 57.
31 K. Mörsdorf, Kirchenrecht I, S. 561.

Der Laie im Leben der Kirche

Buch I Allgemeine Normen

Dispens von Disziplinargesetzen

Can. 87 – § 1. Der Diözesanbischof kann die Gläubigen, sooft dies nach seinem Urteil zu deren geistlichem Wohl beiträgt, von Disziplinargesetzen dispensieren, sowohl von allgemeinen als auch von partikularen, die von der höchsten Autorität der Kirche für sein Gebiet oder für seine Untergebenen erlassen worden sind, nicht aber von das Prozeß- oder Strafrecht betreffenden Gesetzen noch von solchen, deren Dispens dem Apostolischen Stuhl oder einer anderen Autorität besonders vorbehalten ist.

§ 2. Wenn der Rekurs an den Heiligen Stuhl schwierig ist und zugleich in einer Verzögerung die Gefahr schweren Schadens liegt, kann jeder Ordinarius von eben diesen Gesetzen dispensieren, auch wenn die Dispens dem Heiligen Stuhl vorbehalten ist, sofern es sich um eine Dispens handelt, die dieser unter denselben Umständen zu gewähren pflegt, unbeschadet der Vorschrift des can. 291.

Die verpflichtende Kraft eines rein kirchlichen Gesetzes kann für einen ganz speziellen Fall durch Dispens aufgehoben werden; Canon 87, § 1 besagt, daß der Diözesanbischof Gläubige von gesamtkirchlichen und von partikularen Disziplinargesetzen befreien kann, die von der höchsten kirchlichen Autorität für sein Gebiet oder für seine Untergebenen erlassen worden sind. Voraussetzung für eine solche Dispens seitens des Diözesanbischofs ist jedoch, daß diese für das geistliche Wohl des Gläubigen seiner Meinung nach unbedingt erforderlich ist. Das geistliche Wohl der Gläubigen steht infolgedessen für die Kirche über der Erfüllung von Disziplinargesetzen, was als eine gerechte, pastorale und vor allem vernünftige Grundeinstellung angesehen werden darf. Jede Verallgemeinerung und Willkür soll so ausgeschaltet werden.

Nicht dispensieren kann der Diözesanbischof jedoch von Gesetzen im Bereich des Prozeß- oder Strafrechts; ebenso kann er auch nicht von solchen Gesetzen dispensieren, die entweder dem Apostolischen Stuhl oder einer anderen Autorität besonders vorbehalten sind. Aber auch bei dieser Vorschrift steht dem Gesetzgeber das geistliche Wohl der Gläubigen vor

Augen, da der Diözesanbischof in solchen Fällen in besonderen Notlagen dennoch Dispens geben kann, wenn der Rekurs an den Heiligen Stuhl schwierig ist oder die Gefahr eines großen Schadens droht und es sich um eine Dispens handelt, die der Heilige Stuhl unter gleichen Umständen auch erteilen würde[1]. So wird ein unheilvoller Bürokratismus vermieden.

Dispens von partikularen Gesetzen

Can. 88 – Der Ortsordinarius kann von Diözesangesetzen und, sooft dies nach seinem Urteil zum Wohl der Gläubigen beiträgt, von Gesetzen dispensieren, die von einem Plenar- oder Provinzialkonzil oder von der Bischofskonferenz erlassen wurden.

Nicht jede Lebenssituation kann vom Gesetzgeber eingefangen, überblickt bzw. vorausgesehen werden; so kann es vorkommen, daß ein Konzil oder eine Bischofskonferenz Gesetze verabschieden, die zwar für das Allgemeinwohl der Kirche, nicht aber für einen konkreten Gläubigen und sein geistliches Wohl sinnvoll sind. Auch hier steht das „spirituale fidelium bonum", das geistliche Wohl der einzelnen Gläubigen, über dem Gesetz; ein Beweis mehr, daß die kirchliche Gesetzgebung immer bestrebt ist, pastorale Hilfen anzubieten. Die Gesetze werden *für* die Menschen gemacht, nicht umgekehrt.

Verpflichtungskraft von Statuten

Can. 94 – § 2. Durch die Statuten einer Gesamtheit von Personen werden allein jene Personen verpflichtet, die rechtmäßig deren Mitglieder sind, durch die Statuten einer Gesamtheit von Sachen jene, die für deren Leitung Sorge tragen.

Die Statuten (= rechtmäßig aufgestellte Grundordnungen) von Personengesamtheiten sind für die einzelnen rechtmäßigen Mitglieder einer solchen Gemeinschaft (z. B. eines Vereins) verpflichtend; wer „nur" Ehrenmitglied, Gönner oder Freund einer entsprechenden Vereinigung ist, ist

natürlich nicht an die Statuten eben des Vereins gebunden, den er lediglich unterstützt.
Was die Statuten eines rechtlichen Zusammenschlusses von Sachen oder vermögenswerten Gütern (z. B. Ländereien, Fabriken) angeht, so müssen sie lediglich von denen eingehalten werden, die ihre Verwaltung innehaben bzw. als Vorstand einer solchen Sachengesamtheit fungieren.

Ordnungen

Can. 95 – § 1. Ordnungen sind Regeln oder Normen, die eingehalten werden müssen bei Zusammenkünften von Personen, seien sie von der kirchlichen Autorität angeordnet oder von den Gläubigen frei einberufen, sowie bei der Durchführung anderer Veranstaltungen; durch diese wird das bestimmt, was zu Verfassung, Leitung und Vorgehensweisen gehört.
§ 2. Bei Zusammenkünften oder Veranstaltungen werden durch die Regeln der Ordnung diejenigen verpflichtet, die daran teilnehmen.

Wenn also unter anderem Gläubige Zusammenkünfte von Personen oder andere Veranstaltungen frei einberufen, müssen alle, die daran teilnehmen, die Bestimmungen der Geschäftsordnungen bei solchen Zusammenkünften einhalten. Die Geschäftsordnung enthält Vorschriften (Regeln und Normen) bezüglich Konstituierung, Leitung und Vorgehensweise. Ebenso gilt für alle Teilnehmer die Einhaltung der Geschäftsordnung bei Zusammenkünften, die von der kirchlichen Autorität angeordnet sind.

Eingliederung in die Kirche

Can. 96 – Durch die Taufe wird der Mensch der Kirche Christi eingegliedert und wird in ihr zur Person mit den Pflichten und Rechten, die den Christen unter Beachtung ihrer jeweiligen Stellung eigen sind, soweit sie sich in der kirchlichen Gemeinschaft befinden und wenn nicht eine rechtmäßig verhängte Strafe entgegensteht.

Die Grundlage für die unwiderrufliche Eingliederung eines Menschen in die Kirche bildet das Sakrament der Taufe. „Christus der Herr als Hoherpriester aus den Menschen genommen (vgl. Hebr 5,1–5), hat das neue Volk ‚zum Königreich und zu Priestern für Gott und seinen Vater gemacht' (vgl. Apk 1,6; 5,9–10). Durch die Wiedergeburt und die Salbung mit dem Heiligen Geist werden die Getauften zu einem geistigen Bau und einem heiligen Priestertum geweiht, damit sie in allen Werken eines christlichen Menschen geistige Opfer darbringen und die Machttaten dessen verkünden, der sie aus der Finsternis in sein wunderbares Licht berufen hat (vgl. 1 Petr 2,4–10). So sollen alle Jünger Christi ausharren im Gebet und gemeinsam Gott loben (vgl. Apg 2,42–47) und sich als lebendige, heilige, Gott wohlgefällige Opfergabe darbringen (vgl. Röm 12,1)"[2].
Demnach ist der Empfang der Taufe das Fundament jeglicher Kirchengliedschaft. Durch die gültige Taufe erwirbt der Christ Rechtsfähigkeit in der Kirche und wird ihr einverleibt (incorporatur). So wird er auch zur Rechtspersönlichkeit in der Kirche. Mit diesem Personsein in der Kirche sind entsprechend der jeweiligen Stellung grundlegende Pflichten und Rechte verbunden[3], die jedoch eine Einschränkung erfahren können, insofern der einzelne Träger dieser Pflichten und Rechte nicht in voller Gemeinschaft (plena communio) mit der Kirche steht oder eine rechtmäßig verhängte Strafe entgegensteht.
„Voll in der Gemeinschaft der katholischen Kirche in dieser Welt stehen jene Getauften, die in ihrem sichtbaren Verband mit Christus verbunden sind, und zwar durch die Bande des Glaubensbekenntnisses, der Sakramente und der kirchlichen Leitung"[4]. Ist also die volle Kirchenzugehörigkeit irgendwie gestört bzw. beeinträchtigt, folgt daraus in jedem Fall eine Rechts- und Pflichtenminderung. Die volle Gemeinschaft mit der Kirche kann also sehr wohl eingeschränkt oder ganz verloren sein.
Abgesehen vom Fall der Strafe kann die volle Zugehörigkeit zur katholischen Kirche auch dadurch beeinträchtigt werden, daß jemand infolge von schwerer Schuld nicht die Eucharistie empfangen darf, bevor die Schuld nach Reue und Willensbesserungsversprechen im Bußsakrament nachgelassen worden ist[5].
Was das Problem des sogenannten Kirchenaustritts angeht, ist zu sagen, daß dieser Begriff eigentlich theologisch paradox ist. Die gültig gespendete Taufe ist unwiderrufbar nach dem Grundsatz: „semel baptizatus – semper baptizatus" (einmal getauft – immer getauft).
Somit kann der „Kirchenaustritt" auch nur vor einer staatlichen Behörde erklärt und auch nur durch staatliches Recht geregelt werden. „Wegen

der Gewährleistung des Grundrechtes der (negativen) Religionsfreiheit (GG, Art. 4, Abs. 1) muß der Staat die Möglichkeit eines ‚Kirchenaustritts' sicherstellen, der aber nicht nur mit ‚bürgerlicher Wirkung' erfolgt und die theologische Unmöglichkeit eines ‚Kirchenaustritts' nicht berührt. Inwieweit ein solcher ‚Kirchenaustritt' den Straftatbestand der Apostasie erfüllt,... kann nicht im Einzelfall beurteilt werden"[6].

Auch die Diözesanbischöfe der Bundesrepublik Deutschland haben in einer eigenen Erklärung zum Thema „Kirchenaustritt" im Dezember 1969 bereits Stellung genommen und unter anderem folgende Aussage gemacht: „Der Austritt hat nicht nur Wirkungen im staatlichen Bereich, sondern auch in der Kirche. Die Ausübung der Grundrechte eines katholischen Christen ist untrennbar von der Erfüllung seiner Grundpflichten. Wenn also ein Katholik seinen Austritt aus der Kirche erklärt – aus welchen Gründen auch immer –, so stellt dies eine schwere Verfehlung der kirchlichen Gemeinschaft dar. Er kann daher am sakramentalen Leben erst wieder teilnehmen, wenn er bereit ist, seine Austrittserklärung rückgängig zu machen"[7].

Es ist schwierig, den Kirchenaustritt in die vom CIC umschriebenen Straftatbestände einzuordnen. „Aus c. 1364, § 1 (in Verbindung mit c. 751) muß man allerdings folgern: Insofern der Kirchenaustritt einen Verstoß gegen den Glauben und ein Lossagen von der Kirche bedeutet, zieht er die von selbst eintretende Exkommunikation nach sich. Wenn ein katholischer Christ aus anderen Beweggründen, obgleich er innerlich am katholischen Glauben festhält, seinen Austritt aus der Kirche erklärt, ist die Exkommunikation nicht eindeutig gegeben. Die Teilnahme am sakramentalen Leben der Kirche wäre in einem solchen Fall aber ohnehin wegen des faktischen Zustandes der Trennung nicht möglich, also aufgrund einer Sperre. Von großer Bedeutung ist, daß das kirchliche Gesetzbuch von 1983 – im Unterschied zum CIC/1917 – einen ‚Kirchenaustritt' unmittelbar anspricht und aus der Tatsache, daß sich ein katholischer Christ ‚in einem formalen Akt' von der katholischen Kirche lossagt, die Folgerung zieht, daß er dann nicht mehr an bestimmte Rechtsvorschriften (z. B. die kanonische Eheschließungsform) gebunden ist. Auch hierin äußert sich die Tendenz, den Geltungsbereich kirchlicher Rechtsvorschriften einzuschränken"[8].

Neben den oben genannten Gruppen, die nicht in uneingeschränkter Gemeinschaft mit der katholischen Kirche stehen, sind noch folgende Gruppen zu beachten:

- die getrennten (nichtkatholischen) Christen; ihnen sind zwar kirchenbildende Elemente zu unterstellen; jedoch ist eine volle Gliedschaft nicht vorhanden[9].
- Die Katechumenen; auch wenn ihnen die Gliedschaft mit der Kirche (noch) fehlt, besteht bei ihnen doch eine besondere Verbindung mit der Kirche: „Auf besondere Weise mit der Kirche verbunden sind die Katechumenen, jene nämlich, die, vom Heiligen Geist geleitet, mit erklärtem Willen um Aufnahme in sie bitten; durch dieses Begehren wie auch durch ihr Leben des Glaubens, der Hoffnung und der Liebe werden sie mit der Kirche verbunden, die sie schon als die ihren umsorgt"[10].
- Die Nichtgetauften sind nach Canon 96 nicht in die Kirche eingegliedert.

Minderjährigkeit – Volljährigkeit

Can. 97 – § 1. Eine Person, die das achtzehnte Lebensjahr vollendet hat, ist volljährig, bis zu diesem Alter minderjährig.
§ 2. Ein Minderjähriger vor Vollendung des siebenten Lebensjahres wird Kind genannt und gilt als seiner nicht mächtig, nach Vollendung des siebenten Lebensjahres aber wird vermutet, daß er den Vernunftgebrauch erlangt hat.

Can. 98 – § 1. Einer volljährigen Person steht die volle Ausübung ihrer Rechte zu.
§ 2. Eine minderjährige Person bleibt in der Ausübung ihrer Rechte der Gewalt der Eltern oder eines Vormunds unterstellt, außer in den Fällen, in denen Minderjährige nach göttlichem Gesetz oder kanonischem Recht von deren Gewalt ausgenommen sind; was die Bestellung eines Vormunds und dessen Gewalt betrifft, sind die Vorschriften des weltlichen Rechtes einzuhalten, wenn nicht im kanonischen Recht etwas anderes vorgesehen ist oder der Diözesanbischof in bestimmten Fällen aus gerechtem Grund durch die Ernennung eines anderen Vormunds glaubt, Vorsorge treffen zu müssen.

Can. 99 – Wer dauernd des Vernunftgebrauchs entbehrt, gilt als seiner nicht mächtig und wird Kindern gleichgestellt.

Das Kirchenrecht unterscheidet Volljährige (persona maior), die das achtzehnte Lebensjahr vollendet haben, und Minderjährige (persona minor), bis zur Vollendung des achtzehnten Lebensjahres. Die Volljährigen sind voll handlungsfähig, die Minderjährigen hingegen unterstehen in ihrer Rechtsausübung der elterlichen Gewalt bzw. der Gewalt der entsprechenden Vormünder, es sei denn, göttliches oder kirchliches Recht befreit sie davon. Bezüglich der Bestellung von Vormündern und ihrer Gewalt gelten die Vorschriften des zivilen Rechtes des betreffenden Landes.
Unter den Minderjährigen werden zwei Altersstufen unterschieden: Bis zur Vollendung des siebenten Lebensjahres wird die persona minor als Kind (infans) bezeichnet; es ist zwar schon rechtsfähig, entbehrt jedoch der Geschäftsfähigkeit. Außerdem sind die Kinder bis zu dieser Altersstufe eben als Kinder aufgrund der Gesetzesvermutung von Canon 97, § 2 „ohne hinreichenden Vernunftgebrauch" (ihrer selbst nicht mächtig) und daher nicht an kirchenrechtliche Vorschriften gebunden; erst ab dem siebenten Lebensjahr wird nach Canon 97, § 2 dieser Vernunftgebrauch den Kindern unterstellt; infolgedessen sind sie beschränkt geschäftsfähig (d. h., selbständige Willenserklärungen mit ausschließlich rechtlichen Vorteilen sind möglich).
Die Geisteskranken werden bezüglich der rechtlichen Handlungsfähigkeit Kindern gleichgestellt.

Herkunftsort – Wohnsitz und Nebenwohnsitz

Can. 101 – § 1. Der Herkunftsort eines Kindes, auch eines Neugetauften, ist jener Ort, wo zur Zeit der Geburt des Kindes die Eltern oder, wenn die Eltern nicht denselben Wohnsitz oder Nebenwohnsitz hatten, die Mutter Wohnsitz oder, in Ermangelung eines solchen, Nebenwohnsitz hatten.
§ 2. Bei einem Kind von Wohnsitzlosen ist der Herkunftsort der Geburtsort selbst; bei einem Findelkind ist es der Ort, wo es gefunden wurde.

Can. 102 – § 1. Der Wohnsitz wird erworben durch jenen Aufenthalt im Gebiet einer Pfarrei oder wenigstens einer Diözese, der entweder mit der Absicht verbunden ist, dort ständig zu bleiben, sofern kein Abwanderungsgrund eintritt, oder sich über einen Zeitraum von fünf vollen Jahren erstreckt hat.
§ 2. Der Nebenwohnsitz wird erworben durch jenen Aufenthalt im Ge-

biet einer Pfarrei oder wenigstens einer Diözese, der entweder mit der Absicht verbunden ist, dort wenigstens drei Monate zu bleiben, sofern kein Abwanderungsgrund eintritt, oder der sich tatsächlich auf drei Monate erstreckt hat.

§ 3. Wohnsitz oder Nebenwohnsitz im Gebiet einer Pfarrei wird Pfarrwohnsitz genannt, im Gebiet einer Diözese, auch wenn er nicht in einer Pfarrei liegt, Diözesanwohnsitz.

Der Herkunftsort eines Kindes (locus originis) ist also nicht der Geburtsort, sondern der Wohnsitz bzw. Nebenwohnsitz der Eltern. Die Begriffe „Wohnsitz" und „Nebenwohnsitz" werden in Can. 102 genau definiert.

Im Falle, daß die Eltern keinen gemeinsamen Wohnsitz oder Nebenwohnsitz hatten, ist der Wohnsitz der Mutter Herkunftsort des Kindes. Bei Wohnsitzlosen (vagi) ist der Herkunftsort eines Kindes sein Geburtsort. Für Findelkinder wird der Fundort als Herkunftsort anerkannt.

Wohnsitz von Ordensangehörigen

Can. 103 – Die Angehörigen von Ordensinstituten und Gesellschaften des apostolischen Lebens erwerben Wohnsitz an dem Ort, wo das Haus gelegen ist, dem sie zugeschrieben sind, Nebenwohnsitz in dem Haus, in dem sie sich gemäß can. 102, § 2 aufhalten.

Die Mitglieder von Ordensgemeinschaften oder Gesellschaften des apostolischen Lebens haben also ihren Wohnsitz dort, wo sich das Haus ihrer Niederlassung befindet; ihren Nebenwohnsitz haben sie dort, wo sie in der Absicht hingehen, wenigstens drei Monate zu bleiben, oder tatsächlich drei Monate bleiben.

Wohnsitz von Eheleuten

Can. 104 – Eheleute sollen einen gemeinsamen Wohnsitz oder Nebenwohnsitz haben; aufgrund rechtmäßiger Trennung oder aus einem anderen gerechten Grund kann jeder von beiden einen eigenen Wohnsitz oder Nebenwohnsitz haben.

Das gemeinsame Eheleben und seine Verpflichtungen für die Familie legen den Eheleuten sehr nahe, einen gemeinsamen Wohnsitz oder Nebenwohnsitz zu haben; nur so können sie optimal ihre gemeinsame Zukunft aufbauen und gestalten und ihrer Familie Heimat geben.
Berufliche Gründe könnten es z. B. erforderlich machen, daß die Eheleute für eine gewisse Zeit je eigene Wohnsitze haben; gerade in solchen Situationen sind jedoch möglichst häufige Begegnungen (besonders an den Wochenenden) notwendig. – Ebenso könnte eine rechtmäßige Trennung „von Tisch und Bett" getrennte Wohnsitze nahelegen; hier könnte gerade der räumliche „Abstand" besondere Krisen usw. überwinden helfen.

Wohnsitz Minderjähriger

Can. 105 – § 1. Ein Minderjähriger teilt notwendig Wohnsitz und Nebenwohnsitz desjenigen, dessen Gewalt er unterstellt ist. Ein dem Kindesalter Entwachsener kann auch einen eigenen Nebenwohnsitz, und wer rechtmäßig nach Maßgabe des weltlichen Rechtes selbständig geworden ist, auch einen eigenen Wohnsitz erwerben.
§ 2. Wer aus einem anderen Grund als dem der Minderjährigkeit rechtmäßig in einem Vormundschafts- oder Pflegschaftsverhältnis einem anderen anvertraut ist, teilt Wohnsitz und Nebenwohnsitz des Vormunds bzw. Pflegers.

Minderjährige bedürfen der Fürsorge und des besonderen Schutzes der Eltern bzw. derer, die sich von Rechts wegen um sie kümmern. Von daher ist es verständlich, daß sie auch den gemeinsamen Wohnsitz bzw. Nebenwohnsitz teilen. Wenn der junge Mensch selbständig wird und für sich selbst Verantwortung zu übernehmen in der Lage ist (nach Vollendung des siebenten Lebensjahres), kann er auch einen eigenen Nebenwohnsitz

(z. B. Internat) haben. Falls er nach staatlichem Recht für volljährig erklärt wurde, kann er natürlich auch einen eigenen Hauptwohnsitz anmelden.
Personen, die aus anderen Gründen als dem der Minderjährigkeit rechtmäßig unter einem Vormund oder unter Pflegschaft stehen, teilen von daher schon notwendig den Wohnsitz oder Quasiwohnsitz des Vormundes oder Pflegers, weil sie – auf sich allein gestellt – wegen ihrer Eigenart oder Besonderheit allein gar nicht zurecht kämen.

Zuständiger Pfarrer bzw. Bischof

Can. 107 – § 1. Sowohl durch Wohnsitz als auch durch Nebenwohnsitz erhält jeder seinen Pfarrer und Ordinarius.
§ 2. Der eigene Pfarrer oder Ordinarius eines Wohnsitzlosen ist der Pfarrer oder der Ordinarius des Ortes, an dem sich der Wohnsitzlose augenblicklich aufhält.
§ 3. Der eigene Pfarrer desjenigen, der nur einen diözesanen Wohnsitz oder Nebenwohnsitz hat, ist der Pfarrer des Ortes, an dem er sich augenblicklich aufhält.

Wohnsitz und Nebenwohnsitz erhalten für den Gläubigen von daher schon rechtliche Bedeutung, da durch ihn jeder seinen Pfarrer (parochus proprius) und seinen Ordinarius (ordinarius proprius) erhält. Wer im Wohnsitz oder Nebenwohnsitz eines Gläubigen das Amt des Pfarrers ausübt, ist für dieses Kirchenglied auch der zuständige Pfarrer.
Bei Wohnsitzlosen und solchen, die nur einen Diözesanwohnsitz haben, entscheidet der jeweilige Aufenthaltsort über den Ordinarius. Damit ist gewährleistet, daß einem jeden das Grundrecht auf Zuwendung der geistlichen Güter (vgl. Canon 213) gewährt werden kann.

Adoption

Can. 110 – Kinder, die nach Maßgabe des weltlichen Gesetzes adoptiert wurden, gelten als Kinder dessen oder derer, die sie adoptiert haben.

Es ist psychologisch und pädagogisch für die Eltern und für das Kind von großer Bedeutung, daß Adoptivkinder natürlichen Kindern gleichgestellt werden, d. h., daß die Adoptivkinder als Kinder der Adoptiveltern gelten. Die Eltern sollten ein solches Kind wirklich als „ihr" Kind betrachten und somit auch den Kindern das Gefühl geben, daß sie „richtige" Eltern haben, d. h., daß sie von „ihren" Eltern aufgezogen und erzogen werden. Je besser es den Adoptiveltern gelingt, das adoptierte Kind wirklich als ihr Kind zu betrachten und anzunehmen, um so besser wird auch die Erziehung eines solchen Kindes gelingen und um so mehr wird dieses Kind die echte Geborgenheit einer eigenen Familie spüren und erfahren.

Kirchenzugehörigkeit

Can. 111 – § 1. In die lateinische Kirche wird durch den Taufempfang aufgenommen ein Kind von Eltern, die zu ihr gehören oder die, falls ein Elternteil nicht zu ihr gehört, beide übereinstimmend gewünscht haben, daß ihr Kind in der lateinischen Kirche getauft wird; wenn aber diese Übereinstimmung fehlt, wird es der Rituskirche zugeschrieben, zu welcher der Vater gehört.
§ 2. Jeder Taufbewerber, der das vierzehnte Lebensjahr vollendet hat, kann frei wählen, ob er in der lateinischen Kirche oder in einer anderen Rituskirche eigenen Rechtes getauft werden soll; in diesem Falle gehört er zu der Kirche, die er gewählt hat.

Was die Rituszugehörigkeit eines Kindes anbetrifft, so gilt es als in der lateinischen Kirche aufgenommen, wenn es dort getauft wurde als ein Kind von Eltern, die auch zu dieser lateinischen Kirche gehören. Im Falle, daß ein Elternteil der lateinischen Kirche nicht angehört, haben die Eltern gemeinsam die Wahl zu treffen, welcher Ritus für das Kind maßgebend sein soll; ihr elterlicher Wille ist entscheidend. Wenn beide zu keiner endgültigen Klärung kommen können, gilt das Kind als im Ritus des Vaters getauft.
Nach Vollendung des vierzehnten Lebensjahres steht es in der Entscheidung eines jeden Taufbewerbers selbst, ob er im lateinischen oder in einem anderen Ritus eigenen Rechtes getauft werden möchte; die Eltern haben dann diesbezüglich keine Entscheidungsvollmacht mehr. In einem solchen Fall gehört dann der Getaufte zum Ritus seiner Wahl.

Nach dem Empfang der Taufe in einem bestimmten Ritus ist der Rituswechsel nur unter ganz bestimmten Voraussetzungen möglich:

Can. 112 – § 1. Nach dem Empfang der Taufe werden in eine andere Rituskirche eigenen Rechtes aufgenommen:

1° wer die Erlaubnis vom Apostolischen Stuhl erhalten hat;

2° ein Ehepartner, der bei Eingehen oder während des Bestehens einer Ehe erklärt, daß er zur Rituskirche eigenen Rechtes des anderen Ehepartners übertrete; ist aber die Ehe aufgelöst, kann er frei zur lateinischen Kirche zurückkehren;

3° vor Vollendung des vierzehnten Lebensjahres die Kinder der in nn. 1 und 2 Genannten wie auch in einer Mischehe die Kinder des katholischen Teils, der rechtmäßig zu einer anderen Rituskirche übergetreten ist; nach Erreichen dieses Alters aber können diese zur lateinischen Kirche zurückkehren.

Mitwirkung an der Leitungsgewalt

Can. 129 – § 2. Bei der Ausübung dieser Gewalt können Laien nach Maßgabe des Rechtes mitwirken.

Aufgrund göttlicher Einsetzung (ex divina institutione) gibt es in der Kirche Leitungsvollmacht (potestas regiminis), auch Hirtengewalt genannt. Diese steht zwar in einem engen Zusammenhang mit dem Weihesakrament, denn dieses Sakrament, das die Stufen von Episkopat, Presbyterat und Diakonat umfaßt, bildet die Grundlage für den Empfang der Leitungsvollmacht, d. h. die Befähigung, das Volk Gottes zu leiten. Allerdings können nach Canon 129, § 2 auch Laien bei der Ausübung dieser Vollmacht im Rahmen der rechtlichen Möglichkeiten mitwirken, obwohl sie kein Weihesakrament empfangen haben.

Die Betonung dieses Gesetzestextes liegt auf „mitwirken“, was bedeutet, daß dieses „Mitwirken“ keine eigentliche „Beteiligung“ darstellt, derzufolge die Laien an der Leitungsvollmacht selber teilhaben könnten. Aber auch die rechtliche Möglichkeit einer „Mitwirkung der Laien an der Ausübung kirchlicher Leitungsvollmacht ermöglicht es, die rechtliche Stellung des Laien in der Kirche wesentlich positiver zu sehen, als dies bislang der Fall gewesen ist – womit einem Anliegen des Konzils entsprochen wird“[11].

Unter bestimmten Voraussetzungen kann z. B. ein Laie Mitglied eines Richterkollegiums sein, wie wir bereits sahen: „Die Bischofskonferenz kann die Erlaubnis geben, daß auch Laien als Richter bestellt werden, von denen einer bei der Bildung eines Kollegialgerichtes herangezogen werden kann, soweit eine Notwendigkeit dazu besteht“[12].
Aus der Natur der Sache ergibt sich jedoch, daß bei bestimmten Aufgaben im Bereich der Leitungsvollmacht für die Laien *keine* Möglichkeit der Ausübung besteht, weil eben für diese Bereiche die Teilhabe am Weihesakrament unabdingbare Voraussetzung ist; so z. B. die Feier der heiligen Eucharistie, das Bußsakrament, die Erteilung der heiligen Weihen[13].

ANMERKUNGEN

1 Vgl. Can. 87, § 2.
2 LG, Art. 10; vgl. SC, Art. 6; LG, Art. 7; AA, Art. 3.
3 Vgl. dazu die vorigen Kapitel.
4 Can. 205; vgl. LG, Art. 14.
5 Vgl. Can. 916.
6 N. Ruf, Das Recht der katholischen Kirche, S. 47.
7 AfkKR, 558.
8 P. Krämer, Die Zugehörigkeit zur Kirche, in J. Listl/H. Müller/H. Schmitz, Handbuch, S. 169.
9 Vgl. LG, Art. 15; UR, Art. 3.
10 Can. 206, § 1.
11 P. Krämer, Die geistliche Vollmacht, in J. Listl/H. Müller/H. Schmitz, Handbuch, S. 127.
12 Can. 1421, § 2.
13 Vgl. N. Ruf, Das Recht der katholischen Kirche, S. 55.

Buch II Volk Gottes

Teil I Die Gläubigen

Die Grundpflichten und Grundrechte aller Christgläubigen (Cann. 207–223) sowie die besonderen Pflichten und Rechte der Laien (Cann. 225–231), die im CIC unter dieser Überschrift aufgeführt sind, sind auf den Seiten 23–85 abgehandelt.

Förderung geistlicher Berufungen

Can. 233 – § 1. Der ganzen christlichen Gemeinschaft obliegt die Pflicht, Berufungen zu fördern, damit in der ganzen Kirche für die Erfordernisse des geistlichen Amtes ausreichend vorgesorgt wird; besonders sind dazu die christlichen Familien, die Erzieher und in besonderer Weise die Priester, vor allem die Pfarrer verpflichtet. Die Diözesanbischöfe, denen die Sorge um die Förderung von Berufungen hauptsächlich aufgegeben ist, haben das ihnen anvertraute Volk über die Bedeutung des geistlichen Amtes und über die Notwendigkeit von Amtsträgern in der Kirche zu belehren; sie haben Unternehmungen zur Förderung von Berufungen, besonders durch Werke, die dazu errichtet werden, zu veranlassen und zu unterhalten.

Auch wenn die aktive und verantwortungsbewußte Mitarbeit der Laien in der Kirche nicht nur vom II. Vat. Konzil eindringlich gewünscht und vom Kirchenrecht gefordert, sondern in vielen Bereichen auch schon verwirklicht ist, braucht die Kirche Priester. In einer Zeit des akuten Priestermangels sind alle Kirchenglieder ganz besonders in die Pflicht genommen, bei jungen Menschen die Berufung zum Priestertum zu fördern. „Berufe zu fördern ist Aufgabe der gesamten christlichen Gemeinde. Sie erfüllt sie vor allem durch ein wirklich christliches Leben. Den wichtigsten Beitrag dazu leisten einmal die Familien; durchdrungen vom Geist des Glaubens, der Liebe und der Frömmigkeit werden sie gleichsam zum ersten Seminar; zum anderen die Pfarrgemeinden, an deren blühendem

Leben die Jugendlichen selbst teilnehmen. Die Lehrer und alle, die mit der Erziehung von Kindern und Jugendlichen in irgendeiner Weise betraut sind – besonders die katholischen Verbände –, sollen die ihnen anvertrauten jungen Menschen so zu erziehen suchen, daß sie den göttlichen Ruf wahrnehmen und ihm bereitwillig folgen können. Alle Priester sollen ihren apostolischen Eifer vor allem in der Förderung der Berufe zeigen. Sie sollen das Herz der jungen Menschen durch ihr eigenes, bescheidenes, arbeitsames und von innerer Freude erfülltes Leben für das Priestertum gewinnen sowie durch die gegenseitige priesterliche Liebe und die brüderliche Gemeinschaft in der Arbeit...
Dieses tatkräftige Zusammenwirken des ganzen Gottesvolkes zur Förderung von Berufen ist die Antwort auf das Handeln der göttlichen Vorsehung; sie verleiht den Menschen, die von Gott zur Teilnahme am hierarchischen Priestertum Christi erwählt sind, die entsprechenden Gaben und unterstützt sie mit ihrer Gnade"[1].
So kann also auch die engagierte und fleißig mitarbeitende Gemeinde sich letztlich mit ihren ausschließlich eigenen Diensten nicht allein zufrieden geben. Ihre Mitsorge und Mitverantwortung muß ebenso den Dienst des geweihten Priesters umfassen. Das bedeutet konkret: in der Familie muß eine positive Einstellung zum Priesterberuf herrschen. Alle anderen Dienste in der Kirche dürfen diesen erhabenen Beruf nicht verdrängen. Der junge Mensch, der sich für den Priesterberuf entscheidet, darf in unserer Gesellschaft nicht in eine Außenseiterrolle gedrängt werden, sondern seine Berufung muß gefördert und mitgetragen werden, nicht nur von seiner ganzen Familie, auch von der Gemeinde und besonders von dem sie leitenden Pfarrer. Nur so kann die Kirche auch die Zukunft meistern, die mit vielen Problemen beladen sein wird. Und nur so kann auch die Gemeinde, die ein *Recht* auf die Eucharistiefeier hat, im Ernstfall überleben. Die Dienste der Laien und ihr Auftrag in der Kirche sind wertvoll, heilsam und unverzichtbar, aber sie können und dürfen *nie* die Berufung zum Amtspriestertum antasten und in ihrem wesentlichen Wert herabmindern.
Das Anliegen der Berufsförderung für die ganze Kirche auf der Erde betrifft also zunächst die ganze Gemeinde. Aber auch die christlichen Familien, die Lehrer und Erzieher haben die große Verpflichtung, geistliche Berufe zu fördern und die jungen Christen auf ihrem Weg zum Priestertum mit Verständnis und Liebe zu begleiten. Die christliche Familie als „Hauskirche" ist die Quelle, aus der Glaube, Hoffnung und Liebe geschöpft werden.

Unterstützung der Spätberufenen

Can. 233 – § 2. Alle Priester, vor allem aber die Diözesanbischöfe, haben außerdem darum besorgt zu sein, daß Männer reiferen Alters, die sich zu geistlichen Ämtern berufen fühlen, klug durch Wort und Tat unterstützt werden und die gebotene Vorbereitung erhalten.

Nicht nur wegen des akuten Priestermangels in der Kirche sollen die Bischöfe und Seelsorger sich auch besonders um jene Männer sorgen, die noch im „reifen Alter" den geistlichen Beruf anstreben wollen. „Mit besonderer Liebe soll für Spätberufene durch geeignete Studienstätten und andere Initiativen gesorgt werden"[2].

Es sei besonders an jene Zeit erinnert, in der die sogenannten „Spätberufenen" besonders gefördert wurden; es gab zahlreiche eigene Spätberufenenseminare, die heute fast vergessen sind und aus denen viele Priesterberufe für die Kirche hervorgingen. Die Erfahrung, die solche „Spätberufenen" aus ihrem früheren Leben und „aus der Welt" mitbrachten, war für ihren späteren priesterlichen Dienst von großem praktischen Vorteil. Auch in unserer Zeit sind viele junge Männer auf der Suche nach einem sinnvollen und erfüllten Leben; oft liegt es unter anderem auch daran, daß sie den Weg zum Priestertum nicht finden, weil ihnen keine Perspektiven aufgezeigt und keine Möglichkeiten angeboten werden, trotz ihrer persönlichen Lebenssituation dennoch den Priesterberuf anzustreben. Wenn man an die ersten Berufungen zurückdenkt, so waren das auch Männer reiferen Alters; nicht jeder Priester braucht für seinen pastoralen Dienst ein hochqualifiziertes Theologiestudium, das sich über viele Jahre erstreckt. Erwachsene, reife Männer mit einschlägiger Berufserfahrung sind oft in der Lage und willens, den gesamten Theologiestoff auch in einem sehr verkürzten Zeitraum aufzuarbeiten. Einige Beispiele auch in unserem Land beweisen das. Hier bedarf es noch sehr viel Ermutigung und Wegbegleitung. Der Gesetzgeber hat in Canon 233, § 2 den Weg wieder neu geöffnet.

Kleine Seminare

Can. 234 – § 1. Wo Kleine Seminare oder andere Einrichtungen dieser Art bestehen, sind sie beizubehalten und zu fördern; in diesen ist zur Förderung von Berufungen dafür zu sorgen, daß eine besondere religiöse Bildung in Verbindung mit einer geistes- und naturwissenschaftlichen Ausbildung vermittelt wird; wo es der Diözesanbischof für nützlich hält, hat er die Errichtung eines Kleinen Seminars oder einer ähnlichen Einrichtung zu veranlassen.

§ 2. Wenn nicht in bestimmten Fällen die Umstände etwas anderes nahelegen, sind die Jugendlichen, die sich mit dem Gedanken tragen, auf das Priestertum zuzugehen, mit der geistes- und naturwissenschaftlichen Ausbildung auszustatten, mit der Jugendliche in dem jeweiligen Gebiet für das Hochschulstudium vorbereitet werden.

Die sogenannten „Kleinen Seminarien" und die ihnen vergleichbaren Einrichtungen (Konvikte, Studienheime) dienen den Kindern und Jugendlichen bei ihrer religiösen und schulischen Vorbereitung auf den eventuellen geistlichen Beruf. Bei aller Notwendigkeit, geistliche Berufe zu fördern, müssen die Jugendlichen in den Kleinen Seminarien jedoch immer frei sein in ihrer Berufsentscheidung:

„In den Kleinen Seminarien, die zur Entfaltung keimender Berufe errichtet sind, sollen die Alumnen durch intensive religiöse Formung und vor allem durch geeignete geistliche Führung dazu angeleitet werden, Christus dem Erlöser mit großherzigem Sinn und reinem Herzen nachzufolgen. Unter der väterlichen Leitung der Oberen und durch entsprechende Mitarbeit der Eltern sollen sie ein Leben führen, wie es zu Alter, Sinnesart und Entwicklung der jungen Menschen paßt und mit den Grundsätzen einer gesunden Psychologie in Einklang steht. Eine hinreichende Lebenserfahrung und der Umgang mit der eigenen Familie dürfen nicht fehlen"[3].

Kinder und Jugendliche machen in ihrer persönlichen, religiösen und schulischen Entwicklung bedeutende Krisen mit; hier soll man die jungen Menschen nicht vorschnell „aufgeben" bzw. vorschnell an ihrer Berufung zweifeln. Besonders in den Kleinen Seminarien soll den Jugendlichen Schutz geboten werden vor zu schnellem „Abgestempelt-werden". Es kommt vielfach auf die Leiter und Mitarbeiter an, hier den jungen Menschen Schutz und Hilfe anzubieten. Im Seminar können die hohen

Werte von Freundschaft, Gemeinschaftsleben, Rücksichtnahme geübt und erfahren werden. Vor allem die Möglichkeit des Einzelgesprächs sollte man in den Seminaren pflegen bzw. anbieten. Unermüdliche Wegbegleitung, auf die die jungen Menschen ein Recht haben, führt in vielen Fällen zum fruchtbaren Ziel, besonders dann, wenn diese Wegbegleitung mit dem notwendigen Vertrauensverhältnis einhergeht.

Gerade im Bereich der Kleinen Seminarien sind die Zielvorstellungen der Jugendpastoral miteinzubeziehen. In Jugend- und Ministrantengruppen kann gesundes, aktives religiöses Tun und Gestalten durchgeführt werden. In jeder Weise soll man die Kinder und Jugendlichen *weltoffen* erziehen, damit sie später als Priester und Seelsorger mit den Dingen der Welt umgehen können, ohne von ihnen eingefangen zu werden. Wer im Kleinen Seminar nur behütet wird, um so einen eventuellen Beruf zu retten, wird unweigerlich im Laufe der Entwicklung Schiffbruch erleiden. Andererseits bieten die Seminarien auch den notwendigen Schutz vor solchen „Weltangeboten", die der normalen und natürlichen Entwicklung eines jungen Menschen nur schaden. Der im Seminar geübte Verzicht auf manche Brutalität und Perversität in Film und Presse ist eher ein Gewinn und tut den notwendigen Auseinandersetzungen mit den Gegebenheiten der Zeit keinen Abbruch.

Was die studienmäßige Voraussetzung für solche, die Priester bzw. Diakon werden wollen, angeht, müssen sie im Rahmen der humanistischen und naturwissenschaftlichen Ausbildung jenes Niveau erreichen, das in ihrem jeweiligen Heimatland als Voraussetzung für das Universitätsstudium gilt (Abitur oder ein diesem entsprechenden Bildungsnachweis).

„Vor Beginn der eigentlichen kirchlichen Studien sollen die Alumnen den Grad humanistischer und naturwissenschaftlicher Bildung erreichen, der in ihrem Land zum Eintritt in die Hochschulen berechtigt. Sie sollen zudem so viel Latein lernen, daß sie die zahlreichen wissenschaftlichen Quellen und die kirchlichen Dokumente verstehen und benützen können. Das Studium der dem eigenen Ritus entsprechenden liturgischen Sprache muß als notwendig verlangt werden; die angemessene Kenntnis der Sprachen der Heiligen Schrift und der Tradition soll sehr gefördert werden"[4], betont das II. Vat. Konzil.

Priesterseminare

Can. 235 – § 1. Junge Männer, die das Priestertum anstreben, sind im Hinblick auf eine angemessene geistliche Bildung und ihre eigenen Auf-

gaben während der ganzen Zeit der Ausbildung oder, wenn es die Umstände nach dem Urteil des Diözesanbischofs erforderlich machen, wenigstens vier Jahre lang im Priesterseminar zu unterweisen.
§ 2. Diejenigen, die sich rechtmäßig außerhalb des Seminars aufhalten, hat der Diözesanbischof einem frommen und geeigneten Priester anzuvertrauen; dieser hat darüber zu wachen, daß sie für das geistliche Leben und die Lebensordnung sorgfältig ausgebildet werden.

Für junge Männer, die das Priestertum anstreben, ist die Zeit im Priesterseminar die wesentliche innere und äußere Vorbereitungszeit, auf die kaum verzichtet werden sollte. Wegen der Wichtigkeit der dort erfahrenen Ausbildung und der damit zusammenhängenden persönlichen Auseinandersetzung werden für die Priesteramtskandidaten wenigstens vier Jahre Aufenthalt im Seminar vorgeschrieben:
„Die Priesterseminare sind zur priesterlichen Ausbildung notwendig. In ihnen muß die gesamte Ausbildung der Alumnen dahin zielen, daß sie nach dem Vorbild unseres Herrn Jesus Christus, des Lehrers, Priesters und Hirten, zu wahren Seelenhirten geformt werden; sie müssen also zum Dienst am Wort vorbereitet werden, daß sie das geoffenbarte Gotteswort immer besser verstehen, durch Meditation mit ihm vertraut werden und es in Wort und Leben darstellen; zum Dienst des Kultes und der Heiligung, daß sie in Gebet und im Vollzug der heiligen Liturgie das Heilswerk durch das eucharistische Opfer und die Sakramente vollziehen; zum Dienst des Hirten, daß sie den Menschen Christus darstellen können, der ‚nicht kam, um sich bedienen zu lassen, sondern um zu dienen und sein Leben als Lösegeld für viele hinzugeben' (Mk 10,45; vgl. Joh 13,12–17), und daß sie Diener aller werden und so viele gewinnen (vgl. 1 Kor 9,19).
Daher müssen alle Bereiche der Ausbildung, der geistliche, intellektuelle und disziplinäre, harmonisch auf dieses pastorale Ziel hingeordnet werden; dieses Ziel zu erreichen, sollen alle Oberen und Professoren in treuem Gehorsam gegenüber der bischöflichen Autorität eifrig und einmütig bemüht sein"[5].
Für solche Kandidaten, die rechtmäßig nicht im Seminar wohnen können, bietet sich durch aktive Mitarbeit in der Gemeinde eine gute Chance zur Vorbereitung auf den späteren Beruf, wobei der intensive Kontakt mit einem Priester in dieser Zeit notwendig und auch vom Kirchenrecht gefordert ist, damit neben allen pastoralen Einsätzen während der Ausbil-

dungszeit das eigene geistliche, geordnete Leben nicht zu kurz kommt.
Aber auch das Leben im Priesterseminar bedeutet keineswegs, daß sich der Kandidat den Herausforderungen „der Welt" entziehen soll. Im Gegenteil! Er muß die Anliegen der Menschen um sich herum kennen und soll kontaktfreudig sein. „Das Seminar kann nicht eine absolute Garantie dafür bieten, will aber alles dafür tun, daß die Priesteramtskandidaten kontaktfreudig werden, das Leben in der Gesellschaft heute kennenlernen, sich den Auseinandersetzungen stellen und sich gerade dadurch auf ihren zukünftigen Dienst vorbereiten"[6].
Die Wegbegleiter im Priesterseminar sind vor allem der Rektor als Leiter, wenn notwendig auch ein Vizerektor, ein Ökonom und die Lehrer der verschiedenen Disziplinen, vorausgesetzt natürlich, daß die Alumnen im Seminar selbst die Studien absolvieren[7].
Eine bedeutende Rolle in jedem Seminar obliegt dem Spiritual, der vor allem die Kandidaten seelsorglich betreut; allerdings sind die Alumnen nicht verpflichtet, sich in ihren pastoralen Dingen an den Spiritual zu wenden, sondern auch an andere Priester, die vom Bischof für diese Aufgabe bestellt sind[8].
Leben im Priesterseminar und Vorbereitung auf den Dienst als Priester bedeuten also keinesfalls Isolation, Abkapselung, Weltfremdheit, sondern gemeinsames Suchen und Handeln Gleichgesinnter, um so bei sich die notwendigen Grundlagen für ein engagiertes Priesterleben zu schaffen, damit die Gemeinden wirklich die Priester bekommen, auf die sie so sehr warten.

Ausbildung der ständigen Diakone

Can. 236 – Die Anwärter auf den ständigen Diakonat müssen gemäß den Vorschriften der Bischofskonferenz zur Pflege des geistlichen Lebens gebildet und für die rechte Erfüllung der diesem Weihegrad eigenen Aufgaben ausgebildet werden:

1° junge Männer wenigstens drei Jahre lang bei einem Aufenthalt in einem dafür bestimmten Haus, wenn der Diözesanbischof nicht aus schwerwiegenden Gründen anders bestimmt;

2° Männer reiferen Alters, seien sie unverheiratet oder verheiratet, nach einer auf drei Jahre angelegten Ausbildungsordnung, die von der Bischofskonferenz erlassen ist.

Was die von der Bischofskonferenz festgelegten Ausbildungsinhalte der Bewerber um den ständigen Diakonat angeht, so ist zunächst festzustellen, daß sie sich sehr von der Priesterausbildung unterscheiden; ein äußeres Merkmal dessen ist schon allein die Tatsache, daß nur ein Canon der Ausbildung für ständige Diakone gewidmet ist. Neben einer soliden wissenschaftlichen Formation hat vor allem die spirituelle Formation eine fundamentale Bedeutung. Die Kandidaten für den ständigen Diakonat müssen nach den Vorschriften der Bischofskonferenz ein Leben führen, das dem Geist und dem Inhalt des Evangeliums entspricht.

Der Aufenthalt von drei Jahren in einem sogenannten Diakonenseminar ist vernünftigerweise nur für junge Männer verpflichtend; allerdings kann der Bischof, wenn er es für angebracht hält, diese Vorschrift modifizieren, wenn es z. B. die berufliche Situation erfordert.

Für ältere Männer wird der Aufenthalt im Diakonenseminar nicht verlangt, wohl aber die dreijährige Ausbildung. Die Begründung dafür ist unter anderem wohl darin zu suchen, daß gerade die älteren Bewerber bereits Verantwortung für eine Familie übernommen haben und für sie sorgen müssen; da wäre eine dreijährige Trennung von der Familie unverantwortlich.

Jüngere Bewerber, die diese Verantwortung für Ehe und Familie noch nicht übernommen haben, sollten die Vorteile der gemeinsamen Vorbereitung in einem eigenen Seminar wahrnehmen, weil sie gerade in der Zeit der Vorbereitung sowohl die stützende und mittragende Gemeinschaft brauchen als auch die beständige Wegbegleitung geeigneter Seelsorger. Natürlich brauchen auch die älteren Jahrgänge, die sich auf den Dienst des ständigen Diakons vorbereiten, die tragende Hilfe der Gemeinschaft und vor allem auch die pastorale Wegbegleitung. Aber hier müssen einfach Prioritäten gesetzt werden; sie dürfen ihre Familien nicht allein lassen, besonders dann nicht, wenn sie Kinder haben. Hier wird in jedem Einzelfall kluges Abwägen notwendig sein, was der Gesetzestext ja auch ermöglicht.

Was die Vergütung der verheirateten ständigen Diakone angeht, bestimmt das Kirchenrecht: „Verheiratete Diakone, die sich ganz dem kirchlichen Dienst widmen, haben Anspruch auf Vergütung, mit der sie für ihren und ihrer Familie Lebensunterhalt sorgen können; wer aber wegen eines Zivilberufes, den er ausübt oder ausgeübt hat, Vergütung erhält, hat aus diesen Einkünften für sich und die Erfordernisse seiner Familie zu sorgen"[9].

Beichtväter der Seminaristen

Can. 240 – § 1. Neben den ordentlichen Beichtvätern haben regelmäßig andere Beichtväter in das Seminar zu kommen; den Alumnen hat es immer freizustehen, unter Beachtung der Seminarordnung einen beliebigen Beichtvater innerhalb oder außerhalb des Seminars aufzusuchen.
§ 2. Bei Entscheidungen über die Zulassung der Alumnen zu den Weihen oder über ihre Entlassung aus dem Seminar darf niemals eine Stellungnahme des Spirituals und der Beichtväter eingeholt werden.

Jeder Alumne eines Priesterseminars hat das Recht (wie dieses Recht jedem Christgläubigen zusteht), sich seinen Beichtvater selbst zu wählen; es kann ein Priester des Seminars (möglichst nicht der Rektor) oder aber auch ein auswärtiger Priester sein. Außer den sogenannten regelmäßigen Beichtvätern sollen also nach Canon 240, § 1 auch andere („fremde") Beichtväter regelmäßig ins Haus kommen und bezüglich Beichthören angegangen werden können. Darüber hinaus steht es jedem Alumnen frei, unter Wahrung der Seminardisziplin einen beliebigen Beichtvater seiner Wahl innerhalb oder außerhalb des Seminars aufzusuchen.
Wegen der eminenten Wichtigkeit des Empfanges des Bußsakramentes ist den Alumnen dieses Recht unbedingt zu gewähren, so wie es dieser Canon eindeutig bestimmt. Der eine vertraut sich gerne in der Beichte einem Priester des Seminars an, weil er diesen kennt und ihm vertraut, diese Möglichkeit soll der Alumne haben; ein anderer Kandidat besucht lieber einen Beichtvater außerhalb seiner täglichen Wohn- und Lebensgemeinschaft, auch diese Möglichkeit muß gewährt werden.
Daß bei wichtigen Entscheidungen niemals die Stellungnahme des Spirituals und des Beichtvaters eingeholt werden darf, hat seinen tiefen Sinn darin, daß jeder Alumne beim Empfang des Beichtsakramentes offen reden kann, ohne Angst haben zu müssen, daß das Gesagte auch nur indirekt eine Abstimmung über ihn beeinflußt. Ebenso dient diese Bestimmung auch dem persönlichen Schutz des Beichtvaters, der ja ohnehin zum absoluten Schweigen verpflichtet ist über all das, was er aus einer Beichte weiß.

Aufnahmebedingungen für Priesteramtskandidaten

Can. 241 – § 1. In das Priesterseminar dürfen vom Diözesanbischof nur solche zugelassen werden, die aufgrund ihrer menschlichen, sittlichen, geistlichen und intellektuellen Anlagen, ihrer physischen und psychischen Gesundheit und auch ihrer rechten Absicht fähig erscheinen, sich dauernd geistlichen Ämtern zu widmen.
§ 2. Vor ihrer Aufnahme müssen Urkunden über den Empfang der Taufe und der Firmung und andere Urkunden vorgelegt werden, die nach den Bestimmungen der Ordnung für die Priesterausbildung erforderlich sind.
§ 3. Wenn es sich um die Zulassung von solchen handelt, die aus einem anderen Seminar oder einem Ordensinstitut entlassen worden sind, wird darüber hinaus ein Zeugnis des betreffenden Oberen, vor allem über den Grund ihrer Entlassung oder ihres Austritts, verlangt.

Schon im Hinblick auf die schwere Verantwortung der Priester und die oft großen Belastungen und Anforderungen ihres Berufes versteht es sich von selbst, daß das Prinzip einer guten Auswahl der Priesterkandidaten unbedingt notwendig ist. Wer als Priester mit Menschen umgehen und sie führen und leiten soll, muß selber „menschlich" sein; seine sittliche Reife, seine geistlichen und intellektuellen Anlagen müssen den Anforderungen, die an seinen Dienst gestellt sind, entsprechen. Ein nicht unwesentlicher Aspekt ist die physische und psychische Gesundheit, die in der heutigen Zeit unserer Konsumgesellschaft besonders zu überprüfen ist. Nur wer diese Voraussetzungen erfüllt, bietet Gewähr, daß er ein Leben als Priester sinnvoll führen kann.
„Mit wacher Sorge, dem Alter und der Entwicklungsstufe der einzelnen entsprechend, müssen die rechte Absicht und der freie Wille der Kandidaten, ihre geistliche, moralische und intellektuelle Eignung, die erforderliche physische und seelische Gesundheit geprüft werden; dabei müssen auch von der Familie eventuell ererbte Anlagen beachtet werden. Auch soll man sich über die Fähigkeit der Kandidaten, die Lasten des Priesteramtes zu tragen und die pastoralen Aufgaben zu erfüllen, ein Urteil bilden. Bei der Auslese und Prüfung der Kandidaten soll man mit der nötigen geistigen Festigkeit vorgehen, auch dann, wenn Priestermangel zu beklagen ist"[10].
Wenn bei der Aufnahme eines Kandidaten Zweifel an seiner Eignung be-

stehen, sollte er die Chance bekommen, dem verantwortlichen Diözesanbischof und seinen Beauftragten im Seminar seine Qualifikation unter Beweis zu stellen.
Der Bewerber muß unter anderem auch seine Taufe und Firmung nachweisen, weil sie eine wesentliche Voraussetzung für den Empfang der heiligen Weihen darstellen. Bewirbt sich jemand, der aus einem anderen Seminar oder aus einer Ordensgemeinschaft entlassen wurde, ist es sinnvoll und auch gefordert, den Grund dieser Entlassung bzw. seines Austritts zu erfahren.

Geistliche Bildung der Priesteramtskandidaten

Can. 244 – Die geistliche Bildung und die wissenschaftliche Ausbildung der Alumnen im Seminar sind harmonisch aufeinander abzustimmen; sie müssen darauf ausgerichtet sein, daß die Alumnen gemäß ihrer jeweiligen Begabung zusammen mit der erforderlichen menschlichen Reife den Geist des Evangeliums und eine enge Verbundenheit mit Christus erwerben.

Can. 245 – § 1. Durch die geistliche Bildung sind die Alumnen zu einer fruchtbringenden Ausübung des seelsorglichen Dienstes zu befähigen und zu einem missionarischen Geist zu erziehen, indem sie lernen, daß ein stets in lebendigem Glauben und in Liebe erfüllter Dienst zur eigenen Heiligung beiträgt; ebenso haben sie die Pflege jener Tugenden zu lernen, die im Zusammenleben der Menschen geschätzt werden, und zwar so, daß sie zu einem angemessenen Einklang der menschlichen und der übernatürlichen Werte gelangen können.
§ 2. Die Alumnen sind so zu bilden, daß sie, von der Liebe zur Kirche Christi erfüllt, dem Papst als Nachfolger Petri in demütiger und kindlicher Liebe ergeben sind und dem eigenen Bischof als dessen treue Mitarbeiter anhangen und gemeinsam mit den Mitbrüdern ihren Dienst leisten; durch das Gemeinschaftsleben im Seminar und durch die Pflege des Bandes der Freundschaft und der Verbindung mit anderen sind sie für die brüderliche Einheit mit dem Diözesanpresbyterium vorzubereiten, als dessen Mitglieder sie im Dienst der Kirche stehen werden.

Can. 246 – § 1. Die Feier der Eucharistie hat der Mittelpunkt des ganzen Seminarlebens zu sein, so daß die Alumnen täglich an der Liebe Christi

Anteil haben und die geistliche Kraft für ihre apostolische Arbeit und für ihr geistliches Leben vor allem aus dieser reichen Quelle schöpfen.
§ 2. Sie sind zur Feier des Stundengebetes zu erziehen, in dem die Diener Gottes im Namen der Kirche für das ganze ihnen anvertraute Volk, ja für die ganze Welt zu Gott beten.
§ 3. Zu fördern sind die Verehrung der seligen Jungfrau Maria, auch durch den Rosenkranz, das betrachtende Gebet und andere Frömmigkeitsübungen, in denen die Alumnen den Geist des Gebetes erlangen und Kraft für ihre Berufung gewinnen.
§ 4. Die Alumnen sollen sich an den häufigen Empfang des Bußsakramentes gewöhnen; es wird empfohlen, daß jeder einen frei gewählten Leiter für sein geistliches Leben hat, dem er vertrauensvoll sein Gewissen eröffnen kann.
§ 5. Jährlich haben die Alumnen an geistlichen Exerzitien teilzunehmen.

Can. 247 – § 1. Auf die Einhaltung des zölibatären Standes sind sie durch eine entsprechende Erziehung vorzubereiten; sie haben zu lernen, ihn als eine besondere Gabe Gottes in Ehren zu halten.
§ 2. Über die Pflichten und Lasten, die den geistlichen Amtsträgern der Kirche eigen sind, sind die Alumnen hinreichend in Kenntnis zu setzen; dabei darf ihnen keine Schwierigkeit des priesterlichen Lebens verschwiegen werden.

Für einen zukünftigen Priester besteht die Notwendigkeit einer gewissenhaften und gründlichen geistigen Bildung, um so zu einem fruchtbaren Seelsorgsdienst in der Kirche befähigt zu werden und zum missionarischen Geist heranzureifen.
„Die geistliche Formung soll mit der wissenschaftlichen und pastoralen Ausbildung eng verbunden sein. Unter Anleitung vor allem des Spirituals sollen die Alumnen lernen, in inniger und steter Gemeinschaft mit dem Vater durch seinen Sohn Jesus Christus im Heiligen Geist zu leben. Durch die heilige Weihe werden sie einst Christus dem Priester gleichförmig; so sollen sie auch lernen, ihm wie Freunde in enger Gemeinschaft des ganzen Lebens verbunden zu sein. Sein Pascha-Mysterium sollen sie so darleben, daß sie das Volk, das ihnen anvertraut wird, darin einzuführen vermögen"[11].
Ihr Dienst an der Kirche, der im lebendigen Glauben vollzogen und in der Liebe zu Christus und zum Bruder verwirklicht wird, erfordert auch

eine wohlverstandene und gelebte Treue zum Papst in Rom und zum Diözesanbischof, dem er später als Priester und Seelsorger besonders eng verbunden sein wird.

Hochzuschätzen als Vorbereitung für ihr späteres Zusammenleben und Zusammenarbeiten mit den Priestern und Diakonen der Diözese ist ein harmonisches Gemeinschaftsleben im Seminar mit den Kollegen und Freunden. Gerade durch das gemeinschaftliche Zusammenleben im Seminar und dem freundschaftlichen Umgang untereinander lernen die Seminaristen, aufeinander Rücksicht zu nehmen und besonders den Schwächeren Stütze zu sein.

Die geistliche Vorbereitung auf das Priesteramt beinhaltet einige konkrete und besondere Elemente: Vor allem ist hier an erster Stelle die bewußte und aktive Teilnahme an der Eucharistiefeier zu nennen, die nicht nur den Mittelpunkt des Seminarlebens darstellt, sondern als Zentrum des ganzen christlichen Lebens und des Lebens der Kirche zu betrachten ist. Ferner sind bei der geistlichen Formation und Betreuung folgende Schwerpunkte zu beachten:

- die Hinführung bzw. Einübung in das Stundengebet der Kirche;
- die Muttergottesverehrung;
- das betrachtende, meditative Gebet und andere fromme Übungen;
- der häufige Empfang des Bußsakramentes;
- die geistliche Wegbegleitung durch einen geeigneten Seelenführer;
- die Jahresexerzitien.

Ähnlich betont auch das II. Vat. Konzil im Hinblick auf die Priesteramtskandidaten: „Sie sollen angeleitet werden, Christus zu suchen: in der gewissenhaften Meditation des Gotteswortes, in der aktiven Teilnahme an den heiligen Geheimnissen der Kirche, vor allem in der Eucharistie und im Stundengebet, im Bischof, der ihnen die Sendung gibt, und in den Menschen, zu denen sie gesandt werden, vor allem in den Armen, den Kindern und den Kranken, den Sündern und Ungläubigen. Die seligste Jungfrau Maria, die von Christus Jesus bei seinem Tod am Kreuz dem Jünger als Mutter gegeben wurde, sollen sie mit kindlichem Vertrauen lieben und verehren.

Die Frömmigkeitsformen, die durch den ehrwürdigen Brauch der Kirche empfohlen sind, sollen eifrig gefördert werden; man muß aber dafür sorgen, daß die geistliche Ausbildung sich nicht in ihnen erschöpfe und nicht einseitig das religiöse Gefühl anspreche. Vielmehr sollen die Alumnen lernen, nach dem Vorbild des Evangeliums zu leben, in Glaube, Hoffnung und Liebe stark zu werden, damit sie in der Übung dieser Tugenden die Gesinnung des Betens erwerben, Festigkeit und Sicherheit in ihrem Beruf finden, die übrigen Tugenden zur Reife bringen und im Eifer, alle Menschen für Christus zu gewinnen, wachsen"[12].

Eine wichtige Säule im priesterlichen Leben ist die Einhaltung des zölibatären Standes. Das zölibatäre Leben eines Priester gelingt nicht „von heute auf morgen"; schon während der Vorbereitungszeit im Seminar ist das Sicheinüben in das ehelose Leben von größter Wichtigkeit, und es soll den Alumnen klar und begreiflich gemacht werden, daß der zölibatär lebende Priester sich freier und ungeteilter Christus und den Menschen widmen kann. Zölibat bedeutet keine Verkümmerung sondern stellt im Gegenteil eine Bereicherung dar. Nur wenn in der lateinischen Kirche das zölibatäre Leben nicht als ein notwendiges Übel, sondern als eine besondere Berufung von Gott erkannt und angenommen wird, kann im späteren Priesterleben ein erfülltes Leben ohne eigene Familie als sinnvoll und beglückend erfahren werden.

„Die Alumnen, die gemäß den heiligen und festen Gesetzen ihres eigenen Ritus die verehrungswürdige Tradition des priesterlichen Zölibats auf sich nehmen, sollen mit großer Sorgfalt auf diesen Stand hin erzogen werden: sie verzichten darin um des Himmelreiches willen (vgl. Mt 19,12) auf die eheliche Gemeinschaft, hangen dem Herrn mit ungeteilter Liebe an, wie sie dem Neuen Bund in besonderer Weise entspricht; sie geben Zeugnis für die Auferstehung in der künftigen Welt (vgl. Lk 20,36) und gewinnen besonders wirksame Hilfe zur ständigen Übung jener vollkommenen Liebe, die sie in ihrer priesterlichen Arbeit allen alles werden läßt. Sie sollen tief davon durchdrungen sein, wie dankbar sie diesen Stand entgegennehmen sollen, nicht etwa bloß als eine Vorschrift kirchlicher Gesetzgebung, sondern als ein kostbares Geschenk Gottes, das sie in Demut erbitten und dem sie mit der erweckenden und helfenden Gnade des Heiligen Geistes frei und großherzig zu entsprechen suchen sollen"[13].

Bezüglich der Schwierigkeiten, die auf einen Priester zukommen können, dürfen die Alumnen nicht im Unklaren gelassen werden; die Auseinandersetzung damit gehört mit zur qualifizierten Vorbereitung; in aller Offenheit und Aufrichtigkeit muß mit ihnen darüber gesprochen werden, ohne ihnen dabei den Mut für ihre Berufung zu nehmen.

Wissenschaftliche Ausbildung der Priesteramtskandidaten

Can. 248 – Die zu vermittelnde wissenschaftliche Ausbildung zielt darauf, daß die Alumnen, zusammen mit der allgemeinen, den Erfordernissen des Ortes und der Zeit entsprechenden Kultur eine umfassende und tiefe Kenntnis in den theologischen Disziplinen erwerben, so daß sie in dem dadurch gefestigten und von daher genährten eigenen Glauben die Lehre des Evangeliums den Menschen ihrer Zeit angemessen und auf eine deren Anlagen entsprechende Weise zu verkündigen vermögen.

Can. 249 – In der Ordnung für die Priesterausbildung ist vorzusehen, daß die Alumnen nicht nur in ihrer Muttersprache sorgfältig unterwiesen werden, sondern daß sie sich auch auf die lateinische Sprache gut verstehen und eine ausreichende Kenntnis fremder Sprachen besitzen, deren Kenntnis für ihre Bildung oder für die Ausübung ihres seelsorglichen Dienstes notwendig oder nützlich erscheint.

Can. 250 – Die philosophischen und theologischen Studien im Seminar können gemäß der Ordnung für die Priesterausbildung nacheinander oder miteinander verbunden erfolgen; die Studien haben insgesamt wenigstens sechs Jahre zu dauern, und zwar so, daß die Zeit für die philosophischen Studien volle zwei Jahre, für die theologischen Studien volle vier Jahre umfaßt.

Can. 251 – Die philosophische Ausbildung, die sich auf das immer gültige philosophische Erbe stützen und auch Rücksicht auf die philosophische Forschung der fortschreitenden Zeit nehmen muß, ist so zu vermitteln, daß sie die menschliche Bildung der Alumnen vervollkommnet, ihren Verstand schärft und sie für die theologischen Studien fähiger macht.

Can. 252 – § 1. Die theologische Ausbildung ist im Lichte des Glaubens unter der Führung des Lehramtes so zu erteilen, daß die Alumnen die ganze katholische auf göttlicher Offenbarung beruhende Lehre kennenlernen, sie zur Nahrung des eigenen geistlichen Lebens machen und bei der Ausübung ihres Dienstes in rechter Weise verkündigen und schützen können.

§ 2. In der Heiligen Schrift sind die Alumnen mit besonderer Sorgfalt zu unterrichten, so daß sie einen Überblick über die ganze Heilige Schrift erlangen.

§ 3. Es sind Vorlesungen in dogmatischer Theologie zu halten, die sich immer auf das geschriebene Wort Gottes zusammen mit der heiligen Tradition stützen; mit deren Hilfe sollen die Alumnen die Heilsgeheimnisse, vor allem unter Anleitung des hl. Thomas als Lehrer, tiefer zu durchdringen lernen; ebenso muß es gemäß den Vorschriften der Ordnung für die Priesterausbildung Vorlesungen geben in Moraltheologie, Pastoraltheologie, Kirchenrecht, Liturgiewissenschaft, Kirchengeschichte und in Hilfs- und Spezialwissenschaften.

Can. 253 – § 1. Als Lehrer in den philosophischen, theologischen und kirchenrechtlichen Disziplinen dürfen vom Bischof bzw. von den beteiligten Bischöfen nur solche ernannt werden, die sich durch ihre Tugenden auszeichnen und an einer vom Heiligen Stuhl anerkannten Universität oder Fakultät den Grad eines Doktors oder Lizentiaten erworben haben.
§ 2. Es ist Sorge zu tragen, daß soviele verschiedene Lehrer ernannt werden wie Disziplinen zu lehren sind: Heilige Schrift, dogmatische Theologie, Moraltheologie, Liturgiewissenschaft, Philosophie, Kirchenrecht, Kirchengeschichte und andere Disziplinen, die nach eigener Methode zu lehren sind.
§ 3. Ein Lehrer, der sich in seiner Aufgabe schwer verfehlt, ist von der in § 1 genannten Autorität des Amtes zu entheben.

Can. 254 – § 1. Die Lehrer haben bei der Vermittlung ihrer Disziplinen ständig um die innige Einheit und Harmonie der ganzen Glaubenslehre besorgt zu sein, so daß die Alumnen erfahren, daß sie eine einzige Wissenschaft lernen; damit dies um so besser erreicht wird, muß es im Seminar einen Leiter des ganzen Studienganges geben.
§ 2. Die Alumnen sind so zu unterweisen, daß sie auch selbst fähig werden, Probleme in eigenen entsprechenden Forschungen und mit wissenschaftlicher Methode zu behandeln; daher sind Übungen abzuhalten, in denen die Alumnen unter Anleitung der Lehrer in eigener Arbeit gewisse Studien durchzuführen lernen.

Can. 255 – Mag auch die ganze Ausbildung der Alumnen im Seminar ein seelsorgliches Ziel verfolgen, so ist in ihm doch eine pastorale Ausbildung im engeren Sinn einzurichten; in ihr haben die Alumnen die Grundsätze und Fertigkeiten zu lernen, ihren Dienst, das Volk Gottes zu lehren, zu heiligen und zu leiten, auch unter Berücksichtigung der Erfordernisse des Ortes und der Zeit auszuüben.

Can. 256 – § 1. Sorgfältig sind die Alumnen in dem zu unterrichten, was in besonderer Weise zum geistlichen Amt gehört, vor allem in der Ausübung der Katechese und der Predigt, im Gottesdienst und in besonderer Weise in der Feier der Sakramente, im Umgang mit Menschen, auch mit Nichtkatholiken und Nichtgläubigen, in der Pfarrverwaltung und in der Erfüllung der übrigen Aufgaben.
§ 2. Die Alumnen sind über die Erfordernisse der ganzen Kirche zu unterrichten, so daß sie sich um die Förderung von Berufungen, um Angelegenheiten der Mission und der Ökumene und um andere drängende Nöte, auch sozialer Art, sorgen.

Can. 257 – § 1. In der Ausbildung der Alumnen ist dafür zu sorgen, daß sie sich nicht nur um die Teilkirche kümmern, für deren Dienst sie inkardiniert werden, sondern auch um die ganze Kirche, und daß sie sich bereit zeigen, sich für Teilkirchen zur Verfügung zu stellen, die von schwerer Not bedrängt werden.
§ 2. Der Diözesanbischof hat Sorge dafür zu tragen, daß die Kleriker, welche die Absicht haben, aus der eigenen Teilkirche in die Teilkirche eines anderen Gebietes überzuwechseln, entsprechend vorbereitet werden, das geistliche Amt dort auszuüben, daß sie nämlich auch die Sprache dieses Gebietes lernen und Kenntnis von dessen Einrichtungen, sozialen Bedingungen, Gebräuchen und Gewohnheiten erhalten.

Can. 258 – Damit sie die Fertigkeit zur Ausübung des Apostolats auch in der Praxis lernen, sind die Alumnen im Verlauf ihres Studiums, vor allem während der Ferien, durch geeignete Übungen in die seelsorgliche Praxis einzuführen; diese Übungen sind immer unter der Aufsicht eines erfahrenen Priesters durchzuführen; sie sind, dem Alter der Alumnen und den örtlichen Bedingungen angepaßt, nach dem Urteil des Ordinarius festzulegen.

Viele in der Kirche – und nicht zuletzt die Studenten der Theologie selbst – klagen darüber, daß die Studien zur Vorbereitung auf das Priestertum so umfangreich, zeitraubend und von hohen Anforderungen sind. Der Sinn der gesamten philosophisch-theologischen Ausbildung ist darin zu finden, daß die Alumnen in der Lage sein müssen, die Fragen und Probleme der Zeit und der Menschen mit theologisch haltbaren und vertretbaren Argumenten anzugehen; ohne sich in Allgemeinplätzen zu verlieren, müssen sie für konkrete Situationen aus dem eigenen Glauben heraus theologisch-wissenschaftlich argumentieren können. Der gute Wille, das Wort Gottes verkünden zu wollen, reicht alleine in vielen Fällen nicht aus. Das qualifizierte Studium umfaßt in der Regel sechs Studienjahre, d. h. zwei Jahre Studium der Philosophie, vier Jahre Studium der Theologie.

Auch das Philosophiestudium, zwar um zwei Jahre kürzer als das Studium der Theologie, hat einen tiefen Sinn, den das II. Vat. Konzil in diesem Zusammenhang betont: „Die philosophischen Disziplinen sollen so dargeboten werden, daß die Alumnen vor allem zu einem gründlichen und zusammenhängenden Wissen über Mensch, Welt und Gott hingeführt werden. Sie sollen sich dabei auf das stets gültige philosophische Erbe stützen. Es sollen aber auch die philosophischen Forschungen der neueren Zeit berücksichtigt werden, zumal jene, die beim eigenen Volk bedeutenderen Einfluß ausüben, und der Fortschritt der modernen Naturwissenschaften. So sollen die Alumnen über die charakteristischen Erscheinungen der heutigen Zeit gut Bescheid wissen und auf das Gespräch mit den Menschen ihrer Zeit entsprechend vorbereitet werden"[14].

Die Philosophie dient auch als Vorbereitung auf das Studium der Theologie, die vor allem im Lichte des Glaubens zu dozieren ist, damit die Alumnen die ganze katholische Lehre kennenlernen. „Die theologischen Fächer sollen im Lichte des Glaubens unter Führung des kirchlichen Lehramtes so gelehrt werden, daß die jungen Theologen die katholische Lehre sorgfältig aus der göttlichen Offenbarung schöpfen, tief in sie eindringen, sie für ihr geistliches Leben fruchtbar machen und sie in ihrem künftigen priesterlichen Dienst verkünden, darlegen und verteidigen können"[15].

Trotz der vielen Einzelfächer im Bereich der theologischen Ausbildung ist im Unterricht die Einheit der Glaubenslehre immer herauszustellen. Die Studierenden sollen durch ihr Studium befähigt werden, nicht nur zu „interpretieren", sondern durch eigene wissenschaftliche Forschung auch selbständig theologische Fragen zu lösen und darzustellen.

Die gesamte Ausbildung ist unter dem Schwerpunkt „Seelsorge" zu verstehen; dennoch soll als eigenes Fach „Pastoraltheologie" im engeren Sinn gelehrt werden, damit dadurch die späteren Priester besser in der Lage sind, das Volk Gottes zu lehren, zu heiligen und zu leiten, so wie es Zeit und Ort ihres Wirkens fordern.

„Die pastorale Sorge, die die gesamte Erziehung der Alumnen durchdringen soll, fordert auch, daß sie sorgfältig in den für den priesterlichen

Dienst charakteristischen Aufgaben ausgebildet werden, vor allem in Katechese und Homiletik, in Liturgie und Sakramentenspendung, in caritativer Arbeit, in der Aufgabe, den Irrenden und Ungläubigen zu Hilfe zu kommen, und in den übrigen pastoralen Pflichten. Sorgfältig sollen sie in die Kunst der Seelenführung eingeführt werden, damit sie alle Glieder der Kirche in erster Linie zu einem voll bewußten und apostolischen Christenleben und zur Erfüllung ihrer Standespflichten führen können"[16].

Der Umgang mit den Nichtkatholiken und Nichtglaubenden bedarf besonderer pastoraler Feinfühligkeit.

Die pastoralen Praktika in den Semesterferien dienen der Vertiefung und Anwendung des erarbeiteten theoretischen Stoffes und führen den Alumnen allmählich in die praktische Seelsorge ein. Die Praktika vermitteln die notwendige Sicherheit, und darüber hinaus finden die Kandidaten Genugtuung in der Möglichkeit, das in vielen Studienjahren Gelernte nun auch praktisch anzuwenden. Für den Seelsorger, der das Praktikum begleitet, bedarf es eines besonderen Einfühlungsvermögens. Er soll den Praktikanten in seinem Tun ermuntern, seinen eventuellen Übereifer bremsen und ihm vor allen Dingen bei Enttäuschungen Mut zusprechen und Hoffnung geben.

Unterstützung der Sendung der Laien

Can. 275 – § 2. Die Kleriker haben die Sendung anzuerkennen und zu fördern, welche die Laien, jeder zu seinem Teil, in Kirche und Welt ausüben.

Jeder Christgläubige hat teil am Sendungsauftrag der Kirche. Die Sendung, die Jesus vom Vater erhalten hatte, teilte er auch seinen Jüngern und somit der ganzen Kirche mit, um sein Reich auf der ganzen Welt auszubreiten. An dieser Ausbreitung arbeiten durch die Sendung Jesu auch die Laien mit.

So werden die Kleriker in Canon 275, § 2 darauf hingewiesen, daß sie diese Sendung der Laien nicht nur anerkennen, sondern auch fördern sollen; d. h. wohl auch, daß sie den Laien Mut zusprechen, wenn immer es nötig ist, ihnen mit Rat und Tat zur Seite stehen und sie in ihrem Auftrag stützen sollen. Vor allem obliegt diese Verpflichtung dem Pfarrer:

„Der Pfarrer hat den eigenen Anteil der Laien an der Sendung der Kirche anzuerkennen und zu fördern und ihre Vereine, die für die Ziele der Religion eintreten, zu unterstützen. Er hat mit dem eigenen Bischof und mit dem Presbyterium der Diözese zusammenzuarbeiten und sich auch darum zu bemühen, daß die Gläubigen für die pfarrliche Gemeinschaft Sorge tragen, sich in gleicher Weise als Glieder sowohl der Diözese wie der Gesamtkirche fühlen und an Werken zur Förderung dieser Gemeinschaft teilhaben oder sie mittragen"[17].

Aber auch den anderen Klerikern ist die Verpflichtung aufgegeben, die Sendung der Laien mitzutragen. Nur wenn sie diesen Auftrag auch anerkennen, kann es zum fruchtbaren und notwendigen Dialog und zur notwendigen Zusammenarbeit zwischen Klerikern und Laien kommen.

Mitwirkung in Personalprälaturen

Can. 296 – Aufgrund von mit der Prälatur getroffenen Vereinbarungen, können Laien sich apostolischen Werken der Personalprälatur widmen; die Art dieser organischen Zusammenarbeit und die hauptsächlichen Pflichten und Rechte, die damit verbunden sind, sind in den Statuten in angemessener Weise festzulegen.

Personalprälaturen sind klerikale Zweckverbände, die aus Priestern und Diakonen des Weltklerus bestehen; sie haben in der Kirche eine ganz spezielle apostolische Aufgabe unter der Leitung eines Personalprälaten. Sie besitzen eigene Statuten und werden nur vom Apostolischen Stuhl nach Anhörung der Bischofskonferenz errichtet. Der Schwerpunkt ihrer pastoralen Arbeit liegt darin, in verschiedenen Regionen, z. B. eines Missionsgebietes, pastorale missionarische Aufgaben zu erfüllen, um so den verschiedenen sozialen Gruppen zu dienen.

Auch Laien können also durch besondere Vereinbarungen mit der Prälatur in den Dienst einer Personalprälatur übernommen werden, indem sie sich vertraglich an die apostolischen Werke der Prälatur und an ihre Ideale binden. Das kann besonders dann geschehen, wenn sich die Laien für die besondere Zielsetzung der Personalprälatur interessieren und an der Erreichung dieser Ziele mitwirken wollen.

Was die Rechte und Pflichten dieser interessierten Laien bei der Mitwirkung angeht, müssen dieselben in den Statuten festgelegt sein. Die Laien können selbständig tätig sein oder den Priestern helfend zur Seite stehen. Den Laien sollen vor allem solche Bereiche übertragen werden, die ihren Fähigkeiten bzw. besonderen Eigenschaften entsprechen. Für Kleriker wie für Laien ist es besonders wichtig, daß sie sich, falls sie ihren Dienst in einem fremden Land ausüben, den soziokulturellen Bedingungen des jeweiligen Volkes anzupassen versuchen.

Allgemeines Vereinsrecht

Can. 298 – § 1. In der Kirche gibt es Vereine, die sich von den Instituten des geweihten Lebens und den Gesellschaften des apostolischen Lebens unterscheiden; in ihnen sind Gläubige, seien es Kleriker oder Laien, seien es Kleriker und Laien zusammen, in gemeinsamem Mühen bestrebt, ein Leben höherer Vollkommenheit zu pflegen oder den amtlichen Gottesdienst bzw. die christliche Lehre zu fördern oder andere Apostolatswerke, das heißt Vorhaben zur Evangelisierung, Werke der Frömmigkeit oder der Caritas, zu betreiben und die weltliche Ordnung mit christlichem Geist zu beleben.
§ 2. Die Gläubigen sollen bevorzugt den Vereinen beitreten, die von der zuständigen kirchlichen Autorität errichtet, belobigt oder empfohlen sind.

Can. 299 – § 1. Den Gläubigen ist es, unbeschadet der Bestimmung des can. 301, § 1, unbenommen, durch miteinander getroffene Privatvereinbarung Vereine zu gründen, um die in can. 298, § 1 genannten Ziele zu verfolgen.
§ 2. Vereine dieser Art werden private Vereine genannt, auch wenn sie von der kirchlichen Autorität belobigt oder empfohlen werden.
§ 3. Kein privater Verein von Gläubigen wird in der Kirche anerkannt, wenn seine Statuten nicht von der zuständigen Autorität überprüft sind.

Can. 300 – Kein Verein darf sich ohne die Zustimmung der gemäß can. 312 zuständigen kirchlichen Autorität die Bezeichnung „katholisch" zulegen.

Can. 301 – § 1. Ausschließlich der zuständigen kirchlichen Autorität kommt die Errichtung solcher Vereine von Gläubigen zu, die sich der Vermittlung der christlichen Lehre im Namen der Kirche oder der Förde-

rung des amtlichen Gottesdienstes widmen oder die sich anderen Zielen zuwenden sollen, deren Verfolgung ihrer Natur nach der kirchlichen Autorität vorbehalten wird.
§ 2. Die zuständige kirchliche Autorität kann auch, wenn sie es für förderlich erachtet, Vereine von Gläubigen errichten, die direkt oder indirekt andere geistliche Zwecke erstreben sollen, deren Erreichung durch private Unternehmungen nicht genügend gesichert ist.
§ 3. Vereine von Gläubigen, die von der zuständigen kirchlichen Autorität errichtet werden, werden öffentliche Vereine genannt.

Can. 302 – Klerikale Vereine von Gläubigen heißen jene, die unter der Leitung von Klerikern stehen, die Ausübung der heiligen Weihe vorsehen und als solche von der zuständigen Autorität anerkannt werden.

Can. 303 – Vereine, deren Mitglieder in der Welt am Geiste eines Ordensinstitutes teilhaben, unter der Oberleitung eben dieses Institutes ein apostolisches Leben führen und sich um christliche Vollkommenheit bemühen, heißen Dritte Orden oder werden mit einem anderen entsprechenden Namen bezeichnet.

Can. 304 – § 1. Alle öffentlichen und privaten Vereine von Gläubigen, welche Bezeichnung oder welchen Namen sie auch führen mögen, müssen Statuten haben, in denen Zweck bzw. soziales Programm, Sitz, Leitung und erforderliche Mitgliedschaftsbedingungen zu regeln sind und in welchen unter Beachtung des Erfordernisses oder der Nützlichkeit von Zeit und Ort die Vorgehensweise zu bestimmen ist.
§ 2. Ihre Bezeichnung oder ihren Namen haben sie sich entsprechend den zeitlichen und örtlichen Gebräuchen, vorzüglich in Ableitung von dem angestrebten Ziel selbst, auszuwählen.

Can. 305 – § 1. Alle Vereine von Gläubigen unterliegen der Aufsicht der zuständigen kirchlichen Autorität, die dafür zu sorgen hat, daß in ihnen die Unversehrtheit von Glaube und Sitte bewahrt wird, und die darüber zu wachen hat, daß sich keine Mißbräuche in die kirchliche Disziplin einschleichen; deshalb hat sie die Pflicht und das Recht, diese nach Gesetz und Statuten zu beaufsichtigen; sie unterstehen auch der Leitung eben dieser Autorität gemäß den Bestimmungen der folgenden Canones.
§ 2. Der Aufsicht des Heiligen Stuhles unterliegen Vereine jedweder Art;

der Aufsicht des Ortsordinarius unterstehen die diözesanen Vereine sowie andere Vereine, insofern sie in der Diözese tätig sind.

Can. 306 – Damit jemand an den Rechten und Privilegien eines Vereins, an den eben diesem Verein verliehenen Ablässen und anderen geistlichen Gunsterweisen teilhat, ist es erforderlich und ausreichend, daß er nach den Vorschriften des Rechts und den eigenen Statuten des Vereins gültig in ihn aufgenommen und nicht von ihm rechtmäßig ausgeschlossen worden ist.

Can. 307 – § 1. Die Aufnahme von Mitgliedern hat nach Maßgabe des Rechts und der Statuten eines jeden Vereins zu erfolgen.
§ 2. Ein und dieselbe Person kann Mitglied in mehreren Vereinen sein.
§ 3. Mitglieder von Ordensinstituten können Vereinen nach Maßgabe des eigenen Rechts mit Zustimmung ihres Oberen beitreten.

Can. 308 – Keiner, der rechtmäßig einem Verein angehört, darf von diesem ausgeschlossen werden, es sei denn aus gerechtem Grund nach Maßgabe des Rechts und der Statuten.

Can. 309 – Rechtmäßig gegründete Vereine sind befugt, nach Maßgabe des Rechts und der Statuten besondere, den Verein selbst betreffende Vorschriften zu erlassen, Versammlungen abzuhalten und Leiter, Amtsträger, Helfer sowie Vermögensverwalter zu bestimmen.

Can. 310 – Ein privater Verein, der nicht als juristische Person errichtet worden ist, kann als solcher nicht Träger von Pflichten und Rechten sein; hierin zusammengeschlossene Gläubige können dennoch gemeinsam Verpflichtungen eingehen und wie Miteigentümer und Mitbesitzer Rechte und Vermögen erwerben und besitzen; diese Rechte und Pflichten können sie durch einen Beauftragten oder Verwalter ausüben.

Can. 311 – Mitglieder von Instituten des geweihten Lebens, die ihrem Institut auf irgendeine Weise verbundenen Vereinen vorstehen oder beistehen, haben dafür zu sorgen, daß diese Vereine die in der Diözese bestehenden Werke des Apostolats unterstützen, indem sie unter der Leitung des Ortsordinarius vor allem mit den Vereinen zusammenarbeiten, die in der Diözese zur Ausübung des Apostolats bestimmt sind.

Jeder Christgläubige ist zum Apostolat in der Kirche berufen, das er entweder in Gemeinschaft oder, was oft für viele die einzige Möglichkeit ist, allein ausüben kann, um so im kirchlichen Leben das Charisma der Seelsorge und Mitverantwortung entwickeln zu können.
„Das von jedem einzelnen zu übende Apostolat, das überreich aus einem wahrhaft christlichen Leben strömt (vgl. Joh 4, 14), ist Ursprung und Voraussetzung jedes Apostolates der Laien, auch des gemeinschaftlichen. Es kann durch nichts ersetzt werden. Zu diesem immer und überall fruchtbringenden, aber unter bestimmten Umständen einzig entsprechenden und möglichen Apostolat sind alle Laien, wo immer sie stehen, gerufen und verpflichtet, auch wenn ihnen Gelegenheit oder Möglichkeit fehlt, in Vereinigungen mit anderen zusammenzuarbeiten“[18].
Canon 215 (vgl. auch Canon 278) garantiert, wie wir bereits näher ausgeführt haben, daß allen Christgläubigen in der katholischen Kirche Vereinigungs- und Versammlungsfreiheit eingeräumt werden muß; aus diesem Grundrecht ergibt sich die Konsequenz, Vereinigungen mit kanonisch anerkanntem Zweck entweder selbst zu gründen oder aber solchen Vereinigungen beizutreten; es wird vom Kirchenrecht nahegelegt, vor allem solchen Vereinen beizutreten, die von der kompetenten kirchlichen Autorität besonders empfohlen oder sogar von ihr gegründet werden.
Der CIC gibt nähere Bestimmungen an, die für das Vereinsrecht gelten (die Institute des gottgeweihten Lebens sind an diese Bestimmungen nicht gebunden).
Was die einzelnen *Zwecke* solcher Vereine angeht, die sich von den Instituten des gottgeweihten Lebens und den Gesellschaften des apostolischen Lebens unterscheiden, so sind vor allem zu nennen:

- Förderung eines Lebens in höherer Vollkommenheit;
- Förderung des Gottesdienstes und der christlichen Lehre;
- andere Werke des Apostolates wie z. B. Evangelisation, Übungen der Frömmigkeit oder der tätigen Nächstenliebe;
- schließlich soll die weltliche Ordnung mit christlichem Geist erfüllt werden.

Es werden unterschieden:

- klerikale und laikale Vereinigungen; es können jeweils Geistliche und Laien Mitglieder sein.
  In den klerikalen Vereinigungen haben die Geistlichen die Leitung; die übrigen heißen Laienvereinigungen.

- Öffentliche und private Vereinigungen.
  Öffentliche Vereinigungen werden solche genannt, die von der kirchlichen Autorität errichtet worden sind; private Vereinigungen sind jene, die von Gläubigen gegründet werden. Kirchliche Anerkennung wird nur solchen privaten Vereinigungen gewährt, deren Statuten, in denen Ziel und Zweck, Sitz, Leitung, Mitgliedschaft und die Geschäftsordnung geregelt sind, von der Kirche positiv geprüft sind.

Wir sahen oben bereits, daß das persönliche Apostolat besonders wertvoll und zu empfehlen ist, weil es für viele Christgläubige die einzige Möglichkeit zum Apostolat darstellt, besonders dort, „wo die Freiheit der Kirche schwer behindert ist. In diesen schwierigsten Verhältnissen treten die Laien, soweit es ihnen möglich ist, an die Stelle der Priester. Sie setzen oft ihre eigene Freiheit, bisweilen auch ihr Leben aufs Spiel, lehren die Menschen ihrer Umgebung die Lehre Christi, unterweisen sie im religiösen Leben und im katholischen Denken und leiten sie zu häufigem Empfang der Sakramente und vor allem zur Pflege der eucharistischen Frömmigkeit an“[19].
Was die kirchlichen Vereine insgesamt angeht, muß noch betont werden, daß nicht alle von der kirchlichen Autorität errichtet wurden. Nach Canon 299, § 1 dürfen die Gläubigen durch private Vereinbarungen miteinander Vereinigungen gründen, die geistlichen Zwecken dienen. „Unter Wahrung der erforderlichen Verbundenheit mit der kirchlichen Autorität haben die Laien das Recht, Vereinigungen zu gründen, zu leiten und den gegründeten beizutreten. Doch ist dabei eine Zersplitterung der Kräfte zu vermeiden“[20].
„Katholisch“ darf sich ein Verein nur mit der ausdrücklichen Erlaubnis der kirchlichen Autorität nennen; ohnehin hat diese das Recht, alle Vereinigungen von Christgläubigen zu überwachen, um eventuellen Fehlentwicklungen entgegenzuwirken und um die Reinheit des Glaubens und der Sitten zu bewahren.
Die Aufnahme in einen Verein erfolgt nach den Vorschriften des Rechts und der Statuten; wer gültig aufgenommen und aus dem Verein nicht rechtmäßig ausgetreten ist, hat Anteil an den Rechten der Vereinigung, an den Privilegien, an Ablässen und anderen geistigen Gütern.
Die Entlassung aus einem Verein darf nur aus einem gerechten Grund und nach den Vorschriften des Rechts und der Statuten erfolgen.

Öffentliche Vereine

Can. 312 – § 1. Zuständige Autorität zur Errichtung von öffentlichen Vereinen ist:

1° für gesamtkirchliche und internationale Vereine der Heilige Stuhl;

2° für nationale Vereine, das heißt solche, deren Tätigkeit aufgrund der Errichtung selbst auf eine ganze Nation bezogen ist, die Bischofskonferenz in ihrem Gebiet;

3° für diözesane Vereine der Diözesanbischof in seinem jeweiligen Gebiet, nicht aber der Diözesanadministrator; ausgenommen bleiben jedoch die Vereine, für die das Errichtungsrecht aufgrund eines apostolischen Privilegs anderen vorbehalten ist.

§ 2. Auch wenn es kraft apostolischen Privilegs geschieht, wird zur gültigen Errichtung eines Vereins oder der Untergliederung eines Vereins in einer Diözese die schriftliche Zustimmung des Diözesanbischofs verlangt; die vom Diözesanbischof gegebene Zustimmung zur Errichtung der Niederlassung eines Ordensinstitutes gilt jedoch auch für die Errichtung eines jenem Institut eigenen Vereins in dieser Niederlassung oder der ihr angegliederten Kirche.

Can. 313 – Ein öffentlicher Verein und ebenso der Zusammenschluß öffentlicher Vereine werden durch dasselbe Dekret, durch das sie von der nach Maßgabe des can. 312 zuständigen kirchlichen Autorität errichtet werden, als juristische Personen begründet und erhalten, soweit erforderlich, einen Sendungsauftrag für die Ziele, die sie im Namen der Kirche selbst zu verwirklichen vorhaben.

Can. 314 – Die Statuten jedweden öffentlichen Vereins, ihre Überarbeitung oder Änderung bedürfen der Genehmigung der kirchlichen Autorität, der die Errichtung des Vereins gemäß can. 312, § 1 zukommt.

Can. 315 – Öffentliche Vereine können von sich aus Unternehmungen beginnen, die mit ihrer eigenen Zielsetzung im Einklang stehen; sie werden nach Maßgabe der Statuten geregelt, jedoch unter der Oberleitung der in can. 312, § 1 genannten kirchlichen Autorität.

Can. 316 – § 1. Wer öffentlich den katholischen Glauben aufgegeben hat oder von der kirchlichen Gemeinschaft abgefallen ist oder mit der Verhängung bzw. der Feststellung der Exkommunikation bestraft ist, kann gültig in öffentliche Vereine nicht aufgenommen werden.

§ 2. Trifft für rechtmäßig aufgenommene Mitglieder später der in § 1 genannte Fall zu, so sind sie nach vorausgegangener Ermahnung unter Einhaltung der Statuten aus dem Verein zu entlassen; das Beschwerderecht an die in can. 312, § 1 genannte kirchliche Autorität bleibt hiervon unberührt.

Can. 317 – § 1. Falls die Statuten nichts anderes vorsehen, ist es Sache der in can. 312, § 1 genannten Autorität, den Vorsitzenden eines öffentlichen Vereins, sofern er von demselben öffentlichen Verein gewählt wird, zu bestätigen oder, sofern er vorgeschlagen wird, ihn einzusetzen oder ihn kraft eigenen Rechts zu ernennen; einen Kaplan, d. h. einen geistlichen Assistenten, ernennt dieselbe kirchliche Autorität, soweit das förderlich ist, nach Anhörung der Vorstandsmitglieder des Vereins.
§ 2. Die in § 1 getroffene Bestimmung gilt auch für Vereine, die von Ordensleuten kraft apostolischen Privilegs außerhalb ihrer eigenen Kirchen oder Niederlassungen errichtet sind; bei Vereinen aber, die von Ordensleuten in der eigenen Kirche oder in der eigenen Niederlassung errichtet sind, steht die Ernennung bzw. Bestätigung des Vorsitzenden und des Kaplans gemäß den Statuten dem Ordensoberen zu.
§ 3. In nichtklerikalen Vereinen können Laien das Amt des Vorsitzenden ausüben; der Kaplan, d. h. der geistliche Assistent, darf zu diesem Amt nur berufen werden, wenn das die Statuten vorsehen.
§ 4. In öffentlichen Vereinen von Gläubigen, deren direktes Ziel die Ausübung des Apostolats ist, dürfen jene nicht Vorsitzende sein, die in politischen Parteien eine leitende Stellung bekleiden.

Can. 318 – § 1. Die in can. 312, § 1 genannte kirchliche Autorität kann unter besonderen Umständen, wo schwerwiegende Gründe es verlangen, einen Kommissar bestellen, der den Verein in ihrem Namen zeitlich befristet zu leiten hat.
§ 2. Den Vorsitzenden eines öffentlichen Vereins kann aus gerechtem Grund entlassen, wer ihn ernannt oder bestätigt hat, jedoch nach Anhörung sowohl des Vorsitzenden selbst als auch der Vorstandsmitglieder des Vereins nach Maßgabe der Statuten; den Kaplan hingegen kann nach Maßgabe der cann. 192–195 entlassen, wer ihn ernannt hat.

Can. 319 – § 1. Ein rechtmäßig errichteter öffentlicher Verein verwaltet, falls nichts anderes vorgesehen ist, sein Vermögen nach Maßgabe der Statuten unter der Oberleitung der in can. 312, § 1 genannten kirchlichen

Autorität, der er alljährlich Rechenschaft über die Verwaltung ablegen muß.
§ 2. Auch über die Verwendung der gesammelten Spenden und Almosen muß er eben dieser Autorität zuverlässige Rechenschaft ablegen.

Can. 320 – § 1. Vom Heiligen Stuhl errichtete Vereine können nur von diesem aufgelöst werden.
§ 2. Von der Bischofskonferenz errichtete Vereine können aus schwerwiegenden Gründen von dieser aufgelöst werden; vom Diözesanbischof errichtete Vereine können von ihm aufgelöst werden, sogar solche, die kraft apostolischen Indultes von Ordensleuten mit Zustimmung des Diözesanbischofs errichtet worden waren.
§ 3. Ein öffentlicher Verein darf von der zuständigen Autorität nur aufgelöst werden, wenn sein Vorsitzender und die anderen Vorstandsmitglieder gehört worden sind.

Die Errichtung und Auflösung von öffentlichen Vereinigungen ist das Recht der zuständigen kirchlichen Autorität. Die entsprechende Zuständigkeit für öffentliche Vereinigungen hat:

- der Heilige Stuhl, wenn es sich um universale oder internationale Vereinigungen handelt;
- die Bischofskonferenz bei nationalen Vereinigungen, die von ihrer Gründungsidee her für die gesamte Nation bestimmt sind, um dort Aktivitäten zu entwickeln;
- der Diözesanbischof bei diözesanen Vereinigungen, falls nicht kraft apostolischen Privilegs andere dieses Recht besitzen.

Wenn die Errichtung einer Vereinigung Gültigkeit haben soll – auch wenn sie kraft apostolischen Privilegs geschieht –, ist das schriftliche Einverständnis des Diözesanbischofs erforderlich. Was die Statuten öffentlicher Vereinigungen angeht, sind sie von der kirchlichen Autorität zu approbieren, die für die amtliche Errichtung der Vereinigung gemäß Canon 312, § 1 zuständig ist. Auch eventuelle Änderungen bedürfen der Approbation. Die Oberaufsicht über die für das Vereinswesen verbindlichen Statuten kommt immer der kirchlichen Autorität zu. Jeder Katholik kann in einem öffentlichen Verein Mitglied werden. Rechtsgültig aufgenommen werden kann jedoch nicht:

- wer vom katholischen Glauben abgefallen ist;
- wer sich von der kirchlichen Gemeinschaft getrennt hat;
- wer exkommuniziert ist.

Treffen diese Tatbestände auf ihn zu, ist jeder Christgläubige nach vorausgehender Mahnung aus dem Verein zu entlassen. Die jeweiligen Statuten müssen dabei eingehalten werden. Bei Entlassung ist Rekurs an die zuständige kirchliche Autorität möglich.
Die für die Errichtung von Vereinen kompetente Autorität hat, falls die Statuten nichts anderes vorsehen, das Recht, den Leiter der öffentlichen Vereine aufgrund eigenen Rechtes zu ernennen oder – wenn er vom Verein präsentiert oder gewählt wird – ihn einzusetzen bzw. zu bestätigen.
Der geistige Beistand (Kaplan) wird von der kirchlichen Autorität ernannt (gegebenenfalls nach Anhörung der Vorstandsmitglieder des Vereins). Er sollte jedoch möglichst keine Leitungsfunktion haben; diese steht in nichtklerikalen Vereinigungen allein den Laien zu.
Die kirchliche Autorität, die den Vorstand eines Vereins ernannt bzw. bestätigt hat, hat auch das Recht, ihn aus einem gerechten Grund wieder zu entlassen. Allerdings müssen der Betroffene und die Vorstände vorher angehört werden.
Die jeweilige Zuständigkeit bezüglich der Aufhebung ist folgendermaßen geregelt:

- Vereinigungen, die der Heilige Stuhl errichtet hat, kann nur der Heilige Stuhl wieder aufheben (Canon 320, § 1);
- Vereinigungen, die von der Bischofskonferenz errichtet wurden, kann nur die betreffende Bischofskonferenz aufheben unter der Bedingung, daß schwerwiegende Gründe für die Aufhebung sprechen (Canon 320, § 2);
- Vereinigungen, die der Diözesanbischof errichtet hat, kann nur der Diözesanbischof wieder aufheben (Canon 320, § 2).

Private Vereine

Can. 321 – Private Vereine führen und leiten Gläubige gemäß den Bestimmungen der Statuten.

Can. 322 – § 1. Ein privater Verein von Gläubigen kann durch förmliches Dekret der in can. 312 genannten zuständigen kirchlichen Autorität Rechtspersönlichkeit erwerben.

§ 2. Kein privater Verein von Gläubigen kann Rechtspersönlichkeit erwerben, wenn nicht seine Statuten von der in Can. 312, § 1 genannten kirchlichen Autorität gebilligt sind; die Billigung der Statuten verändert den privaten Charakter des Vereins nicht.

Can. 323 – § 1. Wenn auch private Vereine von Gläubigen gemäß can. 321 Autonomie genießen, unterliegen sie gleichwohl der Aufsicht der kirchlichen Autorität gemäß can. 305, und ebenso der Leitung dieser Autorität.
§ 2. Der kirchlichen Autorität steht es auch zu, unter Wahrung der den privaten Vereinen eigenen Autonomie darauf zu achten und dafür zu sorgen, daß eine Zersplitterung der Kräfte vermieden und die Ausübung ihres Apostolats auf das Gemeinwohl hingeordnet wird.

Can. 324 – § 1. Ein privater Verein von Gläubigen bestellt sich frei den Vorsitzenden und die Amtsträger nach Maßgabe der Statuten.
§ 2. Ein privater Verein von Gläubigen kann sich nach Wunsch frei unter den Priestern, die rechtmäßig in der Diözese ihren Dienst ausüben, einen geistlichen Berater wählen; dieser bedarf jedoch der Bestätigung des Ortsordinarius.

Can. 325 – § 1. Ein privater Verein von Gläubigen verwaltet sein Vermögen frei gemäß den Vorschriften der Statuten; davon bleibt das Recht der zuständigen kirchlichen Autorität unberührt, darüber zu wachen, daß das Vermögen zu den Vereinszwecken verwendet wird.
§ 2. Derselbe untersteht der Autorität des Ortsordinarius nach Maßgabe von can. 1301 hinsichtlich der Verwaltung und Verwendung des Vermögens, das ihm zu frommen Zwecken geschenkt oder hinterlassen worden ist.

Can. 326 – § 1. Ein privater Verein von Gläubigen erlischt nach Maßgabe der Statuten; er kann auch von der zuständigen Autorität aufgelöst werden, wenn seine Tätigkeit zu einem schweren Schaden für die kirchliche Lehre bzw. Disziplin wird oder den Gläubigen zum Ärgernis gereicht.
§ 2. Über das Vermögen eines erloschenen Vereins ist nach Maßgabe der Statuten unter Wahrung wohlerworbener Rechte und des Willens der Spender zu verfügen.

Die privaten Vereinigungen von Gläubigen werden in ihrer Existenz nicht von der kirchlichen Autorität getragen, sondern vom privaten Willensentscheid der Gläubigen, die sich freiwillig zusammengeschlossen haben, um gemeinsam am Apostolat und an der Sendung der Kirche mitzuarbeiten im Sinne des durch Canon 299, § 1 vorgeschriebenen Rahmens. „Katholisch" dürfen sie sich nur, wie wir bereits sahen, mit Zustimmung der zuständigen kirchlichen Autorität nennen.
Die privaten Vereinigungen von Gläubigen sind keine juristischen Personen; sie können jedoch nach kirchenamtlicher Prüfung durch formales Dekret der zuständigen kirchlichen Autorität (Canon 312) Rechtspersönlichkeit erlangen, vorausgesetzt, die Statuten des betreffenden Vereins werden von der kirchlichen Autorität gutgeheißen. Der private Charakter des Vereins wird allerdings auch nach einer eventuellen Anerkennung als Rechtspersönlichkeit nicht davon berührt.
Private Vereine ohne Rechtspersönlichkeit können als solche nicht Träger von Rechten und Pflichten sein. Die Gemeinschaft kann sich jedoch ohne weiteres gemeinsame verpflichtende Aufgaben stellen und diese Verpflichtungen dann auch erfüllen. Auch können sie als Miteigentümer und Mitbesitzer Rechte und Güter erwerben und in Besitz nehmen; ein von ihnen ausgewählter Bevollmächtigter oder Verwalter kann die diesbezüglichen Rechte und Pflichten ausüben (vgl. Canon 310).
Gemäß Canon 321 sind private Vereinigungen von Gläubigen autonom. Die kompetente kirchliche Autorität übt eine sorgsame Wachsamkeit über die privaten Vereine aus, damit nicht durch eventuelle „Betriebsblindheit" eine Zersplitterung der Vereine entsteht. „Diese tritt dann ein, wenn man ohne ausreichenden Grund neue Vereinigungen und Werke fördert oder an veralteten Vereinigungen und Methoden festhält, die keinen Nutzen mehr bringen. Es ist auch nicht immer zweckmäßig, Formen, die in einer Nation eingerichtet sind, unterschiedslos auf andere zu übertragen"[21]. „Wachsamkeit" der Kirche bedeutet also keine Bevormundung, sondern sie dient als Schutz, damit der jeweilige Verein möglichst optimal dem Gemeinwohl dient, was ja auch sein erklärtes Ziel ist, und somit kann ihm die mitsorgende „Wachsamkeit" (ohne nähere Einmischung und unter Wahrung der Autonomie) nur recht sein.
Was die Leitung der privaten Vereinigungen von Gläubigen anbelangt, werden die Leiter und Amtsträger entsprechend den Statuten von der Vereinigung selbst bestellt. Falls sie einen geistlichen Berater wünschen, steht es ihnen frei, diesen aus dem Diözesanklerus zu wählen; die Bestätigung der Ortsordinarien ist einzuholen.

Eine private Vereinigung kann natürlich auch das in ihrem Besitz befindliche Vermögen frei nach den Bestimmungen der Statuten (Canon 325, § 1) verwalten.
Ein privater Verein hört auf zu bestehen in jenen Fällen, die die Statuten vorsehen; allerdings kann die zuständige Autorität eine private Vereinigung von Gläubigen auflösen, wenn ihre Aktivität den Rahmen des Gemeinwohls sprengt und sie zum Schaden der kirchlichen Lehre oder Disziplin ist. Auch wenn eine private Vereinigung zum Ärgernis der anderen Gläubigen wird, kann sie aufgelöst werden.
Was in einem solchen Fall das vorhandene Vermögen angeht, so wird diese Angelegenheit von den Statuten geregelt, wobei Rechte Dritter und der Stifterwille zu beachten sind (Canon 326, § 2). Die oben erwähnte „Wachsamkeit" hat also sehr wohl einen tieferen Sinn.

Laienvereine

Can. 327 – Laien sollen Vereine wertschätzen, die zu den in can. 298 genannten geistlichen Zielen gegründet sind, besonders diejenigen, welche die Ordnung der weltlichen Verhältnisse mit christlichem Geist beleben wollen und auf diese Weise eine tiefe Verbindung von Glaube und Leben besonders fördern.

Can. 328 – Wer Laienvereinen vorsteht, auch wenn sie kraft apostolischen Privilegs errichtet wurden, hat dafür zu sorgen, daß sein Verein mit anderen Vereinen von Gläubigen dort zusammenarbeitet, wo es angezeigt ist, und daß er die verschiedenen christlichen Werke gern unterstützt, besonders soweit sie in demselben Gebiet bestehen.

Can. 329 – Die Vorsitzenden von Laienvereinen haben dafür zu sorgen, daß die Vereinsmitglieder angemessen für die Ausübung des den Laien eigenen Apostolats ausgebildet werden.

In diesen drei Canones werden besondere Bestimmungen für die Vereinigungen von Laien erlassen, seien es private oder auch öffentliche Vereinigungen.
Zunächst wird in Canon 327 auf die große Bedeutung des geistlichen Auftrages der Vereinigungen hingewiesen; besonders jene Vereinigungen

werden gelobt, die sich zum Ziel gesetzt haben, die zeitliche Ordnung mit christlichem Geist zu durchwirken, wie es ja schon das II. Vat. Konzil von den Laien gefordert hat: „Die Laien aber, die am ganzen Leben der Kirche ihren tätigen Anteil haben, sind nicht nur gehalten, die Welt mit christlichem Geist zu durchdringen, sondern sie sind auch dazu berufen, überall, und zwar inmitten der menschlichen Schicksalsgemeinschaft, Christi Zeugen zu sein“[22].

Nur die tiefe Vereinigung von Glauben und Leben kann die Welt überzeugen!

Gerade im Vereinsrecht ist es wichtig, zu betonen, daß Teamgeist und echte Zusammenarbeit unerläßlich sind für die Erreichung der gesteckten Ziele des jeweiligen Vereins.

Gerade die Vorsteher der Vereine haben hier eine große Aufgabe und müssen die diesbezüglichen Initiativen ergreifen.

Die Vereinigungen sind aufgerufen, lebendigen und konstruktiven Kontakt mit anderen Vereinigungen von Gläubigen und christlichen Gruppen aufzunehmen und sich durch regen Gedankenaustausch und konkrete Zusammenarbeit gegenseitig zu bestärken und so das gemeinsame Ziel der Mitverantwortung in der Kirche voranzutreiben und immer mehr auszuweiten.

Eine entsprechende Vorbereitung auf sämtliche Aufgaben im Rahmen der Ausübung des Apostolates ist besonders für die Laien notwendig; sie gibt ihnen auch die geforderte Sicherheit und das nötige Selbstvertrauen. Hier sind besonders die Vorsteher von Laienvereinigungen in die Pflicht genommen, daß sie sich selbst und ihren Mitgliedern eine entsprechende Ausbildung und Formation angedeihen lassen.

Nachdem wir in groben Zügen die Inhalte des kirchlichen Vereinsrechts dargelegt haben, wollen wir noch kurz die pastorale Sinnhaftigkeit sowohl der öffentlichen wie der privaten Vereine aufzeigen. Beide leisten dem pastoralen Wirken der Kirche einen unschätzbaren Dienst und sind im lebendigen Lebensstrom des kirchlichen Alltags nicht mehr wegzudenken. Gerade in einer Zeit, in der der Sendungsauftrag der Kirche immer größere „Randgruppen“ erreichen soll, also Menschen, die dem aktiven, engagierten kirchlichen Leben skeptisch bis fremd gegenüberstehen, kommt den kirchlichen Vereinen eine bedeutende Rolle zu. Über alles Institutionelle und notwendigerweise gut Geordnete in der Kirche hinaus darf und muß auch dem pastoralen Charisma einzelner und Gruppen der notwendige Spielraum zum Handeln gegeben werden.

Neben dem hohen Wert des persönlichen Apostolates, durch das die Laien in Ehe und Familie, in der Berufs- und Arbeitswelt sowie im Bereich der Freizeit Kirche aufbauen, Glauben verkünden und so dort, wo sie leben und Mitverantwortung tragen, die Welt heiligen, muß besonders das Apostolat in den verschiedenen Gemeinschaften und Vereinigungen hervorgehoben werden. Erst in Gemeinschaft sind die einzelnen stark und fähig, mit verein-ten Kräften am Aufbau des Leibes Christi mitzuwirken.

„Die Gläubigen sind gewiß als einzelne zur Verwirklichung des Apostolates in ihren verschiedenen Lebenslagen berufen; dennoch mögen sie bedenken, daß der Mensch seiner Natur nach ein gesellschaftliches Wesen ist und daß es Gott gefallen hat, die an Christus Glaubenden zu einem Volk Gottes (vgl. 1 Petr 2, 5–10) und zu einem Leib zu vereinigen (vgl. 1 Kor 12, 12). Das in Gemeinschaft geübte Apostolat der Gläubigen entspricht also in glücklicher Weise ebenso einem menschlichen wie einem christlichen Bedürfnis. Es stellt zugleich ein Zeichen der Gemeinschaft und der Einheit der Kirche in Christus dar, der gesagt hat: ‚Wo zwei oder drei in meinem Namen versammelt sind, da bin ich mitten unter ihnen' (Mt 18, 20).

Darum mögen die Gläubigen in einmütigem Zusammenwirken apostolisch tätig sein. Sie seien Apostel in ihrer Familiengemeinschaft wie in Pfarrei und Bistum, die selbst ein Ausdruck des Gemeinschaftscharakters des Apostolates sind, aber auch in freien Gruppierungen, zu denen sie sich zusammenschließen wollen"[23].

In vielen Bereichen der christlichen Verkündigung wäre ein einzelner überfordert; er braucht die Gemeinschaft derer, die im vorbereitenden, planenden und ermutigenden Gespräch Wegweisung geben, und zwar in aller Offenheit und Freundschaft. Der einzelne braucht auch den Rat des anderen und vor allem seine Mithilfe bei der vielfältigen apostolischen Tätigkeit:

„Das in Gemeinschaft vollzogene Apostolat ist auch deshalb von großer Bedeutung, weil das Apostolat sowohl in den Gemeinschaften der Kirche als auch in den verschiedenen Milieus oft ein gemeinsames Vorgehen verlangt. Die für gemeinsame apostolische Betätigung errichteten Vereinigungen geben nämlich ihren Mitgliedern Halt, bilden sie für das Apostolat aus, ordnen und leiten ihre apostolische Tätigkeit, so daß man viel reichere Frucht erwarten kann, als wenn jeder einzeln für sich handelt.

In der gegenwärtigen Situation aber ist es geradezu unerläßlich, daß man im Bereich der Tätigkeit der Laien die gemeinschaftliche und organisierte Form des Apostolates stärkt; denn ein enges Verbundensein der Kräfte ist

allein imstande, alle Ziele des heutigen Apostolates voll zu erreichen und seine Werte wirksam zu verteidigen"[24].
Die allgemeinen und speziellen Normen des kirchlichen Vereinsrechtes sind schon allein deshalb notwendig, weil Vereinigungen von Menschen, weil menschliche Gemeinschaft überhaupt immer eine Ordnung und Richtlinien für ihr Handeln brauchen: ubi societas, ibi ius. Recht ist ja nicht etwas rein Statisches, sondern birgt sehr viel Dynamik in sich. Für das kirchliche Vereinsrecht gilt das gleiche, was wir bereits für das kirchliche Laienrecht im allgemeinen festgestellt haben: Die Gesetze sind für die Menschen da, nicht der Mensch für die Gesetze. Das Recht will die Menschen nicht einengen, sondern ihnen einen Handlungsspielraum zu ihrem eigenen Nutzen eröffnen.

ANMERKUNGEN

1 OT, Art. 2.
2 OT, Art. 3.
3 Ebd.
4 OT, Art. 13.
5 OT, Art. 4.
6 G. Heinemann, Priesternachwuchs und Priesterbild, in HK 37 (1983), S. 165.
7 Vgl. Can. 239, § 1.
8 Vgl. Can. 239, § 2.
9 Can. 281, § 3.
10 OT, Art. 6.
11 OT, Art. 8.
12 Ebd.
13 OT, Art. 10.
14 OT, Art. 15.
15 OT, Art. 16.
16 OT, Art. 19.
17 Can. 529, § 2.
18 AA, Art. 16.
19 AA, Art. 17.
20 AA, Art. 19.
21 Ebd.
22 GS, Art. 43.
23 AA, Art. 18.
24 Ebd.

Teil II Hierarchische Verfassung der Kirche

Teilnahme am Ökumenischen Konzil

Can. 339 – § 2. Zum Ökumenischen Konzil können darüber hinaus auch einige andere, die nicht Bischöfe sind, von der höchsten Autorität der Kirche berufen werden; diese hat deren Stellung im Konzil näher zu bestimmen.

Das Bischofskollegium hat gemeinsam mit seinem Oberhaupt, dem Papst, und niemals *ohne* seine Teilnahme die höchste und volle (universale) Kirchengewalt inne. Zunächst hat das II. Vat. Konzil beschlossen, „daß allen Bischöfen, die Glieder des Bischofskollegiums sind, das Recht zusteht, am Ökumenischen Konzil teilzunehmen“[1].
Außer den Bischöfen können aber auch andere, die nicht Bischöfe sind, von der höchsten kirchlichen Autorität zu einem Ökumenischen Konzil berufen werden; der Aufgabenbereich dieser Teilnehmer wird ebenfalls vom Papst bestimmt. Der Canon 339, § 2 bietet die Möglichkeit, sogenannte „periti“, also fachlich gebildete Persönlichkeiten, wie z. B. Theologen, Kirchenrechtler – auch Laien – mit *beratender* Stimme beizuziehen. Nachdem sich auch Laien in den theologischen und kirchenrechtlichen Wissenschaften engagieren können, ist ihnen hier eine bedeutende Möglichkeit gegeben, ihr Wissen und Forschen ganz in den Dienst der Weltkirche zu stellen.

Laienbefragung bei Ernennung eines Bischofs

Can. 377 – § 3. Wenn nichts anderes rechtmäßig bestimmt ist, hat der Gesandte des Papstes, wann immer ein Diözesanbischof oder ein Bischofskoadjutor zu ernennen ist, in bezug auf den dem Apostolischen Stuhl vorzulegenden sogenannten Dreiervorschlag je einzeln zu ermitteln und dem Apostolischen Stuhl selbst zusammen mit seinem Votum mitzuteilen, was der Metropolit und die Suffraganbischöfe der Provinz, zu der die zu besetzende Diözese gehört bzw. mit der sie zusammengeschlossen ist, und der Vorsitzende der Bischofskonferenz vorschlagen; darüber hinaus soll der päpstliche Gesandte einige aus dem Konsultorenkollegium und dem Kathedralkapitel anhören, und, wenn er es für angebracht hält, soll er auch die Ansicht anderer aus dem Welt- und Ordensklerus sowie von Laien, die sich durch Lebensweisheit auszeichnen, einzeln und geheim erfragen.

Zunächst soll hier festgestellt werden, daß dem Papst die freie Ernennung der Bischöfe bzw. die Bestätigung eines rechtmäßig gewählten Bischofs zukommt. Damit jeweils nur diejenigen zum Bischof ernannt bzw. als solche bestätigt werden, die für dieses Amt besonders geeignet sind, sollen die Bischöfe einer Kirchenprovinz oder die Bischofskonferenz alle drei Jahre eine gemeinsame Liste mit den Namen von ihrer Meinung nach geeigneten Kandidaten aus dem Welt- und Ordensklerus vorlegen. Ist nun konkret ein Bischofsstuhl zu besetzen oder ein Koadjutor zu ernennen, so ist es Sache des päpstlichen Legaten, die Vorschläge einer Diözese entsprechend zu prüfen und sich sein eigenes Urteil zu bilden. Das Ergebnis muß der Legat dem Apostolischen Stuhl mitteilen[2].
Ferner muß der Legat des Papstes einige Mitglieder des Kollegiums der Konsultoren, also derer, die das Gutachten über einen entsprechenden Kandidaten mit eingebracht haben, und einige Mitglieder des Domkapitels geheim anhören; ebenso soll er sich um die Meinung einiger Priester und Ordensleute in dieser Angelegenheit bemühen.
Außerdem sollen auch einzelne Laien befragt werden. Gerade durch ihre aktive Mitarbeit in der Kirche kommen die Laien enger in Berührung mit den Amtsträgern und lernen sie auch in ihrem seelsorglichen Eifer besser kennen und wertschätzen. Oft ist gerade das Urteil der Laien – aus einer gewissen gesunden Distanz heraus – besonders objektiv und somit wertvoll.

Teilnahme an Partikularkonzilien

Can. 443 – § 4. Zu den Partikularkonzilien können mit nur beratendem Stimmrecht auch Priester und andere Gläubige eingeladen werden, aber so, daß deren Anzahl die Hälfte der in den §§ 1 bis 3 Aufgeführten nicht übersteigt.
§ 6. Zu den Partikularkonzilien können auch andere als Gäste eingeladen werden, wenn es nach dem Urteil der Bischofskonferenz hinsichtlich des

Plenarkonzils bzw. des Metropoliten zusammen mit den Suffraganbischöfen hinsichtlich des Provinzialkonzils angebracht scheint.

Die Partikularkonzilien haben vor allem darauf zu achten, daß die pastoralen Bedürfnisse des Gottesvolkes erfüllt werden. Um diesem Auftrag gerecht werden zu können, besitzen die Bischöfe, die in kollegialer Weise am Partikularkonzil teilnehmen, legislative Gewalt, d. h., sie haben Leitungsvollmacht. Darüber hinaus besitzen sie – im Rahmen des Rechtes – auch Gesetzgebungsvollmacht für alle jene Maßnahmen, die unter anderem besonders das pastorale Bemühen angehen.
Was nun die *Teilnahme* an Partikularkonzilien angeht, ist zu sagen, daß neben den Teilnehmern mit beschließender und jenen mit beratender Stimme auch Priester und andere Gläubige, also auch Laien – allerdings in begrenzter Zahl – mit beratender Stimme teilnehmen können.
Auch hier ist die Hinzuziehung von Laien mit beratender Stimme unter anderem von daher zu verstehen, daß auch sie am pastoralen Arbeiten des Gottesvolkes teilhaben. Gerade dort, wo die Laien aufgrund ihres „Weltcharakters" – der aber nicht exklusiv gesehen und verstanden werden darf – verschiedene „Randgruppen" der kirchlichen Gemeinschaft kennen, ist ihr Rat für das Partikularkonzil unverzichtbar.

Teilnahme an der Diözesansynode

Can. 460 – Die Diözesansynode ist eine Versammlung von ausgewählten Priestern und anderen Gläubigen der Teilkirche, die zum Wohl der ganzen Diözesangemeinschaft dem Diözesanbischof nach Maßgabe der folgenden Canones hilfreiche Unterstützung gewähren.

Can. 463 – § 2. Zur Diözesansynode kann der Diözesanbischof auch andere als Synodenmitglieder einladen, seien es Kleriker, Mitglieder von Instituten des geweihten Lebens oder Laien.

Seit dem II. Vat. Konzil wurde in der katholischen Kirche den Diözesansynoden (= Delegatenversammlung aus Priestern und anderen Gläubigen des Bistums mit ausschließlich beratender Funktion) wieder ein größeres Gewicht beigemessen; das zeigt sich zunächst darin, daß sie in ver-

schiedenen Formen und mit einem größeren und erweiterten Teilnehmerkreis abgehalten werden[3].
Seit dem Konzil ging man dazu über, auch Laien zur Diözesansynode einzuladen, eine Praxis, die jetzt also auch im neuen Kirchenrecht verankert ist. In erster Linie sind die Adressaten solcher Einladungen die aktiven Mitarbeiter im pastoralen Dienst der Kirche, die Mitglieder der katholischen Verbände und qualifizierte Sachverständige der jeweils anstehenden Themenkreise. Alle Teilnehmer haben die gleichen Rechte, d. h., *alle* haben beratendes Stimmrecht; aber allein der Diözesanbischof kann für seine Diözese rechtsverbindliche Normen erlassen, nur er unterschreibt die Erklärungen und Dekrete der Synode[4].
Weil es der Diözesansynode ausschließlich um Fragen und Probleme der gesamten Diözese geht, ist es sinnvoll und hilfreich, auch Laien einzuladen. Sie können bei den vielen Fragen, die sich auf das Wohl der Gläubigen in der Diözese beziehen, als „Mitarbeiter der Basis" entscheidende Impulse geben, ohne diese Basisnähe den Klerikern absprechen zu wollen.
Oft wissen die Laien sehr genau, wie „lebendig" oder aber wie „tot" das christliche Leben in ihren Gemeinden ist; da sie oft „hautnäher" an den Problemen der Mitmenschen sind, können sie diese auch besser abschätzen und einordnen und Maßnahmen vorschlagen bzw. ergreifen, die diesen Menschen hilfreich sind.
„Mit der Öffnung der Diözesansynode für Teilnehmer aus den Reihen der Laien ist ein wesentliches Desiderat erfüllt. Obwohl nicht ausdrücklich normiert, ist bei der Zusammensetzung der Diözesansynode auf Repräsentativität geachtet; gleichwohl ist die Diözesansynode keine die Diözese oder die Diözesanangehörigen repräsentierende Versammlung... Die Chance der Diözesansynode könnte darin liegen, daß sie alle Teile, Dienste, Gruppen und Initiativen vereint und die großen Fragen der Diözese grundlegend und umfassend berät"[5].

Laien als Kanzler und Notare

Can. 483 – § 2. Kanzler und Notare müssen unbescholten und über jeden Verdacht erhaben sein; in den Fällen, in denen der gute Ruf eines Priesters beeinträchtigt werden könnte, muß der Notar Priester sein.

In jeder Kurie (= üblicherweise Sammelbezeichnung für die Gesamtheit der in päpstlichem Auftrag im Dienst an der Weltkirche tätigen römischen Organe; hier sind jedoch die Diözesankurien gemeint) muß ein Kanzler bestellt sein, der dafür sorgen muß, daß die Akten der Kurie gewissenhaft ausgefertigt, registriert und aufbewahrt werden. Falls der Kanzler die zu bewältigende Arbeit allein nicht schafft, kann ihm ein Vizekanzler beigegeben werden. Beide sind ipso iure Notare und Sekretäre der Kurie[6].

Der Codex von 1917 forderte noch, daß der Kanzler unbedingt Priester sein müsse. Nach dem neuen Recht muß der Kanzler *nur* noch in solchen Fällen Priester sein, in denen es um den guten Ruf eines Priesters geht. In allen anderen Fällen kann auch ein Laie zum Kanzler bestellt werden.

Wie nach dem alten können auch nach dem neuen Codex die Notare Laien sein; auch hier muß der Notar nur dann Priester sein, wenn es um Angelegenheiten geht, in denen der gute Ruf eines Priesters geschädigt werden kann.

Die Mitarbeit der Laien im Archiv einer Kurie ist angesichts des akuten Priestermangels schon von daher sinnvoll, daß die geweihten Priester möglichst für die konkrete Seelsorge frei und verfügbar bleiben.

Vermögensverwaltungsrat und Ökonom einer Diözese

Can. 492 – § 1. In jeder Diözese ist ein Vermögensverwaltungsrat einzusetzen, dem der Diözesanbischof selbst oder sein Beauftragter vorsitzt, und der aus wenigstens drei vom Bischof ernannten Gläubigen besteht, die in wirtschaftlichen Fragen sowie im weltlichen Recht wirklich erfahren sind und sich durch Integrität auszeichnen.

§ 2. Die Mitglieder des Vermögensverwaltungsrates sind für fünf Jahre zu ernennen; nach Ablauf dieser Zeit können sie aber jeweils für weitere fünf Jahre berufen werden.

§ 3. Vom Vermögensverwaltungsrat ausgeschlossen sind Personen, die mit dem Bischof bis zum vierten Grad blutsverwandt oder verschwägert sind.

Can. 493 – Außer den Aufgaben, die ihm in Buch V *Kirchenvermögen* übertragen sind, hat der Vermögensverwaltungsrat jährlich nach den Weisungen des Diözesanbischofs einen Haushaltsplan über die Einnahmen und Ausgaben aufzustellen, die im kommenden Jahr für die gesamte

Leitung der Diözese vorgesehen sind; nach Jahresablauf hat er die Haushaltsrechnung über Einnahmen und Ausgaben zu billigen.

Can. 494 – § 1. In jeder Diözese hat der Bischof nach Anhörung des Konsultorenkollegiums und des Vermögensverwaltungsrates einen Ökonom zu ernennen, der in wirtschaftlichen Fragen wirklich erfahren ist und sich besonders durch Rechtschaffenheit auszeichnet.
§ 2. Der Ökonom ist für fünf Jahre zu ernennen und kann nach Ablauf dieser Zeit auf jeweils weitere fünf Jahre ernannt werden; während der Amtszeit kann er nur aus einem schwerwiegenden Grund, den der Bischof zu würdigen hat, nach Anhören des Konsultorenkollegiums und des Vermögensverwaltungsrates abgesetzt werden.
§ 3. Aufgabe des Ökonomen ist es, gemäß dem vom Vermögensverwaltungsrat festgelegten Haushaltsplan das Diözesanvermögen unter der Autorität des Bischofs zu verwalten und aus den festgesetzten Einnahmen der Diözese die Ausgaben zu tätigen, die der Bischof oder andere von ihm dazu Beauftragte rechtmäßig angeordnet haben.
§ 4. Am Ende des Jahres muß der Ökonom dem Vermögensverwaltungsrat über die Einnahmen und Ausgaben Rechnung legen.

Was die Beteiligung der Laien an der Vermögensverwaltung der Diözese betrifft, so ist ein solches Mitwirken der ausdrückliche Wunsch des II. Vat. Konzils: „Die Kirchengüter im eigentlichen Sinne sollen die Priester sachgerecht und nach den Richtlinien der kirchlichen Gesetze verwalten, wenn möglich unter Zuhilfenahme der Laien"[7].
Nach dem Codex ist in jeder Diözese ein Rat für wirtschaftliche Angelegenheiten einzurichten; er wird vom Diözesanbischof oder seinem persönlichen Beauftragten als Vorsitzender geleitet. Ihm gehören wenigstens drei Gläubige an, die vom Bischof auf fünf Jahre (mit der Möglichkeit der Wiederberufung) ernannt werden. Voraussetzung für die Ernennung ist fachliche Kompetenz in Wirtschaftsfragen sowie im weltlichen Recht; die Mitglieder des Rates für wirtschaftliche Angelegenheiten müssen einen unbescholtenen Leumund haben.
Auch im Bereich der Verwaltung des Diözesanvermögens ist es sinnvoll, Fachkräfte aus dem Bereich der Ökonomie beizuziehen, die mit diesbezüglicher beruflicher Erfahrung und Sachkompetenz eine große Hilfe in finanziellen und wirtschaftlichen Fragen garantieren. Natürlich können auch Kleriker eine entsprechende Sachkompetenz besitzen bzw. erwer-

ben, aber für sie ist die pastorale Arbeit der Verwaltungsarbeit vorzuziehen; deshalb erscheint es ratsam, diesen Aufgabenbereich mit wirtschaftlich sachverständigen Laien zu teilen.
Es muß jedem einsichtig sein, der unter Umständen bezüglich des „Vermögens" der Kirche kritische Anmerkungen machen möchte, daß auch die Kleriker „leben" und „versorgt" sein müssen; und dafür ist es eben notwendig, daß sie eine gesunde Beziehung „zur Welt und ihren Gütern" haben, die sie notwendig brauchen, entweder für den eigenen standesgemäßen Lebensunterhalt oder für den würdigen Vollzug der Gottesdienste und für die apostolischen Werke und Werke der Nächstenliebe. Um gerade hier die Kleriker vom Vorurteil der Habgier, des zu sehr Verhaftetseins an irdischen Gütern zu befreien, ist die in Canon 492, § 1 aufgezeigte Lösung der Mitarbeit der Laien in diesem Bereich äußerst sinnvoll. Um jeden Verdacht auf persönliche Bereicherung auszuschließen, dürfen die nächsten Verwandten des Diözesanbischofs nicht in diesen Rat berufen werden.

Diözesanpastoralrat

Can. 511 – In jeder Diözese ist, sofern die seelsorglichen Verhältnisse es anraten, ein Pastoralrat zu bilden, dessen Aufgabe es ist, unter der Autorität des Bischofs all das, was sich auf das pastorale Wirken in der Diözese bezieht, zu untersuchen, zu beraten und hierzu praktische Folgerungen vorzuschlagen.

Can. 512 – § 1. Der Pastoralrat besteht aus Gläubigen, die in der vollen Gemeinschaft mit der katholischen Kirche stehen, sowohl aus Klerikern als auch aus Mitgliedern von Instituten des geweihten Lebens wie vor allem aus Laien; sie werden nach der vom Diözesanbischof festgelegten Art und Weise bestimmt.
§ 2. Die Gläubigen, die für den Pastoralrat bestellt werden, sind so auszuwählen, daß sich in ihnen der ganze Teil des Gottesvolkes, der die Diözese ausmacht, wirklich widerspiegelt; dabei sind die verschiedenen Regionen der Diözese, die sozialen Verhältnisse und die Berufe sowie der Anteil, den die Mitglieder für sich oder mit anderen zusammen am Apostolat haben, zu berücksichtigen.
§ 3. In den Pastoralrat dürfen nur Gläubige berufen werden, die sich durch festen Glauben, gute Sitten und Klugheit auszeichnen.

Can. 513 – § 1. Der Pastoralrat wird auf Zeit gebildet, gemäß den Vorschriften der Statuten, die vom Bischof gegeben werden.
§ 2. Im Falle der Sedisvakanz hört der Pastoralrat auf zu bestehen.

Can. 514 – § 1. Der Pastoralrat hat nur beratendes Stimmrecht; allein dem Diözesanbischof steht es zu, ihn je nach den Erfordernissen des Apostolates einzuberufen und den Vorsitz zu führen; er ist auch allein für die Veröffentlichung der im Rat behandelten Angelegenheiten zuständig.
§ 2. Der Pastoralrat ist wenigstens einmal im Jahr einzuberufen.

Der Pastoralrat muß im Gegensatz zum Priesterrat in einer Diözese nicht unbedingt errichtet werden; nur dann, wenn es die seelsorglichen Verhältnisse einer Diözese erforderlich machen, ist der Diözesanbischof verpflichtet, einen solchen Rat zu errichten; nur der Diözesanbischof kann feststellen, ob die pastorale Situation in seiner Diözese einen derartigen Rat als ein Beratungsorgan erforderlich macht.
Mitglieder sind vor allem Laien, die in der vollen Gemeinschaft mit der katholischen Kirche stehen müssen; ihre Auswahl aus dem Volk Gottes soll so getroffen werden, daß die verschiedenen Bevölkerungsschichten der gesamten Diözese gut repräsentiert sind.
Es kommen also Laien aus den verschiedensten Gebieten und sozialen Schichten für die Berufung in den Pastoralrat in Frage. Ihre Teilnahme und vor allem ihre beratende Mitsorge haben ihre theologische Grundlage in der Teilhabe aller Glieder an der Sendung der Kirche. „Die Rechtsfigur des Pastoralrats hat ihre Wurzeln in dem allen Gliedern der Teilkirche aufgrund ihrer Teilhabe an Sendung und Auftrag der Kirche je nach ihrer Stellung zukommenden Recht auf Mitwirkung. Das II. Vatikanum hat dazu den Pastoralrat als die Institution vorgesehen, in der es zu fruchtbarem Dialog und Konsens zwischen den Kirchengliedern einer Diözese über das pastorale Wirken kommen soll. Zur rechtlichen Ausgestaltung wurden in der nachkonziliaren Zeit nähere Weisungen erlassen"[8].
Auch wenn der Pastoralrat nur beratende Funktionen ausübt, ist sein Einfluß nicht gering. Er hat die Aufgabe, unter der Autorität des Diözesanbischofs zu untersuchen und zu beraten, was an pastoraler Arbeit in einer Diözese geleistet wird bzw. welche Möglichkeiten überhaupt oder noch besser ausgeschöpft werden könnten oder sollten.
Gerade im Pastoralrat wird die konkrete und kritische Identifikation des Christen mit der Kirche sichtbar; im Gegensatz zu denen, die in einer un-

interessierten Distanz leben, bemühen sich die Mitglieder des Pastoralrates, das seelsorgliche Leben der Diözese aufzubauen und zu entfalten und Fehlentwicklungen abzubremsen.
In jeder Diözese leben die Menschen unter den unterschiedlichsten Lebensbedingungen: verschiedenste Altersstrukturen, Milieus, Engagements und vor allem die verschiedensten Glaubensprägungen sind zu beachten. Insbesondere der Laie „vor Ort" kommt mit diesen Schichten täglich zusammen, erlebt sie, weiß um ihre Fragen, Sorgen und Ängste, kennt ihre Nöte und Zweifel. Aber der Pastoralrat ist nicht nur für diese Gruppen da; sein Auftrag besteht darin – so wie Paulus es unermüdlich fordert –, die Gemeinde aufzubauen und zu stärken, damit die Gläubigen der jeweiligen Diözese wieder neu und stärker ihre christliche Lebenssinnerfahrung machen können (vgl. dazu Canon 536, § 1 bezüglich eines Pastoralrates in einer Pfarrei).

Mitwirkung der Laien in der Seelsorge

Can. 517 – § 2. Wenn der Diözesanbischof wegen Priestermangels glaubt, einen Diakon oder eine andere Person, die nicht die Priesterweihe empfangen hat, oder eine Gemeinschaft von Personen an der Wahrnehmung der Seelsorgsaufgaben einer Pfarrei beteiligen zu müssen, hat er einen Priester zu bestimmen, der, mit den Vollmachten und Befugnissen eines Pfarrers ausgestattet, die Seelsorge leitet.

Can. 519 – Der Pfarrer ist der eigene Hirte der ihm übertragenen Pfarrei; er nimmt die Seelsorge für die ihm anvertraute Gemeinschaft unter der Autorität des Diözesanbischofs wahr, zu dessen Teilhabe am Amt Christi er berufen ist, um für diese Gemeinschaft die Dienste des Lehrens, des Heiligens und des Leitens auszuüben, wobei auch andere Priester oder Diakone mitwirken sowie Laien nach Maßgabe des Rechts mithelfen.

Nach Canon 517, § 2 kann also der Bischof bei Priestermangel einem Diakon, einem Laien oder einer Gemeinschaft von Personen die Mitarbeit an der Seelsorge in einer kanonisch errichteten Pfarrei übertragen.
Im Rahmenstatut für Pastoralreferenten (-innen) in den Bistümern der Bundesepublik Deutschland[9] gibt es unter anderem einige Hinweise bezüglich der Mitverantwortung dieser Pastoralreferenten in Gemeinden

ohne Priester am Ort. Bei der Mitarbeit in der Seelsorge bleibt auch in Sondersituationen (allgemeiner Priestermangel, in einer konkreten Gemeinde steht kein Priester zur Verfügung usw.) die Leitung der Gemeinde dem Priester vorbehalten; die Seelsorgsarbeit mit der geforderten Verantwortung kann allerdings der Laie voll übernehmen.

Die aktive Mitarbeit der Laien an der konkreten Seelsorge in der Gemeinde wird in Zukunft immer dringlicher werden; was jetzt in vielen Pfarreien noch zum Teil ehrenamtlicher Dienst für einige Freiwillige ist, kann und wird in absehbarer Zeit ein notwendiger, unverzichtbarer Dienst an den Brüdern und Schwestern werden. Demzufolge könnte also auch ein Laie unter gegebenen Umständen am pfarrlichen Hirtendienst teilhaben, wobei er auch Aufgaben zu übernehmen hat, die ansonsten der Pfarrer selbst wahrnimmt; dabei wird der Laie natürlich all das nicht tun können, was die Priesterweihe voraussetzt, z. B. der Eucharistie vorstehen.

Der Dienst der Laien an der Seelsorge, ihre Mitverantwortung und ihr selbstbewußter Einsatz werden, wie wir sahen, in der Kirche immer dringlicher, zumal in Zukunft die pastorale Not in den Gemeinden immer größer wird. Jeder Katholik, der auch nur ein wenig an der Lage der katholischen Kirche Interesse hat, weiß, daß es auf Weltebene zahlreiche Gemeinden gibt, die an vielen Sonntagen im Jahr auf die Eucharistiefeier verzichten müssen. Diese Gemeinden leben in der Hauptsache in Amerika, Asien und auch in Europa.

In Deutschland sind hier besonders die Diasporagebiete zu nennen. In der Bundesrepublik Deutschland sind mehrere Diözesen dazu übergegangen, den Gemeinden, die nur von einem Priester betreut werden, in der Urlaubszeit dieser Priester die Teilnahme an einem Wortgottesdienst als Erfüllung der Sonntagspflicht anzuerkennen, um so die *Durststrecke* zu überwinden, die durch den Priestermangel bereits zu verzeichnen ist.

„Das bedrängendste Problem des pastoralen Dienstes ist für die Gemeinden... in naher Zukunft der starke Priestermangel, der durch Überalterung der Priester und gestiegene Ansprüche der Gläubigen noch verstärkt wird... Die ganze Last des Priestermangels werden wir erst in den nächsten Jahren erfahren, denn viele Gemeinden werden keinen Priester mehr haben in ihrer Mitte. Selbst wenn die Zahl der Priesteramtskandidaten sprunghaft anstiege, könnte dies keine rasche Wende bringen. Wir müssen uns daher für eine längere Durststrecke rüsten"[10].

Schon heute können viele Pfarreien nicht mehr besetzt werden. In verschiedenen deutschen Diözesen übersteigt die Zahl der Pfarreien die der

Weltpriester. Priesterlose Gottesdienste werden also infolge des großen Priestermangels Realität werden. Ist dieser Gottesdienst als eine „Notlösung" zu betrachten? Die Gemeinsame Synode der Bistümer in der Bundesrepublik Deutschland betont, die abnehmende Zahl der Priester mache es zunehmend schwieriger, jeder Gemeinde an jedem Sonn- und Feiertag die Eucharistiefeier zu ermöglichen. Darum hält sie es für unverzichtbar, auch die heute noch nicht betroffenen Gemeinden auf die mit Sicherheit eintretende Situation vorzubereiten, daß eben nicht mehr an jedem Sonntag für alle Gemeinden die Eucharistiefeier als „Hochform der gottesdienstlichen Zusammenkunft der Gemeinde" gewährleistet werden kann.

Aber der Gottesdienst allein ist nicht der einzige Ausdruck religiösen Lebens. Hier sind besonders die Laien aufgerufen, dafür Sorge zu tragen, daß christliches Leben in ihren Familien und Gemeinschaften nicht verkümmert. Der einzelne Mensch kann nicht allein und ausschließlich auf die religiöse Unterweisung der Geistlichen „warten". Er ist angewiesen auf die Hilfe der Brüder und Schwestern in der Gemeinde.

Falsch wäre es, die gegenwärtige Situation in der Kirche herunterzuspielen mit dem gleichgültigen Wort: „Es wird schon alles werden!" – Andererseits brauchen wir aber auch angesichts der pastoralen Lage nicht zu verzweifeln oder die Hoffnung zu verlieren. „Wir wissen, daß die Gemeinschaft der Glaubenden, die Gemeinschaft der Kirche nicht nur ein Zusammenschluß von Menschen ist, die eine gleiche Weltanschauung vertreten und sich zur Vertretung ihrer Interessen zusammentun. Die Kirche ist Stiftung Jesu Christi. Am Kreuz hat Jesus Christus die Menschen mit Gott und miteinander versöhnt und so Gemeinschaft gestiftet. Die Kirche, und das gilt auch von jeder christlichen Gemeinde, lebt von dem in ihr gegenwärtigen Herrn. Er ist die Mitte, die Quelle ihrer Lebenskraft"[11].

Aber auch dort, wo der Pfarrer die Seelsorge noch im vollen Umfang ausüben kann, sollen die Laien im Rahmen ihrer Möglichkeiten aktiv mitarbeiten. Hier wird deutlich, daß der Dienst, den Canon 517, § 2 vorsieht, im eigentlichen Sinne kein „Notdienst" ist; durch die Teilhabe des Laien am Sendungsauftrag der Kirche besteht für ihn auch die Verpflichtung, diesen Auftrag zu erfüllen, und zwar immer in dem Maße, wie es das Heil der Seelen erfordert und nicht wie es dem eventuell verschlossenen Pfarrer gefällt.

Laienbefragung bei Besetzung einer Pfarrei

Can. 524 – Eine freigewordene Pfarrei hat der Diözesanbischof dem zu übertragen, den er nach Abwägung aller Umstände für geeignet hält, den pfarrlichen Dienst in ihr erfüllen zu können, und zwar ohne Ansehen der Person; um sich ein Urteil über die Eignung zu bilden, hat er den Dechanten zu hören und geeignete Nachforschungen anzustellen; gegebenenfalls kann er auch bestimmte Priester und Laien anhören.

Die Besetzung einer freigewordenen Pfarrei ist für den Diözesanbischof immer eine verantwortungsvolle und zugleich schwierige Aufgabe. Um über die Eignung eines Kandidaten nach menschlichem Ermessen letzte mögliche Sicherheit zu erlangen, kann der Diözesanbischof auch Laien anhören.
Sie kennen die konkrete Situation der betreffenden Pfarrei oft am besten, weil sie in ihr leben und sich für sie interessieren. Sie wissen auch am besten, welche Eigenschaften und Fähigkeiten der künftige Pfarrer haben sollte, um den verschiedensten Aufgaben und vor allem den unterschiedlichsten Menschen gerecht zu werden. Seelsorge kann nur dann gelingen, wenn die Gemeinschaft der Gläubigen ihren „Hirten" nicht als distanzierte Autorität erfährt, sondern als einen Bruder unter Brüdern, der seine ihm auferlegte Autorität zum Gemeinwohl aller einsetzt und verschenkt in dem unerschütterlichen Bewußtsein, daß jede gute Gemeinschaft eine Autorität anerkennt und mitträgt.
Das „Wort" also, das die Laien bei der Besetzung einer Pfarrei „mitreden", ist nicht ungewichtig, und die Oberhirten sind eingeladen, im Sinne dieses Canons von dieser Möglichkeit Gebrauch zu machen.

Recht auf Gewährung geistlicher Güter

Can. 528 – § 1. Der Pfarrer ist verpflichtet, dafür zu sorgen, daß denen, die sich in der Pfarrei aufhalten, das Wort Gottes unverfälscht verkündigt wird; er hat deshalb dafür zu sorgen, daß die Laien in den Glaubenswahrheiten unterrichtet werden, besonders durch die Homilie an den Sonntagen und den gebotenen Feiertagen und durch die katechetische Unterweisung; er hat die Werke zu unterstützen, die den Geist des Evangeliums fördern, auch in bezug auf die soziale Gerechtigkeit; seine besondere Sor-

ge hat der katholischen Erziehung der Kinder und Jugendlichen zu gelten; er hat sich mit aller Kraft, auch unter Beiziehung der Hilfe von Gläubigen, darum zu bemühen, daß die Botschaft des Evangeliums auch zu jenen gelangt, die religiös abständig geworden sind oder sich nicht zum wahren Glauben bekennen.
§ 2. Der Pfarrer hat Sorge dafür zu tragen, daß die heiligste Eucharistie zum Mittelpunkt der pfarrlichen Gemeinschaft der Gläubigen wird; er hat sich darum zu bemühen, die Gläubigen durch eine ehrfürchtige Feier der Sakramente zu weiden, in besonderer Weise aber darum, daß sie häufig die Sakramente der heiligsten Eucharistie und der Buße empfangen; ebenso hat er darauf bedacht zu sein, daß sie auch in den Familien zur Verrichtung des Gebetes geführt werden sowie bewußt und tätig an der heiligen Liturgie teilnehmen, die der Pfarrer unter der Autorität des Diözesanbischofs in seiner Pfarrei leiten und überwachen muß, damit sich kein Mißbrauch einschleicht.

Can. 529 – § 1. Um die Hirtenaufgabe sorgfältig wahrzunehmen, hat der Pfarrer darum bemüht zu sein, die seiner Sorge anvertrauten Gläubigen zu kennen; deshalb soll er die Familien besuchen, an den Sorgen, den Ängsten und vor allem an der Trauer der Gläubigen Anteil nehmen und sie im Herrn stärken, und wenn sie es in irgendwelchen Dingen fehlen lassen, soll er sie in kluger Weise wieder auf den rechten Weg bringen; mit hingebungsvoller Liebe soll er den Kranken, vor allem den Sterbenden zur Seite stehen, indem er sie sorgsam durch die Sakramente stärkt und ihre Seelen Gott anempfiehlt; er soll sich mit besonderer Aufmerksamkeit den Armen, Bedrängten, Einsamen, den aus ihrer Heimat Verbannten und ebenso denen zuwenden, die in besondere Schwierigkeiten geraten sind; auch soll er seine Aufgabe darin sehen, die Ehegatten und Eltern bei der Erfüllung der ihnen obliegenden Pflichten zu stützen und die Vertiefung eines christlichen Lebens in der Familie zu fördern.

Die verschiedenen Verpflichtungen, die ein Pfarrer kraft seines Amtes im pastoralen Bereich zu erfüllen hat, entsprechen den Rechten der Laien auf Gewährung folgender geistlicher Güter:

- Die Verkündigung des Wortes Gottes, auf die der Laie, wie wir bereits sahen, ein Anrecht hat, ist für ihn eine Hilfe zur Bewältigung des christlichen Lebens; die Verkündigung beinhaltet vor allem die Predigt an Sonn- und Feiertagen; ebenso die katechetische Unterweisung, besonders für Kinder und Schüler bzw. für Jugendliche. Eine besondere Verantwortung obliegt dem Pfarrer für die religiös gleichgültig gewordenen Christen in seiner Gemeinde.

- Der Laie hat ein Recht auf Eucharistiefeier, die das Herz und der Mittelpunkt des liturgischen Tuns und „Mitte und Höhepunkt des Lebens der christlichen Gemeinde"[12] ist.
- Auch der Empfang des Bußsakramentes muß den Laien immer dann, wenn sie die Notwendigkeit zum Empfang verspüren, gewährt werden.
- Die Laien sollen davon überzeugt sein können, daß der Pfarrer ihre persönlichen Sorgen versteht und mitträgt, an ihren Nöten teilnimmt und sie stark macht für den Alltag.
- Besonders die Armen, Kranken und Sterbenden dürfen auf den Beistand und auf die Hilfe des Priesters hoffen; er schenkt ihnen Trost und spendet ihnen die Krankensalbung und Wegzehrung.
- Die Eheleute und (jungen) Familien brauchen bei der Erfüllung ihrer Aufgaben, besonders im Bereich der religiösen Kindererziehung, das richtungsweisende und stärkende Wort des Priesters.

Neben dem Recht und der Pflicht der Laien, am Sendungsauftrag der Kirche mitzuarbeiten, haben sie, wie wir wiederum aus diesen Angaben ersehen, auch das Recht auf geistliche Wegbegleitung und Betreuung (vgl. Canon 213).

Sonntagsgottesdienst (Applikationspflicht des Pfarrers)

Can. 534 – § 1. Der Pfarrer ist, nachdem er von der Pfarrei Besitz ergriffen hat, verpflichtet, an allen Sonntagen und in seiner Diözese gebotenen Feiertagen eine Messe für das ihm anvertraute Volk zu applizieren; ist er an dieser Zelebration rechtmäßig verhindert, so hat er an denselben Tagen durch einen anderen oder an anderen Tagen persönlich zu applizieren.

An jedem Sonn- und Feiertag muß den Gläubigen die Möglichkeit zur Teilnahme an der Eucharistiefeier gegeben sein, die der zuständige Pfarrer für sie zu feiern verpflichtet ist. Diese Pflicht nennt das Kirchenrecht „Applikationspflicht" (applicatio pro populo). Die Verpflichtung ist so stark, daß der Pfarrer im Falle der rechtmäßigen Verhinderung entweder einen anderen Priester um Vertretung bitten muß oder gehalten ist, die ihm auferlegte Verpflichtung an einem anderen Tag nachzuholen.

Pastoralrat

Can. 536 – § 1. Wenn es dem Diözesanbischof nach Anhörung des Priesterrates zweckmäßig scheint, ist in jeder Pfarrei ein Pastoralrat zu bilden, dem der Pfarrer vorsteht; in ihm sollen Gläubige zusammen mit denen, die kraft ihres Amtes an der pfarrlichen Seelsorge Anteil haben, zur Förderung der Seelsorgstätigkeit mithelfen.

Die Veröffentlichung dieses Canons hat eine gewisse Verunsicherung gebracht, denn die Rechtsnorm des Canon 536 stimmt in ihrem Wortlaut nicht mit den in Deutschland geltenden Rechtsstatuten bezüglich des Pfarrgemeinderates überein. Ist somit das geltende Statut der Pfarrgemeinderäte ein sogenanntes „gegenstehendes Recht" im Sinne des Canon 6, § 1 des neuen Codex, und muß es deshalb abgeschafft oder geändert, oder muß für Deutschland eine partikularrechtliche Norm geschaffen werden?

Auf der Frühjahrsvollversammlung 1983 hat sich die Deutsche Bischofskonferenz mit dieser Frage beschäftigt. Ebenso hat sich auch die gemeinsame Kommission des Zentralkomitees der deutschen Katholiken und der Bischofskonferenz mit dieser Frage intensiv auseinandergesetzt.

Die Schwierigkeit bei der Auseinandersetzung lag wohl darin, daß man diesen Pfarrpastoralrat mit den in den meisten deutschen Bistümern bestehenden Pfarrgemeinderäten gleichsetzte, und so mußte es wegen der verschiedenen Schwerpunkte der beiden Räte zur Disharmonie kommen.

Wir wollen zunächst kurz die drei wesentlichen Differenzpunkte zusammengefaßt darstellen und dann aufzeigen, *wie* man die unterschiedlichen Aussagen miteinander vereinbaren wollte.

Das geltende Statut der Pfarrgemeinderäte:

– Der Pfarrgemeinderat versteht sich als ein Ratsgremium des Laienapostolats;

- er hat nicht nur eine rein beratende Funktion, sondern er kann auch verbindliche Beschlüsse fassen, dabei hat allerdings der Pfarrer ein Vetorecht;
- ein *Laie* hat den Vorsitz im Pfarrgemeinderat.

Das geltende Recht des Pfarrpastoralrates (Can. 536, § 1):

- Der Codex spricht von einem Pastoralrat in der Pfarrei (statt von Pfarrgemeinderat);
- er ist ein rein beratendes Gremium;
- der jeweilige *Pfarrer* hat den Vorsitz.

Ein Versuch der Vereinbarkeit beider Vorschriften:

Auf den ersten Blick ist in der Tat ein Widerspruch zwischen den beiden Vorschriften erkennbar. Bei genauerem Betrachten können sie jedoch weitgehendst miteinander in Einklang gebracht werden.
Wenn man die einzelnen Aufgaben des Pfarrgemeinderates näher untersucht, stellt man unschwer fest, daß sie insgesamt pastoral orientiert sind (Mitverantwortung in der Gemeinde wecken, Anregungen und Vorschläge für die Gestaltung der Gottesdienste einbringen; ökumenische Zusammenarbeit; Kontakte zu denen, die dem Gemeindeleben fernstehen, suchen...) und somit in der Tat auch PASTORALRÄTE genannt werden können, wie es dem Wortlaut des Canon 536 entspricht. Wer mit dem Pfarrer zusammen seelsorgliche (pastorale) Aufgaben in der Gemeinde erfüllt, darf den Anspruch erheben, auch Pastoralrat genannt zu werden, d. h., er ist es ipso facto, eben weil er *pastorale Aufgaben* wahrnimmt. Eine Vereinbarkeit wäre also ohne weiteres in diesem ersten Unterscheidungspunkt möglich.
Die vom neuen Codex geforderte ausschließlich beratende Funktion des Pastoralrates ist keine Beeinträchtigung der aktiven Mitwirkung des Gremiums. Im eigentlichen Sinne wird auch nichts von dem zurückgenommen, was inhaltlich bei den geltenden Statuten des Pfarrgemeinderates möglich war. Rein rechtlich gibt es dort zwar die Möglichkeit, bindende Beschlüsse zu fassen, faktisch reduziert sich seine Möglichkeit jedoch auf die Beratung, denn der Pfarrer hat in jedem Fall das Vetorecht und kann jeden Beschluß, wenn er es für notwendig hält, blockieren.
Auch in diesem zweiten „Streitpunkt" erscheint eine Vereinbarkeit möglich und realistisch.

Schwierigkeiten gibt es allerdings im dritten Punkt. Hier wäre in der Tat ein gewisses Umdenken gefordert. Dies hängt eng mit dem Selbstverständnis des Pfarrgemeinderates zusammen. Mit dem Pfarrer (er ist der Erstverantwortliche der Gemeinde) hat der Pfarrgemeinderat die Aufgabe, das pastorale Leben in der Gemeinde zu fördern und zu aktivieren. Infolge der Zusammensetzung und der auferlegten Ziele bekommt der Pfarrgemeinderat das eindeutige Gepräge eines kirchenamtlichen Organs und infolgedessen *muß* der Pfarrer den Vorsitz führen. Dieser Umstand bedeutet aber keinesfalls, daß dadurch der Pfarrgemeinderat in seinem pastoralen Eifer und Mittun eingeschränkt wird bzw. zum „Handlanger" oder „Ja-Sager" des Pfarrers wird.

Eine einfache Lösung des Problems zeichnet sich ab:

Der wohlgemeinte Versuch, beide Vorschriften miteinander zu vereinbaren, erscheint uns nicht notwendig, ja geradezu überflüssig, da beide „Räte", also der Pfarrgemeinderat und der Pfarrpastoralrat, als *unabhängige* Gremien in den Diözesen ihren wertvollen Dienst leisten können. Was wohl die oben erwähnten „Streitpunkte" ausgelöst hat, ist die ungerechtfertigte Gleichsetzung eben dieser beiden Räte. Die Pfarrgemeinderäte sind zwar auch als Pastoralräte zu verstehen, die eine beratende Funktion ausüben, sind aber zur gleichen Zeit *auch* als Organe des Laienapostolates beschlußfähig, wenngleich dieses Beschlußrecht eingeschränkt ist (Veto des Pfarrers). Im Unterschied zum Pfarrgemeinderat, dem richtigerweise ein *Laie* vorsteht, sieht Can. 536, § 1 für den Pastoralrat den *Pfarrer* als Vorsitzenden vor, denn er hat als amtlich bestellter Verantwortlicher für die gesamte Seelsorge ipso facto auch die Leitungsaufgaben in diesem Gremium zu übernehmen.
Eine einfache Lösung der gesamten Problematik scheint sich für die deutschen Diözesen abzuzeichnen und die Auseinandersetzungen darüber, ob deutsche Pfarrgemeinderäte eine neue Struktur erhalten müssen, weil nach Can. 536, § 1 nur ein Pfarrer Vorsitzender des Pastoralrates sein kann, dürften nunmehr bald vergessen sein. Es ist zunächst festzustellen, daß es – wie wir oben bereits erwähnten – dem Diözesanbischof nach Beratung mit dem Priesterrat frei steht, einen solchen Pastoralrat in den Pfarreien einzurichten. Der Pastoralrat ist also nach dem neuen, nunmehr geltenden Kirchenrecht nicht verpflichtend vorgeschrieben.
Der Diözesanbischof von Münster, Dr. Reinhard Lettmann, hat während der Herbstvollversammlung der deutschen Bischöfe (vom 19.–22. Sep-

tember 1983 in Fulda) erklärt, daß man den im neuen Codex beschriebenen Pastoralrat in der oben dargestellten Form für die Bistümer in der Bundesrepublik Deutschland zur Zeit nicht für erforderlich halte.
Wenn sich diese Aussage bestätigt, ist das gesamte Problem einfacher gelöst, als man ursprünglich annehmen konnte. Der Pfarrgemeinderat bleibt weiterhin ein vitales Organ der Mitverantwortung auf Pfarrebene mit beratender und beschließender Funktion und einem Laien als Vorsitzenden; seine Statuten sind dann auch mit dem allgemeinen Recht vereinbar, und eine Änderung dieses Partikularrechtes bezüglich des Pfarrgemeinderates braucht nicht in Erwägung gezogen zu werden. Kurzum: Die Kontroverse ist beendet, wenn die Pastoralräte in den deutschen Diözesen *nicht* eingeführt werden – was sich abzeichnet.

Vermögensverwaltungsrat einer Pfarrei

Can. 537 – In jeder Pfarrei muß ein Vermögensverwaltungsrat bestehen, der außer dem allgemeinen Recht den vom Diözesanbischof erlassenen Normen unterliegt; in ihm sollen nach den genannten Normen ausgewählte Gläubige dem Pfarrer, unbeschadet der Vorschrift des can. 532, bei der Verwaltung des Pfarrvermögens helfen.

Für jede Pfarrgemeinde ist also vom allgemeinen Kirchenrecht ein Vermögensverwaltungsrat (vgl. dazu Cann. 492–494 bezüglich eines Vermögensverwaltungsrates in einer Diözese) verbindlich vorgeschrieben. Dieser Pfarrverwaltungsrat, wie man ihn auch zu nennen pflegt, unterliegt den Bestimmungen des allgemeinen Rechts und den Normen, die der Diözesanbischof für diesen Rat festgelegt hat.
Im Pfarrverwaltungsrat befinden sich Wirtschaftsfachleute, die dem Pfarrer, der für die Vermögensverwaltung zuständig und verantwortlich ist, in wirtschaftlichen Fragen fachkundige, kompetente Hilfe geben können; in erster Linie werden Laien solche Fachkräfte sein. Auch in diesem Bereich gilt der pastorale Grundsatz, daß die Kleriker bzw. die Theologen sich in erster Linie um die Seelsorge kümmern und gerade die „weltlichen" Dinge an Laien delegieren sollen, die ohnehin aufgrund persönlicher Qualifikation in diesem Bereich geeigneter sind; für die Priester bedeutet hier die Mitarbeit der Laien eine große Entlastung und eine Entflechtung der verschiedensten Verpflichtungsbereiche.

Die Gemeinsame Synode der Bistümer in der Bundesrepublik Deutschland sieht in ihrem Beschluß „Räte und Verbände" eine gute Zusammenarbeit zwischen dem pfarrlichen Wirtschaftsverwaltungsrat und dem Pfarrgemeinderat vor: „Das für die Vermögensverwaltung zuständige Gremium entscheidet unter Berücksichtigung der pastoralen Richtlinien des Pfarrgemeinderates. Der stellvertretende Vorsitzende des für die Vermögensverwaltung zuständigen Gremiums ist amtliches Mitglied des Pfarrgemeinderates, ein Vertreter des Pfarrgemeinderates, möglichst ein Mitglied des Vorstandes, nimmt an den Sitzungen des Gremiums für die Vermögensverwaltung teil. Bei der Vorlage des Haushalts zur Genehmigung ist die Stellungnahme des Pfarrgemeinderates beizufügen"[13].
So bestehen also beide Gremien zwar selbständig nebeneinander als zwei eigenständige Organe, die jedoch eng zusammenwirken sollten.

ANMERKUNGEN

1 CD, Art. 4.
2 Vgl. Can. 377, §§ 1–3.
3 Vgl. H. Schmitz, Konsultationsorgane des Diözesanbischofs, in J. Listl/H. Müller/H. Schmitz, Handbuch, S. 354.
4 Vgl. Can. 466.
5 Vgl. H. Schmitz, Konsultationsorgane, S. 355.
6 Vgl. Can. 482, §§ 1–3.
7 PO, Art. 17; vgl. Art. 21.
8 H. Schmitz, Konsultationsorgane, S. 361.
9 Rahmenstatut für Pastoralreferenten (-innen) in den Bistümern der Bundesrepublik Deutschland vom 19. 9. 1978, in Die Deutschen Bischöfe, H. 22, S. 71–84; abgedruckt in AfkKR 147 (1978), S. 498–507.
10 Deutsche Bischofskonferenz, Erklärung zur Ordnung der pastoralen Dienste, 15. 5. 1977, in ABl Fulda (1977), S. 4–6.
11 R. Lettmann, Vom Glauben, S. 12.
12 CD, Art. 30.
13 Synode, Gesamtausgabe I, Beschluß „Verantwortung des ganzen Gottesvolkes für die Sendung der Kirche" III. 1.16.3.

Teil III Institute des geweihten Lebens und Gesellschaften des apostolischen Lebens

Aufnahme in ein Institut des geweihten Lebens (Orden)

Can. 597 – § 1. In ein Institut des geweihten Lebens kann jeder Katholik aufgenommen werden, der die rechte Absicht hat, die vom allgemeinen Recht und vom Eigenrecht geforderten Eigenschaften aufweist und dem kein Hindernis im Wege steht.
§ 2. Niemand kann ohne entsprechende Vorbereitung aufgenommen werden.

Wie wir aus früheren Erkenntnissen bereits wissen, haben alle Gläubigen ein Grundrecht darauf, Vereinigungen zu gründen, zu leiten und den gegründeten beizutreten[1]. Auch den Instituten des geweihten Lebens (Orden) und den Gesellschaften des apostolischen Lebens steht es demnach zu, sich zu Vereinigungen mit religiöser oder caritativer Zielsetzung innerhalb der Kirche zusammenzuschließen. Ja, sie nehmen unter den Vereinigungen in der Kirche insofern eine Sonderstellung ein, als sie ihre Gemeinschaften auf eine besondere Berufung zur Lebensform nach den drei evangelischen Räten – Ehelosigkeit um des Himmelreiches willen (Can. 599), Armut zur Nachahmung Jesu (Can. 600) und Gehorsam in der Nachfolge des Herrn (Can. 601) – gründen.
„Diese Lebensweise in von der zuständigen Autorität der Kirche kanonisch errichteten Instituten des geweihten Lebens übernehmen Gläubige in freier Entscheidung, die nach den eigenen Satzungen der Institute durch Gelübde oder andere heilige Bindungen sich zu den evangelischen Räten der Keuschheit, der Armut und des Gehorsams bekennen und durch die Liebe, zu der diese Räte sie hinführen, sich in besonderer Weise mit der Kirche und deren Heilswerk verbinden"[2].
Die Lebensform der evangelischen Räte, die alle Gläubigen in freier Entscheidung übernehmen können, ist nach dem II. Vat. Konzil „in Wort und Beispiel des Herrn begründet" und „eine göttliche Gabe, welche die Kirche von ihrem Herrn empfangen hat und in seiner Gnade immer bewahrt"[3].

So sagt auch das Gesetzbuch der Kirche: „Der Stand derer, die sich in solchen Instituten zu den evangelischen Räten bekennen, gehört zum Leben und zur Heiligkeit der Kirche; darum ist er von allen in der Kirche zu unterstützen und zu fördern"[4]. Es gibt Gläubige (Kleriker und Laien), die zu diesem Stand eigens von Gott berufen sind. So stellt auch das Kirchenrecht fest, daß es sowohl Kleriker als auch Laien gibt, die sich durch Gelübde oder andere heilige Bindungen in einer von der Kirche anerkannten Lebensform auf die evangelischen Räte verpflichten[5].
Neben den wertvollen Diensten, die die Vereinigungen mit christlicher Zielsetzung der Kirche anbieten, sollen die Mitglieder der Institute des geweihten Lebens durch eine besondere Gabe am fruchtbaren Leben der Kirche teilnehmen und es vor allem fördern. „Zu diesem Stand werden bestimmte Gläubige in besonderer Weise von Gott berufen, um im Leben der Kirche an der besonderen Gabe Anteil zu haben und zu deren Heilssendung gemäß Zielsetzung und Geist des Instituts beizutragen"[6].
Allerdings sind die Mitglieder der Institute des geweihten Lebens, trotz ihrer Sonderstellung aufgrund einer besonderen Berufung, keine „Elitetruppe" in der Kirche, denn *alle* Gläubigen, also auch jene außerhalb dieser Gemeinschaften, sind „zur Fülle des christlichen Lebens und zur vollkommenen Liebe berufen"[7], alle sind auch verpflichtet, nach Heiligkeit zu streben. „Alle Christgläubigen sind also zum Streben nach Heiligkeit und ihrem Stand entsprechender Vollkommenheit eingeladen und verpflichtet"[8]. Dieses geforderte Streben nach Heiligkeit ist in der Kirche in vielfältiger Weise zu verwirklichen. „In eigener Weise erscheint sie in der Übung der sogenannten evangelischen Räte. Diese von vielen Christen auf Antrieb des Heiligen Geistes privat oder in einer von der Kirche anerkannten Lebensform, einem Stand, übernommene Übung der Räte gibt in der Welt ein hervorragendes Zeugnis und Beispiel dieser Heiligkeit und muß es geben"[9].
Nach der Lehre des II. Vat. Konzils empfangen die Mitglieder der Gemeinschaften der evangelischen Räte mit der Annahme bzw. Übernahme der Gelübde in der Kirche eine besondere Weihe. „Durch die Gelübde oder andere heilige Bindungen, die jeweils in ihrer Eigenart den Gelübden ähnlich sind, verpflichtet sich der Christgläubige zu den drei genannten evangelischen Räten und gibt sich dadurch dem über alles geliebten Gott vollständig zu eigen, so daß er selbst durch einen neuen und besonderen Titel auf Gottes Dienst und Ehre hingeordnet wird. Er ist zwar durch die Taufe der Sünde gestorben und Gott geweiht. Um aber reichere Frucht aus der Taufgnade empfangen zu können, will er durch die Verpflichtung

auf die evangelischen Räte in der Kirche von den Hindernissen, die ihn von der Glut der Liebe und der Vollkommenheit der Gottesverehrung zurückhalten könnten, frei werden und wird dem göttlichen Dienst inniger geweiht. Die Weihe ist aber um so vollkommener, je mehr sie durch die Festigkeit und Beständigkeit der Bande die unlösliche Verbindung Christi mit seiner Braut, der Kirche, darstellt"[10].
Konstitutiv für diese besondere Weihe, die durch die evangelischen Räte begründet wird, sind: „der gnadenhafte Ruf Gottes zu dieser Lebensform (VatII, PC, Art. 5a), die freie Antwort des Christen in der Verpflichtung auf die evangelischen Räte (VatII, PC, Art. 5a) sowie die Entgegennahme der Verpflichtung durch die Kirche (VatII, LG, Art. 45c)"[11].
Wenn Gläubige sich für diese Lebensform entscheiden bzw. wenn sie dem Ruf Gottes auf Antrieb des Geistes Gottes folgen, bilden sie zwar einen eigenen kanonischen Stand[12], der jedoch nicht zur hierarchischen Struktur der Kirche gehört: „Der Stand, der durch das Gelöbnis der evangelischen Räte begründet wird, ist also zwar nicht Teil der hierarchischen Struktur der Kirche, gehört aber unerschütterlich zu ihrem Leben und ihrer Heiligkeit"[13].
Mit ihrer ganz besonderen Zielsetzung (z. B. Jugendarbeit, Fürsorge, Krankenpflege, Verkündigung usw.) erfüllen die Mitglieder der Institute des gottgeweihten Lebens einen wesentlichen (allerdings nicht den einzigen) Beitrag am Sendungsauftrag der Kirche. Deshalb leisten sie in der Kirche einen unverzichtbaren, wertvollen Dienst, ohne den die Gesamtkirche wie die Teilkirche ein großes Stück ärmer wäre. Sie leisten diesen Dienst in pastoraler Harmonie mit den Teilkirchen, „sie sind Ausprägungen der pneumatischen Vitalität in den Diözesen, Ausdruck dafür, daß ein Bistum in seiner Gestalt die volle Reife erlangt hat"[14].

Was die *Aufnahme* von Mitgliedern angeht, so kann jeder Katholik in ein Institut des gottgeweihten Lebens aufgenommen werden; er muß nur von der rechten Absicht geleitet sein. Ferner muß er jene (Charakter)eigenschaften aufweisen, die vom allgemeinen Recht und vom Eigenrecht des betreffenden Instituts verlangt werden; ebenso darf kein rechtliches Hindernis vorliegen, dem Institut beizutreten[15]. Eine entsprechende *Vorbereitung* (Postulat, Noviziat...) ist verpflichtend gefordert[16].

Auch können alle Katholiken, die persönlich die rechte Disposition haben und vom allgemeinen Recht her nicht behindert sind, einer *Gesellschaft des apostolischen Lebens* beitreten[17]. Diese sind trotz vieler Gemeinsamkeiten mit den Instituten des geweihten Lebens keine Ordensgemeinschaften. Sie haben ihr eigenes, spezifisches apostolisches Ziel (Jugendseelsorge, Sozialarbeit, Schule und Unterricht usw.), das sich aber auch wieder mit vielen Zielsetzungen der Ordensgemeinschaften deckt. Der eigentliche Unterschied zu den Ordensgemeinschaften besteht darin, daß die Gesellschaften des apostolischen Lebens keine kirchenamtlichen öffentlichen Gelübde haben (sine votis religiosis); sie haben meist eigene Bindungen an die evangelischen Räte.

Der wertvolle und oft spezielle, unverzichtbare Eigendienst der Ordensgemeinschaften und der Gesellschaften des apostolischen Lebens an der Kirche erfordert, daß sich alle Gläubigen mitverantwortlich fühlen und helfen, daß viele (junge) Menschen, die eine Berufung spüren, auch in der Lage sind, dieser Berufung zu folgen. Besonders angesprochen und in die Pflicht genommen sind hier die Priester, die christlichen Erzieher und die Eltern.

„Priester und christliche Erzieher sollen sich ernstlich darum bemühen, daß die Ordensberufe, sorgfältig und gewissenhaft ausgewählt, ein neues Wachstum erfahren, das den Erfordernissen der Kirche voll entspricht. Auch bei der regelmäßigen Verkündigung ist öfter auf die evangelischen Räte und den Eintritt in den Ordensstand hinzuweisen. Die Eltern sollen eine Berufung ihrer Kinder zum Ordensleben durch eine christliche Erziehung pflegen und schützen“[18].

ANMERKUNGEN

1 Vgl. AA, Art. 19; PO, Art. 8; Can. 215.
2 Can. 573, § 2.
3 LG, Art. 43.
4 Can. 574, § 1.
5 Can. 207, § 2.
6 Can. 574, § 2.
7 LG, Art. 40.
8 LG, Art. 42.
9 LG, Art. 39.
10 LG, Art. 44.
11 H. Müller, Grundfragen der Lebensgemeinschaften der evangelischen Räte, in J. Listl/H. Müller/H. Schmitz, Handbuch, S. 479.

12 Vgl. LG, Art. 39.
13 LG, Art. 44.
14 H. Socha, Das Ordensapostolat in der Teilkirche, München 1973, S. 163.
15 Vgl. Can. 597, § 1.
16 Vgl. Can. 597, § 2.
17 Vgl. H. Socha, Die Gesellschaften des apostolischen Lebens, in J. Listl/H. Müller/H. Schmitz, Handbuch, S. 519–525.
18 PC, Art. 24.

Buch III Verkündigungsdienst der Kirche

Anteil der Laien am Verkündigungsauftrag der Kirche

Can. 747 – § 1. Christus der Herr hat der Kirche das Glaubensgut anvertraut, damit sie unter dem Beistand des Heiligen Geistes die geoffenbarte Wahrheit heilig bewahrt, tiefer erforscht und treu verkündigt und auslegt; daher ist es ihre Pflicht und ihr angeborenes Recht, auch unter Einsatz der ihr eigenen sozialen Kommunikationsmittel, unabhängig von jeder menschlichen Gewalt, allen Völkern das Evangelium zu verkündigen.
§ 2. Der Kirche kommt es zu, immer und überall die sittlichen Grundsätze auch über die soziale Ordnung zu verkündigen wie auch über menschliche Dinge jedweder Art zu urteilen, insoweit die Grundrechte der menschlichen Person oder das Heil der Seelen dies erfordern.

Can. 748 – § 1. Alle Menschen sind gehalten, in den Fragen, die Gott und seine Kirche betreffen, die Wahrheit zu suchen; sie haben kraft göttlichen Gesetzes die Pflicht und das Recht, die erkannte Wahrheit anzunehmen und zu bewahren.
§ 2. Niemand hat jemals das Recht, Menschen zur Annahme des katholischen Glaubens gegen ihr Gewissen durch Zwang zu bewegen.

Can. 749 – § 1. Unfehlbarkeit im Lehramt besitzt kraft seines Amtes der Papst, wann immer er als oberster Hirt und Lehrer aller Gläubigen, dessen Aufgabe es ist, seine Brüder im Glauben zu stärken, eine Glaubens- oder Sittenlehre definitiv als verpflichtend verkündet.
§ 2. Unfehlbarkeit im Lehramt besitzt auch das Bischofskollegium, wann immer die Bischöfe, auf einem Ökumenischen Konzil versammelt, ihr Lehramt ausüben, indem sie als Lehrer und Richter über Glaube und Sitte für die ganze Kirche eine Glaubens- oder Sittenlehre definitiv als verpflichtend erklären; oder wann immer sie, über die Welt verstreut, unter Wahrung der Gemeinschaft untereinander und mit dem Nachfolger Petri, zusammen mit eben dem Papst in authentischer Lehre über Sachen des Glaubens oder der Sitte zu ein und demselben, als definitiv verpflichtenden Urteil gelangen.

§ 3. Als unfehlbar definiert ist eine Lehre nur anzusehen, wenn dies offensichtlich feststeht.

Can. 750 – Kraft göttlichen und katholischen Glaubens ist all das zu glauben, was im geschriebenen oder im überlieferten Wort Gottes als dem einen der Kirche anvertrauten Glaubensgut enthalten ist und zugleich als von Gott geoffenbart vorgelegt wird, sei es vom feierlichen Lehramt der Kirche, sei es von ihrem ordentlichen und allgemeinen Lehramt; das wird ja auch durch das gemeinsame Festhalten der Gläubigen unter der Führung des heiligen Lehramtes offenkundig gemacht; daher sind alle gehalten, diesen Glaubenswahrheiten entgegenstehende Lehren jedweder Art zu meiden.

Can. 751 – Häresie nennt man die nach Empfang der Taufe erfolgte beharrliche Leugnung einer kraft göttlichen und katholischen Glaubens zu glaubenden Wahrheit oder einen beharrlichen Zweifel an einer solchen Glaubenswahrheit; Apostasie nennt man die Ablehnung des christlichen Glaubens im ganzen; Schisma nennt man die Verweigerung der Unterordnung unter den Papst oder der Gemeinschaft mit den diesem untergebenen Gliedern der Kirche.

Can. 752 – Nicht Glaubenszustimmung, wohl aber religiöser Verstandes- und Willensgehorsam ist einer Lehre entgegenzubringen, die der Papst oder das Bischofskollegium in Glaubens- oder Sittenfragen verkündigen, wann immer sie ihr authentisches Lehramt ausüben, auch wenn sie diese Lehre nicht definitiv als verpflichtend zu verkünden beabsichtigen; die Gläubigen müssen also sorgsam meiden, was ihr nicht entspricht.

Can. 753 – Die Bischöfe, die in Gemeinschaft mit Haupt und Gliedern des Kollegiums stehen, sind, sei es als einzelne, sei es auf Bischofskonferenzen oder auf Partikularkonzilien versammelt, wenn sie auch Unfehlbarkeit in der Lehre nicht besitzen, die authentischen Künder und Lehrer des Glaubens für die ihrer Sorge anvertrauten Gläubigen; die Gläubigen sind gehalten, diesem authentischen Lehramt ihrer Bischöfe mit religiösem Gehorsam zu folgen.

Can. 754 – Alle Gläubigen sind verpflichtet, die Konstitutionen und Dekrete zu befolgen, welche die rechtmäßige Autorität der Kirche zur Vorlage einer Lehre und zur Verwerfung irriger Auffassungen erläßt, vor allem aber solche des Papstes oder des Bischofskollegiums.

Can. 755 – § 1. Aufgabe des ganzen Bischofskollegiums und besonders des Apostolischen Stuhles ist es, die ökumenische Bewegung bei den Katholiken zu pflegen und zu leiten; Ziel der ökumenischen Bewegung ist die Wiederherstellung der Einheit unter allen Christen; sie zu fördern, ist die Kirche kraft des Willens Christi gehalten.

Wir entnehmen diesen Canones grundsätzliche Bestimmungen bezüglich des prophetischen Amtes (d. h. des Lehramtes) in der Kirche, an dem das Gottesvolk in seiner Gesamtheit Anteil hat. „Das heilige Gottesvolk nimmt auch teil an dem prophetischen Amt Christi, in der Verbindung seines lebendigen Zeugnisses vor allem durch ein Leben in Glauben und Liebe, in der Darbringung des Lobesopfers an Gott als Frucht der Lippen, die seinen Namen bekennen (vgl. Hebr 13, 15). Die Gesamtheit der Gläubigen, welche die Salbung von dem Heiligen haben (vgl. 1 Joh 2, 20 u. 27), kann im Glauben nicht irren. Und diese ihre besondere Eigenschaft macht sie durch den übernatürlichen Glaubenssinn des ganzen Volkes dann kund, wenn sie ‚von den Bischöfen bis zu den letzten gläubigen Laien' ihre allgemeine Übereinstimmung in Sachen des Glaubens und der Sitten äußert. Durch jenen Glaubenssinn nämlich, der vom Geist der Wahrheit geweckt und genährt wird, hält das Gottesvolk unter der Leitung des heiligen Lehramtes, in dessen treuer Gefolgschaft es nicht mehr das Wort von Menschen, sondern wirklich das Wort Gottes empfängt (vgl. 1 Thess 2, 13), den einmal den Heiligen übergebenen Glauben (vgl. Jud 3) unverlierbar fest. Durch ihn dringt es mit rechtem Urteil immer tiefer in den Glauben ein und wendet ihn im Leben voller an"[1].

Die Kirche, die Gemeinschaft aller Gläubigen also, hat nicht nur das Recht, sondern auch die Pflicht, die vom Geist Gottes geoffenbarte Wahrheit unversehrt zu bewahren, immer tiefer zu erforschen und vor allem getreu zu verkünden und zu erklären. Die Kirche ist sich dieser Aufgabe sehr wohl bewußt und braucht keine weltliche Autorität um Erlaubnis zu bitten, überall auf der Welt die Frohe Botschaft und die entsprechenden Konsequenzen und Anwendungen dieser Botschaft allen Menschen zu verkünden, besonders wenn es um das Seelenheil der Menschen und um ihr Grundrecht auf Hören des Wortes Gottes geht.

Den Auftrag zu dieser Verkündigung erhält die Kirche von Jesus selbst; keinen derer, die an ihn glauben, hat er ausgeschlossen. *Jeder* ist also für die Verkündigung der Frohen Botschaft und für die Reinerhaltung des Glaubens mitverantwortlich, da aufgrund von Taufe und Firmung alle

Gläubigen am Lehrauftrag der Kirche teilnehmen, und zwar in Gemeinschaft und Abstimmung mit der Hierarchie.

„Christus, der große Prophet, der durch das Zeugnis seines Lebens und in Kraft seines Wortes die Herrschaft des Vaters ausgerufen hat, erfüllt bis zur vollen Offenbarung der Herrlichkeit sein prophetisches Amt nicht nur durch die Hierarchie, die in seinem Namen und in seiner Vollmacht lehrt, sondern auch durch die Laien. Sie bestellt er deshalb zu Zeugen und rüstet sie mit dem Glaubenssinn und der Gnade des Wortes aus (vgl. Apg 2, 17–18; Apk 19, 10), damit die Kraft des Evangeliums im alltäglichen Familien- und Gesellschaftsleben aufleuchte. Sie zeigen sich als Söhne der Verheißung, wenn sie stark in Glauben und Hoffnung den gegenwärtigen Augenblick auskaufen (vgl. Eph 5, 16; Kol 4, 5) und die künftige Herrlichkeit in Geduld erwarten (vgl. Röm 8, 25).

... Wie die Sakramente des Neuen Bundes, durch die das Leben und der Apostolat der Gläubigen genährt werden, einen neuen Himmel und eine neue Erde (vgl. Apk 21, 1) vorbilden, so werden die Laien gültige Verkünder des Glaubens an die zu erhoffenden Dinge (vgl. Hebr 11, 1), wenn sie mit dem Leben aus dem Glauben ohne Zögern das Bekenntnis des Glaubens verbinden. Diese Evangelisation, das heißt die Verkündigung der Botschaft Christi durch das Zeugnis des Lebens und das Wort, bekommt eine eigentümliche Prägung und besondere Wirksamkeit von da her, daß sie in den gewöhnlichen Verhältnissen der Welt erfüllt wird"[2].

Die Laien erfüllen diesen Auftrag zur Verkündigung des Wortes Gottes gleichsam „vor Ort" in der Welt durch das furchtlose Bekenntnis des Wortes und vor allem im authentischen Bekenntnis des Lebens, in Ehe und Familie, am Studien- oder Arbeitsplatz und überall dort, „wo die Kirche nur durch sie das Salz der Erde werden kann"[3].

Wir unterscheiden in der Kirche den *allgemeinen Lehrauftrag* (aller Gläubigen) von dem Auftrag der *amtlichen Lehrverkündigung,* der religiösen Gehorsam der Gläubigen fordert, was bedeutet, daß die Gläubigen verpflichtet sind, sich an amtliche Lehrschreiben (Konstitutionen und Dekrete) zu halten, mit denen der Papst oder das Bischofskollegium die kirchliche Lehre verkünden bzw. Irrlehren verurteilen. Ebenso müssen die Gläubigen dem authentischen Lehramt ihrer Bischöfe in religiösem Gehorsam folgen.

Im Bereich der amtlichen Verkündigung gibt es zunächst den Dienst des hoheitlichen Lehramtes aller Bischöfe. In ihm haben der Papst das außerordentliche, die Bischöfe das ordentliche Lehramt zu verwalten. Der Papst besitzt als oberster Hirte und Lehrer aller Gläubigen kraft Amtes die Unfehlbarkeit, wenn er in Glaubens- und Sittenlehren eine endgültig verpflichtende Entscheidung trifft; ebenso gilt dies für das Bischofskollegium, das auf einem ökumenischen Konzil (in Gemeinschaft mit dem Papst) vereint ist und in Glaubens- und Sittenfragen Endgültiges verkündet.

Die einzelnen Bischöfe auf der Erde üben ihr ordentliches Lehramt aus, wenn sie in Wahrung der Gemeinschaft untereinander und mit dem Papst authentisch in Angelegenheiten der Glaubens- und Sittenlehre in ihrer Lehre darin übereinstimmen, daß ein Lehrsatz als von Gott geoffenbart für immer verpflichtend ist.

Der soeben beschriebene Dienst des hoheitlichen Lehramtes ist nicht der einzige Bereich der authentischen Lehrverkündigung. Es können auch „andere Glieder des Gottesvolkes entweder durch Weihe und Sendung oder nur durch Sendung an dem kirchenamtlichen Dienst der Verkündigung und insoweit am Lehramt beteiligt werden"[4].

Im Rahmen unserer Untersuchung interessiert uns hier besonders die Teilhabe der Laien an der *amtlichen* Lehrverkündigung, neben der oben bereits beschriebenen Teilhabe am allgemeinen „privaten" Lehrauftrag (persönliches Glaubenszeugnis, Bekenntnis in Wort und Tat „vor Ort", religiöse Kindererziehung usw.). Auch ein Laie kann nach dem Codex an der amtlichen Lehrverkündigung durch *Sendung* teilhaben[5]. Diese Möglichkeit wird ihm in Canon 228, § 1 und Canon 759 gewährt. Wer von der zuständigen kirchlichen Autorität (Diözesanbischof) diese Sendung (= missio canonica) erhält, verkündet amtlich im Namen der Kirche. „Der darin zum Ausdruck kommende Anspruch gegenüber den Adressaten der Verkündigung verpflichtet den Sendungsträger. Umfang und Dauer des Sendungsauftrages werden aufgrund der Bereitschaft und Eignung des Laien rechtlich allein von dem die Sendung erteilenden Bischof bestimmt, doch kann ein Laie – im Rahmen des Rechtes – die kanonische Sendung zurückgeben und damit aus dem besonderen Dienst ausscheiden"[6].

Die Sendung zur Verkündigung geht von Jesus aus. Die Sendung, die Christus vom Vater erhalten hat, besteht darin, den Armen eine gute Nachricht, d. h. die Frohbotschaft, zu bringen, den Gefangenen die Entlassung zu verkünden, den Blinden das Augenlicht zu geben, um so „zu suchen und zu heilen, was verloren ist"[7]. So sollte durch Christus die durch ihn gewordene „Gnade und Wahrheit"[8] allen Menschen übermittelt werden.

Diesen Sendungsauftrag hat Christus also, wie wir sahen, von seinem Vater erhalten. Er hat ihn erfüllt und ihn darüber hinaus an seine Jünger weitergegeben. „Wie mich der Vater gesandt hat, so sende ich euch"[9]. Den vom Vater erhaltenen Sendungsauftrag gibt der Sohn also weiter an die von ihm erwählten Apostel, die dadurch Anteil erhalten an der ureigensten Berufung des Sohnes. Durch diesen Auftrag an seine Apostel lebt Christus weiter unter den Menschen in seiner Kirche. Im heilsamen Zusammenspiel des unsichtbaren Wirkens des Geistes Gottes mit dem sichtbaren Wirken der Apostel ist die Fortdauer der Sendung des Vaters an den Sohn garantiert.

„Mit der durch die apostolische Nachfolge verbürgten Fortdauer der Sendung des Herrn lebt Christus selbst in der Kirche fort und ist nicht allein durch das unsichtbare Walten des Heiligen Geistes, sondern auch im sichtbaren Wirken der von ihm auserwählten Diener das alle Glieder seines mystischen Leibes belebende und regierende Haupt"[10].

Von den Aposteln geht die Sendung auf die Bischöfe über, die mit dem Papst und den anderen Bischöfen in hierarchischer Gemeinschaft stehen müssen. Sie wiederum übertragen die Sendung zur Teilhabe an der amtlichen Verkündigung entweder an andere Träger des geistlichen Amtes oder auch an qualifizierte Laien, wobei es jedem Laien möglich ist, sich zu qualifizieren, wenn er die notwendigen Voraussetzungen dafür mitbringt.

So versucht die Kirche den Sendungsauftrag Christi zu erfüllen in dem Bewußtsein, daß sich diese Sendung auf alle Glieder beziehen muß, die einerseits dem Ruf Gottes Antwort schenken und andererseits dem eigenen Sendungsauftrag gerecht werden müssen.

Wer kraft einer Sendung das Wort verkündet, der verkünde authentisch die Lehre der Kirche. Angesprochen sind alle Menschen; sie müssen gleichsam auch angesprochen werden, weil sie alle kraft göttlichen Gesetzes verpflichtet sind und zugleich auch das Recht haben, die Wahrheit des Glaubens zu suchen und das Erkannte anzunehmen und zu bewahren. Natürlich darf man keinen Menschen zwingen, den katholischen Glauben gegen sein Gewissen anzunehmen.

Wer in der Kirche verkündet, ist natürlich auch wie alle Gläubigen verpflichtet, alles zu glauben, was im überlieferten oder geschriebenen Wort Gottes als von Gott geoffenbartes Glaubensgut vorgelegt wird, sei es vom außerordentlichen Lehramt der Kirche (Papst und Bischofskollegium) oder auch vom ordentlichen Lehramt (einzelne Bischöfe). Die Gläubigen müssen alle Irrlehren, die den Glaubenswahrheiten entgegenstehen, bekämpfen.

So sollen alle mithelfen, daß die Frohe Botschaft auf der ganzen Erde nach und nach bekannt werde. Die Kirche weiß sich in die Pflicht genommen, den Dienst am Wort in Treue und Redlichkeit zu übernehmen, und dabei muß sie eingedenk sein, daß sie das, was sie verkündet, auch selber glauben und leben muß. Alle stehen gleichsam „unter dem Wort Gottes". Alle Worte in Kirche und Welt müssen sich letztlich am Wort Gottes orientieren. Die ewigen Wahrheiten des Evangeliums müssen auf konkrete Lebenssituationen Anwendung finden[11] und sind für alle verbindlich, also nicht nur für die Hörer, auch für die Verkünder.

„So besteht das Glaubensleben der Kirche nicht in einem bloßen Gegenüber von Autorität und Gehorsam, von Über- und Unterordnung. Die Besonderheit des rechtlichen Wesens der Lehrautorität ist es, daß sie weder eine ‚Autorität *über* die Kirche' noch eine ‚Autorität *der* Kirche' ist, sondern eine ‚Autorität *in* der Kirche'; einem Glaubensurteil, sei es ein definitives oder nicht, unterliegen die Träger des hoheitlichen Lehramtes selbst, gleichsam als erste Gläubige der Kirche. Das Glaubensleben der Kirche entfaltet sich dabei in einem wechselseitigen Prozeß, der von dem Lehramt und der Gemeinschaft der Gläubigen aktiv getragen wird. Dieser Prozeß ist doppelschichtig: Einmal geht er von der amtlichen Verkündigung aus und zielt auf die Rezeption, ein andermal nimmt er von dem Glaubenssinn der Gläubigen seinen Ausgang mit dem Ziel, die Autorisierung durch das Lehramt zu finden. In der Lebenswirklichkeit der Kirche verbinden sich oft beide Linien in irgendeiner Form miteinander, denn einerseits hat es der Glaubenssinn der Gläubigen immer auch mit Elementen der amtlichen Verkündigung zu tun, schon bevor ein so entstehendes Glaubenszeugnis als durch das Lehramt autorisiert gelten kann; andererseits wird das hoheitliche Lehramt meistens dort tätig, wo bereits bestimmte theologische Ansichten oder religiöse Haltungen gleichsam von unten her gewachsen sind.

Diese wechselseitige Beziehung kann man die Communio-Struktur des Glaubenslebens der Kirche nennen. Darin sind die apostolische Autorität und die Gemeinschaft der Gläubigen in einer Weise verbunden, daß der Glaube der Kirche unter den veränderlichen Bedingungen von Raum und Zeit bewahrt und entfaltet werden kann, ohne daß das Lehramt zu einer Willkürherrschaft in Glaubenssachen entartet oder der Glaubenssinn der Gläubigen zu bloßen Modeansichten in Glaubenssachen verflacht"[12].

Wortverkündigung

Can. 759 – Die Laien sind, kraft der Taufe und der Firmung, durch ihr Wort und das Beispiel christlichen Lebens Zeugen des Evangeliums; sie können auch zur Mitarbeit mit dem Bischof und den Priestern bei der Ausübung des Dienstes am Wort berufen werden.

Can. 760 – Beim Dienst am Wort, der sich auf Schrift und Überlieferung, auf Liturgie, Lehramt und Leben der Kirche zu stützen hat, ist das Geheimnis Christi vollständig und getreu vorzulegen.

Die gesamte Kirche ist, wie wir bereits betonten, für die Verkündigung des Wortes Gottes verantwortlich. Wenn diese Aufgabe auch in erster Linie dem Papst und dem Bischofskollegium für die Gesamtkirche, sowie dem Bischof mit Hilfe der Priester und Diakone für die Teilkirche zukommt, können auch gläubige Laien zur Ausübung des Dienstes am Wort Gottes zusammen mit dem Bischof und den Priestern berufen werden.

Wie wir bereits sahen, geben auch die Laien kraft Taufe und Firmung durch das Beispiel des Wortes und das Beispiel des Lebens authentisches Zeugnis der Botschaft Christi. Am Verkündigungsdienst des Wortes haben daher also auch die Laien „ihren bedeutsamen Anteil zu erfüllen, damit sie ‚Mitarbeiter der Wahrheit' (3 Joh 8) seien. Vornehmlich in dieser Ordnung ergänzen einander das Apostolat der Laien und der Dienst der Hirten"[13].

Bei der Verkündigung des Wortes Gottes sind Vollständigkeit und Treue oberstes Gebot. Nichts darf verkürzt oder nach eigenem Gutdünken verkündet werden. Das Christusmysterium darf in keiner Weise weder von den Klerikern noch von den Laien in eine bestimmte Form gepreßt werden; es ist so zu verkünden, wie es von Christus seit Bestehen der Kirche Zeugnis geben will. „Quellen" dieses Mysteriums sind die Heilige Schrift, die Liturgie, die Tradition, das Lehramt und nicht zuletzt auch das Leben der Kirche.

Predigt und Katechese

Can. 761 – Bei der Verkündigung der christlichen Lehre sollen die verschiedenen zur Verfügung stehenden Mittel angewendet werden, besonders die Predigt und die katechetische Unterweisung, die ja immer den ersten Platz einnehmen; aber auch die Darlegung der Lehre in Schulen und Akademien, auf Konferenzen und Versammlungen jedweder Art wie auch ihre Verbreitung durch öffentliche Erklärungen der rechtmäßigen Autorität zu bestimmten Anlässen in der Presse und in anderen sozialen Kommunikationsmitteln.

Als besonders geeignete Mittel der Verkündigung gelten nach wie vor die Predigt und die Katechese. Während die Predigt vor allem an Sonn- und Feiertagen und bei persönlichen festlichen Anlässen in erster Linie für die Erwachsenen eine geeignete Möglichkeit der Verkündigung darstellt, ist besonders für die Kinder und Jugendlichen die Form der Katechese eine gute Unterweisungsmöglichkeit in der Botschaft Christi und deren Konsequenzen. Ebenso sind Schulunterricht und überhaupt Veranstaltungen in Bildungseinrichtungen gute und geeignete Möglichkeiten, Gottes Wort zu verkünden.
In der heutigen Zeit hat die Kirche aber auch noch andere Möglichkeiten der Verkündigung, um die heilsökonomische Sendung Jesu fortzusetzen. Es sind vor allem die Bereiche der Presse, des Rundfunks und des Fernsehens.
So betont auch das II. Vat. Konzil: „Bei der Verkündigung der christlichen Lehre seien sie (die Bischöfe) bemüht, die verschiedenen Mittel anzuwenden, die in der heutigen Zeit zur Verfügung stehen, und zwar zunächst die Predigt und katechetische Unterweisung, die ja immer den ersten Platz einnehmen, aber auch die Darlegung der Lehre in Schule, Akademien, Konferenzen und Versammlungen jedweder Art sowie deren Verbreitung durch öffentliche Erklärungen bei bestimmten Anlässen, durch die Presse und die verschiedenen sozialen Kommunikationsmittel, die man zur Verkündigung des Evangeliums Christi unbedingt benützen muß"[14].
Die christliche Lehre soll aber nicht nur durch die verschiedenen Publikationsorgane, sondern vor allem durch eine den Erfordernissen der Zeit angepaßte Form unter den Menschen verbreitet werden; sie hat die Möglichkeit, den Menschen bezüglich ihrer „Lebensängste und Sorgen" rich-

tungsweisende und hoffnungsvolle Antworten zu geben, die das Leben tragen können. Gerade die vielfältigen Möglichkeiten, deren sich die Kirche bei ihrem Verkündigungsauftrag bedient, zeigen deutlich die Sorge der Kirche um alle Menschen, seien sie schon im rechten Glauben oder auch noch ungläubig.

Bei allem gilt der Grundsatz, daß Wort und christliches Leben zur Einheit verschmelzen müssen. Konkret bedeutet das natürlich, daß die Sorge um die Armen, Behinderten und Schwachen nicht nur ein „guter Vorsatz" sein darf. Durch die ehrliche Sorge um deren geistliches und leibliches Wohl geschieht Verkündigung – und das nicht nur im oft angesprochenen sogenannten „Vorfeld". Das Sich-Bemühen um Arme und Schwache ist bereits „Hauptfeld" der Verkündigung, denn nichts anderes hat Christus selbst praktiziert und zum Maßstab für unser Christsein gemacht.

Wenn Verkündigung beginnt, muß christliches Leben *erfahren* worden sein mit allen seinen radikalen Konsequenzen. Ohne bewußt vollzogenes christliches Leben ist jede Wort-Verkündigung eine leere Hülse. Wort- *und* Tatverkündigung gehören unzertrennlich zusammen[15].

Laienpredigt

Can. 766 – Zur Predigt in einer Kirche oder einer Kapelle können, nach Maßgabe der Vorschriften der Bischofskonferenz und vorbehaltlich von can. 767, § 1, Laien zugelassen werden, wenn das unter bestimmten Umständen notwendig oder in Einzelfällen als nützlich angeraten ist.

Can. 767 – § 1. Unter den Formen der Predigt ragt die Homilie hervor, die Teil der Liturgie selbst ist und dem Priester oder dem Diakon vorbehalten wird; in ihr sind das Kirchenjahr hindurch aus dem heiligen Text die Glaubensgeheimnisse und die Normen für das christliche Leben darzulegen.

Wie wir bereits in Canon 761 sahen, wird die Predigt als erstrangige Verkündigungsform angesehen. Gerade in unserer oft oberflächlichen Welt ist das Wort der Predigt für viele Menschen ein neuer Orientierungspunkt im Dickicht menschlicher Probleme und Unsicherheiten.

„Predigtvollmacht" besagt, daß jemand als amtlich berufener Zeuge das Wort Gottes im Auftrag der Kirche zu verkünden eingeladen ist. Auch wenn im neuen Kirchenrecht die Verkündigung als die vordringliche Aufgabe der ordinierten Amtsträger bestehen bleibt, dürfen nach dem Wortlaut des Canon 766 auch Laien nach den Vorschriften der Bischofskonferenz zur Predigt in einer Kirche berufen werden, wobei der Predigtauftrag der Laien in jedem Fall als *Ergänzung,* nicht als *Ersetzung* der erstverantwortlichen geweihten Amtsträger zu verstehen ist[16].

Hier bieten sich viele aktuelle Möglichkeiten: Immer dann, wenn in einer Gemeinde eine konkrete Notwendigkeit besteht, daß ein Laie predigt; eine solche Not-wendigkeit kann durchaus dem Willen Gottes entsprechen und sollte von daher nicht als „Lückenbüßerei" seitens der Laien angesehen werden. Oft ergibt sich auch eine besondere Situation, in der es nicht nur notwendig, sondern geradezu nützlich ist, daß ein Laie die Predigt hält, und zwar immer dann, wenn aus einem gegebenen Anlaß ein besonderer Schwerpunkt im Rahmen der Verkündigung herausgestellt werden soll (Mission, Entwicklungshilfe, Pastoral an gefährdeten bzw. suchtkranken Menschen usw.).

Eine klare Einschränkung enthält der Canon 767 jedoch bezüglich der Homilie (= die herausragendste Form der Predigt) bei einer Eucharistiefeier. Hier ist die Homilie dem Priester oder dem Diakon vorbehalten. „Diese Reservation wird theologisch mit der Einheit von Wortverkündigung und Eucharistiefeier begründet. Die Homilie ist ein Teil der Liturgie, welcher der Amtsträger vorsteht"[17].

Diese Aussage wird auch vom II. Vat. Konzil bekräftigt: „Die Homilie, in der im Laufe des liturgischen Jahres aus dem heiligen Text die Geheimnisse des Glaubens und die Richtlinien für das christliche Leben dargelegt werden, wird als Teil der Liturgie selbst sehr empfohlen. Ganz besonders in den Messen, die an Sonntagen und gebotenen Feiertagen mit dem Volk gefeiert werden, darf man sie nicht ausfallen lassen, es sei denn, es liege ein schwerer Grund vor"[18].

Trotz dieser theologisch begründeten und einsichtigen Einschränkungen bietet die Laienpredigt im Rahmen ihrer vielen erlaubten Möglichkeiten eine große Chance für die Verkündigung, deshalb sollte sie noch mehr gefördert werden. „Die Laienpredigt stellt eine große pastorale Chance dar. Zunächst werden wir davon ausgehen müssen, daß in unserer Zeit noch verschiedene Vorurteile überwunden werden müssen: Vorurteile seitens der kirchlichen Autoritäten, besonders mancher Pfarrer, die den Laien diese *Mündigkeit* nicht zusprechen, auch wenn diese sich im beruflichen Leben, im Leben ihrer Familien, in ihrem vorbildlichen religiösen Leben hervortun. Kein Pfarrer oder Seminarist wird hier befürchten müssen, sei-

ne *Priesterrolle* werde ihm durch die stärker werdende Aktivität der Laien verdorben, es sei denn, er verstehe die Kirche immer noch als sogenannten ‚Ein-Mann-Betrieb', in dem er allein sämtliche Funktionen ausüben will und sich somit gegen die deutlichen und eindeutigen Aussagen des II. Vat. Konzils stellt"[19].
Es ist doch gerade der besondere Auftrag der Laien, „vor Ort" das Wort Gottes zu verkünden. „Jeder Christ ist ermächtigt und verpflichtet, Zeugnis zu geben von dem, was er glaubt"[20].
Bereits vor Inkrafttreten des neuen Gesetzbuches hat man bezüglich der Laienpredigt in Deutschland einen entscheidenden Vorstoß gewagt, der sich auch positiv auf den neuen CIC ausgewirkt haben dürfte.
Die deutsche Bischofskonferenz erteilte am 18. November 1970 hinsichtlich der Erlaubnis zur Laienpredigt folgende erste Regelungen: „Einem katholischen Laien, der sich aktiv am Leben einer Gemeinde beteiligt, kann unter einer besonderen Situation die Erlaubnis zum Predigen gegeben werden. Voraussetzung ist im allgemeinen eine fundierte theologische Ausbildung, die an einer Universität, Theologischen Hochschule, Höheren Fachschule durch das Diplom in der Theologie wie durch das religionsphilologische Staatsexamen, durch die Religionsprüfung als Fach- oder Volksschullehrer, ein Diplom des Instituts der Katechetik und Homiletik oder auch durch den Abschluß eines theologischen Fernkurses erworben werden kann. Unbestreitbar reichen die theologische Wissensaneignung und ein praktisches Erlernen allein nicht aus. Das Glaubenszeugnis setzt beim Verkündigen eine persönliche Einübung und eine tiefere Erfahrung im Glauben voraus. Keinesfalls darf eine wesentliche Differenz zwischen dem Leben des Predigenden und seiner Verkündigung bestehen, wenn es auch manchmal schwer ist, für diese unumgänglichen Forderungen einen eindeutigen Nachweis zu erbringen...
Die Erlaubnis wird für den Einzelfall in einer außerordentlichen Situation durch den verantwortlichen Geistlichen im Auftrag des Bischofs ausgesprochen. Die Voraussetzung für die Erteilung dieser Erlaubnis ist die Zustimmung der Dekanatskonferenz der Geistlichen oder des ständigen Dekans bzw. bischöflichen (Regional-)Großbeauftragten"[21].
Der nächste bedeutende Schritt nach dieser Regelung der Deutschen Bischofskonferenz von 1970 ist das Inkrafttreten des Beschlusses der Gemeinsamen Synode über die Beteiligung der Laien an der Verkündigung. Die Vorlage „Die Beteiligung der Laien an der Verkündigung" wurde auf der Vollversammlung der Gemeinsamen Synode der Bistümer in der Bundesrepublik Deutschland am 4. Januar 1973 angenommen. Diese Vorlage

wurde dann vom Vorsitzenden der Deutschen Bischofskonferenz dem Heiligen Stuhl zur Genehmigung vorgelegt, da einige Bestimmungen bezüglich der Beauftragung der Laien mit der Verkündigung, insbesondere innerhalb der Eucharistiefeier, über das geltende, allgemeinkirchliche Recht hinausgingen. Durch Reskript (= schriftliche Rückantwort, die auf Antrag oder Bitte von der zuständigen Behörde gegeben wird) der Kleruskongregation vom 20. 11. 1973 hat der Heilige Stuhl die Diözesanbischöfe in der Bundesrepublik Deutschland für vier Jahre ermächtigt, Laien mit dem Predigtdienst nach Maßgabe der im gleichen Reskript enthaltenen Bestimmungen zu beauftragen[22].

Die Beteiligung der Laien an der Verkündigung soll aufgrund der Anordnung der Deutschen Bischofskonferenz vom 3. März 1974 unter anderem nach folgenden Richtlinien geschehen: „Wo kein Priester oder Diakon zur Verfügung steht, können die Bischöfe Laien mit der Predigt in Wortgottesdiensten beauftragen. In außerordentlichen Fällen kann auch ein vom Bischof bestimmter Laie in der Eucharistiefeier die Predigt halten"[23]. Durch die Veröffentlichungen in den einzelnen Amtsblättern erhielt diese Vorlage Rechtskraft[24].

Inzwischen hat auch der neue Codex in Canon 766 die Berufung zur Laienpredigt für den ganzen Bereich der Lateinischen Kirche unter den oben angegebenen Bedingungen ermöglicht. Jetzt kommt es darauf an, bei den Laien den Boden noch intensiver zu bereiten für den Auftrag, das Wort Gottes zu verkünden; auch muß neben dieser Bewußtseinsbildung noch die Angst vor diesem Auftrag abgebaut werden; ebenso sind Vorurteile seitens der Kirche insgesamt zu beseitigen, denn oft kommen die entsprechenden Vorbehalte gerade aus den eigenen Reihen.

Andererseits müssen aber auch die Gläubigen einen, der aus ihrer Mitte für diesen Dienst berufen wird, als Verkündiger annehmen und akzeptieren. Wenn diese Annahme nicht geschieht, wird der Laie verunsichert und verliert den Mut, seiner Berufung zu entsprechen. Wenn eine christliche Gemeinde spürt, welche Verantwortung sie für die Verkündigung und Ausbreitung des Wortes Gottes hat, dann wird sie ohne Vorurteile diese Bestrebungen noch mehr fördern und entwickeln.

Allerdings ist zu beachten, daß durch die Bestimmungen des Can. 767 die Predigt in der Eucharistiefeier dem Priester oder Diakon vorbehalten ist. Durch diese Bestimmung wird die für den Bereich der Deutschen Bischofskonferenz mit dem Reskript (= Antwortschreiben) der Kleruskongregation vom 20. 11. 1973 „ad experimentum" gegebene (und bis zum Inkrafttreten des CIC am 27. 11. 1983 verlängerte) Erlaubnis für Laien zur Predigt in der Eucharistiefeier außer Kraft gesetzt. Die Laienpredigt im Wortgottesdienst bleibt weiterhin erlaubt, eventuell auch die Möglichkeit der Laienpredigt unmittelbar *vor* oder *nach* der Eucharistiefeier.

Verschiedene Gläubige sehen aber auch in der Möglichkeit der Beteiligung der Laien an der Verkündigung hinsichtlich der Reinerhaltung der Glaubenslehre eine große Gefahr auf sich zukommen. Auch die Synodenvorlage hat diese Gefahr gesehen, wenn sie feststellt: „Die Beteiligung von Laien an der Verkündigung im Gottesdienst ist bislang für viele Christen noch ungewohnt. Darum ist darauf zu achten, daß weder die Gemeinden noch die Priester noch die zur Mitarbeit bereiten Laien selbst durch voreilige, unvorbereitete Neuerungen überfordert werden. Die Beauftragung bestimmter Laien am Wort sollte in der Regel organisch aus ihrer bisherigen Arbeit in der Gemeinde herauswachsen... Wer an der Verkündigung im Gottesdienst teilnimmt, muß in der Gemeinde und an seinem Arbeitsplatz als Mensch und als Christ anerkannt sein"[25].

Hier werden bereits sehr wichtige Voraussetzungen dargelegt, die verhindern sollen, daß Glaubenswahrheiten falsch dargestellt werden. So kann man also abschließend zu dieser Thematik feststellen: „Wir können davon ausgehen, daß ein Prediger, der Glaubenswahrheiten zu verkünden hat, vorher theologisch bzw. katechetisch geschult worden ist und daß jeder verantwortungsbewußte Priester die Predigt der Laien vorher durchliest und korrigiert, falls er dazu eine Veranlassung sieht"[26].

Inhalte der Predigt

Can. 768 – § 1. Die Verkündiger des Wortes Gottes haben den Gläubigen vor allem darzulegen, was zur Ehre Gottes und zum Heil der Menschen zu glauben und zu tun nötig ist.

§ 2. Sie haben den Gläubigen auch die Lehre aufzuzeigen, die das Lehramt der Kirche vorträgt über die Würde und die Freiheit der menschlichen Person, über die Einheit und Festigkeit der Familie und deren Aufgaben, über die Pflichten, die den Menschen in der Gesellschaft aufgegeben sind, wie auch über die nach der gottgegebenen Ordnung zu regelnden weltlichen Angelegenheiten.

Can. 769 – Die christliche Lehre ist in einer den Zuhörern und den Erfordernissen der Zeit angepaßten Weise vorzutragen.

Mit der Beauftragung zur Laienpredigt erwächst für die betreffenden Laien auch die Mitverantwortung dafür, daß den anderen Gläubigen die Botschaft Christi unverkürzt verkündet und dargelegt bzw. ausgelegt wird. Die Thematik der Predigt ergibt sich in erster Linie aus der Heiligen Schrift und aus dem Bereich der Liturgie.
„Der Dienst der Predigt soll getreulich und recht erfüllt werden. Schöpfen soll sie vor allem aus dem Quell der Heiligen Schrift und der Liturgie, ist sie doch die Botschaft von den Wundertaten Gottes in der Geschichte des Heils, das heißt im Mysterium Christi, das allezeit in uns zugegen und am Werk ist, vor allem bei der liturgischen Feier"[27].
Die Verkündigung beinhaltet Glaubenshilfe und soll die Menschen bereiten, neben dem Glauben auch gute Werke in den Alltag mit einzubeziehen.
Gerade auch die hohe Würde jeder menschlichen Person, die Würde der alten, kranken und hilflosen Menschen sind in der Predigt immer wieder deutlich zu machen.
Die Familien, die sich oft in Zerreißproben befinden, brauchen Hilfe durch das Wort Gottes für neue Begeisterung und neuen Mut in Ehe- und Familienleben. Ein Kleriker (Diakon) oder ein Laie, der seine Ehe vorbildlich führt und im Dienst an seiner Familie offensichtlich „aufgeht", könnte hier ganz authentisch für das Ideal der Einheit und Unauflöslichkeit der Ehe Beispiel geben und auf die familiären Pflichten hinweisen, die Eltern zu erfüllen haben.
Überhaupt ergeben sich aus dem Wort Gottes in der Heiligen Schrift vielseitige Möglichkeiten der Aktualisierung auf heutige Menschen, Lebensverhältnisse und besondere Situationen des Alltags. Nicht die persönliche Meinung des Predigers ist relevant, sondern das, was Christus zu den einzelnen (oft gleichen) Lebensproblemen seiner Zeit sagte, wie er mit ihnen umging und wie er den Menschen riet, mit ihnen umzugehen.
„Ferner sollen sie (die Prediger) aufzeigen, daß selbst die irdischen Dinge und die menschlichen Einrichtungen nach dem Plan des Schöpfergottes auf das Heil der Menschen hingeordnet sind und somit zum Aufbau des Leibes Christi nicht wenig beitragen können. Sie mögen also aufzeigen, wie sehr nach der Lehre der Kirche die menschliche Person zu achten ist, mit ihrer Freiheit und auch mit ihrem leiblichen Leben; ebenso die Fami-

lie, ihre Einheit und Festigkeit sowie die Zeugung und Erziehung der Nachkommenschaft; die weltliche Gesellschaft mit ihren Gesetzen und Berufsständen; die Arbeit und die Freizeit; die Künste und die technischen Erfindungen; die Armut und der Reichtum. Schließlich sollen sie die Grundsätze darlegen, nach denen die überaus schwierigen Fragen über Besitz, Vermehrung und rechte Verteilung der materiellen Güter, über Krieg und Frieden sowie über das brüderliche Zusammenleben aller Völker zu lösen sind"[28].

Auch wenn die Lehre Christi und seine Botschaft für alle Zeiten Gültigkeit besitzt, ändern sich doch im Leben der Menschen so manche Bedingungen; oft ergeben sich neue Glaubensfragen, neue Schwierigkeiten, überhaupt neue Ausgangssituationen. Hier soll und muß die Verkündigung „mitgehen" und auf die entsprechenden Bedürfnisse der Zeit eingehen.

„Die christliche Lehre sollen sie auf eine Weise vortragen, die den Erfordernissen der Zeit angepaßt ist, das heißt, die den Schwierigkeiten und Fragen, von denen die Menschen so sehr bedrängt und geängstigt werden, entspricht. Diese Lehre sollen sie auch schützen, indem sie die Gläubigen lehren, sie zu verteidigen und auszubreiten. Bei ihrer Verkündigung sollen sie die mütterliche Sorge der Kirche um alle Menschen, seien sie gläubig oder ungläubig, unter Beweis stellen und sich mit besonderer Sorge der Armen und Schwachen annehmen; ihnen die Frohbotschaft zu verkünden, hat der Herr sie gesandt"[29].

Katechese

Can. 773 – Eine besonders den Seelsorgern eigene und schwere Pflicht ist die Sorge für die Katechese des christlichen Volkes, damit der Glaube der Gläubigen durch die Unterweisung in der Lehre und durch die Erfahrung christlichen Lebens lebendig wird, sich entfaltet und zu Taten führt.

Can. 774 – § 1. Die Sorge um die Katechese obliegt, unter der Leitung der rechtmäßigen kirchlichen Autorität, je zu ihrem Teil allen Gliedern der Kirche.

Can. 776 – Der Pfarrer hat kraft seines Amtes für die katechetische Bildung der Erwachsenen, der Jugendlichen und der Kinder zu sorgen; dazu soll er die Mitarbeit der seiner Pfarrei zugewiesenen Kleriker, von Mitgliedern der Institute des geweihten Lebens und der Gesellschaften des apostolischen Lebens, unter Berücksichtigung der Eigenart eines jeden Instituts, wie auch von Laien, besonders der Katecheten, in Anspruch nehmen; all diese dürfen sich nicht weigern, ihre Mitarbeit bereitwillig zu leisten, wenn sie nicht rechtmäßig verhindert sind. Der Pfarrer hat die Aufgabe der Eltern bei der Katechese in der Familie, von der in can. 774 § 2 die Rede ist, zu fördern und zu pflegen.

Wie wir bereits sahen, gilt die Katechese neben der Predigt als vorrangige Form der christlichen Verkündigung (vgl. Can. 761). Ihr besonderer Auftrag besteht darin, durch regelmäßige, praktische Unterweisungen den Glauben der (jungen) Menschen zu festigen und für das tägliche Leben brauchbar, d. h. anwendbar, zu machen.
„Die katechetische Unterweisung trachtet danach, daß in den Menschen der Glaube, durch die Lehre erleuchtet, lebendig wird, sich entfaltet und zu Taten führt. Die Bischöfe sollen darüber wachen, daß dieser Unterricht sowohl den Kindern und Heranwachsenden als auch den Jugendlichen und ebenso den Erwachsenen mit Eifer und Sorgfalt erteilt wird"[30].
Wie Canon 211 deutlich betont, ist der Dienst am Wort Gottes für alle Gläubigen in der Kirche eine Verpflichtung, der sie sich nicht entziehen können. Jeder hat in seinem Lebensbereich dafür Verantwortung zu tragen, daß der Glaube durch Wort und praktiziertes christliches Leben erfahren werden kann und somit auch praktizierbar wird.
Konkret heißt das, daß durch die Katechese die praktische religiöse Erziehung ihr theoretisches Fundament findet. Theorie *und* Praxis sind also gefordert. Die Katechese soll zur praktischen Religiosität, zu einer Grundentscheidung für Gott und zu einem Leben nach seinem Willen führen. Nur so kann christliche Erziehung, auf die der junge Mensch ein Anrecht hat, ganzheitlich gelingen.
Die Vermittlung von Lehrsätzen und religiösem Wissen allein reicht also nicht aus; der ganze Mensch wird beansprucht und gefordert. Daraus wird schon ersichtlich, daß Seelsorger und Religionslehrer diese Aufgabe *allein* nicht bewältigen können. Nur durch Katechesen im Gottesdienst und schulischen Religionsunterricht kann das Ziel religiöser Erziehung nicht erreicht werden. Glaube bedeutet mehr als die Anerkennung religiöser Grundwahrheiten! Glaube bedeutet Engagement des ganzen Menschen! Hier bedarf es neben der zweifelsohne wesentlichen Glaubensin-

formation auch noch der Über-zeugung von Glaubensgut und Glaubenshaltung.
Der besonderen Verpflichtung zur Glaubensvermittlung und zum Glaubenszeugnis kommt gerade in unserer Zeit ein bedenkenswertes Phänomen entgegen. Im Chaos vieler Ideen und Ideologien, die besonders den jungen Menschen oft verwirren, ist ein echtes Interesse an Meditation und ein unüberhörbares Fragen nach dem tieferen Sinn des Lebens entstanden. In die Pflicht der religiösen Erziehung genommen sind also *alle* Glieder der Kirche, auch die Laien. Nur der christliche Erzieher kann letztlich die vielen Lebensfragen befriedigend beantworten. Allerdings gelingt ihm das nur, wenn er selbst von diesem Lebenssinn überzeugt ist und bereit ist, ihn immer wieder neu zu suchen.
Was die Seelsorger angeht, muß man feststellen, daß gerade die Katechese (neben der Predigt) zu ihren ureigensten Aufgaben gehört. In einer Zeit zunehmender Aktualität und Wertschätzung anderer Religionen und der Sekten, dürfen der Katechet und der Seelsorger in ihrer Katechese niemals den Wahrheitsanspruch des Christentums aufgeben. Nur die Kirche Jesu Christi ist nach unserem Glauben die wahre Kirche. Und das ist sie nicht, weil *wir* das so meinen oder weil wir gerade das Glück haben, zu ihr zu gehören, sondern sie ist es, weil Christus das so gesagt und gewollt hat.
So bekräftigt auch das II. Vat. Konzil: „Diese einzige wahre Religion, so glauben wir, ist verwirklicht in der katholischen, apostolischen Kirche, die von Jesus dem Herrn den Auftrag erhalten hat, sie unter allen Menschen zu verbreiten. Er sprach ja zu den Aposteln: ‚Gehet hin und lehret alle Völker, taufet sie im Namen des Vaters und des Sohnes und des Heiligen Geistes, und lehret sie alles halten, was ich euch geboten habe‘ (Mt 28, 19–20). Alle Menschen sind ihrerseits verpflichtet, die Wahrheit, besonders in dem, was Gott und seine Kirche angeht, zu suchen und die erkannte Wahrheit aufzunehmen und zu bewahren“[31].
Auch für den Seelsorger ist neben der Glaubensvermittlung das Beispiel seines vorgelebten Glaubens unersetzlich. „Weil ich glaube, rede ich“[32]. Unter den Seelsorgern ist der Pfarrer kraft seines Amtes verpflichtet, für die religiöse Führung und Bekehrung seiner Gemeinde Sorge zu tragen. Auch wenn *alle* berufen sind, ihm dabei zu helfen, ist *er* doch der Erstverantwortliche. Neben den einzelnen Gruppen, die er besonders zur Mithilfe heranziehen kann (andere Priester, Ordensleute, auch jene, die sich besonders im Bereich der Katechese engagieren und als Fachleute gelten), sollte er auch besonders auf die *Laien* in seiner Gemeinde zugehen und

sie nicht nur um ihren wertvollen Rat, sondern auch um ihre theoretische und praktische Mithilfe ersuchen. Viele Laien sind sicher gerne dazu bereit, wenn sie entsprechend motiviert und begeistert werden.
Hier sind natürlich besonders (aber nicht ausschließlich) die Religionslehrer und alle im pastoralen Dienst tätigen Laien angesprochen. Das katechetische Bemühen der Laien, besonders der Eltern, der Paten und Angehörigen wird ein eifriger Priester mit seiner ganzen Hilfsbereitschaft und seiner ganzen Kraft und pastoralen Liebe begleiten. Nur wenn jeder aktiv mittut und die religiöse Erziehung nicht fremden, unchristlichen Erziehern überlassen wird, kann sich in der Kirche immer mehr christliches Leben entfalten und ausbreiten.

Verkündigungsauftrag der Eltern

Can. 774 – § 2. Vor allen übrigen sind die Eltern verpflichtet, durch Wort und Beispiel ihre Kinder im Glauben und in der Praxis christlichen Lebens zu bilden; in gleicher Weise sind dazu diejenigen verpflichtet, welche die Stelle der Eltern einnehmen, und die Paten.

Wir sprachen bereits von der Familie als Hauskirche[33]. Der heilige Johannes Chrysostomos hat uns gegen Ende des vierten Jahrhunderts den Begriff von der Hauskirche vermittelt: „Wenn ihr heimkommt, so deckt nicht nur den irdischen, sondern auch den geistigen Tisch. Der Mann soll von dem erzählen, was hier gesagt wurde. Die Frau soll aufpassen, die Kinder sollen es lernen und auch die Hausgenossen, und so werde ein Haus zur Kirche"[34].
Auch das II. Vat. Konzil nennt die Familie eine Hauskirche, in der die Eltern „durch Wort und Beispiel für ihre Kinder die ersten Glaubensboten sein sollen"[35]. In der Tat wissen wir aus der Pädagogik, daß gerade in den ersten Lebensjahren die religiösen und sittlichen Fundamente für die meisten Menschen gelegt werden. Hieraus erkennen wir deutlich – wie oben in Canon 226, § 2 bereits angedeutet –, wie unverantwortlich und absurd die These mancher Eltern und Erzieher von der Selbstentscheidung des Kindes bezüglich der Religion ist.
Auf diesem Hintergrund versteht es sich von selbst, daß der Codex vor allem die Eltern verpflichtet, ihre Kinder durch Wort und Beispiel im Glauben zu erziehen, zu führen und zu begleiten. Noch bevor die Seelsorger

und Katecheten (Religionslehrer) die Kinder religiös beeinflussen können, muß im Elternhaus bereits die Grundlage gelegt sein, auf der dann weiter aufgebaut werden kann und soll.

Die Eltern sind nach dem Kirchenrecht verpflichtet, durch Wort und Beispiel ihre Kinder im Glauben so zu erziehen, daß dieser Glaube sich auch im Alltag bewährt und Früchte bringt. Damit den Eltern das gelingt, müssen sie selbst „haben", was sie weitergeben sollen, d. h., die Eltern müssen zunächst die Glaubensinhalte kennen und im eigenen Leben zu praktizieren versuchen. Sie müssen den Glauben *leben.* Gerade Kinder und Jugendliche sind gute Beobachter! Dort, wo Wort und Leben auseinanderklaffen, kann die christliche Botschaft nicht überzeugen, hingegen können die Eltern durch ihr persönliches aufrichtiges Verhalten wirklich erziehen. Dieses Verhalten wird der junge Mensch nachahmen, und ohne daß er durch viele Worte bevormundet wird, kann er seine religiöse Lebensentscheidung für die Nachfolge treffen.

Wer im Bereich der religiösen Erziehung die Stelle der Eltern einnimmt (Paten, Heimerzieher), hat die gleiche schwere Verpflichtung zur christlichen Erziehung, wie sie den Eltern in diesem Canon vorgeschrieben ist. Auch unter solchen Umständen muß das Gelingen der religiösen Erziehung eine echte Chance haben. Wenn man davon ausgehen muß, daß viele Kinder und Jugendliche im Heim nicht an einen „guten Vater" im Himmel glauben können, weil sie diesen „guten Vater" nicht in der Familie erleben durften, so ist es doch eine Erfahrung aus dem Bereich der Heimerziehung, daß auch der religiöse Erzieher, der, so gut das eben möglich ist, seine Güte und Liebe und auch seinen Glauben mit-teilt, d. h. *mit* den Kindern und Jugendlichen *teilt,* ein positives lebendiges Gottesbild vermitteln kann.

Wer als Grundprinzip seiner Erziehungsarbeit „Vernunft, Religion und Liebe" (Don Bosco) verkündet, hat eine gute Chance, Kinder und Jugendliche für Gott (neu) zu begeistern, auch wenn in vielen Fällen erst einmal ein religiöses Fundament gelegt werden muß. Dieses Begeistern meint doch die Verpflichtung, die Eltern, Paten und Erzieher übernommen haben und die Canon 774, § 2 auch von ihnen verbindlich verlangt.

Missionsauftrag

Can. 781 – Die ganze Kirche ist ihrer Natur nach missionarisch, und das Werk der Evangelisierung ist als grundlegende Aufgabe des Volkes Gottes anzusehen; daher haben alle Gläubigen, im Wissen um die ihnen eigene Verantwortung, ihren Teil zur Missionsarbeit beizutragen.

Die theologische Grundlegung dieses Kanons ist im II. Vat. Konzil wie folgt ausgedrückt: „Die pilgernde Kirche ist ihrem Wesen nach ‚missionarisch' (d. h. als Gesandte unterwegs), da sie selbst ihren Ursprung aus der Sendung des Sohnes und der Sendung des Heiligen Geistes herleitet gemäß dem Plan Gottes des Vaters"[36].
So ist die Kirche mit ihren Gliedern, den Gläubigen, unterwegs, um die Treuen zu bestärken und um die Suchenden und Irrenden neu zu begeistern bzw. neu zu gewinnen. Niemand „hat" den Glauben. Er ist kein statischer Besitz, sondern ein ständiger dynamischer Neubeginn. Die Missionspflicht der Kirche besagt einerseits, daß „Mission Grundfunktion der christlichen Gemeinde ist"[37], also eine Aktivität, ein Engagement; und auf der anderen Seite bedeutet sie Offenheit für den missionarischen Dienst der Glieder des Gottesvolkes, d. h., Bereitschaft, diesen Dienst anzunehmen, um die Botschaft Jesu im eigenen Leben zu realisieren.
Kraft empfangener Taufe und Firmung sind alle Gläubigen dem missionarischen Einsatz verpflichtet: „Als Glieder des lebendigen Christus, durch Taufe, Firmung und Eucharistie ihm eingegliedert und gleichgestaltet, ist allen Gläubigen die Pflicht auferlegt, an der Entfaltung und an dem Wachstum seines Leibes mitzuwirken, damit dieser so bald wie möglich zur Vollgestalt gelange (Eph 4,13)"[38].
Im lebendigen Verantwortungsbewußtsein für alle Menschen sind die Gläubigen aufgefordert, sich für das Werk der Evangelisierung (d. h. der Ausbreitung des Glaubens) einzusetzen, und zwar – wie gesagt – in Gemeinschaft aller Gläubigen: „Da der missionarische Dienst der Kirche selbstverständlicher Ausdruck christlichen Glaubens ist, kann er nicht als eine Aufgabe verstanden werden, die nur von Spezialisten erfüllt und von ‚Missionsfreunden' unterstützt wird. Die Kirche – somit jeder einzelne Christ – existiert nicht für sich selbst. Sie sind um der Welt und ihres Heils willen von Gott berufen und gesandt. Eine Gemeinde oder ein Christ, die sich nicht an dieser Sendung beteiligen, leben im Widerspruch zum Wesen der Kirche"[39].

Wie Erziehung geschieht auch Evangelisierung in erster Linie durch ein bewußtes christliches Leben, das durch die *Praxis* ergänzt, was mittels Verkündigung allein oft zu theoretisch erscheint.
Auch wenn alle in der Kirche verpflichtet sind, missionarisch tätig zu sein, so gibt es doch unterschiedliche Aufgabenbereiche im Rahmen dieser Missionsarbeit: „Da die Christgläubigen verschiedenartige Gnadengeschenke haben (vgl. Röm 12,6), soll ein jeder nach Gelegenheit, Fähigkeit, Gnadengabe und Amt (vgl. 1 Kor 3,10) am Evangelium mitwirken; alle, die säen und ernten (vgl. Joh 4,37), die pflanzen und begießen, sollen eins sein (vgl. 1 Kor 3,8), damit sie ‚auf dasselbe Ziel hin sich frei und in geordneter Weise zusammentun' (vgl. LG, Art. 18) und eines Sinnes ihre Kräfte einsetzen zur Auferbauung der Kirche"[40].
Was nun speziell die Laien betrifft, so wissen wir um ihre besondere Verantwortung aus Canon 225, § 1 und Canon 759. Sie haben die Pflicht, durch ihr Wort und durch ihr gelebtes Beispiel das christliche Leben zu bezeugen, und zwar überall dort, wo sie leben, und insbesondere dort, wo die Kirche eben nur durch sie anwesend und sichtbar sein kann. „Die Laien wirken am Evangelisierungswerk der Kirche mit und haben als Zeugen ebenso wie als lebendige Werkzeuge Anteil an ihrer heilbringenden Sendung, besonders wenn sie, von Gott berufen, durch die Bischöfe zu diesem Werk herangezogen werden"[41].

Laien als Missionare

Can. 784 – Zu Missionaren, d. h. zu solchen, die von der zuständigen kirchlichen Autorität zur Missionsarbeit ausgesandt werden, können Einheimische oder Nichteinheimische bestellt werden, und zwar Weltkleriker oder Mitglieder von Instituten des geweihten Lebens oder von Gesellschaften des apostolischen Lebens oder andere Laien.

Can. 785 – § 1. Zur Missionsarbeit sind Katechisten hinzuzuziehen, Laien nämlich, die gebührend ausgebildet sind und durch ein christliches Leben hervorragen, die sich unter der Leitung eines Missionars der Darlegung der Lehre des Evangeliums und der Ordnung von liturgischen Feiern und von Werken der Caritas widmen.
§ 2. Die Katechisten sind in dazu bestimmten Schulen oder, wo diese fehlen, unter der Leitung von Missionaren auszubilden.

Nicht nur Weltpriester, Ordensangehörige oder Mitglieder von Gesellschaften des apostolischen Lebens können für die Missionsarbeit ausgesandt und als Missionare bezeichnet werden, die zuständigen kirchlichen Autoritäten können auch Laien diesen Auftrag erteilen. Alle Gläubigen sind verantwortliche Träger der Missionsarbeit. Wenn auch in den klassischen Missionsgebieten noch viele auswärtige Missionare die Verantwortung haben, wird doch immer deutlicher, daß auf die wertvolle Mitarbeit einheimischer Missionare nicht verzichtet werden kann. Ja, gerade die einheimischen Missionare verstehen es, die Glaubensverkündigung mit den Eigenwerten und Kulturen der betreffenden Völker zu verbinden. Nur so kann es gelingen, das kirchliche Leben als „Zeichen der Gegenwart Gottes in der Welt"[42] zu verstehen.
Bei der Missionstätigkeit kommt den Laien insofern eine große Bedeutung zu, als die *Katechisten* die wichtigsten Mitarbeiter der Priestermissionare sind. Gerade ihre oft spezielle und praktische Fachkompetenz, verbunden mit einer entsprechenden guten theologischen Ausbildung und einem überzeugten christlichen Lebenswandel machen sie zu unverzichtbaren Helfern im Rahmen der weltweiten Missionsarbeit.
„Ebenso verdient die Schar der Katechisten Anerkennung, Männer wie Frauen, die so große Verdienste um das Werk der Heidenmission haben. Erfüllt von apostolischer Gesinnung, leisten sie mit vielen Mühen ihren einzigartigen und unersetzlichen Beitrag zur Verbreitung des Glaubens und der Kirche.
Das Amt der Katechisten hat in unseren Tagen, da es für die Glaubensunterweisung solcher Massen und den Seelsorgedienst nur wenige Kleriker gibt, allergrößte Bedeutung. Deshalb muß ihre Ausbildung so vervollkommnet und dem kulturellen Fortschritt angepaßt werden, daß sie ihr Amt, das durch neue und ausgedehntere Aufgaben erschwert wird, als fähige Mitarbeiter der Priester möglichst gut ausüben können"[43].
Auch für die Missionare ist es wesentlich, daß sie das Zeugnis ihres Wortes mit dem Zeugnis ihres Lebens verbinden, d. h., sie müssen das, was sie verkünden, auch selber leben. „Denn alle Christgläubigen, wo immer sie leben, müssen durch das Beispiel ihres Lebens und durch das Zeugnis des Wortes den neuen Menschen, den sie durch die Taufe angezogen haben, und die Kraft des Heiligen Geistes, der sie durch die Firmung gestärkt hat, so offenbaren, daß die anderen Menschen ihre guten Werke sehen, den Vater preisen (vgl. Mt 5, 16) und an ihnen den wahren Sinn des menschlichen Lebens und das alle umfassende Band der menschlichen Gemeinschaft vollkommener wahrnehmen können"[44].

Das Glaubensgespräch mit den Nichtchristen ist nur ein Teil der Missionsarbeit; die praktischen Werke der Nächstenliebe dürfen als wesentlicher weiterer Teil nicht vernachlässigt werden. „Die Anwesenheit der Christen in den menschlichen Gemeinschaften muß von jener Liebe beseelt sein, mit der Gott uns geliebt hat, der will, daß wir einander mit derselben Liebe begegnen (vgl. 1 Joh 4,11). Die christliche Liebe erstreckt sich auf alle, ohne Unterschied von Rasse, gesellschaftlicher Stufe oder Religion; sie erwartet nicht Gewinn oder Dankbarkeit; denn wie Gott sich uns mit ungeschuldeter Liebe zugewandt hat, so sind auch die Gläubigen in ihrer Liebe auf den Menschen selbst bedacht und lieben ihn mit der gleichen Zuwendung, mit der Gott den Menschen gesucht hat"[45].
Ein gefährlicher Feind jeder Missionsarbeit ist der Zwang. Die große Würde des Menschen und das Bekenntnis der Kirche zur Religionsfreiheit legen heute dem missionarischen Übereifer die gebotene Zurückhaltung nahe. Die Nichtglaubenden sollen in keiner Weise bevormundet oder gar geistig überrumpelt werden, sondern zu einer persönlichen, kritischen Einstellung und *freien* Nachfolge ermutigt und geführt werden.
Ein Bewerber muß seine eventuelle Entscheidung für den Glauben und für den Empfang der Taufe in voller Freiheit treffen können. Auch wenn man davon überzeugt sein muß, „daß Gott in Jesus Christus das Heil aller Menschen will"[46], sollen die Missionare ihren pastoralen Eifer klug einsetzen, steuern und jeweils mit der konkreten, vorgegebenen Situation abstimmen, ohne sich dabei in eine Position der Neutralität zu begeben.
Die Bereitschaft, sich am Missionsauftrag zu beteiligen, ist gerade unter jugendlichen Laien gewachsen; ihr Idealismus soll gestärkt und von der kirchlichen Autorität mitgetragen und gefördert werden.

Katholische Erziehung

Can. 793 – § 1. Die Eltern und diejenigen, die ihre Stelle einnehmen, haben die Pflicht und das Recht, ihre Kinder zu erziehen; katholische Eltern haben auch die Pflicht und das Recht, die Mittel und Einrichtungen zu wählen, mit denen sie je nach den örtlichen Verhältnissen besser für die katholische Erziehung ihrer Kinder sorgen können.
§ 2. Die Eltern haben auch das Recht, jene von der weltlichen Gesellschaft zu leistenden Hilfen zu nutzen, die sie für die katholische Erziehung ihrer Kinder benötigen.

Can. 794 – § 1. In besonderer Weise kommt der Kirche Pflicht und Recht zur Erziehung zu; denn ihr ist es von Gott aufgetragen, den Menschen zu helfen, daß sie zur Fülle des christlichen Lebens zu gelangen vermögen.
§ 2. Pflicht der Seelsorger ist es, alles zu tun, damit alle Gläubigen eine katholische Erziehung erhalten.

Can. 795 – Wahre Erziehung muß die umfassende Bildung der menschlichen Person in Hinordnung auf ihr letztes Ziel und zugleich auf das Gemeinwohl der Gesellschaft anstreben; daher sind die Kinder und die Jugendlichen so zu bilden, daß sie ihre körperlichen, moralischen und geistigen Anlagen harmonisch zu entfalten vermögen, tieferes Verantwortungsbewußtsein und den rechten Gebrauch der Freiheit erwerben und befähigt werden, am sozialen Leben aktiv teilzunehmen.

Bezüglich der Pflicht und des Rechts der Eltern, ihre Kinder zu erziehen, haben wir bereits oben ausführlich unsere Überlegungen und Anregungen dargelegt (Cann. 226, § 2; 774, § 2). Wir wollen im Folgenden besonders jene Organisationen untersuchen, die den Eltern bei der Erziehung helfen bzw. dieselbe weiterführen und vertiefen.
Erziehung geschieht ja nicht nur in *einer* Lebensphase, wenn auch die ersten Lebensjahre die entscheidendsten und prägendsten sind.
Rechtmäßig beginnt die Erziehung im Elternhaus, in der Familie. Es ist ein unveräußerliches Recht und eine ernstzunehmende Pflicht der Eltern (Can. 226, § 2), die Erziehung ihrer Kinder wahrzunehmen. Katholische Eltern haben zudem noch die Verpflichtung und auch die Berechtigung, ihre Kinder katholisch zu erziehen und solche Schulen, Mittel und Einrichtungen auszuwählen, die der katholischen Erziehung positiv gegenüberstehen und sie auch gewährleisten, damit eine ungestörte wertorientierte Entfaltung des jungen Menschen ermöglicht wird, die religiöse Komponente natürlich mit eingeschlossen. Nur so ist gewährleistet, daß der Mensch seine volle persönliche Reife erlangt und mit dieser „gleichzeitig in die Erkenntnis des Heilsmysteriums und in das Leben eingeführt wird"[47].
Natürlich sind die Eltern allein nicht in der Lage, diesem Anspruch gerecht zu werden. Da jeder Mensch auch in die Gemeinschaft des Staates eingegliedert ist und ihm dient, indem er für das allgemeine Wohl der Gemeinschaft seinen unverzichtbaren Beitrag leistet, haben die erziehungsberechtigten Eltern bzw. deren legitime Vertreter das Recht, von

der Gesellschaft jene Hilfen zu erwarten, die sie für die katholische Erziehung ihrer Kinder benötigen.

Auch die Kirche hat bezüglich der religiösen Erziehung eine große Verantwortung; nur sie hat – wie keine andere Gemeinschaft sonst – die Möglichkeit, die (jungen) Menschen zur Fülle der christlichen Reife zu führen in aller Offenheit und Freiheit. „Offenheit ist etwas anderes als totale Unverbindlichkeit; Offenheit ist etwas anderes als in Willkür ausgeartete, falsch verstandene Freiheit. Offensein heißt: Einengung, Blockierung und Unterdrückung durchbrechen. Offensein heißt fähig und bereit sein, sich angstfrei auf Neues einzulassen, Unbekanntes zu wagen und herkömmlich Vertrautes in Frage zu stellen und um neuer, ungeahnter Möglichkeiten willen sogar aufzugeben. Offenheit im christlichen Sinn heißt aber auch: Das Christentum ist keine Angelegenheit der Enge, der Sparsamkeit, sondern der Fülle des Lebens, so wie es im Johannesevangelium von Jesus heißt: Dazu bin ich in die Welt gekommen, daß sie das Leben haben und es in Fülle haben"[48].

Nur im Klima einer solchen Offenheit können junge Menschen so geformt werden, daß sie ihre körperlichen, sittlichen und geistigen Anlagen entfalten können und schließlich zu jener Freiheit gelangen, die den Kindern Gottes eigen ist[49], die frei ist von verkehrten Abhängigkeiten und auch frei ist von Orientierungslosigkeit.

Eltern, Seelsorger und überhaupt alle, die in der Erziehung tätig sind, sollten sich daher sehr bemühen, daß der christlichen Erziehung der Kinder und Jugendlichen nichts im Wege steht. Ja, die kirchlichen Amtsträger haben die Pflicht, dafür zu sorgen, daß diese Forderung durchgesetzt werden kann. Alle Mittel, die diesem Ziel dienen, dürfen und müssen ausgeschöpft werden.

Wir werden im Folgenden nun etwas ausführlicher jene Organisationen und Bildungsmittel untersuchen, die den Eltern bei der Durchführung ihrer Erziehungsaufgabe helfen. Es sind die Schulen, die katholischen Universitäten und andere Hochschuleinrichtungen und schließlich die kirchlichen Universitäten und Fakultäten. Weil diese Einrichtungen alle dem gleichen Ziel dienen, sollen sie von den Eltern und Erziehungsverantwortlichen entsprechend geschätzt werden.

Schule und Unterricht

Can. 796 – § 1. Unter den Mitteln zum Ausbau der Erziehung sollen die Gläubigen die Schulen hochschätzen; sie leisten ja den Eltern bei der Erfüllung ihrer Erziehungsaufgabe eine vorzügliche Hilfe.
§ 2. Mit den Lehrern der Schulen, denen sie ihre Kinder zur Erziehung anvertrauen, sollen die Eltern eng zusammenarbeiten; aber auch die Lehrer sollen bei der Ausführung ihrer Aufgabe eng mit den Eltern zusammenarbeiten; sie haben sie daher bereitwillig anzuhören, sollen Elternvereinigungen oder Elternversammlungen einrichten und hochschätzen.

Can. 797 – Die Eltern müssen in der Wahl der Schule wirklich frei sein; daher müssen die Gläubigen darum besorgt sein, daß die weltliche Gesellschaft den Eltern diese Freiheit zuerkennt und sie unter Wahrung der austeilenden Gerechtigkeit auch durch Zuweisung entsprechender Mittel schützt.

Can. 798 – Die Eltern sollen ihre Kinder jenen Schulen anvertrauen, in denen für die katholische Erziehung gesorgt wird; wenn sie das nicht können, sind sie verpflichtet, dafür zu sorgen, daß deren erforderliche katholische Erziehung außerhalb der Schule geschieht.

Can. 799 – Die Gläubigen haben sich zu bemühen, daß in der weltlichen Gesellschaft die Gesetze über die Bildung der Jugendlichen auch deren religiöse und sittliche Erziehung nach dem Gewissen der Eltern in den Schulen selbst vorsehen.

Can. 800 – § 1. Die Kirche hat das Recht, Schulen jedweden Wissenszweiges, jedweder Art und Stufe zu gründen und zu leiten.
§ 2. Die Gläubigen haben die katholischen Schulen zu fördern, indem sie nach Kräften zu ihrer Gründung und Erhaltung beitragen.

Can. 804 – § 2. Der Ortsordinarius hat darum bemüht zu sein, daß sich diejenigen, die zu Religionslehrern in den Schulen, auch den nichtkatholischen, bestellt werden sollen, durch Rechtgläubigkeit, durch das Zeugnis christlichen Lebens und durch pädagogisches Geschick auszeichnen.

Can. 805 – Der Ortsordinarius hat für seine Diözese das Recht, die Religionslehrer zu ernennen bzw. zu approbieren und sie, wenn es aus religiösen oder sittlichen Gründen erforderlich ist, abzuberufen bzw. ihre Abberufung zu fordern.

Can. 806 – § 2. Die Leiter der katholischen Schulen haben unter der Aufsicht des Ortsordinarius dafür zu sorgen, daß die Ausbildung, die in ihnen, wenigstens auf gleicher Höhe wie in den anderen Schulen der Region, vermittelt wird, in wissenschaftlicher Hinsicht hervorragend ist.

Die Schule ist also jene Institution, die den Eltern bei ihrer Erziehungsaufgabe bedeutende und unverzichtbare Hilfe leistet. Die enge Zusammenarbeit mit den Lehrern besteht darin, daß die Eltern den Dialog mit ihnen pflegen und daß sie deren Bemühen in Schule und Unterricht zu Hause ergänzen.

Aber auch die Lehrer sind gehalten, mit den Eltern zusammenzuarbeiten. Besonders bei den Begegnungen zwischen Eltern und Lehrern können Unklarheiten und Spannungen abgebaut werden.

Nur in einer guten Harmonie zwischen Schule und Elternhaus ist eine umfassende Persönlichkeitsbildung gewährleistet, auf die der junge Mensch ein unumstrittenes Anrecht hat.

Was die Schule ganz allgemein betrifft, so fordert das Kirchenrecht für die Eltern uneingeschränkte Wahlfreiheit bei der Auswahl der geeigneten Schule für ihre Kinder. Aus diesem Grund werden die Gläubigen (d. h. die Eltern, Erzieher und Kleriker) ermahnt, sich dafür zu verwenden, daß diese Freiheit auch vom Staat anerkannt wird und daß er ausreichende Mittel zur Verfügung stellt, die eine echte Wahlmöglichkeit gewährleisten. Schließlich sollte es den katholischen Eltern nicht gleichgültig sein, ob ihre Kinder eine sogenannte „öffentliche" oder aber eine katholische Schule besuchen.

Die Wahlfreiheit wird auch dadurch besonders gefördert, daß die Geldmittel gerecht und nicht zugunsten des einen oder anderen Schultypus ungerecht verteilt werden.

Auch die katholische Kirche selbst darf – wie der Staat – die Wahlfreiheit der Auswahl der Schule nicht beeinträchtigen. So spricht auch die Kirche keine absolute Verpflichtung aus, sich für diesen oder jenen Schultypus zu entscheiden. Natürlich bevorzugt die katholische Kirche den Besuch katholischer Schulen bzw. Schulen mit katholischer Erziehung und legt den Eltern nahe, sich für die katholische Schulbildung ihrer Kinder zu entscheiden, und erwartet, daß die Eltern diesem Wunsch entsprechen.

Can. 798 verlangt allerdings, daß im Falle der Entscheidung (aus welchen Gründen auch immer) gegen die katholische Schule, die erforderliche katholische Erziehung außerhalb der Schule durchgeführt wird. Verzichten kann und will die Kirche nicht auf die katholische Erziehung. Sie ist in den meisten Ländern der Bundesrepublik Deutschland unter anderem durch das Angebot des Religionsunterrichts gewährleistet; er gilt (mit Ausnahme der bekenntnisfreien Schulen) als ordentliches Lehrfach, von dem sich jedoch der einzelne Schüler abmelden kann, und zwar auch ohne Begründung; dadurch wird jedem einzelnen die Gewissensfreiheit zugestanden.

Was insgesamt die Ausbildung der jungen Menschen angeht, sollen die Gläubigen ihren ganzen Einfluß geltend machen, daß die Gesetze, die der Staat für die Ausbildung junger Leute erläßt, den religiösen und moralischen Ansprüchen christlicher Mentalität gerecht werden.

Der Diözesanbischof seinerseits soll darum bemüht sein, daß die Lehrer, die an katholischen oder nichtkatholischen Schulen den Religionsunterricht erteilen, auch im persönlichen Leben das widerspiegeln, was sie die Kinder und Jugendlichen im Fach Religion lehren. Gerade für Kinder ist ja bekanntlich diese Vorbildfunktion ungeheuer wichtig.

Bezüglich des Leistungsniveaus in den katholischen Schulen ist zu bemerken, daß die Leiter verpflichtet sind, darauf zu achten, daß es dem Niveau der anderen Schulen der Umgebung nicht nachsteht, um auch von daher die Wahlfreiheit der Schule nicht zu beeinträchtigen.

Der Diözesanbischof hat hier eine wichtige Aufsichtsfunktion, damit für die Kinder und Jugendlichen katholischer Schulen in keinem Fall in wissenschaftlicher Hinsicht ein Nachteil entsteht.

Auch der Religionsunterricht steht im Dienst der Glaubensverkündigung, deren Inhalt zu erfahren ein Recht der Gläubigen ist; die Religionslehrer haben hier eine große Verantwortung. Oft sind sie die einzigen Verkünder für junge Menschen, weil das Elternhaus in diesem Bereich versagt und die Beteiligung am kirchlichen Leben bei vielen jungen Menschen relativ gering ist.

Wer das Fach Katholische Religion erteilt, bedarf der ausdrücklichen Beauftragung der Kirche, ein Recht, das dem Diözesanbischof zusteht; ebenso kann er den Religionslehrer wieder abberufen, wenn wichtige Gründe (z. B. die sittliche Lebensführung eines Religionslehrers) das erforderlich machen.

Theologiestudium

Can. 811 – § 2. An jeder katholischen Universität sind Vorlesungen zu halten, in denen vor allem die theologischen Fragen behandelt werden, die einen Bezug zu den Disziplinen ihrer Fakultäten haben.

Die geforderte Mitarbeit der Laien in der Kirche, d. h. ihr Auftrag, dort, wo sie leben und arbeiten, die christliche Lehre zu verkünden und zu verteidigen, setzt natürlich nicht den Besuch einer Hochschule mit theologischer Ausbildung voraus.
Wer aber eine katholische Universität besucht, soll, wenn er das wünscht, die Möglichkeit haben, dort auch theologische Fächer zu belegen. Die studierenden Laien können also davon ausgehen, daß die kirchliche Autorität darauf zu achten hat, daß an katholischen Universitäten eine theologische Fakultät, ein Institut oder wenigstens ein Lehrstuhl für ein theologisches Fachgebiet errichtet werden.
Das in Canon 229 verbürgte Grundrecht auf Zugang zu den kirchlichen Hochschulen sowie die Möglichkeit der Lehrtätigkeit in den geistlichen Wissenschaften, wenn die nötige Eignung vorhanden ist, finden in diesem Canon eine gute Ergänzung. Die Laien, die das entsprechende Interesse und die Fähigkeit besitzen, haben ein Recht, sich im Bereich der theologischen Erörterungen und Forschungen zu beteiligen. Theologiestudium ist kein Exklusivrecht der Kleriker.
Auch Papst Johannes Paul II. hat die Förderung kirchlicher Fakultäten an den katholischen Universitäten gutgeheißen, um einer möglichst großen Anzahl von Laien die Gelegenheit zu bieten, sich mit theologischen Fragen auseinanderzusetzen, mit dem Ziel, die gewonnenen Erkenntnisse im Leben anzuwenden.
Es versteht sich ohnehin von selbst, daß die Kirche im Bereich der katholischen Universitäten mit ganz besonderem Einsatz die theologischen Fakultäten fördert, d. h. jene Fächer, die sich mit der christlichen Offenbarung und den damit zusammenhängenden Fragen befassen und deshalb im engen Sinn zum Verkündigungsauftrag der Kirche gehören"[50].

Soziale Kommunikationsmittel

Can. 822 – § 3. Alle Gläubigen, besonders die in irgendeiner Weise an der Gestaltung dieser Mittel oder ihrem Gebrauch teilhaben, müssen darum besorgt sein, Hilfe für das pastorale Handeln zu leisten, damit die Kirche auch mit diesen Mitteln ihre Aufgabe wirksam ausübt.

Can. 823 – § 1. Um die Unversehrtheit der Glaubenswahrheiten und der Sittenlehre zu bewahren, ist es Pflicht und Recht der Hirten der Kirche, darüber zu wachen, daß nicht durch Schriften oder den Gebrauch der sozialen Kommunikationsmittel Glaube oder Sitten der Gläubigen Schaden nehmen; ebenso können sie verlangen, daß von Gläubigen herauszugebende Schriften, die den Glauben oder die Sitten berühren, ihrem Urteil unterworfen werden; schließlich haben sie Schriften zurückzuweisen, die dem rechten Glauben oder den guten Sitten schaden.

Die Kirche hat das Recht und – um ihren Auftrag gewissenhaft zum Heil aller Menschen ausführen zu können – auch die Pflicht, sich der modernen Kommunikationsmittel (Presse, Rundfunk, Film, Fernsehen) zu bedienen und sie möglichst auszuschöpfen[51]. Ohnehin ist in unserer schnellebigen Zeit und modernen Gesellschaft die Hilfe der Massenmedien nicht mehr wegzudenken.

Alle Gläubigen sind aufgefordert, ja, sie sind sogar verpflichtet, ihren Beitrag zu leisten, daß der Gebrauch der Massenmedien von einem menschenwürdigen und christlichen Geist durchwirkt wird. Es soll dafür Sorge getragen werden, daß die Publikationsorgane und Massenmedien vor negativem und schädlichem Gebrauch geschützt werden.

Es sind ja in den meisten Fällen die Laien, die im Bereich der Kommunikationsmittel Verantwortung tragen; sie sollen sich bemühen, daß vor allem die pastorale Arbeit der Kirche durch die Medien eine Chance bekommt.

Dies ist gerade in unserer heutigen Zeit besonders wichtig, da viele Menschen nur noch durch sie zu religiösen Inhalten und Werten herangeführt werden können. Auch ein Mensch, der am religiösen, kirchlichen Leben kaum noch oder gar nicht mehr teilnimmt, ist in vielen Fällen noch offen für einen religiösen Artikel oder für einen Film mit religiösem Inhalt. Seelsorgliche Aktionen können in unserer modernen Gesellschaft nicht ausschließlich von der Kanzel verkündet werden, deshalb

müssen die Möglichkeiten moderner Kommunikationsmittel von der Kirche in einem gesunden Selbstbewußtsein ausgeschöpft werden.
„Die katholische Kirche ist von Christus, dem Herrn, gegründet, um allen Menschen das Heil zu bringen, und darum der Verkündigung des Evangeliums unbedingt verpflichtet. Deshalb hält sie es für ihre Pflicht, die Heilsbotschaft auch mit Hilfe der sozialen Kommunikationsmittel zu verkündigen und Grundsätze über deren richtige Anwendung aufzustellen...
Im übrigen gehört es vor allem zur Aufgabe der Laien, die sozialen Kommunikationsmittel mit echt humanem und christlichem Geist zu beseelen, um so den großen Erwartungen der Menschheit und dem Plane Gottes voll zu entsprechen"[52].
Ein nicht zu unterschätzendes Organ ist die sogenannte „eigene Presse", die von der Kirche selbst oder von katholischen Laienpersönlichkeiten oder auch Klerikern herausgegeben wird; mit ihrer Hilfe können Glaubenswahrheiten gut verbreitet werden. Gerade hier können und sollen sich besonders die katholischen Laien engagieren.
Was die Gesetzeslage bezüglich Rundfunk und Fernsehen angeht, ist sie in der Bundesrepublik Deutschland denkbar schlecht. Das Rundfunkmonopol gibt der Kirche kaum die Möglichkeit, eine eigene Programmgestaltung durchzuführen. Der Anteil an kirchlichen Sendungen ist im Fernsehen sehr gering, wenn auch hier einige Laien immer wieder versuchen, christliche und religiöse Sendungen mit ins Programm aufzunehmen. Auf der anderen Seite muß man auch zugeben, daß konkrete kirchenfeindliche Beiträge im deutschen Fernsehen so gut wie gar nicht gesendet werden.
Insgesamt muß festgestellt werden, daß die kirchliche Verkündigung im Bereich der Massenmedien und sozialen Kommunikationsmittel zwar eine große Chance *hätte,* diese aber zu wenig genutzt werden kann, weil es an geeigneten Möglichkeiten fehlt. Dort jedoch, wo Presse, Rundfunk und Fernsehen religiöse Themenbereiche aufgreifen, sind sie ein hervorragendes Mittel für die Kirche, Glaubens- und Sittenwahrheiten einer breiten Öffentlichkeit (neu) vorzulegen.
Die Laien, die sich in diesem Bereich engagieren, sollen in dem den Hirten zustehenden Recht, Publikationen über Glaubens- und Sittenfragen zu begutachten, keine Bevormundung sehen, sondern sie sollen dies als Schutzmaßnahme für die Unversehrtheit der Glaubens- und Sittenwahrheiten betrachten, an der ja alle ein gemeinsames Interesse haben und für die alle gemeinsam verantwortlich sind. Das gemeinsame Interesse an der

Reinerhaltung der katholischen Lehre sollte über der im allgemeinen berechtigten Sensibilität der religiösen Schriftsteller und Journalisten stehen.
Die Beurteilung von Veröffentlichungen ist Pflicht und Recht der kirchlichen Autorität, weil ja gerade Glaubens- und Sittenfragen ihren ureigensten Kompetenzbereich ausmachen. So, wie sich die kirchliche Autorität das Urteil weltlicher Fachleute einholen soll in jenen Fragen, die ihre Kompetenz übersteigen, so sollen also auch die Laien, wenn sie Beiträge zu Glaubens- und Sittenfragen publizieren, sich das Urteil kirchlicher Fachleute gerne einholen.

Verbot der Mitarbeit an glaubensfeindlichen Veröffentlichungen

Can. 831 – § 1. In Tageszeitungen, Zeitschriften oder anderen periodischen Veröffentlichungen, welche die katholische Religion oder die guten Sitten offenkundig anzugreifen pflegen, dürfen Gläubige nichts schreiben, es sei denn, es läge ein gerechter und vernünftiger Grund vor; Kleriker aber und Mitglieder von Ordensinstituten dürfen das nur mit Erlaubnis des Ortsordinarius tun.

Was die Mitarbeit der Laien bei Zeitungen und Zeitschriften betrifft, die gegen die katholische Religion eingestellt sind und die insgesamt eine kirchenfeindliche Tendenz aufweisen, ist es ihnen verboten, in diesen zu publizieren, es sei denn, es gibt einsichtige Gründe, gerade *wegen* kirchenfeindlicher Tendenzen in dieser Zeitschrift zu schreiben, um die Chance wahrzunehmen, falsche Darstellungen zu korrigieren.
Die Laien haben also die Verpflichtung, die Mitarbeit bei solchen Zeitschriften zu meiden bzw. einzustellen, sobald sich eine entsprechende negative Tendenz zeigt. Wenn sie allerdings, wie gesagt, die Chance sehen, in diesen einschlägigen Zeitschriften Beiträge zum Schutz der Glaubens- und Sittenlehre zu publizieren, haben sie dazu nicht nur das Recht, sondern auch die Verpflichtung. Sogenannte „neutrale" Artikel, also Artikel, die zwar keine kirchenfeindliche Tendenz erkennen lassen, aber auch nicht gegen sie angehen, dürfen Laien (und natürlich auch Kleriker) in diesen Zeitschriften nicht veröffentlichen.

ANMERKUNGEN

1 LG, Art. 12.
2 LG, Art. 35.
3 LG, Art. 33.
4 W. Aymans, Begriff, Aufgabe und Träger des Lehramts, in J. Listl/H. Müller/H. Schmitz, Handbuch, S. 534.
5 Vgl. CIC von 1917, Can. 1327, § 2; 1328.
6 W. Aymans, Begriff, Aufgabe und Träger des Lehramts, S. 537.
7 Lk 19,10; vgl. Lk 4,18.
8 Joh 1,14.
9 Joh 20,21.
10 K. Mörsdorf, Kirchenrecht, S. 244.
11 PO, Art. 4.
12 W. Aymans, Begriff, Aufgabe und Träger des Lehramts, S. 540.
13 AA, Art. 6; vgl. Can. 211.
14 CD, Art. 13.
15 Vgl. 1 Joh 3,18.
16 Vgl. AA, Art. 6.
17 O. Stoffel, Der missionarische Auftrag, in J. Listl/H. Müller/H. Schmitz, Handbuch, S. 543.
18 SC, Art. 52.
19 P. Boekholt, Eucharistie, S. 83.
20 P. Boekholt, Das Geheimnis der Eucharistie in der kirchlichen Rechtsordnung. Grundriß der partikularen Gesetzgebung für die Bistümer in der Bundesrepublik Deutschland, Rom 1981, S. 137.
21 Die Regelung der Deutschen Bischofskonferenz in ihrer Vollversammlung vom 15.–17. 11. 1970 in Königstein/Taunus wurde in den einzelnen Amtsblättern veröffentlicht, so z. B. in ABl Aachen 41 (1971), S. 57; ABl Augsburg 81 (1971), S. 50–52; ABl Münster 104 (1971), S. 7 f.; ABl Speyer 64 (1971), S. 395; ABl Trier 115 (1971), S. 29 f.
22 Die Richtlinien der Deutschen Bischofskonferenz vom 3. 3. 1974 für „Die Beteiligung der Laien an der Verkündigung" finden wir unter anderem in ABl Köln 114 (1974), S. 107.
23 Ebd. S. 115.
Für eine Beauftragung zur Predigt sind ein christliches Leben, die Übereinstimmung mit dem Lehramt der Kirche und die Gemeinschaft mit dem Bischof notwendige Voraussetzungen. Der betreffende Laie muß sich aktiv am kirchlichen Leben beteiligen und in der Regel einige Jahre in der Pfarrei verantwortlich mitgearbeitet haben.
Der vollständige Text der Richtlinien findet sich in: Synode, Beschluß „Die Beteiligung der Laien an der Verkündigung", S. 179–182.

24 Die Synodenvorlage „Die Beteiligung der Laien an der Verkündigung" erhielt durch die Veröffentlichung in den verschiedenen Amtsblättern Rechtskraft für die einzelnen Diözesen.
25 Synode, Beschluß „Die Beteiligung der Laien an der Verkündigung" 4.1.3.
26 P. Boekholt, Eucharistie, S. 85.
27 SC, Art. 35, Nr. 2; vgl. CD, Art. 12.
28 CD, Art. 12.
29 CD, Art. 13; vgl. PO, Art. 4; GS, Art. 4.
30 CD, Art. 14.
31 DH, Art. 1.
32 Ps 116, 10.
33 Vgl. Can. 226, § 2.
34 Johannes Chrysostomos, In Genesim, Homilia 2, 4 (PG 53, 31).
35 LG, Art. 11.
36 AG, Art. 2.
37 Vgl. O. Stoffel, Der missionarische Auftrag, in J. Listl/H. Müller/H. Schmitz, Handbuch, S. 548.
38 AG, Art. 36.
39 Synode, Beschluß „Missionarischer Dienst an der Welt" 2.3.1.
40 AG, Art. 28.
41 AG, Art. 41.
42 AG, Art. 15.
43 AG, Art. 17.
44 AG, Art. 11.
45 AG, Art. 12.
46 Synode, Beschluß „Missionarischer Dienst an der Welt" 1.2.
47 H. Schwendenwein, Kirchenrecht, S. 305.
48 H. Knapp, Erziehung aus christlicher Sicht. Zum Wert einer Orientierung der Pädagogik am Christentum, Ensdorf 1976 (Manuskript), S. 13.
49 Vgl. Röm 8, 21.
50 Vgl. Johannes Paul II., Apostolische Konstitution „Sapientia Christiana", 15. 4. 1979, in AAS 71 (1979), S. 469–499.
51 Vgl. Can. 747, § 1.
52 IM, Art. 3.

Buch IV Heiligungsdienst der Kirche

Anteil der Laien am Heiligungsdienst der Kirche

Can. 835 – § 4. An dem Heiligungsdienst haben auch die übrigen Gläubigen den ihnen eigenen Anteil, indem sie sich auf ihre Weise tätig an den liturgischen Feiern, besonders an der Feier der Eucharistie, beteiligen; auf besondere Weise haben an demselben Dienst die Eltern Anteil, indem sie ihr Eheleben in christlichem Geiste führen und für die christliche Erziehung ihrer Kinder sorgen.

Can. 837 – § 1. Die liturgischen Handlungen sind nicht private Handlungen, sondern Feiern der Kirche selbst, die das „Sakrament der Einheit" ist als das unter den Bischöfen geeinte und geordnete heilige Volk; die liturgischen Handlungen gehen daher den ganzen Leib der Kirche an, stellen ihn dar und erfüllen ihn; seine einzelnen Glieder aber berühren sie in unterschiedlicher Weise gemäß der Verschiedenheit der Weihen, der Aufgaben und der tatsächlichen Teilnahme.
§ 2. Da die liturgischen Handlungen ihrer Natur nach eine gemeinsame Feier verlangen, sind sie nach Möglichkeit unter zahlreicher und tätiger Beteiligung der Gläubigen zu vollziehen.

Can. 839 – § 2. Die Ortsordinarien haben dafür zu sorgen, daß die Gebete sowie die frommen und heiligen Übungen des christlichen Volkes mit den Normen der Kirche voll übereinstimmen.

Die allgemeine Berufung, den Sendungsauftrag in der Kirche zu erfüllen, umfaßt den Verkündigungs-, den Leitungs- und den Heiligungsdienst. Das gesamte Volk Gottes, also auch jeder Laie, hat daran auf seine Weise Anteil.
Die Bedeutung der Mitarbeit der Laien am Heiligungsdienst bzw. am Priesterdienst der Kirche regelt Canon 835, § 4. Die Laien haben daran insofern Anteil, als sie die heilige Liturgie tätig mitfeiern und hier ganz besonders an der Feier der heiligen Eucharistie teilnehmen.
Außerdem nehmen in besonderer Weise die Eltern am Dienst der Heiligung teil, die aus einem christlichen Geist heraus ihre Ehe treu leben und

somit ihren Kindern eine Heimstätte der Geborgenheit und Liebe schenken können als eine wesentliche und unverzichtbare Voraussetzung einer gesamtheitlichen christlichen Erziehung.
So sind alle Laien, die sich an den liturgischen Feiern aktiv beteiligen, und jene, die Ehe und Familie im christlichen Geist gestalten und leben, „priesterliche Menschen".
Wie wir bereits sahen, ist die Beteiligung an den liturgischen Feiern als gesamtkirchliche Funktion für die Laien Ausdruck ihrer Teilhabe am Heiligungsdienst der Kirche. Weil die liturgischen Handlungen unter anderem Ausdruck der Einheit und Gemeinschaft der Kirche sind, sollen sie natürlich auch möglichst unter voller und tätiger Beteiligung der Gläubigen vollzogen werden.
„Die Mutter Kirche wünscht sehr, alle Gläubigen möchten zu der vollen, bewußten und tätigen Teilnahme an den liturgischen Feiern geführt werden, wie sie das Wesen der Liturgie selbst verlangt und zu der das christliche Volk, ‚das auserwählte Geschlecht, das königliche Priestertum, der heilige Stamm, das Eigentumsvolk' (1 Petr 2,9; vgl. 2,4–5) kraft der Taufe berechtigt und verpflichtet ist"[1].
Die Teilnahme aller Gläubigen an den liturgischen Feiern hat nichts mit Aktivismus zu tun; das *Wesen* der Liturgie erfordert eine solche Teilnahme, so daß man sagen kann, ohne die zahlreiche und tätige Beteiligung der Gläubigen sind liturgische Handlungen eigentlich „unnatürlich". Hier wird deutlich, wie wesentlich die „participatio actuosa" (gerade auch der Laien) an den liturgischen Feiern ist.
„Diese volle und tätige Teilnahme ist bei der Erneuerung und Förderung der heiligen Liturgie aufs stärkste zu beachten, ist sie doch die erste und unentbehrliche Quelle, aus der die Christen wahrhaft christlichen Geist schöpfen sollen. Darum ist sie in der ganzen seelsorglichen Arbeit durch gebührende Unterweisung von den Seelsorgern gewissenhaft anzustreben"[2].
So ist z. B. die aktive Beteiligung am Sonntagsgottesdienst mehr als die Erfüllung eines Kirchengebotes oder eine lästige Pflichterfüllung; die Teilnahme ist einfach *wesentlich* für diese liturgische Handlung, die auch dazu dienen soll, das Wachstum der Kirche zu fördern[3].
So ist die ganze Kirche, jedes einzelne Glied des Gottesvolkes an den liturgischen Feiern beteiligt, die als die vorzüglichste Selbstverwirklichung der Kirche anzusehen sind[4]. Wie uns aus Canon 214 bekannt ist, sind alle Christgläubigen befähigt und berechtigt, die heilige Liturgie mitzugestalten und mitzutragen und zwar in der Vielfalt der empfangenen Gaben[5].

So können wir feststellen: „Zusammen mit ihrem Bischof oder abhängig von ihm sind die Laien wirkliche Liturgen, Mitträger des amtlichen Gottesdienstes. Ihre konstitutive Mitwirkung, z. B. bei der Eucharistiefeier und den übrigen Sakramenten, ist aus sich heraus liturgisches Tun"[6].

Die Kirche vollzieht ihren Heiligungsauftrag natürlich nicht *nur* durch die Liturgie; sie verfügt darüber hinaus über vielfältige andere Mittel der Heiligung, wie z. B. Gebet und Werke der Buße und Nächstenliebe.

Die Diözesanbischöfe sollen sich darum kümmern, daß die diesbezüglichen Betätigungen des Volkes Gottes den Normen der Kirche nicht entgegenstehen. Die Andachtsübungen müssen mit der Liturgie im Einklang stehen.

„Die Andachtsübungen des christlichen Volkes werden sehr empfohlen, sofern sie den Vorschriften und Regeln der Kirche entsprechen. Das gilt besonders, wenn sie vom Apostolischen Stuhl angeordnet sind... Diese Übungen und Feiern sollen indes die liturgische Zeit gebührend berücksichtigen und so geordnet sein, daß sie mit der heiligen Liturgie zusammenstimmen, gewissermaßen aus ihr herausfließen und das Volk zu ihr hinführen; denn sie steht von Natur aus weit über ihnen"[7].

ANMERKUNGEN

1 SC, Art. 14; vgl. SC, Art. 21.
2 Ebd.
3 Vgl. Can. 210.
4 Vgl. SC, Art. 7; vgl. SC, Art. 10.
5 Vgl. Can. 96; Can. 204, § 1.
6 H. Socha, Begriff, Träger und Ordnung der Liturgie, in J. Listl/H. Müller/H. Schmitz, Handbuch, S. 636.
7 SC, Art. 13.

Teil I Sakramente

Allgemeines Sakramentenrecht

Can. 840 – Die Sakramente des Neuen Bundes sind von Christus dem Herrn eingesetzt und der Kirche anvertraut; als Handlungen Christi und der Kirche sind sie Zeichen und Mittel, durch die der Glaube ausgedrückt und bestärkt, Gott Verehrung erwiesen und die Heiligung der Menschen bewirkt wird; so tragen sie in sehr hohem Maße dazu bei, daß die kirchliche Gemeinschaft herbeigeführt, gestärkt und dargestellt wird; deshalb haben sowohl die geistlichen Amtsträger als auch die übrigen Gläubigen bei ihrer Feier mit höchster Ehrfurcht und der gebotenen Sorgfalt vorzugehen.

Die Sakramente der Kirche sind von Christus eingesetzt; es sind Zeichen und Mittel, die der Kirche anvertraut sind, durch sie werden Heilsereignisse unter Zeichen und Symbolen verdeutlicht und sichtbar. In ihnen findet der Glaube Bestärkung; ja, er kommt im Vollzug der Sakramente erst richtig zum Ausdruck. Ebenso wird durch die Sakramente Gott Verehrung erwiesen und die Heiligung der Menschen bewirkt.

Die kirchliche Gemeinschaft erfährt durch die Sakramente ihre eigentliche Existenz, ihre Festigung und ihre Bezeugung.

Von daher ergibt sich für alle Gläubigen die Verpflichtung, sie mit höchster Sorgfalt und Ehrfurcht zu feiern. Das gilt insbesondere für jene Sakramente, die täglich, wöchentlich oder monatlich empfangen werden, vor allem die Sakramente der Eucharistie und der Buße. Hier darf durch den häufigen und regelmäßigen Empfang nicht die Gefahr einer Profanisierung entstehen. Daher sind nicht nur die Spender, sondern auch die Empfänger verpflichtet, bei der Feier die höchste Ehrfurcht und nötige Sorgfalt walten zu lassen. Vor allem die Kinder und Jugendlichen müssen mit großer Geduld und gebotenem Einfühlungsvermögen immer wieder darauf hingewiesen werden, besonders beim Empfang der heiligen Eucharistie. Ein einfaches „Mitlaufen" würde der gebotenen Verehrung und Sorgfalt nicht entsprechen.

Recht auf Empfang der Sakramente

Can. 843 – § 1. Die geistlichen Amtsträger dürfen die Sakramente denen nicht verweigern, die zu gelegener Zeit darum bitten, in rechter Weise disponiert und rechtlich an ihrem Empfang nicht gehindert sind.
§ 2. Die Seelsorger und die übrigen Gläubigen haben jeweils gemäß der ihnen eigenen kirchlichen Aufgabe die Pflicht, dafür zu sorgen, daß jene, die Sakramente erbitten, auf ihren Empfang durch die erforderliche Verkündigung und katechetische Unterweisung unter Beachtung der von der zuständigen Autorität erlassenen Normen vorbereitet werden.

Canon 213 sprach bereits vom Grundrecht aller Christgläubigen auf den Empfang der Sakramente; in Can. 843, § 1 wird dieses Grundrecht näher erläutert und festgelegt, daß jedem die Sakramente gespendet werden müssen, der

- ordnungsgemäß darum bittet,
- entsprechend disponiert ist und
- von Rechts wegen an ihrem Empfang nicht gehindert ist[1].

Alle kirchlichen Amtsträger, alle Seelsorger und Laien haben im Rahmen ihrer jeweiligen Zuständigkeit die Pflicht, daß alle, die um den Sakramentenempfang bitten, entsprechend den vorgeschriebenen Normen der Kirche vorbereitet werden. Diese Vorbereitung geschieht z. B. durch katechetische Unterweisung, die mit Geduld dem Bittsteller gegeben werden muß. Alle in der Kirche sollen ein persönliches Interesse daran haben, das diejenigen, die darum bitten, umfangreich und gewissenhaft auf den Empfang vorbereitet werden.
Besonders ermutigt werden sollen jene Laien, die in der Gemeinde Kinder oder Jugendliche auf den Empfang eines Sakramentes vorbereiten, z. B. auf den Empfang der ersten heiligen Kommunion oder der ersten heiligen Beichte. Sie sollen ihre diesbezügliche Beauftragung nicht als Last, sondern als einen Beitrag der Mitverantwortung in der Kirche betrachten.

Spender der Sakramente

Can. 844 – § 1. Katholische Spender spenden die Sakramente erlaubt nur katholischen Gläubigen; ebenso empfangen diese die Sakramente erlaubt

nur von katholischen Spendern; zu beachten sind aber die Bestimmungen der §§ 2, 3 und 4 dieses Canons sowie des can. 861, § 2.
§ 2. Sooft eine Notwendigkeit es erfordert oder ein wirklicher geistlicher Nutzen dazu rät und sofern die Gefahr des Irrtums oder des Indifferentismus vermieden wird, ist es Gläubigen, denen es physisch oder moralisch unmöglich ist, einen katholischen Spender aufzusuchen, erlaubt, die Sakramente der Buße, der Eucharistie und der Krankensalbung von nichtkatholischen Spendern zu empfangen, in deren Kirche die genannten Sakramente gültig gespendet werden.
§ 3. Katholische Spender spenden erlaubt die Sakramente der Buße, der Eucharistie und der Krankensalbung Angehörigen orientalischer Kirchen, die nicht die volle Gemeinschaft mit der katholischen Kirche haben, wenn diese von sich aus darum bitten und in rechter Weise disponiert sind; dasselbe gilt für Angehörige anderer Kirchen, die nach dem Urteil des Apostolischen Stuhles hinsichtlich der Sakramente in der gleichen Lage sind wie die genannten orientalischen Kirchen.
§ 4. Wenn Todesgefahr besteht oder wenn nach dem Urteil des Diözesanbischofs bzw. der Bischofskonferenz eine andere schwere Notlage dazu drängt, spenden katholische Spender diese Sakramente erlaubt auch den übrigen nicht in der vollen Gemeinschaft mit der katholischen Kirche stehenden Christen, die einen Spender der eigenen Gemeinschaft nicht aufsuchen können und von sich aus darum bitten, sofern sie bezüglich dieser Sakramente den katholischen Glauben bekunden und in rechter Weise disponiert sind.
§ 5. Für die in den §§ 2, 3 und 4 genannten Fälle darf der Diözesanbischof bzw. die Bischofskonferenz nur nach Beratung zumindest mit der lokalen zuständigen Autorität der betreffenden nichtkatholischen Kirche oder Gemeinschaft allgemeine Bestimmungen erlassen.

Can. 923 – Die Gläubigen können in jedwedem katholischen Ritus am eucharistischen Opfer teilnehmen und die heilige Kommunion empfangen, unbeschadet der Vorschrift des can. 844.

Katholische Gläubige dürfen also im Regelfall die Sakramente *nur* von solchen Spendern empfangen, die selbst auch katholischen Glaubens sind. Allerdings sind unter bestimmten Umständen Ausnahmen möglich, die in Canon 844, §§ 2, 3 und 4 aufgezeigt werden. Ebenso können Gläubige in jedem katholischen Ritus am eucharistischen Opfer teilnehmen und die heilige Kommunion empfangen unter Wahrung der Vorschriften des Canon 844.

Wichtig ist, daß die Kirche immer dann, wenn eine echte Notwendigkeit es erforderlich macht, eine solche Ausnahme zuläßt. Das ist besonders bei physischer und moralischer Unmöglichkeit der Fall; hier können die Sakramente der Buße, der Eucharistie und der Krankensalbung von nichtkatholischen Amtsträgern gültig empfangen werden, in deren Kirche diese Sakramente gültig gespendet werden. Das Recht der Gläubigen auf den Sakramentenempfang wird also in jedem Fall gewährleistet.

Die in diesem Canon 844 aufgestellten Grundsätze für die „communicatio in sacris" erfüllen in hohem Maße die pastoralen und ökumenischen Anforderungen unserer Zeit.

ANMERKUNG

1 Vgl. Can. 1331, § 1, Nr. 2; Can. 1332.

Titel I Taufe

Wirkungen der Taufe

Can. 849 – Die Taufe ist die Eingangspforte zu den Sakramenten; ihr tatsächlicher Empfang oder wenigstens das Verlangen danach ist zum Heil notwendig; durch sie werden die Menschen von den Sünden befreit, zu Kindern Gottes neu geschaffen und, durch ein untilgbares Prägemal Christus gleichgestaltet, der Kirche eingegliedert; sie wird nur durch Waschung mit wirklichem Wasser in Verbindung mit der gebotenen Form der Taufworte gültig gespendet.

Das Sakrament der Taufe bildet zusammen mit der Firmung und der Eucharistie die Sakramente der vollen christlichen Initiation, d. h. der vollen Weihe als Christ. Nur wer die Taufe gültig empfangen hat, kann zu den übrigen sechs Sakramenten zugelassen werden[1].
Durch den Empfang der Taufe werden die Menschen von ihren Sünden befreit und zu Kindern Gottes wiedergeboren. Allen wird durch die Taufe ein unverlierbarer Charakter eingeprägt, den keine Macht der Welt zurücknehmen bzw. wieder auslöschen kann. Durch dieses untilgbare Prägemal werden die Christen Christus gleichartig gemacht; damit gehören sie als lebendige Glieder zum mystischen Leib der Kirche mit allen Pflichten und Rechten[2].
„In jenem Leibe strömt Christi Leben auf die Gläubigen über, die durch die Sakramente auf geheimnisvolle und doch wirkliche Weise mit Christus, der gelitten hat und verherrlicht ist, vereint werden. Durch die Taufe werden wir ja Christus gleichgestaltet: ‚Denn in einem Geiste sind wir alle getauft in einen Leib hinein' (1 Kor 12, 13)"[3].
Die Taufe wird nur gültig gespendet, wenn die entsprechende Intention vorhanden ist; ferner ist die Waschung des Täuflings mit wirklichem Wasser und die vorgeschriebene Form der Taufworte notwendig. Diese Worte lauten: Ich taufe dich im Namen des Vaters und des Sohnes und des Heiligen Geistes.

Taufvorbereitung

Can. 851 – Die Feier der Taufe muß in der gebotenen Weise vorbereitet werden; deshalb gilt:

1° ein Erwachsener, der die Taufe zu empfangen begehrt, ist in den Katechumenat aufzunehmen und nach Möglichkeit durch die einzelnen Stufen zur sakramentalen Initiation hinzuführen, und zwar gemäß der von der Bischofskonferenz den Verhältnissen angepaßten Initiationsordnung und den besonderen von ihr erlassenen Normen;

2° die Eltern eines Kindes, das getauft werden soll, und ebenso jene, die den Patendienst übernehmen wollen, sind über die Bedeutung dieses Sakraments und die mit ihm zusammenhängenden Verpflichtungen ordnungsgemäß zu belehren; der Pfarrer hat persönlich oder durch andere dafür zu sorgen, daß also die Eltern mit seelsorglichem Zuspruch und sogar mit gemeinsamem Gebet in der gebotenen Weise vorbereitet werden; er soll dazu mehrere Familien versammeln und sie nach Möglichkeit besuchen.

Was die Vorbereitung auf die Taufe angeht, so hat ein erwachsener Bewerber das Recht, in das Katechumenat aufgenommen zu werden. Er soll in dieser Zeit die Grundwahrheiten des Glaubens kennenlernen und zu leben versuchen; ferner soll er die Pflichten und Rechte in der Kirche, der er durch den Empfang der Taufe eingegliedert wird, gut kennenlernen; stufenweise soll der erwachsene Bewerber zum Empfang der Sakramente der Initiation hingeführt werden.

Bereits das II. Vat. Konzil hatte gewünscht: „Ein mehrstufiger Katechumenat für Erwachsene soll wiederhergestellt und nach dem Urteil des Ortsordinarius eingeführt werden. So soll ermöglicht werden, daß die Zeit des Katechumenats, die zu angemessener Einführung bestimmt ist, durch heilige, in gewissen Zeitabschnitten aufeinanderfolgende Riten geheiligt wird"[4].

Die jeweilige Bischofskonferenz legt fest, welche Inhalte die Einführung eines Taufbewerbers in den christlichen Glauben haben muß; es gibt diesbezüglich eigene Gesetzesvorschriften der jeweiligen Bischofskonferenzen.

Eltern und Paten, die sich entschließen, ein Kind taufen zu lassen, haben das Recht, über die Bedeutung dieses Sakramentes belehrt zu werden; ebenso sollen sie über ihre entsprechende Verpflichtung, die sie mit der

Taufe eines Kindes übernehmen, unterrichtet werden. Die diesbezügliche Hauptverantwortung und -sorge obliegt dem zuständigen Pfarrer der jeweiligen Gemeinde; er soll sich entweder persönlich oder durch geeignete Mitarbeiter darum kümmern, daß die Eltern und Paten durch pastorale Gespräche und im gemeinsamen Gebet in der gebotenen Weise hinreichend vorbereitet werden. Dazu können auch mehrere Familien zusammenkommen, um in Gemeinschaft über ihre Pflichten und Rechte belehrt zu werden.
Ohne vorheriges Taufgespräch mit den Eltern (und Paten) soll im Normalfall keine Taufe mehr gespendet werden. Die Eltern und Paten, die sich für die religiöse Erziehung der Kinder verbürgen, sollen in einem solchen Taufgespräch einerseits selbst neue Bestärkung im Glauben erfahren und andererseits ausdrücken, ob sie die Bereitschaft und Fähigkeit besitzen, die geforderte religiöse Erziehung ihrer Kinder zu übernehmen.
Ein großes pastorales Problem ist ein eventueller Aufschub oder gar eine Verweigerung der Taufe seitens des Taufspenders, wenn Eltern im Taufgespräch erkennen lassen, daß ihnen die religiösen Voraussetzungen zur christlichen Erziehung und auch die Bereitschaft dazu fehlen. Lehnen die Eltern vorsätzlich und bewußt die christliche Erziehung ihrer Kinder ab, können sie bei der Taufe auch wohl kaum stellvertretend für das Kind das Glaubensbekenntnis überzeugt sprechen. In einem solchen Fall kann sich ein Aufschub der Taufe empfehlen, um die Eltern im pastoralen Gespräch durch Kleriker oder Laien erst einmal entsprechend auf ihren religiösen Auftrag vorzubereiten.
Die Taufe einfach zu verweigern *ohne* anschließende seelsorgliche Betreuung der Eltern, widerspricht jedem pastoralen Auftrag. Nach menschlichem Ermessen werden nämlich Kinder von religiös gleichgültigen Eltern kaum einmal von ihnen zum Glauben geführt werden (können). „Im Hinblick auf ein späteres christliches Leben aus dem Glauben und der Taufe wird in einer areligiösen Familie im Kinde nichts grundgelegt. So verstehen wir es, wenn die Kirche bei der Taufe von Kindern solcher Eltern zur Zurückhaltung mahnt"[5]. Dort also, wo die Eltern oder wenigstens die Paten oder nahe Verwandte keine Gewähr für eine spätere christliche Erziehung bieten können, kann eine Taufe im besten Fall zunächst einmal nur aufgeschoben werden.
Daß Paten im Falle mangelnder religiöser Praxis der Eltern deren Aufgabe zur christlichen Kindererziehung übernehmen, dürfte meistens schon rein organisatorisch unmöglich sein, da sie in den wenigsten Fällen im entsprechenden Elternhaus oder in der Nachbarschaft wohnen und Ein-

fluß nehmen können; ähnliches gilt für die nahen Verwandten. Wenn jedoch die Möglichkeit besteht, daß Menschen, die im Lebensbereich des Kindes wohnen (Großeltern, Tante, Onkel), eine gute Beziehung zu den Eltern des Kindes haben und die religiöse Erziehung mit Zustimmung der Eltern gewährleisten, dann kann es die pastorale Klugheit nahelegen, ein Kind trotz aller Bedenken zu taufen.

Ohne ein Minimum an Beteiligung des Elternhauses ist eine religiöse Erziehung im Kindesalter wohl kaum gewährleistet. Deshalb ist es sehr wichtig, im Taufgespräch zu erforschen, inwieweit die Eltern die Verantwortung für die katholische Erziehung ihrer Kinder übernehmen. Allerdings kann im pastoralen, geduldigen und vorurteilsfreien Gespräch diese Verantwortung auch (wieder neu) geweckt werden. Wir können davon ausgehen, daß Eltern, die ein Kind zur Taufe anmelden, auch die grundsätzliche Bereitschaft zur christlichen Erziehung mitbringen; nur liegt oft die Fähigkeit oder auch das Bewußtsein für diese Verantwortung bei den Eltern nicht ausreichend vor; beides kann und sollte in jedem Fall geweckt werden.

Taufname

Can. 855 – Die Eltern, die Paten und der Pfarrer haben dafür zu sorgen, daß kein Name gegeben wird, der christlichem Empfinden fremd ist.

Was die Namensgebung für ein Kind angeht, so haben zwar Eltern, Paten und Pfarrer das Recht, dem Kind den Namen zu geben; allerdings sind sie auch aufgefordert, keinen Namen auszuwählen, der dem christlichen Denken und Empfinden fremd ist oder entgegensteht.

In den meisten Fällen werden die Eltern den Namen eines Heiligen wählen, der dem Täufling während seines Lebens Wegbegleiter und Vorbild sein soll. Nichts einzuwenden ist gegen einen allgemeinen Brauch, die entsprechenden Heiligennamen in einer anderen Sprache zu benutzen (Johannes/Hans/John/Jean). Die Eltern sollten bei der Namensgebung daran denken, daß ihr Kind diesen Namen ein Leben lang tragen muß und deshalb auf sogenannte Modenamen möglichst verzichten.

Erwachsene, die das Sakrament der Taufe empfangen, haben das Recht, ihren Namen selbst zu wählen. Pate und Pfarrer können allenfalls beratend auf den erwachsenen Täufling einwirken.

Ort der Taufe

Can. 857 – § 2. Ein Erwachsener ist in der Regel in seiner eigenen Pfarrkirche zu taufen, ein Kind aber in der eigenen Pfarrkirche seiner Eltern, außer es empfiehlt sich aus gerechtem Grund etwas anderes.

Can. 859 – Wenn ein Täufling wegen der Entfernung oder anderer Umstände nicht ohne große Unannehmlichkeiten zur Pfarrkirche oder zu einer anderen Kirche oder Kapelle nach can. 858, § 2 kommen oder gebracht werden kann, darf und muß die Taufe in einer anderen, näher gelegenen Kirche oder Kapelle oder auch an einem anderen geziemenden Ort gespendet werden.

Can. 860 – § 1. Außer im Notfall darf die Taufe in Privathäusern nur gespendet werden, wenn der Ortsordinarius dies aus schwerwiegendem Grund erlaubt.
§ 2. In Krankenhäusern darf nur im Notfall oder aus einem anderen zwingenden seelsorglichen Grund die Taufe gefeiert werden, wenn der Diözesanbischof nicht anders bestimmt hat.

Bezüglich des Taufortes ist es sehr sinnvoll, einen Erwachsenen in seiner Pfarrkirche und ein Kind in der Pfarrkirche seiner Eltern zu taufen. Dadurch wird die Aufnahme des Täuflings in die Kirchengemeinschaft deutlich gemacht. Die Gemeinde nimmt an seiner Aufnahme Anteil – wenn auch in den meisten Fällen nur durch einige Vertreter –, und jeder einzelne Teilnehmer sollte sich dabei an seine eigene Taufe erinnern.
Es kann Gründe geben, die eine Taufspendung in der eigenen Pfarrkirche schwierig oder sogar unmöglich machen. Wenn ein Täufling z. B. aufgrund allzugroßer Entfernung von der Pfarrkirche oder aufgrund persönlicher Nachteile bzw. Unannehmlichkeiten nicht zur Pfarrkirche in seinem Pfarrgebiet gelangen bzw. gebracht werden kann, so darf die Taufe auch in einer näherliegenden Kirche gespendet werden.
Wenn Eltern darauf bestehen, daß ihr Kind in ihrem Privathaus getauft wird, dann ist eine solche Taufe nur mit Erlaubnis des Ortsoberhirten möglich; er wird diese Erlaubnis allerdings nur aus einem einzusehenden, schwerwiegenden Grund geben.

Laien als Taufspender

Can. 861 – § 2. Ist ein ordentlicher Spender nicht anwesend oder verhindert, so spendet die Taufe erlaubt der Katechist oder jemand anderer, der vom Ortsordinarius für diese Aufgabe bestimmt ist, im Notfall sogar jeder von der nötigen Intention geleitete Mensch; die Seelsorger und vor allem der Pfarrer müssen sich angelegen sein lassen, die Gläubigen über die rechte Taufweise zu belehren.

Jeder Laie darf erlaubterweise das Sakrament der Taufe spenden, wenn der ordentliche, d. h. der eigentliche Spender (Bischof, Priester, Diakon) der Taufe abwesend oder verhindert ist. Der betreffende Laie (z. B. der Katechist) muß vom Oberhirten zu diesem Dienst beauftragt sein. Der Laie als außerordentlicher Spender darf z. B. in der Ferienzeit des ordentlichen Spenders bzw. immer dann, wenn der ordentliche Spender nur eine kurze Zeit abwesend oder verhindert ist, das Sakrament *nicht* spenden.

Im Notfall, z. B. bei unmittelbarer Lebensgefahr für den Täufling, kann jeder Mensch – auch der, der selber nicht getauft ist – die Taufe gültig spenden, vorausgesetzt, daß er die Absicht hat, das zu tun, was die Kirche tut, d. h., seine Intention und die Art und Weise der Taufspendung müssen mit den Vorschriften des Can. 849 übereinstimmen.

Da auch in der heutigen Zeit ein solcher Notfall immer wieder auftreten kann, müssen die Gläubigen darüber informiert werden, wie man gültig tauft; das gilt besonders für die Paten, Ärzte, Hebammen und Krankenschwestern. Die Pflicht zur Belehrung obliegt insbesondere dem Pfarrer.

Wenn die Lebensgefahr nicht außerordentlich akut ist und es sich um eine sogenannte entfernte Lebensgefahr handelt, sollte möglichst ein praktizierender und gläubiger Christ das Sakrament der Taufe spenden. Auch bei der sogenannten Nottaufe sollte möglichst ein Zeuge der Taufe zugegen sein. Sehr sinnvoll ist darüber hinaus die Teilnahme einer kleinen Gemeinschaft von Gläubigen.

Empfänger der Taufe

Can. 864 – Fähig zum Empfang der Taufe ist jeder und nur der Mensch, der noch nicht getauft ist.

Can. 865 – § 1. Damit ein Erwachsener getauft werden kann, muß er den Willen zum Empfang der Taufe bekundet haben; er muß über die Glaubenswahrheiten und über die christlichen Pflichten hinreichend unterrichtet und durch den Katechumenat in der christlichen Lebensführung erprobt sein; er ist auch aufzufordern, seine Sünden zu bereuen.
§ 2. Ein Erwachsener, der sich in Todesgefahr befindet, kann getauft werden, wenn er bei einer gewissen Kenntnis der grundlegenden Glaubenswahrheiten auf irgendeine Weise seinen Willen zum Empfang der Taufe bekundet hat und verspricht, sich an die Gebote der christlichen Religion zu halten.

Can. 866 – Ein Erwachsener, der getauft wird, muß, falls nicht ein schwerwiegender Grund entgegensteht, sofort nach der Taufe gefirmt werden und an der Eucharistiefeier, auch mit Kommunionempfang, teilnehmen.

Can. 867 – § 1. Die Eltern sind verpflichtet, dafür zu sorgen, daß ihre Kinder innerhalb der ersten Wochen getauft werden; möglichst bald nach der Geburt, ja sogar schon vorher, haben sie sich an den Pfarrer zu wenden, um für ihr Kind das Sakrament zu erbitten und um entsprechend darauf vorbereitet zu werden.
§ 2. Wenn sich ein Kind in Todesgefahr befindet, ist es unverzüglich zu taufen.

Can. 868 – § 1. Damit ein Kind erlaubt getauft wird, ist erforderlich:
1° die Eltern oder wenigstens ein Elternteil bzw. wer rechtmäßig ihre Stelle einnimmt, müssen zustimmen;
2° es muß die begründete Hoffnung bestehen, daß das Kind in der katholischen Religion erzogen wird; wenn diese Hoffnung völlig fehlt, ist die Taufe gemäß den Vorschriften des Partikularrechts aufzuschieben; dabei sind die Eltern auf den Grund hinzuweisen.
§ 2. In Todesgefahr wird ein Kind katholischer, ja sogar auch nichtkatholischer Eltern auch gegen den Willen der Eltern erlaubt getauft.

Can. 869 – § 1. Wenn ein Zweifel besteht, ob jemand getauft ist oder ob die Taufe gültig gespendet wurde, der Zweifel aber nach eingehender Nachforschung bestehen bleibt, ist dem Betreffenden die Taufe bedingungsweise zu spenden.

§ 2. In einer nichtkatholischen kirchlichen Gemeinschaft Getaufte sind nicht bedingungsweise zu taufen, außer es besteht hinsichtlich der bei der Taufspendung verwendeten Materie und Form der Taufworte und ferner bezüglich der Intention eines, der als Erwachsener getauft wurde, und des Taufspenders ein ernsthafter Grund, an der Gültigkeit der Taufe zu zweifeln.

§ 3. Wenn in den Fällen nach §§ 1 und 2 die Spendung oder die Gültigkeit der Taufe zweifelhaft bleibt, darf die Taufe erst gespendet werden, nachdem dem Täufling, sofern es sich um einen Erwachsenen handelt, die Lehre über das Taufsakrament dargelegt wurde und ihm bzw., falls es sich um ein Kind handelt, seinen Eltern die Gründe für die Zweifel an der Gültigkeit der gespendeten Taufe erklärt wurden.

Can. 870 – Ein ausgesetztes Kind oder ein Findelkind ist zu taufen, wenn nicht nach sorgfältiger Prüfung der Angelegenheit seine Taufe feststeht.

Can. 871 – Bei vorzeitiger Geburt ist das Kind, wenn es lebt, zu taufen, soweit dies möglich ist.

Was die Fähigkeit zum Empfang der Taufe angeht, so ist jedem lebenden noch nicht Getauften dieses Sakrament zu gewähren. Einem ungetauften Verstorbenen darf die Taufe nicht mehr gespendet werden; ebenso ist die Taufe im Mutterschoß mit den komplizierten Details des Codex von 1917 im neuen Kirchenrecht nicht mehr vorgesehen.

Im Falle einer Frühgeburt oder Fehlgeburt soll nur dann getauft werden, wenn Leben spürbar ist und die Taufe durchgeführt werden kann.

Findelkinder sind dann zu taufen, wenn nach gewissenhafter Nachprüfung bezüglich erfolgter Taufe keine endgültige Klarheit aufkommt.

Auch die Menschen, die ohne eigenes Verschulden nicht getauft wurden, können das ewige Heil erlangen. „Wer nämlich das Evangelium Christi und seine Kirche ohne Schuld nicht kennt, Gott aber aus ehrlichem Herzen sucht, seinen im Anruf des Gewissens erkannten Willen unter dem Einfluß der Gnade in der Tat zu erfüllen trachtet, kann das ewige Heil erlangen. Die göttliche Vorsehung verweigert auch denen das zum Heil

Notwendige nicht, die ohne Schuld noch nicht zur ausdrücklichen Anerkennung Gottes gekommen sind, jedoch, nicht ohne die göttliche Gnade, ein rechtes Leben zu führen sich bemühen"[6].

Wer bereits getauft ist (z. B. auch in der evangelischen Kirche) kann nicht wieder getauft werden. Wenn jedoch Zweifel bezüglich der gültig erfolgten Taufe bestehen, müssen gewissenhafte Nachforschungen angestellt werden; können die Zweifel nicht ausgeräumt werden, muß die Taufe dem Betroffenen bedingungsweise (sub conditione) erteilt werden.

Das gilt besonders für solche Menschen, die in einer nichtkatholischen kirchlichen Gemeinschaft getauft sind; sie sind dann bedingungsweise zu taufen, wenn bei der früheren nichtkatholischen Taufspendung die Materie und Form der Taufworte[7] berechtigten Zweifel an der Gültigkeit aufkommen lassen. Das gilt auch für jene Fälle, in denen die Intention des Taufenden nicht mit dem übereinstimmte, was die Kirche bei der Taufe tun will, und auch dann, wenn die Intention des erwachsenen Täuflings anders war als die, die für eine gültige Taufe gefordert ist.

Die religiöse Motivation, die bei der Kindertaufe die Eltern und Paten stellvertretend für das Kind bekunden, muß ein Erwachsener, der sich um die Taufe bewirbt, selbst zum Ausdruck bringen; ohne eine echte Glaubensbekundung vor der Taufe soll einem Erwachsenen das Sakrament nicht gespendet werden. Ist ein erwachsener Taufbewerber dazu nicht willens oder fähig, muß die Taufe verschoben und erneute pastorale Vorbereitung aufgenommen werden.

Aus seinem Glauben heraus muß der erwachsene Bittsteller die Taufe begehren, d. h., er muß seinen freien Willen zum Taufempfang kundtun und wissen, welche Pflichten und Rechte er als Christ in der Kirche übernimmt.

In der unmittelbaren Vorbereitungszeit auf den Empfang der Taufe (Taufkatechumenat) soll festgestellt werden, ob der Bewerber fähig ist, ein christliches Leben mit allen Konsequenzen zu führen.

Die entsprechende Vorbereitung auf die Beichte hat ebenfalls während des Katechumenats zu erfolgen.

Selbst in akuter Todesgefahr ist für den erwachsenen Taufbewerber ein Mindestwissen über die christlichen Glaubenswahrheiten erforderlich und ebenso die Bekundung seiner Bereitschaft zum Taufempfang mit dem Versprechen, sich die Gebote der christlichen Religion zu eigen zu machen.

Im Anschluß an die Taufe soll der erwachsene Bewerber gefirmt werden und auch das Sakrament der Eucharistie empfangen; nur, wenn ein

schwerwiegender Grund dagegensteht, kann davon Abstand genommen werden.
Die Eltern sind verpflichtet, ihre Kinder bald nach der Geburt in den ersten Wochen taufen zu lassen. Der Pfarrer, der das Sakrament spendet bzw. die Spendung einem anderen Priester oder Diakon überträgt, muß rechtzeitig über das Taufvorhaben informiert werden, damit er seinerseits die Gemeinde informieren kann, die ja an der Taufspendung teilnehmen soll.
Allerdings dürfen die Eltern wegen der Taufe ihrer Kinder nicht vom Pfarrer bedrängt werden. Das fundamentale Recht der Eltern auf die Entscheidung für oder gegen die Taufe ihrer Kinder darf von keinem Geistlichen beeinträchtigt werden.
Ohne die Zustimmung wenigstens eines Elternteils kann ein Kind nicht erlaubterweise getauft werden. Pastoral sinnvoll ist jedoch die freie Zustimmung beider Elternteile, da ja auch beide für die religiöse Erziehung ihrer Kinder verantwortlich sind.
Nur in Todesgefahr wird ein Kind auch gegen den Willen der Eltern erlaubt getauft. Hier steht das ewige Heil des Kindes über dem fundamentalen Recht der Eltern, über die Taufe ihrer Kinder zu bestimmen. „Im Lichte des Elternrechts begegnet diese Bestimmung jedoch erheblichen Bedenken und sollte daher nur äußerst behutsam angewandt werden"[8].

Taufpaten

Can. 872 – Einem Täufling ist, soweit dies geschehen kann, ein Pate zu geben; dessen Aufgabe ist es, dem erwachsenen Täufling bei der christlichen Initiation beizustehen bzw. das zu taufende Kind zusammen mit den Eltern zur Taufe zu bringen und auch mitzuhelfen, daß der Getaufte ein der Taufe entsprechendes christliches Leben führt und die damit verbundenen Pflichten getreu erfüllt.

Can. 873 – Es sind nur ein Pate oder eine Patin oder auch ein Pate und eine Patin beizuziehen.

Can. 874 – § 1. Damit jemand zur Übernahme des Patendienstes zugelassen wird, ist erforderlich:

1° er muß vom Täufling selbst bzw. von dessen Eltern oder dem, der deren Stelle vertritt, oder, wenn diese fehlen, vom Pfarrer oder von dem

Spender der Taufe dazu bestimmt sein; er muß zudem geeignet und bereit sein, diesen Dienst zu leisten;

2° er muß das sechzehnte Lebensjahr vollendet haben, außer vom Diözesanbischof ist eine andere Altersgrenze festgesetzt oder dem Pfarrer oder dem Spender der Taufe scheint aus gerechtem Grund eine Ausnahme zulässig;

3° er muß katholisch und gefirmt sein sowie das heiligste Sakrament der Eucharistie bereits empfangen haben; auch muß er ein Leben führen, das dem Glauben und dem zu übernehmenden Dienst entspricht;

4° er darf mit keiner rechtmäßig verhängten oder festgestellten kanonischen Strafe behaftet sein;

5° er darf nicht Vater oder Mutter des Täuflings sein.

§ 2. Ein Getaufter, der einer nichtkatholischen kirchlichen Gemeinschaft angehört, darf nur zusammen mit einem katholischen Paten, und zwar nur als Taufzeuge, zugelassen werden.

Nach uraltem christlichen Brauch nimmt an der Taufe auch ein Pate teil. Zusammen mit dem taufenden Geistlichen (oder Laien), den Eltern, Angehörigen und Vertretern der Gemeinde führt der Pate sein „Patenkind" gleichsam in die kirchliche Gemeinschaft ein; dem erwachsenen Täufling soll der Pate bei der christlichen Initiation beistehen und ihn ermutigen, ein guter Christ zu werden.

Nach Canon 872 soll jeder Täufling möglichst einen Paten haben; allerdings ist die Heranziehung eines Paten *oder* einer Patin oder auch eines Paten *und* einer Patin nur insofern eine Verpflichtung, als dies ohne Nachteile bzw. größere Schwierigkeiten geschehen kann. Zur Gültigkeit oder auch nur zur Erlaubtheit der Taufspendung ist ein Taufpate *nicht* erforderlich. Natürlich ist seine Hinzuziehung bei der Kindertaufe besonders deshalb wertvoll und zu empfehlen, weil ja der Pate zusammen mit den Eltern das religiöse Leben des Kindes aufbauen und begleiten soll, besonders dann, wenn die Eltern ihrer Pflicht zur religiösen Erziehung ihrer Kinder nicht nachkommen.

Was die Voraussetzungen zum Patendienst anbelangt, legt Canon 874 folgendes fest:

- Der Pate muß „bestellt" und darüber hinaus zu diesem Dienst bereit und in der Lage sein; vor allem muß er nicht nur katholisch und gefirmt sein und das Sakrament der Eucharistie empfangen haben, sondern auch seinen Glauben aktiv und überzeugt leben, damit er seinem Auftrag der Hilfeleistung bei der religiösen Erziehung gerecht werden kann.

- Wer jünger als 16 Jahre ist, kann nur dann den Patendienst übernehmen, wenn dies aus einem gerechten Grund dem Taufspender zulässig erscheint.
- Vater und Mutter sind von der Patenschaft ihrer eigenen Kinder ausgeschlossen; auch dann, wenn kein Pate berufen wurde, können die Eltern nicht als Paten fungieren.

In zunehmendem Maße wünschen heute Eltern einen Christen, der nicht zur katholischen Kirche gehört, als Paten für ihr Kind. Als regelrechter Taufpate kann ein getaufter nichtkatholischer Christ nicht fungieren; wohl aber darf er zusammen mit einem katholischen Partner als *Zeuge* (= nicht Pate) der Taufe teilnehmen. Im Sinne einer ökumenischen Zusammenarbeit sollte man von dieser Möglichkeit, wenn sie von den Eltern gewünscht wird, Gebrauch machen.
Aufgrund des allgemeinen Priestertums wirken die Laien bei der Spendung der Taufe insofern mit, als sie den kirchlichen Ehrendienst der Patenschaft übernehmen. Die Patenschaft ist ureigenste Aufgabe der Laien, die man ihnen unter keinen Umständen nehmen sollte.

ANMERKUNGEN

1 Vgl. Can. 842, § 1.
2 Vgl. Can. 96.
3 LG, Art. 7; vgl. LG, Art. 14, 15; UR, Art. 22.
4 SC, Art. 64.
5 A. Winklhofer, Kirche in den Sakramenten, Frankfurt/M. 1968, S. 125.
6 LG, Art. 16.
7 Unter der „Materie" der Taufe versteht man die Waschung mit Wasser, unter der „Form" die Taufworte „Ich taufe dich im Namen des Vaters und des Sohnes und des Heiligen Geistes" (vgl. Can. 849).
8 A. E. Hierold, Taufe und Firmung, in J. Listl/H. Müller/H. Schmitz, Handbuch, S. 668.

Titel II Sakrament der Firmung

Wirkungen der Firmung

Can. 879 – Das Sakrament der Firmung, das ein Prägemal eindrückt, beschenkt die Getauften, die auf dem Weg der christlichen Initiation voranschreiten, mit der Gabe des Heiligen Geistes und verbindet sie vollkommener mit der Kirche; es stärkt sie und verpflichtet sie noch mehr dazu, sich in Wort und Tat als Zeugen Christi zu erweisen sowie den Glauben auszubreiten und zu verteidigen.

Nach empfangener Taufe ist das Sakrament der Firmung die zweite Stufe auf dem Weg der christlichen Initiation; die Empfänger dieses Sakramentes werden „vollkommener der Kirche verbunden und mit einer besonderen Kraft des Heiligen Geistes ausgestattet. So sind sie in strenger Weise verpflichtet, den Glauben als wahre Zeugen Christi in Wort und Tat zugleich zu verbreiten und zu verteidigen“[1].
Canon 879 verpflichtet die Gefirmten, in *Wort und Tat* für Christus Zeugnis abzulegen. Das mutige Eintreten für den Glauben ist in der heutigen Situation der Kirche noch genauso notwendig wie in der Urkirche. „Denn Gott hat uns nicht einen Geist der Verzagtheit gegeben, sondern den Geist der Kraft, der Liebe und der Besonnenheit. Schäme dich also nicht, dich zu unserem Herrn zu bekennen“[2].
So bedeutet der Empfang der Firmung für jeden Christgläubigen einen neuen Auftrag, eine stärkere Verpflichtung, am Sendungsauftrag der Kirche mitzuarbeiten. Gestärkt durch den Geist Gottes erwächst dem Gefirmten in der Kirche und in der Welt auch neue Kraft, eigene und fremde Lebenskrisen besser zu bewältigen, die einen Menschen von außen und von innen befallen können. „Es ist an Glaubensnot und Triebnot, an Verfolgung bis aufs Blut und Bestehung der Verantwortung einem Menschen gegenüber zu denken; an die Situation der Pubertät, in der so viele Weichen gestellt werden, an die Probleme des Alterns, an die Situation der Krankheit, sogar an den das Leben fordernden Tod“[3].

Empfänger der Firmung

Can. 889 – § 1. Fähig zum Empfang der Firmung ist jeder Getaufte, der noch nicht gefirmt ist, und allein dieser.
§ 2. Außerhalb von Todesgefahr ist zum erlaubten Empfang der Firmung erforderlich, daß jemand, falls er über den Vernunftgebrauch verfügt, gehörig unterrichtet und recht disponiert ist und die Taufversprechen zu erneuern vermag.

Can. 890 – Die Gläubigen sind verpflichtet, dieses Sakrament rechtzeitig zu empfangen; die Eltern und die Seelsorger, vor allem die Pfarrer, haben dafür zu sorgen, daß die Gläubigen für seinen Empfang gebührend unterrichtet werden und zur rechten Zeit darauf zugehen.

Can. 891 – Das Sakrament der Firmung ist den Gläubigen um das Unterscheidungsalter zu spenden, wenn nicht die Bischofskonferenz ein anderes Alter festgesetzt hat oder Todesgefahr besteht oder nach dem Urteil des Spenders ein schwerwiegender Grund etwas anderes anrät.

Nur wer das Sakrament der Taufe gültig empfangen hat und noch nicht gefirmt ist, ist fähig, die Firmung zu empfangen. Die empfangene gültige Taufe ist also unverzichtbare Voraussetzung für die gültige Firmung. Ausgenommen den Fall einer akuten Todesgefahr, empfängt erlaubterweise die Firmung:

- wer den Vernunftgebrauch besitzt;
- wer bezüglich dieses Sakramentes ausreichend unterrichtet ist, die rechte innere Einstellung zur Firmung hat und sich seiner Verantwortung bewußt ist, die mit dem Empfang des Sakramentes übernommen wird;
- wer in der Lage ist, das Taufversprechen zu erneuern.

Ohne die innere positive Einstellung und Bejahung dieses Sakramentes werden die Bewerber der Firmung – zumeist jugendliche katholische Christen – kaum die Möglichkeit der aktiven Mitarbeit in der Gemeinde wahrnehmen. Daher ist es eine wichtige Aufgabe der pastoralen Arbeit, ihnen die eigentliche Grundbedeutung dieses Sakramentes zu erklären, nämlich ihre endgültige Bindung an die Kirche vermittels der Gaben des Heiligen Geistes, die zu einer noch stärkeren Verpflichtung zum Zeugnis durch Wort und Tat führt.

Auch wenn der Empfang der Firmung nicht zur Erlangung des ewigen Heils notwendig ist, so sind die Gläubigen doch schon deshalb zu ihrem Empfang verpflichtet, weil sie denen neue Kraft und neue Begeisterung vermittelt, die am Sendungsauftrag der Kirche Anteil haben.

Von sich aus werden die meisten jungen Christen den Wert der Firmung kaum erkennen. Sie bedürfen der klugen und überzeugenden Belehrung. Hier kommt besonders den Eltern, den Paten, den Seelsorgern, vor allem dem Pfarrer als dem Erstverantwortlichen für das Seelenheil seiner Gemeindemitglieder große Verantwortung zu.

Was den rechten *Zeitpunkt* der Firmung angeht, so ist wohl jene Zeit die günstigste, in der die Jugendlichen nicht mehr so stark vom christlichen Leben der Eltern und der Familie mitgetragen werden brauchen und beginnen müssen, ihre Lebensverantwortung allein zu tragen. Dieser Zeitpunkt dürfte mit beginnender Pubertät erreicht sein. Gerade für die neue Lebensorientierung mit ihren mannigfachen Krisen und Komplikationen ist die Bestärkung mit dem Geist Gottes besonders notwendig und sinnvoll. So sollte die Firmung möglichst zum Zeitpunkt der einsetzenden Pubertät empfangen werden.

Der Empfang der Firmung soll vor allem jenem negativen Trend im religiösen Leben entgegenwirken, der mit Beginn der Pubertätszeit bei vielen Jugendlichen sichtbar wird. Mit dem Austritt aus der Schule geht oft der Austritt aus dem kirchlichen und religiösen Leben einher. Gerade aber für den Neubeginn im Berufsleben ist Festigkeit im Glauben unverzichtbar. Es werden vom jungen Christen neue, bewußte religiöse und christliche Entscheidungen gefordert, und gerade die Firmung kann in dieser bedeutenden Lebensphase, dem Übergang vom Kindesalter in die Welt der jungen Erwachsenen, lebensentscheidende Akzente setzen.

Wenn also keine akute Todesgefahr besteht oder die Bischofskonferenz ausdrücklich nichts anderes vorsieht, sollte etwa mit Einsetzen der Pubertät, also etwa mit 12 Jahren, das Sakrament empfangen werden. „Gute Gründe gibt es für die Firmung etwa im 12. Lebensjahr. In diesem Alter kann das Kind bereits manches von der Bedeutung der Firmung erkennen und verwirklichen und deshalb sinnvoll um dieses Sakrament bitten. Es beginnt, sich aus der kindlichen Welt und dem kindgemäßen Mitglauben herauszulösen, und geht die ersten Schritte selbständigen Glaubens. In seiner Weise kann und muß es bereits Zeuge für Christus sein. Das Hauptgebot der Gottes- und Nächstenliebe kann es in seinem Bereich als Verpflichtung annehmen und befolgen. In diesem Alter besteht auch noch die Möglichkeit des Kontaktes zu den Seelsorgern über die Schule"[4].

Junge Menschen, die so rechtzeitig zu einer persönlichen und reifen Glaubensentscheidung geführt werden, können zu einem brauchbaren und belebenden Element in der Gemeinde werden, die ihrerseits auch selbst immer wieder der Erneuerung bedarf. Gerade der bewußt gelebte christliche Alltag aktiver Gläubiger hat unersetzbaren Zeugnischarakter, besonders für jene, die in der Kirche lau geworden sind und sich für eine längere Zeit vom Leben der Kirche abgewandt oder sich ganz von ihr getrennt haben.

Wer durch die Firmung im Glauben vertieft aktiv und engagiert das Leben seiner Pfarrgemeinde mitgestaltet, wird immer neue Impulse geben können, die dem Leben der ganzen Gemeinde zugute kommen.

Firmpaten

Can. 892 – Dem Firmling soll, soweit dies geschehen kann, ein Pate zur Seite stehen; dessen Aufgabe ist es, dafür zu sorgen, daß der Gefirmte sich wie ein wahrer Zeuge Christi verhält und die Verpflichtungen, die mit diesem Sakrament verbunden sind, getreu erfüllt.

Can. 893 – § 1. Damit jemand den Patendienst ausüben darf, muß er die in can. 874 genannten Voraussetzungen erfüllen.

§ 2. Es empfiehlt sich, daß als Pate herangezogen wird, wer denselben Dienst bei der Taufe übernommen hat.

Wie bei der Taufe soll nach christlichem Brauch der Kirche auch bei der Firmung ein Pate bestellt werden, wenn es sich ermöglichen läßt. Zur Gültigkeit bzw. zur Erlaubtheit der Firmung ist er jedoch nicht notwendig. Seine Beauftragung ist dennoch sehr sinnvoll und anzuraten, vor allem aus pastoralen Erwägungen heraus.

Auch wenn die Firmung den Gläubigen die besondere Kraft des Geistes Gottes schenkt, sind Menschen an der Seite des Firmlings notwendig, die mithelfen und dafür sorgen, daß der Gefirmte als wahrer Zeuge für Christus sein Leben gestaltet und die mit dem Sakramentenempfang übernommenen Pflichten gewissenhaft erfüllt. Der Firmpate repräsentiert jene Menschen.

Für die rechtmäßige Übernahme des Patendienstes gelten dieselben Bestimmungen wie für die Taufpaten (vgl. Can. 874, § 1). Wegen der gleichbleibenden Verantwortung erscheint es sinnvoll, wenn der Taufpate auch die Aufgabe des Firmpaten übernimmt. So wird auch die enge Verbindung von Taufe und Firmung deutlich dargestellt, und dem Taufpaten wird erneut sein Patendienst ins Bewußtsein gerückt[5].

ANMERKUNGEN

1 LG, Art. 11.
2 2 Tim 1,7–8.
3 A. Winklhofer, Kirche in den Sakramenten, Frankfurt/M. 1968, S. 142.
4 Synode, Beschluß „Schwerpunkte heutiger Sakramentenpastoral" B. 3.4.1.
5 Vgl. A. E. Hierold, Taufe und Firmung, in J. Listl/H. Müller/H. Schmitz, Handbuch, S. 675.

Titel III Heiligste Eucharistie

Feier der Eucharistie

Can. 898 – Die Gläubigen sind zu größter Wertschätzung der heiligsten Eucharistie gehalten, indem sie tätigen Anteil an der Feier des erhabensten Opfers nehmen, in tiefer Andacht und häufig dieses Sakrament empfangen und es mit höchster Anbetung verehren; die Seelsorger, welche die Lehre über dieses Sakrament darlegen, haben die Gläubigen gewissenhaft über diese Verpflichtung zu belehren.

Can. 899 – § 1. Die Feier der Eucharistie ist eine Handlung Christi selbst und der Kirche; in ihr bringt Christus der Herr durch den Dienst des Priesters sich selbst, unter den Gestalten von Brot und Wein wesenhaft gegenwärtig, Gott dem Vater dar und gibt sich den Gläubigen, die in seinem Opfer vereint sind, als geistliche Speise.
§ 2. In der eucharistischen Versammlung wird das Volk Gottes unter der Leitung des Bischofs oder des unter seiner Autorität stehenden Priesters, die in der Person Christi handeln, zur Einheit zusammengerufen; alle anwesenden Gläubigen, seien es Kleriker oder Laien, wirken zusammen, indem jeder auf seine Weise gemäß der Verschiedenheit der Weihen und der liturgischen Dienste teilnimmt.
§ 3. Die Feier der Eucharistie ist so zu ordnen, daß alle Teilnehmer daraus die reichsten Früchte erlangen, zu deren Empfang Christus der Herr das eucharistische Opfer eingesetzt hat.

Das heilige Geheimnis der Eucharistie ist das erhabenste Sakrament, weil in ihm Christus der Herr selber gegenwärtig ist.
Im neuen Kirchenrecht wird neben dem Opfercharakter besonders die kirchenbildende, d. h. Gemeinschaft stiftende, Kraft der heiligsten Eucharistie hervorgehoben:
„Das erhabenste Sakrament ist die heiligste Eucharistie, in der Christus der Herr selber enthalten ist, als Opfer dargebracht und genossen wird; durch sie lebt und wächst die Kirche beständig. Das eucharistische Opfer, die Gedächtnisfeier des Todes und der Auferstehung des Herrn, in dem das Kreuzesopfer immerdar fortdauert, ist für den gesamten Gottesdienst

und das gesamte christliche Leben Gipfelpunkt und Quelle; durch dieses Opfer wird die Einheit des Volkes Gottes bezeichnet und bewirkt sowie der Aufbau des Leibes Christi vollendet. Die übrigen Sakramente und alle kirchlichen Werke des Apostolats hängen nämlich mit der heiligsten Eucharistie zusammen und sind auf sie hingeordnet"[1].

Das kirchliche Gesetzbuch weist die Gläubigen darauf hin, daß sie die heiligste Eucharistie hoch einschätzen sollen und sie sehr verehren müssen als Höhepunkt und Quelle des ganzen christlichen Lebens.

„In der Teilnahme am eucharistischen Opfer, der Quelle und dem Höhepunkt des ganzen christlichen Lebens, bringen sie das göttliche Opferlamm Gott dar und sich selbst mit ihm; so übernehmen alle bei der liturgischen Handlung ihren je eigenen Teil, sowohl in der Darbringung wie in der heiligen Kommunion, nicht unterschiedslos, sondern jeder auf seine Art. Durch den Leib Christi in der heiligen Eucharistiefeier gestärkt, stellen sie sodann die Einheit des Volkes Gottes, die durch dieses hocherhabene Sakrament sinnvoll bezeichnet und wunderbar bewirkt wird, auf anschauliche Weise dar"[2].

Alle an der Eucharistiefeier teilnehmenden Gläubigen, Kleriker wie Laien, sind eingeladen, ihren aktiven und tätigen Beitrag bei der Eucharistiefeier zu leisten, denn besonders diese Feier geht den *ganzen* mystischen Leib der Kirche an; sie macht ihn sichtbar und wirkt auf ihn ein. Die einzelnen Glieder kommen in verschiedener Weise mit der Eucharistiefeier in Berührung, je nach den Unterschieden von Stand, Aufgabe und tätiger Teilnahme[3].

Die Gläubigen sollen das Sakrament häufig und voll Ehrfurcht empfangen und die Anbetung und Verehrung der eucharistischen Gestalten pflegen. Dabei kommt nach Canon 898 der Unterweisung der Gläubigen über das Geheimnis der Eucharistie durch die Seelsorger eine sehr große Bedeutung zu, auf die unter gar keinen Umständen verzichtet werden kann.

Natürlich ist die seelsorgliche Belastung der Geistlichen besonders in der heutigen Zeit zu einem echten Problem geworden. Sie sind stark überlastet bzw. überaltert und können in vielen Bereichen die Arbeit allein kaum noch bewältigen. Auch hier ist also die konkrete Mitarbeit und Mitverantwortung der Laien gefordert, damit die Eucharistie das Herz des Lebens der Kirche bleibt. Das kann aber nur geschehen, wenn die Gemeinschaft der Gläubigen immer wieder neu erfährt, welchen gar nicht hoch genug einzuschätzenden Stellenwert die Eucharistie in ihrem persönlichen Leben haben muß.

Empfang der heiligsten Eucharistie

Can. 912 – Jeder Getaufte, der rechtlich nicht daran gehindert ist, kann und muß zur heiligen Kommunion zugelassen werden.

Can. 913 – § 1. Damit die heiligste Eucharistie Kindern gespendet werden darf, ist erforderlich, daß sie eine hinreichende Kenntnis und eine sorgfältige Vorbereitung erhalten haben, so daß sie das Geheimnis Christi gemäß ihrer Fassungskraft begreifen und den Leib des Herrn gläubig und andächtig zu empfangen in der Lage sind.
§ 2. Kindern jedoch, die sich in Todesgefahr befinden, darf die heiligste Eucharistie gespendet werden, wenn sie den Leib Christi von gewöhnlicher Speise unterscheiden und die Kommunion ehrfürchtig empfangen können.

Can. 914 – Pflicht vor allem der Eltern und derer, die an Stelle der Eltern stehen, sowie des Pfarrers ist es, dafür zu sorgen, daß die Kinder, die zum Vernunftgebrauch gelangt sind, gehörig vorbereitet werden und möglichst bald, nach vorheriger sakramentaler Beichte, mit dieser göttlichen Speise gestärkt werden; der Pfarrer hat auch darüber zu wachen, daß nicht Kinder zur heiligen Kommunion hinzutreten, die den Vernunftgebrauch noch nicht erlangt haben oder die nach seinem Urteil nicht ausreichend darauf vorbereitet sind.

Can. 915 – Zur heiligen Kommunion dürfen nicht zugelassen werden Exkommunizierte und Interdizierte nach Verhängung oder Feststellung der Strafe sowie andere, die hartnäckig in einer offenkundigen schweren Sünde verharren.

Can. 916 – Wer sich einer schweren Sünde bewußt ist, darf ohne vorherige sakramentale Beichte die Messe nicht feiern und nicht den Leib des Herrn empfangen, außer es liegt ein schwerwiegender Grund vor und es besteht keine Gelegenheit zur Beichte; in diesem Fall muß er sich der Verpflichtung bewußt sein, einen Akt der vollkommenen Reue zu erwecken, der den Vorsatz miteinschließt, sobald wie möglich zu beichten.

Can. 917 – Wer die heiligste Eucharistie schon empfangen hat, darf sie am selben Tag nur innerhalb einer Feier der Eucharistie, an der er teilnimmt, ein zweites Mal empfangen, unbeschadet der Vorschrift des can. 921, § 2.

Can. 918 – Es wird mit Nachdruck empfohlen, daß die Gläubigen in der Feier der Eucharistie selbst die heilige Kommunion empfangen; wenn sie jedoch aus gerechtem Grund darum bitten, ist sie ihnen außerhalb der Messe zu spenden; dabei sind die liturgischen Riten zu beachten.

Can. 919 – § 1. Wer die heiligste Eucharistie empfangen will, hat sich innerhalb eines Zeitraumes von wenigstens einer Stunde vor der heiligen Kommunion aller Speisen und Getränke mit alleiniger Ausnahme von Wasser und Arznei zu enthalten.
§ 2. Ein Priester, der am selben Tag zweimal oder dreimal die heiligste Eucharistie feiert, darf vor der zweiten oder dritten Zelebration etwas zu sich nehmen, auch wenn nicht ein Zeitraum von einer Stunde dazwischenliegt.
§ 3. Ältere Leute oder wer an irgendeiner Krankheit leidet sowie deren Pflegepersonen dürfen die heiligste Eucharistie empfangen, auch wenn sie innerhalb der vorangehenden Stunde etwas genossen haben.

Can. 920 – § 1. Jeder Gläubige ist, nachdem er zur heiligsten Eucharistie geführt worden ist, verpflichtet, wenigstens einmal im Jahr die heilige Kommunion zu empfangen.
§ 2. Dieses Gebot muß in der österlichen Zeit erfüllt werden, wenn ihm nicht aus gerechtem Grund zu einer anderen Zeit innerhalb des Jahres Genüge getan wird.

Can. 921 – § 1. Gläubige, die sich, gleich aus welchem Grund, in Todesgefahr befinden, sind mit der heiligen Kommunion als Wegzehrung zu stärken.
§ 2. Auch wenn sie am selben Tag durch die heilige Kommunion gestärkt worden sind, ist es trotzdem sehr ratsam, daß jene, die in Lebensgefahr geraten sind, nochmals kommunizieren.
§ 3. Bei andauernder Todesgefahr wird empfohlen, daß die heilige Kommunion mehrmals, an verschiedenen Tagen, gespendet wird.

Can. 922 – Die heilige Wegzehrung für Kranke darf nicht allzu lange aufgeschoben werden; wer mit der Seelsorge betraut ist, hat sorgfältig darauf zu achten, daß die Kranken damit gestärkt werden, solange sie noch voll bei Bewußtsein sind.

Die Fähigkeit zum sakramentalen Empfang der Eucharistie und grundsätzlich auch das Recht dazu besitzt jeder Getaufte aufgrund des Taufcharakters. Das Recht, in der heiligen Kommunion den Leib des Herrn zu empfangen, und bis zu einem gewissen Grad auch die Pflicht dazu sind grundsätzlich allen Getauften, die zum Reich Gottes gehören, vom Herrn selbst ausdrücklich gegeben durch die Aussage am Schluß seiner eucharistischen Verheißungsrede:

„Wer mein Fleisch ißt und mein Blut trinkt, hat das ewige Leben, und ich werde ihn auferwecken am Letzten Tag. Denn mein Fleisch ist wirklich eine Speise, und mein Blut ist wirklich ein Trank. Wer mein Fleisch ißt und mein Blut trinkt, der bleibt in mir, und ich bleibe in ihm. Wie mich der lebendige Vater gesandt hat und wie ich durch den Vater lebe, so wird jeder, der mich ißt, durch mich leben. Dies ist das Brot, das vom Himmel herabgekommen ist. Mit ihm ist es nicht wie mit dem Brot, das die Väter gegessen haben; sie sind gestorben. Wer aber dieses Brot ißt, wird leben in Ewigkeit"[4].

Christus macht keine Angaben über die Häufigkeit des Empfangs (theoretisch könnte ein einmaliger Empfang ausreichen), noch spricht er darüber, wer vom Empfang ausgeschlossen werden muß. Das überläßt er der Binde- und Lösegewalt seiner Kirche, die sein Wirken hier auf Erden fortsetzt. „Damit soll bereits aufgrund des Willens Christi eine Norm gegeben werden, die flexibel ist, die sich den jeweiligen Zeitumständen anpassen kann und muß. Der Erlöser will keine festen Normen setzen und gibt damit seinen Willen kund, daß auch die kirchliche Autorität in ihrer Normgebung immer beweglich, großherzig und ‚elastisch' sein muß, eben *pastoral* orientiert"[5].

Das kirchliche Gesetzbuch umschreibt in Canon 912 (in negativer Abgrenzung), wer ein Recht auf den Kommunionempfang hat: „Jeder Getaufte, der rechtlich nicht daran gehindert ist, kann und muß zur heiligen Kommunion zugelassen werden." Jeder hat also, wenn das Recht es ihm aus bestimmten Gründen nicht untersagt, ein Anrecht auf den Empfang der heiligen Kommunion. Wer allerdings rechtlich am Empfang gehindert ist, darf nicht zugelassen werden, wie z. B. jene, die durch Exkommunikation oder Gottesdienstsperre vom Empfang ausgeschlossen sind, und zwar von dem Zeitpunkt an, an dem die Strafe verhängt oder der Eintritt der Strafe festgestellt wurde. Ebenso dürfen solche Getaufte nicht zugelassen werden, die hartnäckig im Zustand schwerer Sünde leben. Erst nach dem Empfang des Bußsakramentes dürfen jene wieder zugelassen werden, die sich einer schweren Sünde bewußt sind. Fehlt es jedoch an einer Beichtgelegenheit oder liegt ein wichtiger Grund vor, genügt ein Akt der vollkommenen Reue, verbunden mit dem Vorsatz, bei nächster Gelegenheit das Bußsakrament zu empfangen.

Ein besonders aktuelles pastorales Problem ist die Zulassung bzw. Nichtzulassung derjenigen, die geschieden und wiederverheiratet sind. Auch wenn der CIC diese Gruppe nicht eigens nennt, gehören sie doch zu jenen, denen die Kommunion nicht gereicht werden kann, da die Voraussetzungen für die Absolution fehlen[6].

Wohl jeder Seelsorger und viele katholische Christen kennen in ihren Gemeinden dieses große Problem. Die pastoral Verantwortlichen sehen sich in vielen Fällen in eine fast ausweglose Situation gedrängt. Selbst da, wo die Betroffenen ein christliches und religiöses Leben führen wollen und effektiv auch führen, ist ihre Lage so, daß die Seelsorge an ihnen doch ziemlich eingeschränkt ist. Was ist zu tun?

Eine Lösung scheint uns zwar dringend erforderlich, nach dem Stand des neuen Kirchenrechtes jedoch nicht möglich. Begnügen wir uns mit der Untersuchung der von Karl Rahner geprägten „realen Moral" (= persönliche Moral), nach der lediglich diejenigen nicht zum Kommunionempfang zugelassen werden dürfen, die sich persönlich schuldig fühlen.

Gerade im Bereich der anstehenden Frage fühlen sich aber viele persönlich nicht schuldig, sei es aus Oberflächlichkeit, sei es infolge des Drucks der öffentlichen Meinung („das ist doch heute normal"), sei es aus anderen Gründen; sie sehen in ihrem Verhalten nichts schwer Sündhaftes, weshalb sie subjektiv also auch nicht schwer schuldhaft seien, was ihnen den Zugang zur Eucharistiegemeinschaft eröffnen würde[7].

Es scheint uns jedoch unwahrscheinlich, daß ein christlich orientierter Mensch sich beim Vollzug des Ehebruchs subjektiv unschuldig fühlen kann. Wer die Botschaft Jesu kennt und wer seine Lehre verstanden hat, wird in seinem Gewissen immer seine Schuldhaftigkeit spüren, wenn er trotz bestehenden Ehebandes wieder standesamtlich heiratet und mit einem anderen Partner „ehelich" zusammenlebt. Diese Aussage ist allerdings einzuschränken im Hinblick auf jene Gläubigen, die mit den besten Absichten geheiratet haben, von ihrem Partner ohne eigene Schuld verlassen wurden und wieder heiraten, wenn sie nicht ein gleichsam zwangsweise „zölibatäres" Leben auf sich nehmen wollen. Da ihr Eheband kirchenrechtlich nach wie vor besteht, sind auch diese Personen vom Sakramentenempfang ausgeschlossen. Nachdem das Kirchenrecht Schuld oder Unschuld beim Scheitern einer Ehe nicht berücksichtigt, sind jene Gläubigen, die ohne eigene Schuld von ihrem Partner verlassen wurden, auf

besondere pastorale Hilfe angewiesen, um bestehende Härten zu mildern. Allerdings steht ihnen die Möglichkeit eines Ehenichtigkeitsverfahrens offen, das eine erneute, gültige Eheschließung ermöglicht, sofern die erste Ehe für nichtig erklärt wird (vgl. die Erläuterungen zu Can. 1141).
Nachdem auch der neue CIC keine Lösung des Problems beinhaltet, ist zu fragen, ob den Betroffenen wenigstens unter pastoralen Gesichtspunkten geholfen werden kann.
Besonders in einer Zeit der Orientierungslosigkeit und Verlassenheit vieler junger Menschen entsteht eine starke Sehnsucht nach Geborgenheit, nach Nähe und Heimat. Viele junge Menschen wollen der Unruhe in der eigenen – oft zerrütteten – Familie entfliehen und heiraten oft voreilig ohne die notwendige Vorbereitung und vor allen Dingen ohne eine klare Vorstellung und Erkenntnis, was die Ehe eigentlich bedeutet, was sie von jedem einzelnen Partner erfordert und welche Voraussetzungen erfüllt sein sollten. Das Zerbrechen vieler (junger) Ehen hat darin seinen Grund.
Hier muß die Pastoral mit allen ihren rechtlichen Möglichkeiten einsetzen (bis hin zu dem Versuch, eine Annullierung der ersten Ehe herbeizuführen, wenn sie offensichtlich von Anfang an ungültig gewesen ist), und sie darf das wichtige *Vorfeld* der Ehe (= Ehevorbereitung) nicht allein den Medien, den Psychologen und Medizinern überlassen. Die Seelsorge hat ein gewichtiges, unverzichtbares Wort mitzusprechen. Durch eine intensivere Vorbereitung auf die große Bedeutung und Verantwortung von Ehe und Familie kann zumindest dem Scheitern von Ehen vorgebeugt werden. Bei allen pastoralen Versuchen, wiederverheiratete Geschiedene doch über irgendwelche „Umwege" zur Eucharistie zuzulassen, bleibt doch immer ein Rest von Unbehagen sowohl seitens der Betroffenen als auch seitens der Kirche.
So werden also auch in Zukunft die Betroffenen auf den Empfang der Eucharistie verzichten müssen, solange sie in diesem Verhältnis leben. Nicht aber müssen sie auf die besondere pastorale Sorge der Kirche verzichten, wie dies auch im Schreiben der Kongregation für die Glaubenslehre an die Bischöfe vom 11. April 1973 zum Ausdruck kommt: „Was die Zulassung zu den Sakramenten anbelangt, so sollen die Ordinarien gleichfalls auf der einen Seite auf die Einhaltung der geltenden Disziplin der Kirche drängen (= Nichtzulassung); auf der anderen Seite sollen sie aber dafür sorgen, daß die Seelsorger mit besonderem Eifer denen nachgehen, die in einer unrechtmäßigen Verbindung leben ..."[8].
Was den Kommunionempfang durch die *Kinder* betrifft, so besteht die

Verpflichtung, daß sie ausreichendes Wissen haben und gewissenhaft auf den Sakramentenempfang vorbereitet wurden, so daß sie das große Geheimnis ihrer kindlichen Fassungskraft gemäß begreifen und den Leib des Herrn in Glaube und Ehrfurcht empfangen können.

Kindern, die sich in Todesgefahr befinden, darf dann die heilige Kommunion gespendet werden, wenn sie in der Lage sind, den Leib Christi von gewöhnlicher Speise zu unterscheiden. Die Kenntnis der christlichen Lehre, die sich wenigstens auf die Grundgeheimnisse erstrecken muß, die zum Heil unumgänglich notwendig sind, wird bei den Kindern in Todesgefahr – im Gegensatz zu den gesunden Kindern – nicht gefordert. Da es hier um eine Erfüllung göttlichen Rechtes geht, wird die Kirche immer großen Wert darauf legen müssen, die „via tutior", d. h. den sichereren Weg, zu gehen und das Sakrament in dieser Situation ohne Umstände und ohne Skrupel zu spenden.

Wir sahen oben, daß bereits durch die Verheißungsrede Jesu jeder Getaufte das Recht hat (aufgrund göttlichen Rechtes), die heilige Kommunion zu empfangen; ebenso ist nach dieser Verheißungsrede jeder Getaufte verpflichtet, den Leib des Herrn zu empfangen: „Wenn ihr das Fleisch des Menschensohnes nicht eßt und sein Blut nicht trinkt, habt ihr das Leben nicht in euch"[9]. Somit ist die Verpflichtung zum (jährlichen) Kommunionempfang ein göttliches Gesetz, das die Kirche unter gar keinen Umständen aufheben kann. Der CIC schreibt vor, daß alle Gläubigen im Besitz des Vernunftgebrauchs wenigstens einmal im Jahr, vorzugsweise in der österlichen Zeit, das Sakrament der Eucharistie empfangen müssen[10].

Diesem Gebot – sowohl dem göttlichen Gebot des Kommunionempfangs wie auch dem kirchlichen Gebot, dies jährlich zur österlichen Zeit zu tun – unterliegen auch alle zum Vernunftgebrauch gelangten Kinder.

„In pastoraler Umsicht aller für ein Kind Verantwortlichen (Eltern, Priester, Lehrer, Katecheten) wird man wohl darauf achten, daß ein Kind sich nicht mit der pflichtmäßigen Jahreskommunion begnügt, sondern öfters kommuniziert"[11].

Den Eltern und jenen, die ihre Stellung einnehmen, sowie dem Pfarrer obliegt die Verpflichtung, für die rechte Vorbereitung der Kinder auf den Kommunionempfang zu sorgen. „Und ihr Väter, reizt eure Kinder nicht zum Zorn, sondern zieht sie auf in der Zucht und Weisung des Herrn"[12]. Hier gibt die Heilige Schrift den Eltern die Pflicht und den Auftrag zur religiösen Erziehung ihrer Kinder, eine Aufgabe, die der Familie als ältester Rechtsinstitution zukommt.

Allen Christgläubigen wird nahegelegt, die heilige Kommunion *während* der Eucharistiefeier selbst zu empfangen; für manche Gläubige kann es sich jedoch aus den verschiedensten Gründen ergeben, daß sie außerhalb der Eucharistiefeier um die heilige Kommunion bitten. Unter Wahrung der liturgischen Riten haben sie in solchen Situationen ein Recht zum Empfang.
In jedem Fall sind die Gläubigen verpflichtet, eine Stunde vor dem Kommunionempfang (nicht vor Meßbeginn) nichts mehr zu essen und zu trinken (ausgenommen Wasser und Medizin). Alte und kranke Menschen und deren Pflegepersonal sind verständlicherweise von diesen Vorschriften ausgenommen.
Besonders die Gläubigen in Todesgefahr haben ein Recht auf den Empfang der heiligen Kommunion in Form der Wegzehrung.

Assistenz bei der Meßfeier kranker Priester

Can. 930 – § 2. Ein blinder oder an einer anderen Schwäche leidender Priester feiert das eucharistische Opfer erlaubt, indem er irgendeinen aus den genehmigten Meßtexten verwendet, falls erforderlich unter Assistenz eines anderen Priesters oder eines Diakons oder auch eines hinreichend unterwiesenen Laien, der ihn unterstützt.

Zunächst soll festgestellt werden, daß ohne einen gerechten und vernünftigen Grund ein Priester das eucharistische Opfer nicht ohne die Teilnahme wenigstens irgendeines Gläubigen feiern soll[13].
Abgesehen davon, daß das gläubige Volk in der eucharistischen Versammlung seinen festen und berechtigten Platz hat und auch eine tätige Rolle spielen soll, gibt es auch Situationen, in denen ein Laie einem kranken oder behinderten Priester, der die Person Christi bei der Feier vertritt, assistiert. Das ist besonders bei blinden Geistlichen der Fall; aber auch immer dann, wenn ein Priester ohne fremde Hilfe das heilige Opfer nicht feiern kann, darf ein entsprechend instruierter Laie ihm helfen. Diese Hilfe unterliegt keiner Einschränkung, sofern sie gebührend ehrfürchtig und dem heiligen Geschehen angemessen geleistet wird und dem leidenden Priester hilft, das Meßopfer zu feiern.

Aussetzung des Allerheiligsten

Can. 943 – Es ist Aufgabe des Priesters oder des Diakons, das Allerheiligste auszusetzen und den eucharistischen Segen zu erteilen; unter besonderen Umständen sind allein die Aussetzung und die Einsetzung, jedoch ohne Segen, Sache des Akolythen, des außerordentlichen Spenders der heiligen Kommunion oder eines anderen vom Ortsordinarius dazu Beauftragten, wobei die Vorschriften des Diözesanbischofs zu beachten sind.

Auch wenn die eucharistische Verehrung in unserer Zeit in vielen Gemeinden nachgelassen hat zugunsten anderer pastoraler Schwerpunkte, bleibt doch die Forderung bestehen, daß in jeder religiösen Gemeinschaft und in jeder Ortsgemeinde die Eucharistie gebührend angebetet werden soll. Allerdings ist in Form und Durchführung eine neu überdachte Art und Weise der Anbetung ein Gebot der Zeit, damit diese Form der eucharistischen Verehrung wieder mehr im christlichen Alltag realisiert wird.

„Die private und öffentliche Verehrung des Altarsakramentes auch außerhalb der Messe, die sich nach den von der rechtmäßigen Autorität und in der vorliegenden Instruktion aufgestellten Normen vollzieht, wird von der Kirche warm empfohlen, weil das eucharistische Opfer Quelle und Höhepunkt des gesamten christlichen Lebens ist"[14].

Wenn sich gerade auch in diesem Bereich die Laien engagieren, z. B. die eucharistischen Andachten mit vorbereiten und mitgestalten, dann kann diese Forderung einer neuen Aktualisierung der eucharistischen Verehrung realisiert werden. Während der Zeit der Aussetzung sollen die teilnehmenden Gläubigen mit Jesus Christus in enge Verbindung treten und seine unmittelbare Nähe spüren können.

„Um das innere Gebet anzuregen, können Schriftlesungen mit einer Homilie oder kurzer Ansprache gehalten werden, die zur größeren Hochschätzung des eucharistischen Geheimnisses führen. Es empfiehlt sich, daß die Gläubigen mit Gesängen dem Wort Gottes Antwort geben. Angebracht ist es, daß zur gegebenen Zeit auch heiliges Schweigen eingehalten wird. Am Ende der Aussetzung werde der Segen mit dem heiligsten Sakrament erteilt"[15].

Besonders die Akolythen sind in die Verantwortung gerufen. Auch sie sind zuständig für die Aussetzung des Allerheiligsten, wenn besondere Umstände (z. B. der heute aktuelle Mangel an Priestern und Diakonen) es

notwendig machen. Aber auch andere Laien, wie z. B. die Kommunionhelfer, können in Beauftragung des Oberhirten „aussetzen" und eucharistische Andachten leiten, bei denen allen Gläubigen besonders die Gegenwart Gottes bewußt werden soll.
„Die Frömmigkeit, welche die Gläubigen zur heiligen Eucharistie hindrängt, bedeutet deshalb eine Ermunterung für sie, voll und ganz am österlichen Geheimnis teilzunehmen und dankbaren Sinnes auf das Geschenk dessen zu antworten, der durch seine Menschheit ununterbrochen göttliches Leben in die Glieder seines Leibes einströmen läßt. Indem sie bei Christus, dem Herrn, verweilen, erfreuen sie sich vertrauten Umgangs mit ihm, schütten vor ihm ihr Herz aus und beten für sich und alle die Ihrigen, für den Frieden und das Heil der Welt. Mit Christus bringen sie im Heiligen Geiste ihr ganzes Leben dem Vater dar und empfangen aus dieser erhabenen Verbindung Wachstum in Glaube, Hoffnung und Liebe"[16].

Meßstipendium

Can. 945 – § 2. Den Priestern wird eindringlich empfohlen, die Messe, auch wenn sie kein Meßstipendium erhalten haben, nach Meinung der Gläubigen, vor allem der Bedürftigen zu feiern.

Can. 946 – Die Gläubigen, die ein Stipendium geben, damit eine Messe nach ihrer Meinung appliziert wird, tragen zum Wohl der Kirche bei und beteiligen sich durch dieses Stipendium an deren Sorge für den Unterhalt der Bediensteten und der Werke.

Wir haben bereits in Canon 213 erfahren, daß alle Christgläubigen ein Grundrecht auf die geistlichen Güter, besonders auf das Wort Gottes und die Sakramente haben.
Die Gläubigen haben ein Anrecht darauf, daß für sie und ihre Anliegen die heilige Messe gefeiert wird, auch wenn sie das übliche und nach rechtmäßigem Brauch der Kirche geforderte Stipendium für die Messe nicht zahlen können (z. B. wegen persönlicher Armut).
Dennoch hat die Gabe des Stipendiums unter anderem den tiefen Sinn, daß die Gläubigen damit Verantwortung für die Kirche und ihre Werke mit übernehmen und tragen. Die Gläubigen haben also grundsätzlich das

Recht, Stipendien mit einer bestimmten Intention zu geben. Der Seelsorger hat die Pflicht, dieses Stipendium anzunehmen; es steht nicht in seinem Belieben, das Meßstipendium abzuschaffen und durch eine etwaige allgemeine Sammlung zu ersetzen[17].

ANMERKUNGEN

1 Can. 897.
2 LG, Art. 11.
3 Vgl. SC, Art. 26.
4 Joh 6,54–58.
5 P. Boekholt, Eucharistie, S. 158.
6 Vgl. H. Socha, Kirchenrechtliche Überlegungen zum Kommunionempfang ungültig Verheirateter, in TThZ 81 (1972), S. 298–309.
7 Diese Meinung vertritt unter anderem H. Meyer, Können wiederverheiratete Geschiedene zu den Sakramenten zugelassen werden?, in J. David/F. Schmalz, Wie unauflöslich ist die Ehe, Aschaffenburg 1979, S. 269–306, hier 288.
8 Brief der Kongregation für die Glaubenslehre vom 11. 4. 1973 über die Unauflöslichkeit der Ehe und die Zulassung wiederverheirateter Geschiedener zu den Sakramenten, in ABl Aachen 43 (1975), S. 81.
9 Joh 6, 53.
10 Vgl. Can. 920.
11 P. Boekholt, Eucharistie, S. 160.
12 Eph 6,4.
13 Vgl. Can. 906.
14 EM, Nr. 18.
15 EM, Nr. 62.
16 EM, Nr. 50.
17 Vgl. A. Mayer, Die Eucharistie, in J. Listl/H. Müller/H. Schmitz, Handbuch, S. 676–691, hier 690; ders., Triebkräfte und Grundlinien der Entstehung des Meßstipendiums (= MthStkna), St. Ottilien 1976.

Titel IV Sakrament der Buße

Empfang und Formen des Bußsakraments

Can. 960 – Das persönliche und vollständige Bekenntnis und die Absolution bilden den einzigen ordentlichen Weg, auf dem ein Gläubiger, der sich einer schweren Sünde bewußt ist, mit Gott und der Kirche versöhnt wird; allein physische oder moralische Unmöglichkeit entschuldigt von einem solchen Bekenntnis; in diesem Fall kann die Versöhnung auch auf andere Weisen erlangt werden.

Can. 961 – § 1. Mehreren Pönitenten gleichzeitig kann ohne vorangegangenes persönliches Bekenntnis die Absolution in allgemeiner Weise nur erteilt werden:

1° wenn Todesgefahr besteht und für den oder die Priester die Zeit, die Bekenntnisse der einzelnen Pönitenten zu hören, nicht ausreicht;

2° wenn eine schwere Notlage besteht, das heißt, wenn unter Berücksichtigung der Zahl der Pönitenten nicht genügend Beichtväter vorhanden sind, um die Bekenntnisse der einzelnen innerhalb einer angemessenen Zeit ordnungsgemäß zu hören, so daß die Pönitenten ohne eigene Schuld gezwungen wären, die sakramentale Gnade oder die heilige Kommunion längere Zeit zu entbehren; als ausreichend begründete Notlage gilt aber nicht, wenn allein aufgrund eines großen Andrangs von Pönitenten, wie er bei einem großen Fest oder einer Wallfahrt vorkommen kann, nicht genügend Beichtväter zur Verfügung stehen können.

§ 2. Das Urteil darüber, ob die gemäß § 1, n. 2 erforderlichen Voraussetzungen gegeben sind, steht dem Diözesanbischof zu; dieser kann unter Berücksichtigung der Kriterien, die mit den übrigen Mitgliedern der Bischofskonferenz abgestimmt sind, feststellen, wann solche Notfälle gegeben sind.

Can. 962 – § 1. Damit ein Gläubiger die sakramentale Absolution, die gleichzeitig mehreren erteilt wird, gültig empfängt, ist nicht nur erforderlich, daß er recht disponiert ist; er muß sich vielmehr gleichzeitig auch vornehmen, seine schweren Sünden, die er gegenwärtig nicht auf diese Weise bekennen kann, zu gebotener Zeit einzeln zu beichten.

§ 2. Die Gläubigen sind, soweit möglich auch beim Empfang der Generalabsolution, über die Erfordernisse gemäß § 1 zu belehren; der Generalabsolution ist, selbst bei Todesgefahr, wenn die Zeit dafür ausreicht, die Aufforderung voranzuschicken, daß sich jeder bemüht, einen Akt der Reue zu erwecken.

Can. 963 – Unbeschadet der Verpflichtung nach can. 989 hat der, dem durch Generalabsolution schwere Sünden vergeben werden, bei nächstmöglicher Gelegenheit, sofern nicht ein gerechter Grund dem entgegensteht, ein persönliches Bekenntnis abzulegen, bevor er eine weitere Generalabsolution empfängt.

Es gehört zu den fundamentalen Aussagen des christlichen Glaubens, daß sich Gott im Laufe der Geschichte für die Menschen in Not immer wieder eingesetzt und sich um sie gekümmert hat; das kommt bereits in den Schriften des Alten Testaments, besonders in den Psalmen und prophetischen Büchern, deutlich zum Ausdruck. Damals wie heute haben die Menschen, die auf Gott vertrauen, die tröstliche Erfahrung gemacht, „daß Gott zu ihnen steht und sie in ihrem Dienst stärkt“[1].
Es ist nur schwer verständlich, warum die Menschen mit diesem Liebesangebot Gottes oft nicht umzugehen wissen, ja, es sogar ablehnen, um so ihr Leben immer wieder nach eigenen Maßstäben auszurichten. Von Anfang an gehen die Menschen schuldhaft an den Angeboten und Forderungen Gottes vorbei und verpassen so große Lebenschancen. Sie wollen auf „eigenen Füßen“ stehen, sie wollen „sein wie Gott“.
„Darauf sprach die Schlange zu dem Weibe: ‚Keineswegs, ihr werdet nicht sterben. Vielmehr weiß Gott, daß an dem Tage, da ihr davon esset, euch die Augen aufgehen und ihr sein werdet wie Götter, die Gutes und Böses erkennen‘“[2].
Dieser Sündenfall ist gleichsam die Initialzündung gewesen für eine lange menschliche Tradition von Schuld und Sünde. „Durch sündige Taten wurde eine lawinenartige Tradition der Sünde in Gang gebracht, die sich zur Sünde der Welt ausweitete und jeden Menschen, der in diese Geschichte eintritt, in seiner Lebensmitte erfaßt. So wird begreiflich, daß Paulus von einer in ihm, dem Menschen, sitzenden Sünde sprechen kann. Das Böse, das er nicht will, tut er“[3].
Sünde und Versagen haben ihren Sitz im Tiefsten der menschlichen Seele. „Ich tue nämlich nicht das Gute, das ich will, vielmehr was ich nicht will, das Böse, das tue ich. Wenn ich aber das tue, was ich nicht will,

dann führe nicht mehr ich es aus, sondern die in mir wohnende Sünde"[4].

Alle Menschen machen diese Erfahrung mit dem Bösen. Aber wir sind diesem Schicksal nicht unausweichlich ausgeliefert. Durch Jesu Leben, Tod und Auferstehung ist der Bann des Bösen gebrochen, d. h., in ihm und durch ihn ist dem Menschen wiederum „neues Leben" geschenkt; das wurde notwendig, weil sein Leben durch die Ursünde gleichsam zerstört war.

Dieses „neue Leben" als ein Geschenk von Gott knüpft allerdings an eine entscheidende Bedingung, an eine zentrale Forderung an: „Kehrt um" (metanoeite)[5], d. h. legt den „alten Menschen" ab und wendet euch *Gott* neu zu.

Diese neue gnadenhafte Gemeinschaft mit Gott wird uns Menschen durch die Kirche vermittelt, die durch das Ostergeschenk Jesu an die Apostel die Bevollmächtigung zur Sündenvergebung erhalten hat: „Empfanget den Heiligen Geist! Wem ihr die Sünden vergebt, denen sind sie vergeben"[6]. Seitdem ist für die Menschen „dieses Sakrament der Versöhnung zwischen Gott und den Menschen, ungeachtet aller geschichtlichen Wandlungen in seinem Vollzug, zur nie versiegenden Quelle des Friedens und zur beglückendsten Befreiung aus der drückendsten Knechtschaft, d. h. aus der Sünde, geworden"[7].

Und dennoch: Die Bußpraxis erfährt immer wieder ihre Krisen; die Gründe hierfür sind mannigfach. Sie liegen zum Teil auch in den Mängeln der bisherigen pastoralen Praxis begründet:

- Erzeugung falscher Sündenangst;
- fehlende Erziehung zum persönlichen Bekenntnis;
- oberflächliche Seelenführung seitens des Beichtvaters;
- Verharmlosung des Bekenntnisses seitens des Beichtvaters („*das* gehört doch nicht in den Beichtstuhl…").

Weil die Kirche jedoch das Werk ihres Stifters mit großer Verantwortung fortführen will, muß sie auch bei der Erfüllung dieser Aufgabe der Vergebung von Sünden und persönlichen Umkehr einen zentralen Platz einräumen.

Jesus begann sein öffentliches Wirken in Galiläa mit einer klaren zeitlichen Situationsbestimmung und mit einem eindeutigen und radikalen Aufruf zur Umkehr: „Die Zeit ist erfüllt, das Reich Gottes ist nahe. Kehrt um, und glaubt an das Evangelium"[8]!

Diese Forderung gilt für die ganze Kirche und für alle Menschen, und sie wird im Laufe der 2000 Jahre seit Bestehen der von Christus ins Leben gerufenen Kirche fortwährend neu erhoben. Sie gilt als Leitmotiv für die Verkündigung der Frohbotschaft von der Liebe Gottes zu den Menschen. Schon die Urkirche weiß um die Notwendigkeit einer aufrichtigen Bußgesinnung als Voraussetzung für den Glauben und für ein Leben gemäß der Forderung Jesu. Dies kommt in der Apostelgeschichte deutlich zum Ausdruck: „Als sie das hörten, traf es sie mitten ins Herz, und sie sagten zu Petrus und den übrigen Aposteln: Was sollen wir tun, Brüder? Petrus antwortete ihnen: Kehrt um, und jeder von euch lasse sich auf den Namen Jesu Christi taufen zur Vergebung seiner Sünden; dann werdet ihr die Gabe des Heiligen Geistes empfangen"[9].
Die Umkehr ist aber nicht allein eine Forderung Jesu[10], sondern sie ist gleichzeitig auch ein Gnadengeschenk Gottes, wie z. B. im Gleichnis vom verlorenen Sohn (besser: Gleichnis vom barmherzigen Vater) klar zum Ausdruck kommt[11].
Im kirchlichen Gesetzbuch von 1917 wird die Forderung Jesu nach Umkehr folgendermaßen zum Ausdruck gebracht: „Im Sakrament der Buße werden einem Getauften, der die rechte bußfertige Haltung zeigt (= Reue, Bekenntnis, Wille zur Besserung und Sühne), die nach der Taufe begangenen Sünden durch hoheitliche Lossprechung seitens eines von der kirchlichen Autorität hierzu bevollmächtigten Priesters nachgelassen"[12]. Das neue Kirchenrecht fügt hinzu: „Zugleich werden sie (= die Getauften) mit der Kirche versöhnt, die sie durch ihr Sündigen verletzt haben"[13].
Im sakramentalen Vollzug der Buße mit persönlichem und vollständigem Bekenntnis und anschließender Absolution erfährt die Umkehr ihre effektivste und konkreteste Verwirklichung. Durch das aufrichtige Bekenntnis und die anschließende Lossprechung wird der einzelne Gläubige wieder mit Gott und der Kirche versöhnt. Nicht nur Gott wird durch die (schwere) Sünde beleidigt; auch die Gemeinschaft der Kirche erfährt durch jede Ungeordnetheit ihrer Glieder persönlichen Schaden. So besitzt also das Bußsakrament eine ekklesiale Dimension. „Die aber zum Sakrament der Buße hinzutreten, erhalten für ihre Gott zugefügten Beleidigungen von seiner Barmherzigkeit Verzeihung und werden zugleich mit der Kirche versöhnt, die sie durch die Sünde verwundet haben und die zu ihrer Bekehrung durch Liebe, Beispiel und Gebot mitwirkt"[14].
Auch der neue CIC anerkennt die ekklesiale Dimension des Bußsakramentes, das Versöhnung mit Gott und der Kirche bewirkt, wie Canon

960 unmißverständlich ausdrückt. In diesem Canon wird bezüglich der Feier des Bußsakramentes festgelegt, daß die Gläubigen im individuellen Bekenntnis, d. h. in der Einzelbeichte, ihre schweren (und leichten) Sünden dem Priester als Stellvertreter Christi bekennen sollen und durch die Absolution Versöhnung mit Gott und der Kirche erhalten. Dieses ist der ordentliche Weg und die normale Form der Feier des Bußsakramentes.

Zum besseren Verständnis der oben angeführten Canones 960–963 ist ein kurzer Aufriß der geschichtlichen Entwicklung der Bußpraxis notwendig, bei der es um drei verschiedene Untergruppen geht:

- die Form der alten öffentlichen und unwiederholbaren Kirchenbuße;
- die „private" und wiederholbare Form der Kirchenbuße;
- die verschiedenen Formen der Bußpraxis heute.

Die Form der alten öffentlichen und unwiederholbaren Kirchenbuße

Bereits im Leben der jungen Kirche finden wir die Situation von Sünde und Schuld vor: „Übrigens hört man von Unzucht unter euch, und zwar von Unzucht, wie sie nicht einmal unter den Heiden vorkommt, daß nämlich einer mit der Frau seines Vaters lebt. Und da macht ihr euch noch wichtig, statt traurig zu werden und den aus eurer Mitte zu stoßen, der so etwas getan hat"[15].
In der Apostelgeschichte hören wir von einem Fall von Betrug und Unehrlichkeit: „Ein Mann namens Hananias aber und seine Frau Saphira verkauften zusammen ein Grundstück, und mit Einverständnis seiner Frau behielt er etwas von dem Erlös für sich. Er brachte nur einen Teil und legte ihn den Aposteln zu Füßen. Da sagte Petrus: Hananias, warum hat der Satan dein Herz erfüllt, daß du den Heiligen Geist belügst und von dem Erlös des Grundstücks etwas für dich behältst? Hätte es nicht dein Eigentum bleiben können, und konntest du nicht auch nach dem Verkauf frei über den Erlös verfügen? Warum hast du in deinem Herzen beschlossen, so etwas zu tun? Du hast nicht Menschen belogen, sondern Gott"[16].
Als Heil-mittel gegen die Trennung von Gott bot die Kirche den Menschen die Möglichkeit der Wiederversöhnung an, die ihr von Jesus Christus geschenkt wurde. In allen ihren verschiedenen Stufen stand diese Wiederversöhnung unter der Leitung des Bischofs; sie war lediglich *einmal* im Leben (meist auf dem Sterbebett) möglich[17].

Dabei war das Bekenntnis der Sünden im allgemeinen zwar geheim, aber die Bußakte waren öffentlich, d. h., sie mußten für die ganze Gemeinde sichtbar sein. Überhaupt sind die einzelnen Stufen der frühkirchlichen Bußpraxis interessant; wir wollen sie im Folgenden kurz nachzeichnen:

- Der Sünder legt zunächst ein geheimes Bekenntnis seiner Sünden ab und erbittet vom Bischof, dem er seine Sünden gebeichtet hat, die Zulassung zur Buße.
- Der Bischof legt dem Poenitenten die Hand auf und läßt ihn so vor der Gemeinde öffentlich zur Buße zu.
- Damit tritt für den Sünder eine zeitlich begrenzte (von Kirche zu Kirche verschieden lange) „Exkommunikation" ein, d. h., er ist vom sakramental-liturgischen Lebensvollzug der Gemeinde ausgeschlossen, insbesondere vom Empfang der heiligen Eucharistie; das bedeutet jedoch keinen Ausschluß vom allgemeinen kirchlichen Leben, an dem der Sünder ohne weiteres teilnehmen durfte, allerdings besonders gekennzeichnet durch ein eigenes Bußgewand und durch einen eigenen Platz im Kirchenraum.
- Die ganze Gemeinde begleitet den Büßenden mit fürbittendem Gebet.
- Wenn die einzelnen Bußwerke durchgeführt und die für sie vorgeschriebene Zeit verflossen ist, folgt die liturgische Wiederversöhnung (Rekonziliation) durch erneute Handauflegung des Bischofs (oder durch einen Priester, der mit besonderer Vollmacht ausgestattet ist).

Die „private" und wiederholbare Form der Kirchenbuße

Es ist leicht einzusehen, daß eine solche Bußpraxis, wie wir sie eben geschildert haben, in der sich immer weiter ausbreitenden Kirche bald nicht mehr durchführbar war. Die Bischöfe und die Priester mit besonderer Beichtvollmacht wären überlastet gewesen. So entstand, zuerst in der iro-schottischen Kirche, eine andere Form der sakramentalen Buße, die durch folgende Merkmale gekennzeichnet ist:

- Sie erfolgt „privat", d. h., sie wird zwischen dem Priester und dem Büßer vollzogen; eine Gemeinde nimmt daran nicht teil; dennoch ist auch hier sehr wohl ein öffentlicher Charakter festzustellen, denn auch diese Bußform bewirkt die Rekonziliation mit der Kirche und eine erneute Zulassung zur heiligen Kommunion.
- Sie ist wiederholbar und öffentliche Diffamierung ist verboten. Es können „schwere" und „leichte" Sünden gebeichtet werden.
- Der Verwalter des Sakramentes ist nicht nur ausschließlich der Bischof

oder ein mit besonderer Vollmacht ausgestatteter Priester, sondern jeder „einfache" Priester ist berechtigt, dieses Sakrament zu verwalten.
- Nachdem der Sünder seine Buße verrichtet hat, empfängt er vom Priester in einem eigenen kurzen liturgischen Akt die Rekonziliation.

Die verschiedenen Formen der Bußpraxis heute

Wir sahen oben bereits, daß Buße einerseits ein „sich auf den Weg machen" und andererseits ein Gnadengeschenk Gottes ist. Diesen Weg gehen wir nicht allein. Wir gehen ihn gemeinsam mit den einzelnen Gliedern der Kirche, und auf diesem Weg gibt es verschiedene *Formen* der Buße und der Vergebung der Sünden: „Gebet, Lesung der Heiligen Schrift, gläubiges Hören auf Gottes Wort, Mitfeier der Eucharistie, Werke der Nächstenliebe und Formen des Verzichtes, Aussöhnung mit anderen"[18].
Die heutige (neue) Bußordnung[19] kennt drei Formen des Sakramentes:

1. Die Feier der Versöhnung für einen einzelnen;
2. das Sakrament der Wiederversöhnung einzelner im gemeinsamen Gottesdienst mit Bekenntnis und Lossprechung der einzelnen (als ordentliche Form);
3. das Sakrament der Wiederversöhnung mit gemeinsamem Bekenntnis und allgemeiner Lossprechung (als außerordentliche Form).

Wir wollen einige wesentliche Grundzüge dieser drei Formen kurz untersuchen.

1. Die Feier der Versöhnung für einen einzelnen

In dieser Form, die unserer bisherigen Einzelbeichte entspricht, „erfährt der Mensch persönlich und sinnfällig, daß Gott ihm durch die Kirche seine Schuld vergibt. Er spricht sein Versagen selber aus. Schon dieses Aussprechen kann hilfreich sein und dazu beitragen, sich entschiedener vom Bösen abzuwenden"[20].
Der Ordo Poenitentiae stellt eindeutig fest, daß auch die Versöhnung einzelner eine gottesdienstliche Feier der Kirche darstellt.
Bei dieser Form kommt dem Beicht*gespräch* eine besondere Bedeutung zu. Gerade in der heutigen Zeit erfreut sich diese Art zu beichten einer besonderen Beliebtheit, und zwar nicht nur bei jungen Menschen. Der Pönitent möchte mit dem Priester „offen" sprechen; die Anonymität des

Beichtstuhles, ein eventuell fremder Priester sind für viele (junge) Christen eher zu einem Hindernis geworden.

Der Beichtvater wird nicht mehr in erster Linie als einer verstanden, dem man sein Bekenntnis sagt und der dann wieder in der Anonymität untergeht, sondern man möchte von Person zu Person mit ihm sprechen. Er darf den Lebensweg mit Rat und Tat begleiten, er darf persönliche Schwächen und Schwierigkeiten wissen, um sie so besser mittragen zu können. Der sogenannte „ständige Beichtvater" ist für eine kontinuierliche Wegbegleitung ideal.

Wenn auch das Beichtgespräch – zu Recht – in der heutigen Zeit immer mehr gewünscht wird, muß doch darauf geachtet werden, daß „der liturgische Vollzug des Bußsakramentes als gottesdienstliche Handlung gewahrt und erfahrbar"[21] ist.

2. Das Sakrament der Wiederversöhnung einzelner im gemeinsamen Gottesdienst mit Bekenntnis und Lossprechung der einzelnen

Diese Form, die bisher vor allem bei der Kinderbeichte üblich war, bindet den Empfang des Bußsakramentes in eine gemeinsame gottesdienstliche Feier ein.

„Das gemeinsame Hören auf Gottes Anruf zur Umkehr, Singen und Beten miteinander und füreinander, der gemeinsame Dank an Gott, der uns durch Christi Tod zu seinem Volk gemacht hat, sind eine Hilfe, in der Wiederversöhnung mit der Kirche die Versöhnung mit Gott zu finden"[22].

Der Empfang des Bußsakramentes in Gemeinschaft mit anderen Gläubigen im Rahmen einer gottesdienstlichen Feier stellt den kirchlichen Charakter der Buße klarer heraus als die private Einzelbeichte. Wer in dieser Weise mit Gott und der Kirche wieder versöhnt ist, ist aufgerufen, in der „Kleinarbeit" des Alltags den guten Vorsatz, so gut er kann, in die *Tat* umzusetzen.

Der Empfang des Bußsakramentes in dieser Form eignet sich besonders für Kleingruppen:
– für Kinder,
– für alte Menschen,
– für Ordensgemeinschaften,
– bei Orientierungstagen[23].

3. Das Sakrament der Wiederversöhnung mit gemeinsamem Bekenntnis und allgemeiner Lossprechung

Diese dritte Form der Feier entspricht in ihrem Aufbau der zweiten Form, dabei steht allerdings statt der Einzelbeichte die Generalabsolution im Mittelpunkt des Geschehens.
Die neue Bußordnung spricht von besonderen Situationen, in denen bei gemeinsamem Schuldbekenntnis eine allgemeine Lossprechung erteilt werden kann, wobei allerdings die schweren Sünden bei nächster Gelegenheit in einer Einzelbeichte bekannt werden müssen.
Zu beachten ist jedoch, daß diese dritte Form der Versöhnung mit Gott und der Kirche nur dann erlaubt ist, wenn ein vollständiges, umfassendes Einzelbekenntnis physisch oder moralisch unmöglich ist. Nach allgemeinem Recht ist dies nur bei Lebensgefahr und bei Vorliegen „einer schwerwiegenden Notwendigkeit" der Fall. Eine schwerwiegende Notwendigkeit ist dann gegeben, „wenn z. B. wegen des Mangels an Priestern die Gläubigen über lange Zeit das Bußsakrament nicht empfangen können und so vom Empfang der Eucharistie ausgeschlossen wären"[24].
Hin und wieder wird wegen eines großen Andrangs, wie er z. B. bei einer Wallfahrt oder bei einem großen Fest vorkommen kann, voreilig von der Möglichkeit einer Generalabsolution gesprochen; diese ist jedoch nur dann erlaubt, wenn nicht ausreichend viele Beichtväter vorhanden sind; stehen jedoch genügend Beichtväter zur Verfügung, ist *nur* die Einzelbeichte gestattet.
Was die oben erwähnte „Notlage" angeht, ist es Recht und Aufgabe des Diözesanbischofs (nach Beratung mit den Mitgliedern der Bischofskonferenz) zu beurteilen, ob in diesem oder jenem konkreten Fall eine Notlage auch wirklich gegeben ist. Ganz allgemein gilt ohnehin, daß es einzig und allein dem Diözesanbischof zusteht, authentisch zu erklären, unter welchen Voraussetzungen die Generalabsolution erteilt werden darf; eine solche Klärung liegt nicht im Kompetenzbereich eines Pfarrers bzw. seiner Mitarbeiter.
Die Deutsche Bischofskonferenz hat 1972 erklärt, daß zum gegenwärtigen Zeitpunkt in den Diözesen der Bundesrepublik Deutschland kein „schwerwiegender Notfall" gegeben ist, der eine Generalabsolution rechtfertigen würde[25].
Allerdings haben die Bischöfe auf der VI. Vollversammlung der Synode zugesagt, nochmals sorgfältig zu prüfen, ob nicht auch für einzelne Situationen unseres Landes (z. B. in der Diaspora) jene Bedingungen zutreffen,

die nach der neuen Ordnung der Buße die Generalabsolution (außer bei Lebensgefahr) gestatten. Auf der Herbstvollversammlung 1976 wurde dann endgültig von der Deutschen Bischofskonferenz festgelegt, die Generalabsolution in den deutschen Diözesen nicht einzuführen[26].

Unter Generalabsolution versteht man jene Form der Lossprechung, die gleichzeitig mehreren Gläubigen erteilt wird oder einem einzelnen Gläubigen ohne vorausgegangenes Sündenbekenntnis.

Für ihre Gültigkeit ist die rechte Disposition erforderlich, d. h. eine gute Vorbereitung und innere Einstimmung mit entsprechender Reue und gutem Vorsatz. Falls sich jemand einer schweren Schuld bewußt ist, ist der Wille zur baldigen persönlichen Beichte unbedingt notwendig. Erst danach könnte gegebenenfalls wieder eine Generalabsolution erfolgen, es sei denn, daß ein wichtiger und gerechter Grund die Ohrenbeichte zwischen zwei Generalabsolutionen nicht möglich macht.

Viele Gläubige wissen nicht um diese Forderung; deshalb sollen sie darüber unbedingt unterrichtet werden.

Wer sich in Todesgefahr befindet, sollte dennoch möglichst einen Reueakt erwecken, bevor ihm die Generalabsolution gespendet wird. Wenn für den Akt der Reue keine Zeit bleibt oder wenn das Bemühen um den Reueakt erfolglos ist (aus Schwäche), dann kann die Absolution auch ohne vorherige Reue gespendet werden.

Lossprechung, Buße, Beichtgelegenheit

Can. 980 – Wenn der Beichtvater keinen Zweifel an der Disposition des Pönitenten hat und dieser um die Absolution bittet, darf diese weder verweigert noch aufgeschoben werden.

Can. 981 – Je nach Art und Zahl der Sünden hat der Beichtvater unter Berücksichtigung der Verfassung des Pönitenten heilsame und angemessene Bußen aufzuerlegen; der Pönitent ist verpflichtet, diese persönlich zu verrichten.

Can. 986 – § 1. Jeder, dem von Amts wegen die Seelsorge aufgetragen ist, ist zur Vorsorge dafür verpflichtet, daß die Beichten der ihm anvertrauten Gläubigen gehört werden, die in vernünftiger Weise darum bitten; des weiteren, daß ihnen an festgesetzten Tagen und Stunden, die ihnen genehm sind, Gelegenheit geboten wird, zu einer persönlichen Beichte zu kommen.

§ 2. In einer dringenden Notlage ist jeder Beichtvater verpflichtet, die Beichten von Gläubigen entgegenzunehmen, und in Todesgefahr jeder Priester.

Der Pönitent hat ein Recht darauf, die Lossprechung von seinen Sünden vom Beichtvater zu erhalten, vorausgesetzt, er hat sie ihm bekannt und der Beichtvater hat keinen Zweifel an der Disposition des Pönitenten, der in vernünftiger Weise um die Absolution bittet.

„Im Einzelfall mag die Beurteilung der Reue und des Willens zur Besserung schwer sein, da u. U. das nicht allein vom Willen des Pönitenten abhängt, z. B. wenn eine Feindschaft mit einem anderen Menschen gebeichtet wird. Ein gewisser Ermessensspielraum ist unvermeidbar, darf aber nicht zum Nachteil des Beichtenden angewandt werden. Bei rückfälligen Sündern ist der Wille nötig, das zu tun, was in den Kräften des Betreffenden liegt, wobei die Umstände stärker sein können als der gute Wille des einzelnen"[27].

Die Buße ist einerseits eine Sühneleistung für die in der Beichte bekannte Schuld; andererseits soll sie dem Pönitenten helfen, seine Umkehr realistisch zu gestalten. Deshalb beinhaltet Canon 981 die Vorschrift, die Buße je nach Art und Zahl der Sünden zu bemessen. Wenn die Zeit es erlaubt, sollen Beichtvater und Pönitent gemeinsam das Bußwerk überlegen, damit es wirklich zu „neuem Leben" beitragen kann. Die Bußwerke können verschiedenartig sein. Es sollen nicht nur Gebete, sondern auch praktische Aktivitäten (Werke der Nächstenliebe, persönlicher Verzicht zugunsten Notleidender usw.) auferlegt werden. Die gewissenhafte Erfüllung der Buße ist ein echter Ausdruck für den Willen zur Umkehr.

„Bußgesinnung und Umkehrwille eines Christen finden in Taten der Buße ihren Ausdruck. Sie dürfen im Leben des Christen und der Kirche nicht fehlen. Die Heilige Schrift und die älteste kirchliche Überlieferung nennen Gebet, Fasten und Almosen nicht nur als Frucht der Buße, sondern auch als deren konkrete Verwirklichung. Sie schenken Hoffnung auf Vergebung entsprechend der Verbundenheit des Glaubenden mit dem Herrn"[28].

Aufschub der Lossprechung

Can. 982 – Wer bekennt, fälschlich einen unschuldigen Beichtvater bei der kirchlichen Autorität des Vergehens der im Zusammenhang mit der Beichte geschehenen Verführung zu einer Sünde gegen das sechste Gebot des Dekalogs bezichtigt zu haben, darf erst absolviert werden, wenn er vorher in aller Form die falsche Anzeige zurückgezogen hat und bereit ist, angerichteten Schaden wiedergutzumachen.

Wenn ein Pönitent bekennt, daß er einen Beichtvater fälschlich bei der kirchlichen Autorität angezeigt hat, er sei von ihm im Rahmen einer Beichte zu einer Sünde gegen das 6. Gebot verführt worden, kann er die Lossprechung aus gutem Grund nicht erhalten, bis er die Falschanzeige formell zurückgenommen hat und willens ist, den angerichteten Schaden wiedergutzumachen.
Dieser im neuen Kirchenrecht einzige Fall eines direkten Vorbehaltes der Sündenlossprechung will den Beichtvater schützen, der gegen solche Anklage aufgrund seiner Bindung an das Beichtgeheimnis völlig wehrlos ist. Er kann sich nicht verteidigen, denn er ist verpflichtet, nichts aus der Beichte in bezug auf den Pönitenten preiszugeben.
Alles, was im Zusammenhang mit der Beichte geschieht, unterliegt dem absoluten, unwiderruflichen Beichtgeheimnis.

Reue, guter Vorsatz

Can. 987 – Damit ein Gläubiger die heilbringende Hilfe des Bußsakraments empfängt, muß er so disponiert sein, daß er sich unter Reue über seine begangenen Sünden und mit dem Vorsatz zur Besserung Gott zuwendet.

Zur gültigen und sinnvollen Beichte gehört vor allem auch die Bereitschaft zur Umkehr, die eine Reue über die begangenen Sünden und den guten Vorsatz zur Besserung beinhaltet. Nur wenn ein Gläubiger diese Bereitschaft aufbringt, kann das Sakrament der Buße für ihn zu einem heilbringenden Geschenk werden.
Dabei muß die *Reue* echt sein und aus der Tiefe des Herzens kommen.

Das *Bekenntnis* soll umfassend und ehrlich sein; bewußt darf nichts verschwiegen werden und schwere Sünden dürfen nicht nur summarisch behandelt werden, d. h., ein Pönitent ist verpflichtet, in seinem Bekenntnis alle schweren Sünden auch zu nennen, und zwar ihre Art und ihre Zahl.

Schließlich ist auch der *Vorsatz* zur Besserung verbunden mit der *Buße,* die diese Besserung und den neuen Aufbruch mitbewirken soll, ein wesentliches und unverzichtbares Element des Bußsakramentes. „Bei der Lossprechung muß zumindest der Wille da sein, sich zu bessern und die *Buße* willig zu übernehmen, in deren persönlicher Ableistung aber nicht allein die Genugtuung bestehen soll. Vielmehr muß sich diese Besserung im persönlichen und gemeinschaftlichen Leben auswirken. Die Metanoia ist dauernde Aufgabe des Christen, ein wichtiger Aspekt der gesamten Pastoral"[29].

Demgegenüber wird besonders in unserer Zeit die Tendenz deutlich, Bußgesinnung, Beichte und Metanoia (= Umkehr) aus dem Alltag zu verdrängen, obwohl gerade darin für viele Menschen eine Quelle neuen Lebensmutes in einer Zeit der Ziellosigkeit und Orientierungslosigkeit läge. Das Angebot des göttlichen Erbarmens ist nicht mehr gefragt.

Das tritt besonders deutlich in den Unsicherheiten und Hilflosigkeiten vor der Beichte zutage: „Ich weiß gar nicht, was ich beichten soll; schließlich habe ich niemanden umgebracht." Im großen und ganzen halten die Menschen unserer Tage ihr Leben für durchaus in Ordnung, und sie leben – wenn überhaupt – einen religiösen Lebensstil, in dem der Gedanke an Sünde und Schuld wenig Bedeutung hat. Somit verliert auch der Empfang des Bußsakramentes an Stellenwert.

Schon die Gemeinsame Synode stellt einen „heimlichen Unschuldswahn" fest, der sich in Kirche und Gesellschaft ausbreitet: „Jesus Christus ist unser Erlöser, in dem uns Gottes Verzeihen nahe ist und der uns befreit von Sünde und Schuld. ‚Durch sein Blut haben wir die Erlösung, die Vergebung der Sünden nach seiner reichen Gnade' (Eph 1,7). Dieses Bekenntnis unserer Hoffnung trifft auf eine Gesellschaft, die sich von dem Gedanken der Schuld selbst immer mehr freizumachen sucht. Christentum widersteht mit seiner Rede von Sünde und Schuld jenem heimlichen Unschuldswahn, der sich in unserer Gesellschaft ausbreitet und mit dem wir Schuld und Versagen, wenn überhaupt, immer nur bei ‚den anderen' suchen, bei den Feinden und Gegnern, bei der Vergangenheit, bei der Natur, bei Veranlagung und Milieu. Die Geschichte unserer Freiheit scheint zwiespältig, sie wirkt wie halbiert. Ein unheimlicher Entschuldigungsmechanismus ist in ihr wirksam: die Erfolge, das Gelingen und die Siege unseres Tuns schlagen wir uns selbst zu; im übrigen aber kultivieren wir die Kunst der Verdrängung, der Verleugnung unserer Zuständigkeit, und wir sind auf der Suche nach immer neuen Alibis angesichts der Nachtseite, der Katastrophenseite, angesichts der Unglücksseite der von uns selbst betriebenen und geschriebenen Geschichte"[30].

Im Gegensatz zu diesem „heimlichen Unschuldswahn" vieler unserer Zeitgenossen gibt es aber auch viele Menschen, die von großen Schuldgefühlen und Lebensangst gequält werden. Oft genug verzweifeln sie an ihrem Leben; in ihrer Ausweglosigkeit konsultieren sie Psychoanalytiker und Psychotherapeuten, hungern nach Beratung und echter Hilfe.

Wir können und wollen die Entdeckungen der Tiefenpsychologie, der Human- und Gesellschaftswissenschaften nicht in ihrer großen Bedeutung schmälern. Diese Wissenschaften können zwar das Phänomen der Schuld erklären, aber nicht die Schuld beseitigen. Die Sehnsucht des Menschen nach Vergebung, ja sein Angewiesensein auf Vergebung lassen sich nicht durch Wissenschaft kompensieren. Die Vergebung von Sünde und Schuld liegt nicht in der Kompetenz und Möglichkeit der Humanwissenschaft.

Echte und befreiende Vergebung erfolgt originär durch die Kirche, die diese Bevollmächtigung durch das Ostergeschenk Christi erhalten hat: „Wem ihr die Sünden vergebt, dem sind sie vergeben; wem ihr die Vergebung verweigert, dem ist sie verweigert"[31].

Durch die Vergebung von Sünde und Schuld erfährt der schwach gewordene Mensch von Gott neue Lebensmöglichkeiten, neue Freude und vor allem neuen inneren und äußeren Frieden. Die sakramentale Beichte, die Bereitschaft zu Umkehr und Versöhnung also, ist die eigentliche Quelle für neuen Lebensmut.

Sündenbekenntnis

Can. 988 – § 1. Der Gläubige ist verpflichtet, alle nach der Taufe begangenen schweren Sünden, deren er sich nach einer sorgfältigen Gewissenserforschung bewußt ist, nach Art und Zahl zu bekennen, sofern sie noch nicht durch die Schlüsselgewalt der Kirche direkt nachgelassen sind und er sich ihrer noch nicht in einem persönlichen Bekenntnis angeklagt hat.

§ 2. Den Gläubigen wird empfohlen, auch ihre läßlichen Sünden zu bekennen.

Can. 989 – Jeder Gläubige ist nach Erreichen des Unterscheidungsalters verpflichtet, seine schweren Sünden wenigstens einmal im Jahr aufrichtig zu bekennen.

Can. 990 – Niemand darf daran gehindert werden, mit Hilfe eines Dolmetschers zu beichten; dabei sind aber Mißbräuche und Ärgernisse zu vermeiden und die Vorschrift des can. 983, § 2 zu beachten.

Can. 991 – Jedem Gläubigen steht es frei, die Sünden einem rechtmäßig bestellten, auch einem anderen Ritus zugehörigen, Beichtvater seiner Wahl zu bekennen.

Wir sagten oben bereits, daß der Christgläubige verpflichtet ist, alle schweren Sünden (= die Verletzung der sittlichen Ordnung in voller Einsicht und Freiheit), die er nach der Taufe begangen hat und von denen er noch nicht absolviert wurde, in der sakramentalen Beichte wenigstens einmal jährlich aufrichtigen Herzens bei einem Beichtvater freier Wahl zu beichten (bei Ausländern ist die Beichte mit einem Dolmetscher möglich, aber nicht verpflichtend).
Bei jeder Beichte ist, wie wir sagten, die Art und Zahl der schweren Sünden anzugeben, ohne allerdings, was die Zahl angeht, in Skrupel zu geraten. Um hier gewissenhaft vorzugehen, ist eine vorherige Gewissenserforschung unabdingbar.
Durch das Gewissen erfahren wir besonders den Wert unserer Gedanken, Worte und Taten bzw. Unterlassungen. Das Gewissen ist für jeden Menschen eine ständige Aufforderung zum Guten. Der Maßstab für jeden Christgläubigen und für sein Gewissen ist Jesus Christus, der vorgelebt hat, wie die Christen zu leben verpflichtet sind. In diesem Sinne wird jedem Gläubigen bei der Gewissenserforschung bald klar, was er nach dem Willen des Herrn tun soll (vgl. Apg 22, 10), auch und besonders in einer Zeit der verwirrenden Gegensätzlichkeiten und Anschauungen gerade auch im sittlichen Bereich.
Hier ist ein jeder verpflichtet, seinem Gewissen zu folgen, Grundentscheidungen zu fällen und Versagen, Sünde und Schuld, die das Gewissen deutlich erkennen und sich auch nicht verdrängen lassen, zu bekennen. Sogenannte läßliche Sünden *können* gebeichtet werden, während die schweren Sünden gebeichtet werden *müssen*.
Wir müssen also davon ausgehen, daß es schwere Sünden (= Todsünden,

weil sie zum Tode der Beziehung zwischen Gott und seinem Geschöpf führen) und läßliche Sünden gibt. Jesus hat diesen Unterschied selber klar herausgestellt: „Warum siehst du den Splitter im Auge deines Bruders, aber den Balken in deinem Auge bemerkst du nicht"[32]?

Allerdings ist es im alltäglichen Leben und bei einem noch so geschulten Gewissen nicht immer leicht, „mit Sicherheit zu sagen, ob ein bestimmtes Verhalten schwer sündhaft gewesen ist oder nicht; denn wir sind abhängig von Erbe und Erziehung, von den gesellschaftlichen Verhältnissen und von der öffentlichen Meinung. Auch handeln wir oft unüberlegt und emotional. Wir sollten also nicht übertrieben ängstlich sein. Wir dürfen aber auch Gott nicht versuchen. Es wäre vermessen, die schwere Sünde von vorneherein zu leugnen oder sie hinwegzudisputieren. Die Heilige Schrift nennt Sünden, die den Menschen von Christus trennen und vom Reich Gottes ausschließen: Unzucht, Ausschweifung, Götzendienst, Feindschaft, Streit, Mord, Trunkenheit und dergleichen (vergleiche Gal 5,19 ff.; 1 Kor 6,9 f.; Kol 3,5; Eph 5,3–7; Röm 1,29–32)"[33].

Selbst wenn läßliche Sünden unsere Grundentscheidung für Gott nicht zurücknehmen, empfiehlt der kirchliche Gesetzgeber die Beichte auch der läßlichen Sünden. Die Pastoraltheologie kann sich dieser rechtlichen Empfehlung nur anschließen: „In vielen pastoralen Verlautbarungen wurde auf die Fruchtbarkeit und Wirksamkeit solcher ‚Andachtsbeichten' hingewiesen. Sie sind zugleich das Umfeld, das die Beichte schwerer Sünden ermöglicht, ohne daß die Beichte diffamierenden Charakter hat. Daher wäre es seelsorglich falsch, einseitig darauf hinzuweisen, daß nur der zu beichten braucht und beichten soll, der eine schwere Sünde begangen hat"[34].

Auch die leichte oder läßliche Sünde führt zu einer inneren Unruhe, sie macht friedlos und spaltet. Sie verletzt unsere Liebe zu Gott und zum Nächsten; Lieblosigkeiten summieren sich und sind deshalb nicht ungefährlich. Jede Sünde, auch die läßliche, ist ein Geheimnis der Bosheit (vgl. 2 Thess 2,7a) und bildet also eine ausreichende Grundlage (materia sufficiens) für den Empfang der sakramentalen Versöhnung.

Das Bekenntnis „nur" läßlicher Sünden nennt man also ganz allgemein „Andachtsbeichten". Die Synode empfiehlt allen Christen, die sich keiner schweren Sünde bewußt sind, „in Zeitabständen, in denen das eigene Leben noch überschaubar ist, das Bußsakrament zu empfangen. Darin kommt zum Ausdruck, daß jeder Gläubige immer neu der Vergebung und Hilfe bedarf, die ihm im Bußsakrament geschenkt wird"[35].

Den Ordenschristen wurde früher empfohlen, häufig, d. h. wenigstens zweimal im Monat, zu beichten[36]. Inzwischen hat der neue CIC die Empfehlung der vierzehntägigen Beichte abgeändert und ermahnt lediglich zum häufigen Empfang der Buße und zur täglichen Gewissenserforschung[37].

Ablässe

Can. 994 – Jeder Gläubige kann Teilablässe oder vollkommene Ablässe für sich selbst gewinnen oder fürbittweise Verstorbenen zuwenden.

Can. 996 – § 1. Damit jemand fähig ist, Ablässe zu gewinnen, muß er getauft sein; er darf nicht exkommuniziert sein und muß sich wenigstens beim Abschluß der vorgeschriebenen Werke im Stand der Gnade befinden.
§ 2. Damit aber jemand, der dazu fähig ist, Ablässe gewinnt, muß er zumindest die Absicht haben, sie zu gewinnen; er muß auch die auferlegten Werke gemäß den Bestimmungen der Ablaßgewährung in der festgesetzten Zeit und in der gebotenen Weise erfüllen.

Nach Karl Rahner besteht das Wesen des Ablasses darin, daß die Kirche besonders für ihre Glieder bei Gott Fürsprache einlegt und durch das Ablaßgebet für ein bestimmtes Glied der Gemeinschaft Sühne leisten möchte[38].
Wir unterscheiden den Teilablaß (früher „unvollkommener Ablaß" genannt) vom vollkommenen Ablaß. Der Teilablaß befreit teilweise von zeitlichen Sündenstrafen, der vollkommene Ablaß macht ganz frei von Sündenstrafen. „Ein Ablaß ist Teilablaß oder vollkommener Ablaß, je nachdem er von der zeitlichen Strafe, die für die Sünden zu verbüßen ist, teilweise oder ganz befreit"[39], stellt das Kirchenrecht fest.
Jeder Gläubige in der katholischen Kirche hat das Recht, Teilablässe oder vollkommene Ablässe zu gewinnen; er kann sie für sich selbst beanspruchen oder Verstorbenen nach Art der Fürbitte zuwenden.
Um Ablässe zu gewinnen, ist die gültig empfangene Taufe unabdingbar notwendig; auch darf der Empfänger nicht aus der katholischen Kirche ausgeschlossen sein, und er muß im Stande der Gnade, also ohne schwere Sünde sein. Als Bedingungen zum Empfang eines vollkommenen Ablasses gelten drei Elemente:

- Empfang des Bußsakramentes,
- eucharistische Kommunion,
- Gebet nach der Meinung des Heiligen Vaters (ein Vaterunser und ein Ave Maria).

Wenn diese Bedingungen unvollständig oder gar nicht erfüllt werden, so gewinnt man nur einen Teilablaß[40].
In der apostolischen Konstitution „Indulgentiarum doctrina" vom 1. 1. 1967 ist einiges im Ablaßwesen neu geordnet worden, um der Übung der Ablässe mehr Würde und Achtung zu verleihen.
Am 29. 6. 1968 wurde die Veröffentlichung eines neuen Ablaßverzeichnisses „Enchiridion indulgentiarum" durch die Apostolische Pönitentiarie vorgelegt.
Einige der wesentlichen Ablaßnormen:

- „Der Ablaß ist Erlaß einer zeitlichen Strafe vor Gott für Sünden, die hinsichtlich der Schuld schon getilgt sind. Ihn erlangt der Christgläubige, der recht bereitet ist, unter genau bestimmten Bedingungen durch die Hilfe der Kirche, die als Dienerin der Erlösung den Schatz der Genugtuung Christi und der Heiligen autoritativ austeilt und zuwendet"[41].
- „Ein Christgläubiger, der einen von einem Priester rechtmäßig geweihten Andachtsgegenstand (Kruzifix, Kreuz, Rosenkranz, Skapulier, Medaille) mit frommer Gesinnung benutzt, gewinnt einen Ablaß"[42].
- „Das zur Gewinnung eines vollkommenen Ablasses, der an eine Kirche oder eine Kapelle gebunden ist, vorgeschriebene Werk besteht im frommen Besuch, bei dem das Gebet des Herrn und das Glaubensbekenntnis (Pater noster und Credo) gesprochen werden"[43].
- „Einen vollkommenen Ablaß kann man nur einmal am Tag gewinnen"[44].
- „Dennoch kann der Christgläubige einen vollkommenen Ablaß in der Sterbestunde gewinnen, auch dann, wenn er am gleichen Tag schon einen vollkommenen Ablaß gewonnen hat"[45].
- „Ein Teilablaß kann dagegen mehrmals am Tag gewonnen werden, wenn nicht ausdrücklich anders gesagt wird"[46].
- „Die Ortsordinarien oder Ortshierarchen können überdies den Gläubigen, die nach den Rechtsbestimmungen ihrer Autorität unterstehen, wenn sie an Orten wohnen, wo es unmöglich oder doch sehr schwer ist, zur Beichte und zur Kommunion zu gehen, die Begünstigung gewähren, den vollkommenen Ablaß ohne Beichte und Kommunion ge-

winnen zu können, sofern sie wenigstens echte Reue besitzen und sich vornehmen, die genannten Sakramente sobald wie möglich zu empfangen"[47].

ANMERKUNGEN

1 O. Wahl, Predigt zum 24. Sonntag im Jahreskreis; Gott, der Herr, wird mir helfen, in Praedica Verbum 87 (1982), S. 408–410, hier 408.
2 Gen 3,4–5.
3 P. M. Zulehner, Umkehr: Prinzip und Verwirklichung am Beispiel Beichte, Frankfurt/M., S. 94.
4 Röm 7,19–20.
5 Mk 1,15b.
6 Joh 20,22.
7 G. Söll, Plädoyer für die Beichte, in Materialdienst für Seelsorge und Laienapostolat, Augsburg 1982, S. 33–38, hier 33.
8 Mk 1,15.
9 Apg 2,37–38.
10 Vgl. Mk 1,15b.
11 Vgl. Lk 15,11–32.
12 CIC von 1917: Can. 870.
13 Can. 959.
14 LG, Art. 11.
15 1 Kor 5,1–2.
16 Apg 5,1–4.
17 Vgl. K. Rahner, Das Sakrament der Buße als Wiederversöhnung mit der Kirche, in Schriften zur Theologie VIII, Einsiedeln 1967, S. 447–471.
18 Synode, Beschluß „Schwerpunkte heutiger Sakramentenpastoral" C. 3.
19 Vgl. Kongregation für die Glaubenslehre, Sacramentum Paenitentiae. Pastorale Richtlinien bezüglich der Erteilung der sakramentalen Generalabsolution, in AAS 64 (1972), S. 510–514.
20 Synode, Beschluß „Schwerpunkte heutiger Sakramentenpastoral" C. 4.3.1.
21 Ebd.
22 Ebd. C. 4.3.2.
23 Vgl. ebd.
24 Ebd. C. 4.3.3.; vgl. Can. 961, § 1, Nr. 1.
25 Vgl. Deutsche Bischofskonferenz, Erklärung vom 21. 9. 1972, in AfkKR 142 (2/1972), S. 522 f.
26 Vgl. AfkKR 145 (1976), S. 543.
27 R. Weigand, Das Bußsakrament, in J. Listl/H. Müller/H. Schmitz, Handbuch, S. 702.

28 Synode, Beschluß „Schwerpunkte heutiger Sakramentenpastoral" C. 7.
29 R. Weigand, Das Bußsakrament, S. 706.
30 Synode, Beschluß „Unsere Hoffnung. Ein Bekenntnis zum Glauben in dieser Zeit" I. 5.
31 Joh 20,23.
32 Mt 7,3.
33 J. Höffner, Buße und Vergebung, Köln 1975, S. 11.
34 R. Weigand, Das Bußsakrament, S. 706; vgl. A. Ziegenaus, Umkehr, Versöhnung, Friede. Zu einer theologisch verantworteten Praxis von Bußgottesdienst und Beichte, Freiburg 1975.
35 Synode, Beschluß „Schwerpunkte heutiger Sakramentenpastoral" C. 4.3.
36 Kongregation für die Ordensleute und Säkularinstitute, Dekret „De sacramento poenitentiae", 8. 12. 1970, in AAS 63 (1971), S. 318 f., Nr. 3.
37 Vgl. Can. 664.
38 Vgl. K. Rahner, Ablaß, in LThK, Spalte 46–53, hier 51.
39 Can. 993.
40 Vgl. EnN, Nr. 26.
41 EnN, Nr. 1.
42 EnN, Nr. 19.
43 EnN, Nr. 25.
44 EnN, Nr. 24, § 1.
45 EnN, Nr. 24, § 2.
46 EnN, Nr. 24, § 3.
47 EnN, Nr. 35.

Titel V Sakrament der Krankensalbung

Empfänger der Krankensalbung

Can. 1004 – § 1. Die Krankensalbung kann dem Gläubigen gespendet werden, der nach Erlangung des Vernunftgebrauchs aufgrund von Krankheit oder Altersschwäche in Gefahr gerät.
§ 2. Dieses Sakrament kann wiederholt werden, wenn der Kranke nach seiner Genesung neuerdings schwer erkrankt oder wenn bei Fortdauer derselben Krankheit die Gefahr bedrohlicher geworden ist.

Can. 1005 – Im Fall eines Zweifels darüber, ob der Kranke den Vernunftgebrauch erlangt hat, ob er gefährlich erkrankt ist oder ob der Tod schon eingetreten ist, ist dieses Sakrament zu spenden.

Can. 1006 – Kranken, die wenigstens einschlußweise um dieses Sakrament gebeten haben, als sie noch bei Bewußtsein waren, ist es zu spenden.

Can. 1007 – Die Krankensalbung darf jenen nicht gespendet werden, die in einer offenkundigen schweren Sünde hartnäckig verharren.

Die Stärkung durch die Krankensalbung (früher „Letzte Ölung") hat bereits im Jakobusbrief einen tiefen Sinn und eine große Bedeutung für die Wiedererlangung der Gesundheit: „Ist einer von euch krank? Dann rufe er die Ältesten der Gemeinde zu sich; sie sollen Gebete über ihn sprechen und ihn im Namen des Herrn mit Öl salben. Das gläubige Gebet wird den Kranken retten, und der Herr wird ihn aufrichten"[1].
Es war psychologisch und pastoral nicht günstig, dieses Sakrament „Letzte Ölung" zu nennen; schließlich soll der alte oder kranke Mensch durch den Empfang dieses Sakramentes „aufgerichtet" und nicht dem Tod übergeben werden. So sagt auch das II. Vat. Konzil: „Die ‚Letzte Ölung', die auch – und zwar besser – ‚Krankensalbung' genannt werden kann, ist nicht nur das Sakrament derer, die sich in äußerster Lebensgefahr befinden. Daher ist der rechte Augenblick für ihren Empfang sicher schon gegeben, wenn der Gläubige beginnt, wegen Krankheit oder Altersschwäche in Lebensgefahr zu geraten"[2].

Vor allem soll der kranke Mensch durch den Empfang dieses Sakramentes spüren, daß Christus ihn in dieser Notsituation nicht einfach einem ungewissen Schicksal überläßt. „Durch das Sakrament vergegenwärtigt die Kirche dem Kranken das heilsame Wirken Christi, damit dieser in seinen Schmerzen, in der Ungeduld und Angst, in der menschlichen und religiösen Kraftlosigkeit oder auch in der Abstumpfung und im Glaubensdunkel die aufrichtende Kraft des Herrn neu erfahre“[3].

Jeder Christgläubige hat ein Anrecht darauf, das Sakrament der Krankensalbung zu empfangen, sobald er infolge von Krankheit oder Alter in Lebensgefahr schwebt. Da in hohem Alter immer eine gewisse Lebensgefahr gegeben ist, erscheint es sehr sinnvoll, alten und gebrechlichen Menschen (auch wenn sie sich nicht in akuter Lebensgefahr befinden) das Sakrament zu spenden, um gerade in dieser Lebenssituation neue menschliche und religiöse Kraft zu vermitteln. Eigentlich genügt der *einmalige* Empfang des Sakramentes. Wird jedoch die Lebensgefahr bedrohlicher (also bei einer fortschreitenden Krankheit) oder erfolgt nach einer zeitweiligen Genesung ein erneuter Rückfall, ist das Sakrament wiederholbar.

Auch im Zweifelsfall, ob der Kranke den für den Empfang des Sakramentes notwendigen Vernunftgebrauch erlangt hat oder ob er ernsthaft erkrankt oder schon tot ist, soll das Sakrament gespendet werden, und zwar „unter Bedingung“ (sub conditione). Bereits Toten soll die Krankensalbung logischerweise nicht mehr gespendet werden.

Auch jene Kranke haben ein Recht auf den Sakramentenempfang, die aufgrund geistiger Schwäche nicht mehr darum bitten können, jedoch bei klarem Verstand (im wachen Zustand) mit aller Wahrscheinlichkeit um den Empfang gebeten hätten (was bei einem Gläubigen immer anzunehmen ist). Den Angehörigen und Seelsorgern, die mit dem Kranken leben bzw. seine Lebenseinstellung kennen, wird das Urteil darüber, ob der Kranke um das Sakrament bitten würde, nicht schwer fallen.

Wer hartnäckig in offensichtlicher schwerer Sünde lebt, ist vom Sakramentenempfang ausgeschlossen; er wird auch wohl kaum darum bitten. Falls er dennoch darum bittet, sollte man ihm nahelegen, sich durch das Bußsakrament von der schweren Sünde frei zu machen. Gerade in einer lebensbedrohenden Situation darf das pastorale Bemühen um einen Menschen nicht voreilig aufgegeben werden.

Die Angehörigen orientalischer Kirchen, die nicht in voller Gemeinschaft mit der katholischen Kirche stehen, dürfen die Krankensalbung dann empfangen, wenn sie von sich aus darum bitten und in rechter Weise disponiert sind[4].

Selbst evangelische Christen dürfen in Todesgefahr oder in schwerer Not bei Abwesenheit des eigenen Geistlichen die Krankensalbung erbitten, wenn sie die rechte innere Verfassung haben[5].

Da der Empfang der Krankensalbung nicht Ausdruck des unmittelbar bevorstehenden Todes ist, sondern im Gegenteil neue physische, psychische und religiöse Kraft und Vitalität vermitteln soll und auch vermittelt, sollte in der pastoralen Praxis das Recht der Gläubigen auf den Empfang des Sakramentes rechtzeitig erfüllt werden, damit dieses Sakrament seine helfende Wirkung nicht verfehlt und nicht doch zur „Letzten Ölung" wird.

ANMERKUNGEN

1 Jak 5,14–15.
2 SC, Art. 73.
3 O. Stoffel, Die Krankensalbung, in J. Listl/H. Müller/H. Schmitz, Handbuch, S. 713.
4 Vgl. Can. 844, § 3.
5 Vgl. Sekretariat für die Einheit der Christen, Ökumenisches Direktorium I, „Ad totam ecclesiam", 14. 5. 1967, in AAS 59 (1967), S. 574–592; deutscher Text in HK 21 (1967), S. 321–328, Nr. 55.

Titel VI Weihe

Teilnahme der Laien an der Weihespendung

Can. 1011 – § 2. Zur Weihespendung sind die Kleriker und die anderen Gläubigen einzuladen, damit sie in möglichst großer Zahl an der Feier teilnehmen.

Die Weihe, als Sendung im Heiligen Geist, gewährt Anteil an der Sendung Christi, des Lehrers, Priesters und Hirten. Sie ermächtigt also zum Amt eines Hirten des Volkes Gottes.
Die Christgläubigen haben laut Canon 213 das Recht, von ihren Hirten die geistlichen Güter zu empfangen. Der dynamischen Sendung der Hirten im Heiligen Geist, die zum Dienst verpflichtet, auf der einen Seite, steht auf der anderen Seite das Recht der Christgläubigen gegenüber, diesen Dienst in Anspruch zu nehmen.
So erscheint es sinnvoll, daß die Gläubigen zur Weihe der Kleriker eingeladen werden und daran in großer Zahl teilnehmen sollen, ist sie doch der Ausgangspunkt zum Dienst am Volk Gottes, der ja auf göttlicher Einsetzung beruht[1]. Besonders sinnvoll ist es, wenn jene Gläubigen, also die Kleriker und Laien, an der Weihespendung Anteil nehmen, die später mit dem Weihekandidaten zusammenarbeiten bzw. die ihm als Hirten zur Leitung und Führung anvertraut sind.

Voraussetzungen zum Empfang der Weihe

Can. 1026 – Für den Weiheempfang muß jeder über die notwendige Freiheit verfügen; es ist streng verboten, jemanden, auf welche Weise und aus welchem Grunde auch immer, zum Empfang von Weihen zu zwingen oder einen kanonisch Geeigneten von ihrem Empfang abzuhalten.

Can. 1027 – Die den Diakonat und den Presbyterat anstreben, sind durch eine sorgfältige Vorbereitung nach Maßgabe des Rechtes auszubilden.

Can. 1028 – Der Diözesanbischof bzw. der zuständige Obere hat dafür

Sorge zu tragen, daß die Kandidaten, bevor ihnen eine Weihe erteilt wird, gehörig über die Weihe und die mit ihr zusammenhängenden Verpflichtungen unterrichtet werden.

Can. 1029 – Weihen sind nur jenen zu erteilen, die nach dem klugen Urteil des eigenen Bischofs bzw. des zuständigen höheren Oberen bei umfassender Würdigung einen ungeschmälerten Glauben haben, von der rechten Absicht geleitet sind, über die erforderlichen Kenntnisse verfügen, sich guter Wertschätzung erfreuen, über einen untadeligen Lebenswandel und erwiesene Charakterstärke sowie über andere der zu empfangenden Weihe entsprechende physische und psychische Eigenschaften verfügen.

Can. 1030 – Der eigene Bischof bzw. der zuständige höhere Obere kann ihm untergebenen Diakonen, die für den Presbyterat vorgesehen sind, den Zugang zum Presbyterat nur aus einem, wenn auch geheimen, kanonischen Grund verwehren; die Beschwerde nach Maßgabe des Rechtes bleibt hiervon unberührt.

Can. 1031 – § 1. Der Presbyterat darf nur jenen erteilt werden, die das fünfundzwanzigste Lebensjahr vollendet haben und über eine ausreichende Reife verfügen; darüber hinaus ist zwischen der Erteilung des Diakonates und des Presbyterates ein zeitlicher Abstand von wenigstens sechs Monaten einzuhalten; die für den Presbyterat vorgesehen sind, dürfen zur Diakonenweihe erst nach Vollendung des dreiundzwanzigsten Lebensjahres zugelassen werden.

§ 2. Ein unverheirateter Kandidat für den ständigen Diakonat darf zu diesem Diakonat frühestens nach Vollendung des fünfundzwanzigsten Lebensjahres zugelassen werden, ein verheirateter Kandidat frühestens nach Vollendung des fünfunddreißigsten Lebensjahres und mit Zustimmung der Ehefrau.

§ 3. Die Bischofskonferenzen können rechtlich festlegen, daß ein höheres Alter für Presbyterat und ständigen Diakonat verlangt ist.

§ 4. Die Erteilung einer Dispens von dem nach Vorschrift der §§ 1 und 2 verlangten Alter über ein Jahr hinaus ist dem Apostolischen Stuhl vorbehalten.

Can. 1032 – § 1. Denen, die den Presbyterat anstreben, darf der Diakonat erst nach Abschluß des fünften Jahres im philosophisch-theologischen Studiengang erteilt werden.

§ 2. Nach Abschluß des Studienganges muß der Diakon für eine angemessene, von dem Bischof bzw. dem zuständigen höheren Oberen festzulegende Zeit in Ausübung der Diakonenweihe an der Seelsorge teilhaben, bevor ihm der Presbyterat erteilt wird.
§ 3. Demjenigen, der den ständigen Diakonat anstrebt, darf diese Weihe nicht vor Abschluß der Ausbildungszeit erteilt werden.

Was die Zulassung der Weihebewerber zu den heiligen Weihen bzw. zum erlaubten Weiheempfang angeht, so ist zunächst zu bedenken, daß dieser Zulassung nach der Lehre der katholischen Kirche eine besondere göttliche Berufung vorausgehen muß und nur einem getauften Mann gültig gespendet werden kann[2]. Zwar ist es Aufgabe der ganzen christlichen Gemeinde, Berufe zu fördern, aber ohne eine besondere Erwählung von Gott und ohne sein Gnadengeschenk kann ein Christgläubiger nicht zum geistlichen Dienst bestellt werden.
„Berufe zu fördern ist Aufgabe der gesamten christlichen Gemeinde. Sie erfüllt sie vor allem durch ein wirklich christliches Leben. Den wichtigsten Beitrag dazu leisten einmal die Familien; durchdrungen vom Geist des Glaubens, der Liebe und der Frömmigkeit werden sie gleichsam zum ersten Seminar; zum anderen die Pfarrgemeinden, an deren blühendem Leben die Jugendlichen selbst teilnehmen. Die Lehrer und alle, die mit der Erziehung von Kindern und Jugendlichen in irgendeiner Weise betraut sind – besonders die katholischen Verbände –, sollen die ihnen anvertrauten jungen Menschen so zu erziehen suchen, daß sie den göttlichen Ruf wahrnehmen und ihm bereitwillig folgen können. Alle Priester sollen ihren apostolischen Eifer vor allem in der Förderung der Berufe zeigen. Sie sollen das Herz der jungen Menschen durch ihr eigenes, bescheidenes, arbeitsames und von innerer Freude erfülltes Leben für das Priestertum gewinnen sowie durch die gegenseitige priesterliche Liebe und brüderliche Gemeinschaft in der Arbeit“[3].
Innerhalb der kirchlichen Gemeinschaft haben die jeweiligen Verantwortlichen festzustellen, ob die notwendigen Eigenschaften bei einem Kandidaten vorhanden sind und ob er in voller innerer und äußerer Freiheit sich für ein so verantwortungsvolles Amt entscheiden will. „Mit wacher Sorge, dem Alter und der Entwicklungsstufe der einzelnen entsprechend, müssen die rechte Absicht und der freie Wille der Kandidaten, ihre geistliche, moralische und intellektuelle Eignung, die erforderliche physische und seelische Gesundheit geprüft werden; dabei müssen auch

von der Familie eventuell ererbte Anlagen beachtet werden. Auch soll man sich über die Fähigkeit der Kandidaten, die Lasten des Priesteramtes zu tragen und die pastoralen Aufgaben zu erfüllen, ein Urteil bilden. Bei der Auslese und Prüfung der Kandidaten soll man mit der nötigen geistigen Festigkeit vorgehen, auch dann, wenn Priestermangel zu beklagen ist"[4].

Der Dienst für das Volk Gottes erfordert von den Bewerbern eine ganz besondere Reife. „In das Priesterseminar dürfen vom Diözesanbischof nur solche zugelassen werden, die aufgrund ihrer menschlichen, sittlichen, geistlichen und intellektuellen Anlagen, ihrer physischen und psychischen Gesundheit und auch ihrer rechten Absicht fähig erscheinen, sich dauernd geistlichen Ämtern zu widmen"[5].

Die sorgfältige wissenschaftliche Ausbildung und Vorbereitung auf Diakonat und Priestertum ist also ein unverzichtbares Postulat; die rechtlichen Bestimmungen gewährleisten und sorgen für eine solche gute Vorbereitung, die durch entsprechende pastorale Betreuung im Priesterseminar ergänzt wird.

Besonders zu erwähnen ist in diesem Zusammenhang, daß der *Diakonat* als selbständige Weihestufe in der katholischen Kirche im Anschluß an das II. Vat. Konzil wieder aufblüht im sogenannten „ständigen Diakonat".

„Weil diese für die Kirche in höchstem Maße lebensnotwendigen Ämter bei der gegenwärtig geltenden Disziplin der lateinischen Kirche in zahlreichen Gebieten nur schwer ausgeübt werden können, kann in Zukunft der Diakonat als eigene und beständige hierarchische Stufe wiederhergestellt werden. Den zuständigen verschiedenartigen territorialen Bischofskonferenzen kommt mit Billigung des Papstes die Entscheidung zu, ob und wo es für die Seelsorge angebracht ist, derartige Diakone zu bestellen. Mit Zustimmung des Bischofs von Rom wird dieser Diakonat auch verheirateten Männern reiferen Alters erteilt werden können, ferner geeigneten jungen Männern, für die jedoch das Gesetz des Zölibats in Kraft bleiben muß"[6].

Auch verheiratete Männer, die das 35. Lebensjahr vollendet haben, können sich mit Zustimmung der Ehefrau also für den ständigen Diakonat bewerben und nach Empfang der Weihe mit entsprechender sakramentaler Vollmacht ihren diakonalen Dienst ausüben.

„Wo die Bischofskonferenzen es für gut halten, soll der Diakonat als fester Lebensstand wieder eingeführt werden, entsprechend den Normen der Konstitution über die Kirche; denn es ist angebracht, daß Männer, die tatsächlich einen diakonalen Dienst ausüben, sei es als Katechisten in der Verkündigung des Gotteswortes, sei es in der Leitung abgelegener christlicher Gemeinden im Namen des Pfarrers und des Bischofs, sei es in der Ausübung sozialer oder caritativer Werke, durch die von den Aposteln her überlieferte Handauflegung gestärkt und dem Altare enger verbunden werden, damit sie ihren Dienst mit Hilfe der sakramentalen Diakonatsgnade wirksamer erfüllen können"[7].

Bezüglich des für die jeweilige Weihestufe vorgeschriebenen Mindestalters gelten folgende Bestimmungen:

- Für den Diakonat als Durchgangsstufe zum Presbyterat: 23 Jahre;
- für den Presbyterat: 25 Jahre;
- für den ständigen Diakonat
  Verheirateter: 35 Jahre;
  Unverheirateter: 25 Jahre.

Eine Befreiung vom Mindestalter, die ein Jahr überschreitet, ist dem Apostolischen Stuhl vorbehalten; die Bischofskonferenzen können für Presbyterat und ständigen Diakonat ein höheres Weihealter fordern, wenn ihnen dies nach ihrem Gutdünken in ihrem Verantwortungsbereich als notwendig oder sinnvoll erscheint.

Zulassung zum Empfang der Weihe

Can. 1033 – Erlaubt werden Weihen nur jemandem erteilt, der das Sakrament der heiligen Firmung empfangen hat.

Can. 1034 – § 1. Wer den Diakonat oder den Presbyterat anstrebt, darf erst geweiht werden, wenn er zuvor von der in den cann. 1016 und 1019 genannten Autorität durch den liturgischen Zulassungsritus unter die Kandidaten aufgenommen worden ist; der Aufnahme muß die eigenhändig abgefaßte und unterschriebene Bitte des Betreffenden und die schriftlich ausgefertigte Annahme von seiten derselben Autorität voraufgehen.

§ 2. Diese Zulassung braucht nicht zu erhalten, wer durch Gelübde einem klerikalen Institut eingegliedert ist.

Can. 1035 – § 1. Bevor jemandem der ständige Diakonat oder der Diakonat als Vorstufe erteilt wird, muß er die Dienste des Lektors und des Akolythen übernommen und eine angemessene Zeit lang ausgeübt haben.

§ 2. Zwischen der Übertragung des Akolythates und der Erteilung des Diakonates ist eine Zwischenzeit von wenigstens sechs Monaten einzuhalten.

Can. 1036 – Damit einem Kandidaten die Diakonen- oder Priesterweihe erteilt werden darf, hat er dem eigenen Bischof bzw. dem zuständigen höheren Oberen eine eigenhändig abgefaßte und unterschriebene Erklärung zu übergeben, durch die er zu bekunden hat, daß er von sich aus und frei die heilige Weihe empfangen und sich dem kirchlichen Dienst für immer widmen wird; zugleich hat er um Zulassung zum Weiheempfang zu bitten.

Can. 1037 – Ein unverheirateter Weihebewerber für den ständigen Diakonat und ebenso ein Weihebewerber für den Presbyterat dürfen zur Diakonenweihe erst zugelassen werden, wenn sie nach dem vorgeschriebenen Ritus öffentlich vor Gott und der Kirche die Zölibatsverpflichtung übernommen bzw. die ewigen Gelübde in einem Ordensinstitut abgelegt haben.

Can. 1038 – Ein Diakon, der den Empfang des Presbyterates verweigert, darf an der Ausübung der empfangenen Weihe nicht gehindert werden, es sei denn, er ist mit einem kanonischen Hindernis behaftet oder es liegt ein anderer, nach dem Urteil des Diözesanbischofs bzw. des zuständigen höheren Oberen als schwerwiegend zu wertender Grund vor.

Can. 1039 – Alle Bewerber für jedwede Weihe haben sich geistlichen Exerzitien von wenigstens fünf Tagen zu unterziehen, wobei Ort und Weise vom Ordinarius bestimmt werden; bevor der Bischof zur Weiheerteilung schreitet, muß er darüber unterrichtet sein, daß die Kandidaten sich diesen Exerzitien ordnungsgemäß unterzogen haben.

Laien, die sich auf den Empfang der Diakonen- oder (und) Priesterweihe vorbereiten, haben bestimmte Voraussetzungen zu erfüllen, die in den oben angeführten Canones 1033–1039 gefordert werden. Das hohe Amt und die große Verantwortung, die der Dienst am Volk Gottes mit sich bringt, machen diese Voraussetzungen unverzichtbar.
Jeder, der erlaubterweise heilige Weihen empfangen möchte, muß vorher durch die Firmung mit der besonderen Kraft des Heiligen Geistes gestärkt

worden sein. Jeder, der heilige Weihen empfängt, ist zu einer besonders engen Bindung an die kirchliche Gemeinschaft verpflichtet. Da diese Bindung an die Kirche durch die Firmung manifestiert wird, kann auf den vorherigen Empfang dieses Sakramentes nicht verzichtet werden. Nicht die Weihe, sondern die Firmung schenkt die Kraft, „den Glauben als wahre Zeugen Christi in Wort und Tat zugleich zu verbreiten und zu verteidigen"[8]. Daher ist also die Firmung eine unverzichtbare Voraussetzung für den Empfang der Weihe, wie auch für die Aufnahme in ein Noviziat und für den Empfang des Ehesakramentes. *Gültig* sind jedoch Aufnahme in ein Noviziat, der Weiheempfang und das Ehesakrament auch ohne vorherige Firmung; nur hinsichtlich der Erlaubtheit ist der vorherige Empfang notwendig.

Das vorgeschriebene Gesuch um Aufnahme unter die Kandidaten zum Diakonat und Presbyterat dient dazu, die für den Weiheempfang notwendige innere und äußere Freiwilligkeit des Bewerbers zum Ausdruck zu bringen.

Außerdem wird von den Weihekandidaten verlangt, daß sie vor ihrer Weihe die Dienstämter eines Lektors und Akolythen übernommen und auch eine Zeitlang in einer kirchlichen Gemeinschaft ausgeübt haben als praktische Vorbereitung des späteren Dienstamtes.

Der Priesteramtskandidat und der unverheiratete Kandidat für den ständigen Diakonat sind ferner verpflichtet, das öffentliche Zölibatsversprechen (oder die ewigen Gelübde in einem Ordensinstitut) abzulegen, um ganz frei und verfügbar zu sein für Gott und die Menschen.

Die vorgeschriebenen Exerzitien vor den heiligen Weihen dienen einer gründlichen letzten Reflexion und inneren Bereitung für den auf Dauer zu übernehmenden Dienst.

Irregularitäten und Weihehindernisse

Can. 1040 – Vom Empfang der Weihen sind fernzuhalten, die mit irgendeinem Hindernis behaftet sind, sei das Hindernis ein dauerndes, das als Irregularität bezeichnet wird, sei es ein einfaches; es wird jedoch kein Hindernis zugezogen, das in den folgenden Canones nicht enthalten ist.

Can. 1041 – Irregulär für den Empfang der Weihen ist:

1° wer an irgendeiner Form von Geisteskrankheit oder an einer anderen psychischen Erkrankung leidet, aufgrund derer er nach dem Rat von

Sachverständigen als unfähig für die ordnungsgemäße Erfüllung des Dienstes beurteilt wird;

2° wer die Straftat der Apostasie, der Häresie oder des Schismas begangen hat;

3° wer eine Eheschließung, sei es auch nur eine bürgerliche, versucht hat, obwohl entweder er selbst durch ein bestehendes Eheband oder die heilige Weihe oder das öffentliche ewige Gelübde der Keuschheit an einer Eheschließung gehindert war oder die Frau in gültiger Ehe verheiratet oder an das gleiche Gelübde gebunden war;

4° wer vorsätzlich einen Menschen getötet oder eine vollendete Abtreibung vorgenommen hat, sowie alle, die positiv daran mitgewirkt haben;

5° wer sich selbst oder einen anderen schwerwiegend und vorsätzlich verstümmelt oder wer einen Selbstmordversuch unternommen hat;

6° wer eine Bischöfen oder Priestern vorbehaltene Weihehandlung vorgenommen hat, obwohl er entweder die betreffende Weihe nicht empfangen hat oder an deren Ausübung durch eine festgestellte oder verhängte kanonische Strafe gehindert war.

Can. 1042 – Am Empfang der Weihen einfach gehindert ist:

1° ein verheirateter Mann, sofern er nicht rechtmäßig für den ständigen Diakonat ausersehen ist;

2° wer ein Amt versieht oder einer Verwaltertätigkeit nachgeht, die Klerikern nach Maßgabe der cann. 285 und 286 verboten sind und mit denen die Pflicht der Rechenschaftsablage verknüpft ist, so lange, bis er nach Aufgabe des Amtes oder der Verwaltertätigkeit Rechenschaft abgelegt hat und frei geworden ist;

3° ein Neugetaufter, sofern er sich nach dem Urteil des Ordinarius nicht ausreichend bewährt hat.

Can. 1043 – Gläubige, die von Weihehindernissen Kenntnis haben, sind verpflichtet, sie vor der Weihespendung dem Ordinarius oder dem Pfarrer zu eröffnen.

Can. 1044 – § 1. Für die Ausübung empfangener Weihen ist irregulär:

1° wer, beim Weiheempfang mit einer Irregularität behaftet, die Weihen unrechtmäßig empfangen hat;

2° wer eine in can. 1041, n. 2 genannte Straftat begangen hat, sofern die Straftat öffentlich bekannt ist;

3° wer eine der in can. 1041, nn. 3, 4, 5, 6 genannten Straftaten begangen hat.

§ 2. An der Ausübung der Weihen gehindert ist:

1° wer, beim Weiheempfang mit einem Hindernis behaftet, die Weihen unrechtmäßig empfangen hat;

2° wer an Geisteskrankheit oder einer anderen psychischen Erkrankung nach can. 1041, n. 1 leidet, bis der Ordinarius nach Konsultation eines Sachverständigen die Ausübung dieser Weihe erlaubt hat.

Can. 1045 – Unkenntnis von Irregularitäten und Hindernissen befreit nicht von ihnen.

Can. 1046 – Irregularitäten und Hindernisse werden bei Zusammentreffen verschiedener Tatbestände vermehrfacht, nicht jedoch infolge der Wiederholung desselben Tatbestandes, sofern es sich nicht um die Irregularität aufgrund der vorsätzlichen Tötung eines Menschen oder der vollendeten Abtreibung handelt.

Can. 1047 – § 1. Die Dispens von allen Irregularitäten ist allein dem Apostolischen Stuhl vorbehalten, wenn die Tatsache, auf der sie gründen, gerichtshängig geworden ist.

§ 2. Ebenfalls dem Apostolischen Stuhl vorbehalten ist die Dispens von folgenden Irregularitäten und Hindernissen für den Weiheempfang:

1° von Irregularitäten aufgrund öffentlich bekannter Straftaten nach can. 1041, nn. 2 und 3;

2° von der Irregularität aufgrund einer öffentlich bekannten oder geheimen Straftat nach can. 1041, n. 4;

3° von dem Hindernis nach can. 1042, n. 1.

§ 3. Die Dispens von Irregularitäten für die Ausübung der empfangenen Weihe ist, soweit sie in can. 1041, n. 3 genannt sind, nur in öffentlich bekanntgewordenen Fällen und, soweit sie in n. 4 desselben Canons genannt sind, auch in geheimen Fällen ebenfalls dem Apostolischen Stuhl vorbehalten.

§ 4. Von den nicht dem Heiligen Stuhl vorbehaltenen Irregularitäten und Hindernissen kann der Ordinarius dispensieren.

Can. 1048 – In dringenderen geheimen Fällen kann der mit einer Irregularität für die Ausübung der Weihe Behaftete die Weihe ausüben, wenn der Ordinarius bzw., im Falle einer Irregularität nach can. 1041, nn. 3

und 4, die Pönitentiarie nicht angegangen werden kann und Gefahr eines schweren Schadens oder einer Rufschädigung droht; hiervon bleibt jedoch die Pflicht unberührt, sich so bald wie möglich unter verdecktem Namen und durch den Beichtvater an den Ordinarius bzw. an die Pönitentiarie zu wenden.

Can. 1049 – § 1. In dem Bittgesuch zur Erlangung der Dispens von Irregularitäten und Hindernissen sind alle Irregularitäten und Hindernisse aufzuführen; eine allgemeine Dispens gilt jedoch auch für solche, die gutgläubig ungenannt geblieben sind, mit Ausnahme der Irregularitäten nach can. 1041, n. 4 sowie anderer, die gerichtshängig geworden sind; sie gilt aber nicht für böswillig verschwiegene Irregularitäten und Hindernisse.

§ 2. Wenn es sich um eine Irregularität aufgrund vorsätzlicher Tötung eines Menschen oder aufgrund einer herbeigeführten Abtreibung handelt, ist zur Gültigkeit der Dispens auch die Zahl der Straftaten anzugeben.

§ 3. Eine allgemeine Dispens von Irregularitäten und Hindernissen für den Empfang der Weihen gilt für alle Weihen.

Neben den oben (Canones 1033–1039) erwähnten allgemeinen positiven Voraussetzungen für die Weihespendung sind im kirchlichen Recht auch Grenzen angegeben, d. h. Hindernisse, die sowohl den Empfang als auch die Ausübung der heiligen Weihen verbieten; es gibt Hindernisse, die vom Weiheempfang ausschließen (Canones 1041–1042) und solche, die die Ausübung der Weihevollmacht direkt verbieten (1044). Dabei wird zwischen einfachen Weihehindernissen und dauernden Hindernissen (= Irregularitäten) unterschieden.

Ein einfaches Weihehindernis ist von sich aus beseitigt, wenn seine Ursache wegfällt; die dauernden Hindernisse bleiben bestehen, auch wenn die Ursache des Hindernisses fortfällt. Sie können ausschließlich durch Dispens behoben werden[9].

Die Gläubigen sind insgesamt verpflichtet, die erforderliche Integrität der zukünftigen Amtsträger im Auge zu haben zugunsten der ihnen anzuvertrauenden Gläubigen. Deshalb müssen jene, die von einem Weihehindernis Kenntnis haben, zum Wohl der Allgemeinheit dies vor der Weihespendung dem Bischof oder dem Pfarrer kundtun. Diese „Kundgabe" hat nichts mit unseriösem „Verrat" zu tun, sondern ist Ausdruck der gebotenen Mitverantwortung für die kirchliche Gemeinschaft und ihr Gemeinwohl.

Erforderliche Dokumente und Skrutinium

Can. 1050 – Damit jemandem die heiligen Weihen erteilt werden dürfen, sind folgende Dokumente erforderlich:

1° ein Zeugnis über den ordnungsgemäßen Abschluß der Studien nach Maßgabe von can. 1032;

2° sofern es sich um Weihebewerber für den Presbyterat handelt, ein Zeugnis über den Empfang des Diakonates;

3° sofern es sich um Bewerber für den Diakonat handelt, ein Zeugnis über den Empfang der Taufe und der Firmung sowie die Übernahme der Dienste nach can. 1035; ebenso ein Zeugnis über die abgegebene Erklärung nach can. 1036 sowie, wenn der Weihebewerber, dem der ständige Diakonat übertragen werden soll, verheiratet ist, Zeugnisse über die Eheschließung und die Zustimmung der Ehefrau.

Can. 1051 – Für das Skrutinium über die erforderlichen Eigenschaften eines Weihebewerbers sind die folgenden Vorschriften zu beachten:

1° es muß ein Zeugnis des Rektors des Seminars bzw. der Ausbildungsstätte vorliegen über die für den Weiheempfang erforderlichen Eigenschaften, näherhin über die Rechtgläubigkeit des Kandidaten, seine echte Frömmigkeit, seinen guten Lebenswandel, seine Eignung für die Ausübung des Dienstes und ebenso, aufgrund einer gehörigen Untersuchung, über seinen physischen und psychischen Gesundheitszustand;

2° der Diözesanbischof bzw. der höhere Obere kann sich zur ordnungsgemäßen Durchführung des Skrutiniums noch anderer Mittel bedienen, die ihm, je nach den zeitlichen und örtlichen Verhältnissen, zweckdienlich erscheinen, wie beispielsweise Führungszeugnisse, Bekanntmachungen oder andere Erkundigungen.

Die erforderlichen Dokumente müssen vor der Weihe eingereicht werden, damit über die Eignung des Kandidaten entschieden werden kann. Hinsichtlich der Eignung eines Weihebewerbers dürfen keinerlei Zweifel aufkommen.

Die Vorschriften über das Skrutinium (= Prüfung des Weihegesuches durch den Bischof bzw. den höheren Oberen) dienen ebenfalls dem Ziel der Eignungsfeststellung hinsichtlich der absolvierten wissenschaftlichen, spirituellen und pastoralen Ausbildung.

ANMERKUNGEN

1 Vgl. LG, Art. 28.
2 Vgl. Can. 1024.
3 OT, Art. 2.
4 OT, Art. 6; vgl. PO, Art. 11.
5 Can. 241, § 1.
6 LG, Art. 29; vgl. Paul VI., Motuproprio „Sacrum diaconatus ordinem", 18. 6. 1967, in AAS 59 (1967), S. 697–704.
7 AG, Art. 16; vgl. Rahmenordnung für ständige Diakone in der Bundesrepublik Deutschland, in Pressedienst des Sekretariats der Deutschen Bischofskonferenz, 8. 3. 1979 (Dokument 7/79, Anlage 3).
8 LG, Art. 11.
9 Vgl. H. Müller, Die Ordination, in J. Listl/H. Müller/H. Schmitz, Handbuch, S. 726–727.

Titel VII Ehe

Wesen und Sakramentalität der Ehe

Can. 1055 – § 1. Der Ehebund, durch den Mann und Frau unter sich die Gemeinschaft des ganzen Lebens begründen, welche durch ihre natürliche Eigenart auf das Wohl der Ehegatten und auf die Zeugung und die Erziehung von Nachkommenschaft hingeordnet ist, wurde zwischen Getauften von Christus dem Herrn zur Würde eines Sakramentes erhoben.
§ 2. Deshalb kann es zwischen Getauften keinen gültigen Ehevertrag geben, ohne daß er zugleich Sakrament ist.

Während in der Sprache des Kirchenrechts bislang die Bezeichnung „Ehevertrag" bevorzugt wurde, nennt das neue Kirchenrecht die eheliche Gemeinschaft von Mann und Frau hier „Ehebund" als Zeichen für den Bund Gottes mit den Menschen und für den Bund zwischen Christus und der Kirche; damit schließt sich der Codex den Aussagen des II. Vat. Konzils an: „Die innige Gemeinschaft des Lebens und der Liebe in der Ehe, vom Schöpfer begründet und mit eigenen Gesetzen geschützt, wird durch den Ehebund, d. h. durch ein unwiderrufliches personales Einverständnis, gestiftet"[1].
Aber Ehebund bedeutet natürlich auch „Vertrag", und zwar in dem Sinn, daß diesem Vertrag etwas Besonderes anhaftet im persönlichen und religiösen Bereich. „Das Konzil hat damit betont, daß die Ehe mehr und etwas anderes ist als ein bloßes Rechtsverhältnis zwischen Mann und Frau. Der Begriff ‚Bund' läßt die Ehe in einem umfassenden Sinn zwar auch als rechtliche, aber darüber hinaus auch und vor allem als personale und religiöse Wirklichkeit sichtbar werden"[2].
Bezüglich des Ehezwecks ist zu betonen, daß die Ehe von Natur aus auf das Wohl der Gatten (ad bonum coniugum) und auf Zeugung und Erziehung von Nachkommenschaft (ad prolis generationem et educationem) hingeordnet ist.
Was „das Wohl der Ehegatten" angeht, sagt das II. Vat. Konzil: „Auch in unserer Zeit hat die wahre Liebe zwischen Mann und Frau in der Ehe, wie sie sich in verschiedener Weise je nach Volk und Zeit geziemend äu-

ßert, als hoher Wert Geltung. Diese eigentümlich menschliche Liebe geht in frei bejahter Neigung von Person zu Person, umgreift das Wohl der ganzen Person, vermag so den leib-seelischen Ausdrucksmöglichkeiten eine eigene Würde zu verleihen und sie als Elemente und besondere Zeichen der ehelichen Freundschaft zu adeln. Diese Liebe hat der Herr durch eine besondere Gabe seiner Gnade und Liebe geheilt, vollendet und erhöht"[3].

Das Wohl und Glück der Gatten ist *ein* Ehezweck, der in der früheren Lehre der Kirche nicht zum Ausdruck kam, der aber unbedingt in dieser Deutlichkeit, wie es Konzil und Kirchenrecht aussagen, gesehen und gelehrt werden muß und der auch angesichts der früheren einseitigen Ehezwecklehre der Zeugung und Erziehung von Nachkommenschaft als positive Ergänzung und Bereicherung gewertet werden darf.

„Die Ehe ist aber nicht nur zur Zeugung von Kindern eingesetzt, sondern die Eigenart des unauflöslichen personalen Bundes und das Wohl der Kinder fordern, daß auch die gegenseitige Liebe der Ehegatten ihren gebührenden Platz behalte, wachse und reife. Wenn deshalb das – oft so erwünschte – Kind fehlt, bleibt die Ehe dennoch als volle Lebensgemeinschaft bestehen und behält ihren Wert sowie ihre Unauflöslichkeit"[4].

Ein *zweiter* Ehezweck ist das Hingeordnet-sein auf die Nachkommenschaft. Auch hier basiert die Aussage des Canon 1055, § 1 auf einem entsprechenden Konzilstext: „Ehe und eheliche Liebe sind ihrem Wesen nach auf die Zeugung und Erziehung von Nachkommenschaft ausgerichtet. Kinder sind gewiß die vorzüglichste Gabe für die Ehe und tragen zum Wohl der Eltern selbst sehr viel bei"[5].

Dieser oben beschriebene Ehebund mit seinen beiden gleichwertigen Ehezwecken, ist zwischen Getauften von Christus zu einem Sakrament erhoben. So hat jede Ehe zwischen Getauften – also auch z. B. zwischen getauften evangelischen Christen, die nicht an die kanonische Eheschließungsform gebunden sind – einen sakramentalen Charakter und ist unauflöslich.

Ehekonsens

Can. 1057 – § 1. Die Ehe kommt durch den Konsens der Partner zustande, der zwischen rechtlich dazu befähigten Personen in rechtmäßiger Weise kundgetan wird; der Konsens kann durch keine menschliche Macht ersetzt werden.

§ 2. Der Ehekonsens ist der Willensakt, durch den Mann und Frau sich in einem unwiderruflichen Bund gegenseitig schenken und annehmen, um eine Ehe zu gründen.

Zwei Elemente sind für das Zustandekommen einer gültigen Ehe wesentlich und nicht voneinander zu trennen: Die Willenszustimmung der beiden Partner (Konsens) und deren öffentliche Kundgabe unter Mitwirkung der Kirche, die aufgrund des Bundescharakters der Ehe unmittelbar oder mittelbar hinzukommen muß.
„Am deutlichsten ist die Mitwirkung der Kirche am Zustandekommen der sakramentalen Ehe in der unmittelbaren aktiven Beteiligung eines Organs der Kirche an der Eheschließung, die daher als ordentliche Form für Katholiken allgemein verpflichtend ist (c. 1117). Sie besteht in den Ostkirchen seit jeher in dem liturgischen Akt der Segnung der Brautleute, in der Westkirche in dem Rechtsakt der Erfragung und Entgegennahme der Willenserklärung (c. 1108, § 2)"[6].
Neben der Willenszustimmung der beiden Partner, die unverzichtbar und durch keine menschliche Macht zu ersetzen ist, ist auch das aktive Mitwirken eines Organs der Kirche (ein Kleriker oder unter besonderen Umständen auch ein delegierter Laie) an der sakramentalen Eheschließung ebenso unbedingt notwendig. Deshalb ist die kirchliche Eheschließungsform nach katholischer Lehre für die Gültigkeit der Ehe unumgänglich.
„Die in jüngster Zeit wiederholt erhobene Forderung, angesichts der Gewährleistung des Öffentlichkeitscharakters der Eheschließung durch die staatliche Gesetzgebung solle die kirchliche Form zwar weiterhin empfohlen, aber nicht mehr zur Gültigkeit der Eheschließung verlangt werden, steht ganz auf dem Boden des vertragsrechtlichen Eheverständnisses und übersieht, daß es heute mehr denn je darauf ankommt, gegenüber allen Säkularisierungstendenzen den kirchlichen und sakramentalen Charakter des Ehebundes unter Christen zu betonen und auch im Vollzug der Eheschließung möglichst deutlich sichtbar werden zu lassen"[7].
Der Ehebund ist unwiderruflich. Die eheliche Gemeinschaft erfaßt das gesamte Leben der beiden Partner im gegenseitigen Sichschenken und Annehmen, was mehr besagt als ein gegenseitiges „Recht" aufeinander, sondern vielmehr eine neue unzertrennliche Lebenseinheit darstellt, in der vor allem die Würde der beiden Partner zum Ausdruck kommen möchte.

„Diese Liebe wird durch den eigentlichen Vollzug der Ehe in besonderer Weise ausgedrückt und verwirklicht. Jene Akte also, durch die die Eheleute innigst und lauter eins werden, sind von sittlicher Würde; sie bringen, wenn sie human vollzogen werden, jenes gegenseitige Übereignetsein zum Ausdruck und vertiefen es, durch das sich die Gatten gegenseitig in Freude und Dankbarkeit reich machen... Wenn wirklich durch die gegenseitige und bedingungslose Liebe die gleiche personale Würde sowohl der Frau wie des Mannes anerkannt wird, wird auch die vom Herrn bestätigte Einheit der Ehe deutlich"[8].
Zum Wohle der beiden Eheleute, zum Wohle ihrer Kinder und der ganzen Gesellschaft ist der „unwiderrufliche Bund" in der von Gott gestifteten Ehe einerseits zwar ein Geschenk, aber andererseits auch ein Ausdruck der Verantwortung der Eheleute. Eine Verantwortung, die besagt, daß die Eheleute nicht in einem vertraglich festgelegten, unpersönlichen Rechtsverhältnis, sondern in einem personalen Bund leben, in dem beide Personen „ein Fleisch werden" (Mt 19,5) und unwiderruflich eine Zukunft für sich und ihre Kinder aufbauen, für die es sich zu leben lohnt in liebender Geborgenheit.
Einheit und Unauflöslichkeit als Wesenseigenschaften der Ehe, die in der christlichen Ehe durch das Sakrament eine besondere Festigkeit erhalten, sind dafür der beste Garant. Sie halten die Familie auch in Krisenzeiten zusammen.

Recht auf Ehe

Can. 1058 – Alle können die Ehe schließen, die rechtlich nicht daran gehindert werden.

Jeder einzelne Mensch hat ein fundamentales natürliches Recht auf Eheschließung; ausgeschlossen davon sind jene, die durch natürliches oder positives göttliches Recht daran gehindert sind. In Canon 219 haben wir bereits das Grundrecht jedes Menschen auf die Freiheit der Erwählung des Lebensstandes kennengelernt; in diese Freiheit ist also auch seine Freiheit auf Eheschließung eingeschlossen.
„Dieses fundamentale Recht des Menschen auf Ehe darf auch vom kirchlichen Gesetzgeber nicht ungebührlich verhindert werden. Er hat vielmehr darauf zu achten, die mögliche Spannung zwischen diesem na-

türlichen Grundrecht des einzelnen und den kirchenrechtlichen Beschränkungen, den sog. Ehehindernissen, möglichst gering zu halten. Überdies ist darauf hinzuweisen, daß es bei den hindernisrechtlichen Normen nicht nur um die Gefährdung eines Grundrechts geht; diese Ehehindernisse müssen vielmehr auch, da sie den Empfang eines Sakraments verhindern, theologisch vertretbar sein. Solche Eingriffe durch den kirchlichen Gesetzgeber dürfen daher nur aus schwerwiegenden Gründen im recht verstandenen Interesse der Institution Ehe selbst oder des Wohls der kirchlichen Gemeinschaft erfolgen, denen gegenüber das Recht des einzelnen dann zurückzutreten hat"[9].

Das Grundrecht des Menschen auf Ehe hängt auch mit der großen Würde zusammen, die die Kirche jeder menschlichen Person zugesteht, damit sie ein wirklich menschliches Leben führen kann: „Gleichzeitig wächst auch das Bewußtsein der erhabenen Würde, die der menschlichen Person zukommt, da sie die ganze Dingwelt überragt und Träger allgemeingültiger sowie unverletzlicher Rechte und Pflichten ist. Es muß also alles dem Menschen zugänglich gemacht werden, was er für ein wirklich menschliches Leben braucht, wie Nahrung, Kleidung und Wohnung, sodann das Recht auf eine freie Wahl des Lebensstandes und auf Familiengründung, auf Erziehung, Arbeit, guten Ruf, Ehre und auf geziemende Information..."[10].

Die Kirche erhebt, was die Eheschließung angeht, nur für Getaufte Kompetenzanspruch; für die Ehen der Ungetauften übernimmt sie keinerlei Verantwortung. Lediglich, wenn der Staat für sie das Recht auf Eheschließung beschränkt, anerkennt die Kirche die Einschränkung, soweit das staatliche Recht nicht mit dem göttlichen Recht in Widerspruch steht[11].

Pastorale Ehevorbereitung

Can. 1063 – Die Seelsorger sind verpflichtet, dafür zu sorgen, daß die eigene kirchliche Gemeinde den Gläubigen die Hilfe bietet, durch die der Ehestand im christlichen Geist bewahrt wird und in der Vollkommenheit vorankommt. Dieser Beistand ist besonders zu leisten:

1° durch Predigt, durch Katechese, die den Kindern, den Jugendlichen und den Erwachsenen angepaßt ist, sogar durch den Einsatz von sozialen Kommunikationsmitteln, durch die die Gläubigen über die Bedeutung der christlichen Ehe und über die Aufgabe der christlichen Ehegatten und Eltern unterwiesen werden;

2° durch persönliche Vorbereitung auf die Eheschließung, durch welche die Brautleute in die Heiligkeit und in die Pflichten ihres neuen Standes eingeführt werden;

3° durch eine fruchtbringende liturgische Feier der Eheschließung, durch die zum Ausdruck kommen soll, daß die Ehegatten das Geheimnis der Einheit und der fruchtbaren Liebe zwischen Christus und der Kirche darstellen und daran teilnehmen;

4° durch eine den Ehegatten gewährte Hilfe, damit sie den Ehebund treu halten und schützen und so zu einer von Tag zu Tag heiligeren und vollkommeneren Lebensführung in der Familie gelangen.

Can. 1064 – Aufgabe des Ortsordinarius ist es, dafür zu sorgen, daß dieser Beistand gebührend geordnet wird; wenn es angebracht scheint, soll er auch Männer und Frauen hören, die sich durch Erfahrung und Sachkunde bewährt haben.

Can. 1065 – § 1. Katholiken, die das Sakrament der Firmung noch nicht empfangen haben, sollen es noch vor der Zulassung zur Eheschließung empfangen, wenn dies ohne große Beschwernis geschehen kann.

§ 2. Damit die Brautleute das Sakrament der Ehe fruchtbringend empfangen, wird ihnen dringend empfohlen, zur Beichte und zur Kommunion zu gehen.

Die pastorale Vorbereitung auf die Eheschließung ist für die Kirche eine große Verpflichtung, besonders für die Gemeindemitglieder und für die Seelsorger.

„Die Seelsorger werden verpflichtet, ihren Gläubigen schon frühzeitig, der jeweiligen Altersstufe angepaßt, die christliche Ehelehre zu vermitteln. Schwerpunkt dieser seelsorglichen Pflicht ist dann die pastorale Betreuung der Brautleute als unmittelbare Vorbereitung auf deren künftige Aufgaben als Ehepartner und Eltern"[12].

Der Verpflichtung der Seelsorger entspricht das Recht der Laien auf eben diese Vorbereitung. Gerade in einer Zeit, in der Werte wie Treue, Liebe und Pflichterfüllung nicht unbedingt als ein Gewinn für das Leben betrachtet werden, ist es notwendig, besonders die jungen Menschen zu unterrichten, wie wertvoll gerade diese Elemente für eine glückliche Zukunft in Ehe und Familie sind.

Deshalb beginnt die eigentliche Vorbereitung auf eine gültige und glückliche Ehe bereits in der eigenen Familie, in der Kinder und Jugendliche heranwachsen und erfahren können, daß das Leben in einer guten und harmonischen Familie jenes Urvertrauen bildet, das sie brauchen, um in diesem Vertrauen später selbst eine eigene Familie gründen zu können.
„In der Familie erfährt das Kind am Beispiel der Eltern, was Liebe und Partnerschaft konkret bedeuten. In der Familie lernt das Kind im Umgang mit anderen die Grundzüge sozialen Verhaltens. Die Familie prägt den Menschen entscheidend in seiner Einstellung zur eigenen Geschlechtlichkeit und deren verantwortlichen Hinordnung auf den Partner"[13].
Die Ehevorbereitung außerhalb der Familie findet im schulischen und außerschulischen Bereich (Jugend- und Erwachsenenbildung) ein weites Feld an Möglichkeiten. Gerade auch in diesen Bereichen macht der junge Mensch die Erfahrung von Gemeinschaft, die ihn einerseits mitträgt und begleitet, aber andererseits auch von dem einzelnen Mittragen und Begleitung fordert.
Auf diesem Fundament der pastoralen Vorbereitung in Familie und Schule bzw. im außerschulischen Bereich kann dann die Seelsorge jene Hilfe bieten, die in der unmittelbaren Ehevorbereitung erforderlich ist und die die oben genannte frühere Vorbereitung voraussetzt.
„Eine zeitgerechte Ehe- und Familienpastoral muß Brautleutetage, Brautleutewochenenden, Brautleutewochen oder ähnliche Veranstaltungen anbieten, die in Inhalt und Form genügend Anreiz geben, von dem Angebot Gebrauch zu machen. Es ist sehr zu begrüßen, wenn befreundete und verlobte Paare möglichst früh an einem Brautleutekurs teilnehmen, um aufgeworfene Fragen in Ruhe bedenken und sich gegenseitig prüfen zu können"[14].
Sehr wertvoll und deshalb unverzichtbar ist das Einzelgespräch des zuständigen Seelsorgers mit den Brautleuten. Hierbei werden nicht nur die geforderten konkreten Voraussetzungen für den erlaubten und gültigen Empfang des Ehesakramentes geprüft, sondern es bietet sich vor allem die Gelegenheit, mit den Brautleuten intensiv über Ziele und Zwecke der Ehe und insgesamt über die religiöse Dimension einer christlich gestalteten Ehe zu sprechen.
Die Gläubigen haben einen Rechtsanspruch auf diese fundierte pastorale Vorbereitung auf ihre Ehe, und es dient in außerordentlicher Weise dem Gemeinwohl, wenn die Seelsorger und mitverantwortlichen Laien in der Gemeinde ihre diesbezügliche Verpflichtung ernst nehmen.
Auch die Gemeinde soll also nach Canon 1063 die unmittelbare Ehevorbereitung prägend mittragen. Hier können z. B. zu Diskussionen von Fa-

miliengruppen solche Mitchristen eingeladen werden, die sich auf die Ehe vorbereiten.
Der Rechtsanspruch der Gläubigen auf diese Hilfe kann gerade dadurch realisiert werden, daß Seelsorger und Gemeinde in die Pflicht genommen sind, dieses Recht zu gewährleisten: „Gegenüber der ursprünglichen Formulierung dieses Anspruchs als ‚ius' der Gläubigen setzte sich der jetzige Wortlaut mit der an die Seelsorger gerichteten Verpflichtungsnorm durch. Wohl zu Recht begründete die (knappe) Mehrheit der Codexkommission dies mit dem Hinweis, daß eine Verpflichtung der Seelsorger nicht nur immer auch das korrespondierende Recht der Gläubigen begründet, sondern zugleich auch für die tatsächliche Gewährleistung dieses Rechtsanspruchs sehr viel besser geeignet ist als die bloße Feststellung eines solchen Rechts, das die korrespondierende Verpflichtung zwar ebenfalls begründet, die Seelsorger aber weniger direkt in Pflicht nimmt"[15].
Zusätzlich erfährt die Verpflichtung zu einer besonderen pastoralen Betreuung der Brautleute durch Seelsorger und Gemeinde darin noch eine besondere Akzentuierung und Betonung, daß der Diözesanbischof verpflichtet ist, in seinem Kompetenzbereich für die Durchführung einer solchen Ehe- und Familienseelsorge Sorge zu tragen. Dabei kommt gerade den Laien (Männern wie Frauen) eine besondere Beratungsfunktion zu, die ja im Bereich von Ehe und Familie mehr Erfahrung und Sachkenntnis haben können als ein Kleriker. Ihr fachkundiger Rat ist auch dem Ortsordinarius nicht vorzuenthalten, und er selber kann nach seinem Gutdünken auf die Beratung durch solche Fachkräfte zurückgreifen.
Schließlich wird noch in Canon 1065 darauf hingewiesen, daß nichtgefirmte Brautleute nach Möglichkeit vor dem Empfang des Ehesakramentes gefirmt werden sollen; und ebenso empfiehlt dieser Canon, daß die Brautpaare die Sakramente der Buße und Eucharistie empfangen sollen.
Um ein gutes und glückliches Eheleben zu gewährleisten, reichen pastorale Vorbereitung und Wegbegleitung allein nicht aus. Im Ehebund muß Christus seinen gebührenden und stärkenden Platz einnehmen!
In Gemeinschaft mit Christus, mit der christlichen Gemeinde und in harmonischer und liebender Gemeinschaft der Brautleute untereinander ist die Ehe nicht nur für die durch das Ehesakrament miteinander verbundenen Menschen, sondern auch für die menschliche Gemeinschaft ein festes Fundament, auf dem christliche und hoffnungsfrohe Zukunft gestaltet werden kann.

Verpflichtung zur Mitteilung von Ehehindernissen

Can. 1069 – Alle Gläubigen haben die Pflicht, ihnen bekannte Hindernisse dem Pfarrer oder Ortsordinarius vor der Eheschließung mitzuteilen.

Wir sahen bereits in Canon 1058, daß alle Christgläubigen eine Ehe schließen können, sofern sie nicht vom Recht daran gehindert sind. Auch wenn dieses fundamentale Recht des Menschen auf Ehe vom kirchlichen Gesetzgeber nicht ungebührlich verhindert werden darf[16], verpflichtet er doch alle Gläubigen, die ihnen bekannten Ehehindernisse von Gläubigen dem Pfarrer oder Ordinarius zur Anzeige zu bringen und zwar *vor* der Eheschließung, damit unerlaubte oder ungültige Eheschließungen vermieden werden. „Dieser Verpflichtung können sie natürlich nur nachkommen, wenn sie in geeigneter Weise von den beabsichtigten Eheschließungen erfahren"[17]. Somit kann auf die Beibehaltung des sogenannten „Aufgebots" nicht verzichtet werden.

Warnung vor Frühehen

Can. 1072 – Die Seelsorger haben darum besorgt zu sein, daß Jugendliche von der Eheschließung abgehalten werden, solange sie nicht jenes Alter erreicht haben, in welchem die Ehe nach Landessitte geschlossen zu werden pflegt.

Eheschließung hat Konsequenzen; nicht nur für die beiden Partner und ihre eventuelle zukünftige Familie, sondern auch für die gesamte menschliche Gesellschaft überhaupt. Daher bedarf es einer entsprechenden menschlichen Reife, bevor jemand das Ehesakrament empfängt. So bestimmt Canon 1072, daß Minderjährige, also Jugendliche, die das 18. Lebensjahr noch nicht vollendet haben, unbedingt vom Seelsorger beeinflußt werden sollen, möglichst noch nicht zu heiraten. Auch wenn minderjährige unverheiratete Paare ein Kind erwarten, ist die Eheschließung nicht immer und unbedingt die daraus folgende notwendige Konsequenz.
Insgesamt sollen die Seelsorger (und die Eltern) Jugendlichen von der Eheschließung abraten, ehe sie das landesübliche Heiratsalter erreicht haben.

Trennende Ehehindernisse

Can. 1073 – Das trennende Hindernis macht eine Person unfähig, eine Ehe gültig einzugehen.

Can. 1083 – § 1. Der Mann kann vor Vollendung des sechzehnten, die Frau vor Vollendung des vierzehnten Lebensjahres keine gültige Ehe schließen.
§ 2. Es bleibt der Bischofskonferenz unbenommen, zur erlaubten Eheschließung ein höheres Alter festzulegen.

Can. 1084 – § 1. Die der Ehe vorausgehende und dauernde Unfähigkeit zum Beischlaf, sei sie auf seiten des Mannes oder der Frau, sei sie absolut oder relativ, macht die Ehe aus ihrem Wesen heraus ungültig.
§ 2. Besteht hinsichtlich des Hindernisses der Unfähigkeit ein Rechts- oder Tatsachenzweifel, so darf die Eheschließung nicht verhindert und auch nicht die Ehe, solange der Zweifel bleibt, für ungültig erklärt werden.
§ 3. Unfruchtbarkeit macht die Eheschließung weder unerlaubt noch ungültig, unbeschadet der Vorschrift des can. 1098.

Can. 1085 – § 1. Ungültig schließt eine Ehe, wer durch das Band einer früheren Ehe gebunden ist, auch wenn diese nicht vollzogen worden ist.
§ 2. Mag auch eine frühere Ehe aus irgendeinem Grund nichtig oder aufgelöst worden sein, so ist deshalb eine neue Eheschließung nicht erlaubt, bevor die Nichtigkeit bzw. die Auflösung der früheren Ehe rechtmäßig und sicher feststeht.

Can. 1086 – § 1. Ungültig ist eine Ehe zwischen zwei Personen, von denen eine in der katholischen Kirche getauft oder in sie aufgenommen wurde und nicht durch einen formalen Akt von ihr abgefallen ist, die andere aber ungetauft ist.
§ 2. Von diesem Hindernis darf nur dispensiert werden, wenn die Bedingungen der cann. 1125 und 1126 erfüllt sind.
§ 3. Galt ein Partner zur Zeit der Eheschließung gemeinhin als getauft oder war seine Taufe zweifelhaft, so ist gemäß can. 1060 die Gültigkeit der Ehe so lange zu vermuten, bis der sichere Beweis erbracht wird, daß der eine Partner getauft, der andere aber nicht getauft ist.

Can. 1087 – Ungültig schließen die Ehe, die eine heilige Weihe empfangen haben.

Can. 1088 – Ungültig schließen die Ehe, die durch das öffentliche und ewige Gelübde der Keuschheit in einem Ordensinstitut gebunden sind.

Can. 1089 – Zwischen einem Mann und einer Frau, die im Hinblick auf eine Eheschließung mit ihr entführt oder wenigstens gefangengehalten wird, kann es eine gültige Ehe nicht geben, außer die Frau wählt, nachdem sie von dem Entführer getrennt und an einen sicheren und freien Ort gebracht wurde, von sich aus die Ehe.

Can. 1090 – § 1. Wer im Hinblick auf die Eheschließung mit einer bestimmten Person deren oder seinen eigenen Gatten getötet hat, schließt diese Ehe nicht gültig.
§ 2. Ungültig schließen auch jene miteinander die Ehe, die durch physisch oder moralisch gemeinsames Betreiben den Tod eines Gatten verursacht haben.

Can. 1091 – § 1. In der geraden Linie der Blutsverwandtschaft ist die Ehe ungültig zwischen allen Vorfahren und Nachkommen, ob ehelichen oder nichtehelichen.
§ 2. In der Seitenlinie ist die Ehe ungültig bis zum vierten Grad einschließlich.
§ 3. Das Hindernis der Blutsverwandtschaft wird nicht vermehrfacht.
§ 4. Eine Eheschließung darf niemals gestattet werden, wenn ein Zweifel darüber besteht, ob die Partner in irgendeinem Grad der geraden oder im zweiten Grad der Seitenlinie blutsverwandt sind.

Can. 1092 – Die Schwägerschaft in der geraden Linie verungültigt die Ehe in allen Graden.

Can. 1093 – Das Hindernis der öffentlichen Ehrbarkeit entsteht aus einer ungültigen Ehe nach Aufnahme des gemeinsamen Lebens oder aus einem offenkundigen oder öffentlichen Konkubinat; das Hindernis macht die Ehe nichtig im ersten Grad der geraden Linie zwischen dem Mann und den Blutsverwandten der Frau und umgekehrt.

Can. 1094 – Personen, die durch Adoption in der geraden Linie oder im zweiten Grad der Seitenlinie gesetzlich miteinander verwandt sind, können keine gültige Ehe miteinander schließen.

Das trennende Ehehindernis macht eine Ehe von vornherein ungültig; eine Person kann derart mit einem bestimmten Sachverhalt verbunden sein, der sie rechtlich unfähig macht, eine gültige Ehe zu schließen. Würde jemand trotz bestehenden trennenden Ehehindernisses heiraten, wäre diese „Ehe" von Anfang an ungültig; auch wenn das betreffende Ehehindernis nur bei einem der beiden Partner vorliegen würde, wäre eine solche „Ehe" von Anfang an ungültig. Würden zwei Partner in Unwissenheit über das bestehende trennende Ehehindernis heiraten, könnte und müßte eine solche „Ehe" sofort nach Bekanntwerden des Ehehindernisses annulliert werden, denn die Wirksamkeit des Ehehindernisses tritt nach der Lehre der Kirche unabhängig vom Wissen der Betroffenen ein.

Als trennende Ehehindernisse im einzelnen gelten:

- Mangel des erforderlichen Alters (Can. 1083, § 1);
- Geschlechtliches Unvermögen (Impotenz) (Can. 1084, § 1);
- Bestehendes Eheband (Can. 1085, § 1);
- Religionsverschiedenheit (ungetaufter Partner) (Can. 1086, § 1);
- Heilige Weihen (Can. 1087);
- Öffentliche ewige Gelübde der Keuschheit (Can. 1088);
- Entführung (Can. 1089);
- Verbrechen (Gattenmord) (Can. 1090);
- Blutsverwandtschaft (die Ehe in der geraden Linie der Verwandtschaft zwischen allen Vorfahren und deren Nachkommen, also zwischen Personen, die direkt voneinander abstammen, ist immer ungültig, gleichgültig, ob die Nachkommen ehelich oder nichtehelich sind; die Ehe in der Seitenlinie, also zwischen Personen, die von einem gemeinsamen Elternteil abstammen, ist bis zum 4. Grad ungültig) (Can. 1091);
- Schwägerschaft (ist nur in der geraden Linie, nicht in der Seitenlinie trennendes Ehehindernis; bezieht sich also auf Eltern oder Kinder, nicht aber auf die Geschwister der Gatten) (Can. 1092);
- Öffentliche Ehrbarkeit (in den gleichen Fällen wie bei der Schwägerschaft gelten auch bei ungültigen Ehen oder Konkubinat [„wilde Ehe"] die unter „Schwägerschaft" genannten Verwandtschaftsverhältnisse als trennendes Ehehindernis) (Can. 1093);

- Gesetzliche Verwandtschaft (zwischen Personen, bei denen ein Adoptionsverhältnis in der geraden Linie oder bis zum 2. Grad der Seitenlinie besteht, ist eine gültige Ehe nicht möglich) (Can. 1094).

Konsensmängel

Can. 1095 – Unfähig, eine Ehe zu schließen, sind jene:
1° die keinen hinreichenden Vernunftgebrauch haben;
2° die an einem schweren Mangel des Urteilsvermögens leiden hinsichtlich der wesentlichen ehelichen Rechte und Pflichten, die gegenseitig zu übertragen und zu übernehmen sind;
3° die aus Gründen der psychischen Beschaffenheit wesentliche Verpflichtungen der Ehe zu übernehmen nicht imstande sind.

Can. 1096 – § 1. Damit der Ehekonsens geleistet werden kann, ist erforderlich, daß die Eheschließenden zumindest nicht in Unkenntnis darüber sind, daß die Ehe eine zwischen einem Mann und einer Frau auf Dauer angelegte Gemeinschaft ist, darauf hingeordnet, durch irgendein geschlechtliches Zusammenwirken Nachkommenschaft zu zeugen.
§ 2. Diese Unkenntnis wird nach der Pubertät nicht vermutet.

Can. 1097 – § 1. Ein Irrtum in der Person macht die Eheschließung ungültig.
§ 2. Ein Irrtum über eine Eigenschaft der Person macht die Eheschließung nicht ungültig, selbst wenn er für die Eheschließung ursächlich war, außer diese Eigenschaft wird direkt und hauptsächlich angestrebt.

Can. 1098 – Ungültig schließt eine Ehe, wer sie eingeht infolge einer zur Erlangung des Konsenses gegen ihn angewandten arglistigen Täuschung über eine Eigenschaft des anderen Partners, die ihrer Natur nach die Gemeinschaft des ehelichen Lebens schwer stören kann.

Can. 1099 – Ein Irrtum über die Einheit oder die Unauflöslichkeit oder die sakramentale Würde der Ehe beeinträchtigt den Ehekonsens nicht, sofern er nicht den Willen bestimmt.

Can. 1100 – Das Wissen oder die Meinung, die Eheschließung sei ungültig, schließt einen Ehekonsens nicht notwendig aus.

Can. 1101 – § 1. Es wird vermutet, daß der innere Ehekonsens mit den bei der Eheschließung gebrauchten Worten oder Zeichen übereinstimmt.
§ 2. Wenn aber ein oder beide Partner durch positiven Willensakt die Ehe selbst oder ein Wesenselement der Ehe oder eine Wesenseigenschaft der Ehe ausschließen, ist ihre Eheschließung ungültig.

Can. 1102 – § 1. Eine Ehe kann unter einer Bedingung, die sich auf die Zukunft bezieht, nicht gültig geschlossen werden.
§ 2. Wurde eine Ehe geschlossen unter einer Bedingung, die sich auf die Vergangenheit oder auf die Gegenwart bezieht, so ist sie gültig oder ungültig, je nachdem das Ausbedungene besteht oder nicht.
§ 3. Die Bedingung aber, von der in § 2 die Rede ist, kann erlaubt nur beigefügt werden mit der schriftlichen Erlaubnis des Ortsordinarius.

Can. 1103 – Ungültig ist eine Ehe, die geschlossen wurde aufgrund von Zwang oder infolge von außen, wenn auch ohne Absicht, eingeflößter schwerer Furcht, die jemandem, um sich davon zu befreien, die Wahl der Ehe aufzwingt.

Die Christgläubigen, die sich das Sakrament der Ehe spenden wollen, müssen um die Notwendigkeit und Wichtigkeit des *Ehekonsenses* wissen. Aus Canon 1057 ist uns die rechtliche Normierung über die unbedingte Notwendigkeit des Ehekonsenses bereits bekannt. Demnach kommt eine Ehe durch den Konsens der beiden Brautleute zustande; er ist für das Zustandekommen der Ehe unverzichtbar. Der Ehekonsens kann durch keine menschliche Macht ersetzt werden[18].
Ohne ihn kann also kein Christgläubiger eine gültige Ehe schließen. Das besagt jedoch nicht, daß jeder gültige Konsens auch schon eine gültige Ehe zur Folge hat. Es müssen dazu „noch eine Reihe von zusätzlichen Voraussetzungen erfüllt sein, die teils auf dem Naturrecht und positivgöttlichen Recht, teils auf rein kirchlichem Recht (ius mere ecclesiasticum) beruhen. Diese Erfordernisse sind indes, was ihre Wirkungen betrifft, nicht mit dem Ehekonsens auf dieselbe Stufe zu stellen. Sie sind insbesondere nicht als Ursachen oder Mitursachen (concausae) für das Entstehen einer Ehe anzusprechen, sondern sie stellen lediglich Voraussetzungen, Bedingungen dar, damit die alleinige Wirkursache der Ehe (Ehekonsens) das ihr eigene Ziel, nämlich die gültige Ehe, erreichen kann"[19].

Die Gültigkeit des Ehekonsenses kann durch das Erkennen und Wollen eines Menschen beeinträchtigt werden. Was das Erkennen angeht, so kann es durch jene Faktoren beeinträchtigt werden, die verhindern, das wesentliche Konsensobjekt vollständig oder zumindest hinreichend genug zu erfassen. Bezüglich des Willens erfährt der Ehekonsens durch all das eine Beeinträchtigung, „was die Fähigkeit des Menschen zu freier, selbstverantworteter Entscheidung entweder ausschließt, erheblich stört oder die Erfüllung übernommener Verpflichtungen hinsichtlich der ehelichen Lebensgemeinschaft unmöglich macht"[20].
Der Ehekonsens kann also beeinträchtigt werden durch:

1. Die Erkenntnismängel:

- Fehlen des hinreichenden Vernunftgebrauchs (ständige Geisteskrankheit; Bewußtseinsstörungen durch Drogen, Alkohol usw.).
- Mangel an Urteilsvermögen; das Urteilsvermögen ist so stark eingeschränkt, daß die Wesenseigenschaften und Wesenselemente der Ehe nicht erkannt werden.
- Fehlen des notwendigen Mindestwissens über das Wesen der Ehe (als dauernde, auf Nachkommenschaft hingeordnete Gemeinschaft von Mann und Frau durch geschlechtliches Zusammenwirken).
- Irrtum:
  - Personenirrtum macht die Ehe ungültig (wenn jemand eine andere Person heiratet als beabsichtigt);
  - Eigenschaftsirrtum macht hingegen die Ehe nicht ungültig.
- Arglistige Täuschung (arglistig verheimlichte Sterilität).

2. Die Willensmängel:

- Totalsimulation (Eheschließung zur Erreichung eines persönlichen Vorteils).
- Ausschluß der ehelichen Treue (wenn sich ein Partner im Augenblick der Eheschließung das Recht vorbehält, auch mit anderen Partnern geschlechtliche Beziehungen aufzunehmen).
- Ausschluß des Rechtes auf Nachkommenschaft (wer im Augenblick der Eheschließung dem Partner keine Geschlechtsgemeinschaft zu schenken bereit ist, schließt eine ungültige Ehe, weil er die Erzeugung neuen Lebens verhindert).

3. Eheschließung unter einer Bedingung.

Eheassistenz durch einen Laien

Can. 1112 – § 1. Wo Priester und Diakone fehlen, kann der Diözesanbischof, aufgrund einer vorgängigen empfehlenden Stellungnahme der Bischofskonferenz und nach Erhalt der Erlaubnis des Heiligen Stuhles, Laien zur Eheschließungsassistenz delegieren.
§ 2. Es ist ein geeigneter Laie auszuwählen, der in der Lage ist, die Brautbelehrung zu halten und die Liturgie der Eheschließung in rechter Weise zu feiern.

Wir sahen oben (Canon 1057) bereits, daß zum Zustandekommen des Ehesakramentes zwei Elemente unverzichtbar notwendig sind, nämlich die Willenszustimmung beider Partner und die Mitwirkung der Kirche.
Wie jedes Sakrament bedarf auch das Ehesakrament der kirchlichen Mitwirkung. „Die Kirche ist am Zustandekommen der Ehe in verschiedener Form beteiligt, sei es, daß sie durch den geweihten und beauftragten Priester oder Diakon oder durch einen beauftragten Laien die eheliche Willenserklärung entgegennimmt, sei es, daß sie irgendeine andere Form der Eheschließung durch hoheitliche Festlegung (Gesetz) als gültig bezeichnet. Unter diesen Voraussetzungen ist der für jedes Sakrament notwendige Bezug zur Kirche hergestellt"[21].
Es kann also auch ein Laie vom Diözesanbischof zur Eheassistenz im Namen der Kirche bestellt werden; hierbei handelt es sich jedoch „um eine allgemeine grundsätzliche Ermächtigung, die zu ihrer Aktualisierung noch der auf einen bestimmten Einzelfall bezogenen besonderen Delegation durch den Ortsordinarius bzw. -pfarrer bedarf"[22].
Ohne besondere Genehmigung kann ein Laie die Eheassistenz nicht übernehmen; es bedarf in jedem Fall eines positiven Votums der Bischofskonferenz und der Erlaubnis des Heiligen Stuhles.
Laien, die hierzu ermächtigt werden, sollen nach besonderen Kriterien ausgesucht werden. Unter anderem müssen sie die Fähigkeit haben, den Brautleuten bei der Vorbereitung auf die Ehe durch pastorale Gespräche zur Seite zu stehen. Ebenso müssen die zur Eheassistenz ausgewählten Laien in der Lage sein, die Trauungsliturgie ordnungsgemäß zu vollziehen.
Schließt also ein Brautpaar unter der rechtmäßigen Assistenz eines Laien den Ehebund, so hat es die vorgeschriebene Formpflicht in jedem Fall erfüllt.

Ort der Eheschließung

Can. 1115 – Die Ehen sind in der Pfarrei zu schließen, in der einer der Eheschließenden Wohnsitz oder Nebenwohnsitz hat oder sich seit einem Monat ständig aufgehalten hat, oder, wenn es sich um Wohnsitzlose handelt, in der Pfarrei, in der sie sich gegenwärtig aufhalten; mit Erlaubnis des eigenen Ordinarius oder des eigenen Pfarrers können Ehen anderswo geschlossen werden.

Can. 1118 – § 1. Eine Ehe zwischen zwei Katholiken oder zwischen einem katholischen und einem nichtkatholischen, aber getauften Partner ist in der Pfarrkirche zu schließen; mit Erlaubnis des Ortsordinarius oder des Pfarrers kann die Ehe in einer anderen Kirche oder Kapelle geschlossen werden.
§ 2. Der Ortsordinarius kann erlauben, daß eine Ehe an einem anderen passenden Ort geschlossen wird.
§ 3. Eine Ehe zwischen einem katholischen und einem ungetauften Partner kann in einer Kirche oder an einem anderen passenden Ort geschlossen werden.

Im „alten" Recht von 1917 galt die Vorschrift, daß für Eheschließende der Pfarrer der Braut zuständig sei[23]; nach geltendem Recht ist diesbezüglich eine Änderung vorgenommen worden. Die Ehe soll jetzt in der Pfarrei geschlossen werden, in der *einer* der Ehebewerber (also Bräutigam oder Braut) Wohnsitz bzw. Nebenwohnsitz bzw. einmonatigen Aufenthalt hat; bei Wohnsitzlosen ist die Pfarrei des augenblicklichen Aufenthaltsortes für die Trauung zuständig. Die Eheleute sind jedoch nicht gehalten, diese Vorschrift unter allen Umständen unbedingt einzuhalten. Es kann Gründe geben, daß sie ihre Ehe in einer anderen Pfarrgemeinde (oder in einer bestimmten Kapelle) schließen wollen. Mit Erlaubnis des eigenen Ordinarius oder eigenen Pfarrers besteht ohne weiteres eine solche Möglichkeit.
Was die Eheschließung eines Katholiken mit einem nichtkatholischen Partner, der jedoch getauft ist (z. B. mit einem evangelischen Christen), angeht, ist es sinnvoll und gerecht, daß diese Eheschließung auch in einer anderen Kirche oder Kapelle stattfinden kann, wenn z. B. der nichtkatholische Partner sich vor seinem Gewissen dazu verpflichtet fühlt. Die notwendige Erlaubnis des Pfarrers bzw. des Ortsordinarius wird in solchen Fällen leicht einzuholen und zu bekommen sein.

Zu jeder Zeit im Kirchenjahr kann die Ehe geschlossen werden, also z. B. auch in der Advents- und Fastenzeit. Die Brautleute sind also auch hier flexibler, was die Wahl des Zeitpunktes und des Ortes ihrer Eheschließung angeht.

Nottrauung

Can. 1116 – § 1. Wenn ohne schweren Nachteil niemand herbeigeholt oder angegangen werden kann, der nach Maßgabe des Rechts für die Eheschließungsassistenz zuständig ist, können jene, die eine wahre Ehe eingehen wollen, diese gültig und erlaubt allein vor den Zeugen schließen:

1° in Todesgefahr;

2° außerhalb von Todesgefahr, sofern vernünftigerweise vorauszusehen ist, daß der Zustand dieser Verhältnisse einen Monat andauern wird.

§ 2. Wenn in beiden Fällen ein anderer Priester oder Diakon anwesend sein kann, muß er gerufen werden und zusammen mit den Zeugen bei der Eheschließung dabeisein, unbeschadet der Gültigkeit der Eheschließung allein vor den Zeugen.

Wir sprachen oben bereits über die Notwendigkeit, daß zur Trauung auch die Eheassistenz durch einen Kleriker oder einen delegierten Laien gefordert ist, daß also eine rechtmäßig bestellte Trauungsinstanz vorhanden sein muß. Wenn eine solche jedoch nicht ohne schweren Nachteil angegangen werden kann, dann dürfen Brautleute, die eine wirkliche Ehe beabsichtigen, diese auch vor zwei Zeugen gültig und erlaubterweise schließen, wenn die folgenden Voraussetzungen erfüllt sind:

- wenn Todesgefahr besteht;
- außerhalb von Todesgefahr, wenn vernünftigerweise vorauszusehen ist, daß die besondere Notsituation einen Monat hindurch andauern wird, was als unzumutbar angesehen werden kann. „Es kann sich hierbei um physische oder moralische Unerreichbarkeit des Trauungsberechtigten handeln. Erstere wäre dann gegeben, wenn dieser etwa wegen großer Entfernung nicht angegangen werden kann, letztere dann, wenn dem Trauungsorgan oder den Ehewerbern schwerer Nachteil im Falle einer kirchlichen Eheschließung droht"[24].

Um von der Möglichkeit der Eheschließung nur vor zwei Zeugen Gebrauch machen zu können, muß also mit moralischer Sicherheit feststehen, daß die physische bzw. moralische Unerreichbarkeit des Trauungsberechtigten wenigstens einen Monat dauert (z. B. in der Diapora).
Sollte zufällig ein nicht trauungsberechtigter Priester oder Diakon anwesend oder erreichbar sein, muß dieser eingeladen werden, damit er zugleich mit den Zeugen der Noteheschließung assistiert. Diese Vorschrift will in erster Linie die Möglichkeit der Dispens etwaiger Ehehindernisse offen lassen. Falls dieser Kleriker sich aus irgendwelchen Gründen weigert, die Assistenz zu leisten, bliebe die Noteheschließung vor den beiden Zeugen gültig und erlaubt. „Zwingen" kann und braucht man den zufällig anwesenden Kleriker nicht zur Eheassistenz. Seine Nicht-Verfügbarkeit soll in einem konkreten Fall nicht zum Nachteil der Ehebewerber sein.

Konfessionsverschiedene Ehe

Can. 1124 – Die Eheschließung zwischen zwei Getauften, von denen der eine in der katholischen Kirche getauft oder nach der Taufe in sie aufgenommen worden ist und nicht durch einen formalen Akt von ihr abgefallen ist, der andere Partner aber einer Kirche oder kirchlichen Gemeinschaft zugezählt wird, die nicht in voller Gemeinschaft mit der katholischen Kirche steht, ist ohne ausdrückliche Erlaubnis der zuständigen Autorität verboten.

Can. 1125 – Eine solche Erlaubnis kann der Ortsordinarius gewähren, wenn ein gerechter und vernünftiger Grund vorliegt; er darf sie nur erteilen, wenn die folgenden Bedingungen erfüllt sind:

1° der katholische Partner hat sich bereitzuerklären, Gefahren des Glaubensabfalls zu beseitigen, und er hat das aufrichtige Versprechen abzugeben, nach Kräften alles zu tun, daß alle seine Kinder in der katholischen Kirche getauft und erzogen werden;

2° von diesen Versprechen, die der katholische Partner abgeben muß, ist der andere Partner rechtzeitig zu unterrichten, so daß feststeht, daß er wirklich um das Versprechen und die Verpflichtung des katholischen Partners weiß;

3° beiden Partnern sind die Zwecke und die Wesenseigenschaften der Ehe darzulegen, die von keinem der beiden Eheschließenden ausgeschlossen werden dürfen.

Can. 1126 – Aufgabe der Bischofskonferenz ist es, sowohl die Art und Weise festzulegen, in der diese Erklärungen und Versprechen, die in jedem Falle erforderlich sind, abgegeben werden müssen, als auch zu bestimmen, auf welche Weise diese sowohl im äußeren Bereich feststehen als auch dem nichtkatholischen Partner zur Kenntnis gebracht werden sollen.

Die konfessionsverschiedene Ehe ist in jedem Fall von der zuständigen kirchlichen Autorität genehmigungspflichtig (licentia), was besagt, daß die Konfessionsverschiedenheit (= Ehe zwischen einem katholischen und einem Angehörigen einer nichtkatholischen Kirche oder kirchlichen Gemeinschaft) kein Ehehindernis mehr darstellt.
Was die Notwendigkeit einer Erlaubnis der zuständigen kirchlichen Autorität angeht, wenn ein Katholik einen christlichen Partner heiraten möchte, der nicht in voller Gemeinschaft mit der katholischen Kirche steht, muß vor allem betont werden, daß dieses Gesetz nur aus pastoralen Gründen erlassen wurde und nicht aus „Rechthaberei" der einen Kirche gegenüber der anderen.
Allein die Sorge um ihre Glieder, um das Wohl des religiösen Erbes für die Ehen und Familien, besonders für die Kinder, verlangt ein sensibles Vorgehen auf diesem Gebiet. Die Ehe konfessionsverschiedener Partner stellt in jedem Fall auf Dauer für das harmonische religiöse Zusammenleben eine gewisse Belastung dar, die auch mit „ökumenischer Verständigungsbereitschaft" allein nicht zu bewältigen ist.
„Hier wird die Spaltung der Christenheit in die engste Beziehung, die es unter Menschen geben kann, hineingenommen und muß in einem besonderen Maße getragen werden. Die Schwierigkeiten werden vor allem in der Frage nach der Verpflichtung zur religiösen Erziehung der Kinder und nach der Teilnahme am Gottesdienst deutlich. Rücksichtnahme auf das Bekenntnis des anderen Partners kann zu einer Ausklammerung religiöser Fragestellungen führen. Die Wiedervereinigung der getrennten Kirchen wird daher durch die konfessionsverschiedene Ehe in der Regel keine Förderung erfahren"[25].
Auch wenn, wie wir sahen, die konfessionsverschiedenen Ehen wegen der besonderen Belastungen der Partner von den Kirchen eigentlich nicht gewünscht werden (deshalb die Notwendigkeit einer ausdrücklichen Erlaubnis), muß und soll die Kirche doch die persönliche Gewissensentscheidung der konfessionsverschiedenen Partner achten, wohlwollend ak-

zeptieren und seelsorglich gewissenhaft und vorurteilsfrei begleiten, besonders auch im Gebet.
Trotz der oben angedeuteten einsehbaren Schwierigkeiten ist jedoch der konfessionsverschiedenen Ehe auch eine nicht unwesentliche ökumenische Bedeutung beizumessen, und die realistische Möglichkeit einer echten und überzeugten christlichen Gestaltung solcher Ehen darf nicht übersehen werden. Die Erfahrung der Pastoral mit den konfessionsverschiedenen Ehen bestätigt diese Aussage. Auch die Synode ist dieser Überzeugung und stellt fest: „Die Verschiedenheit der Bekenntnisse kann – eingebettet in die ökumenischen Bemühungen der Kirchen – eine befruchtende Wirkung für das Glaubensleben der Gatten und damit für ihre Ehe haben"[26].
Die Eheleute sollen versuchen, in ihrer Ehe und Familie gemeinsam nach den christlichen Grundsätzen miteinander zu leben und dabei die feste Treue zur eigenen Kirche zu bewahren, um so aus dieser Treue im gegenseitigen Respekt und in gegenseitiger Achtung ihrer Ehe einen tiefen, christlich geprägten Akzent geben zu können, ohne dabei das jeweils Spezifische der eigenen Kirche zu verwischen.
Hat die kirchliche Autorität einmal die Zustimmung zur konfessionsverschiedenen Ehe gegeben, darf sie darauf vertrauen, daß der Geist Gottes diese Eheleute lenken wird und daß trotz aller möglichen Schwierigkeiten, die auftreten können, auch eine solche Ehegemeinschaft tief christlich gestaltet werden kann zum Wohle der jeweiligen Familie, der Kirche und der Gesellschaft.
Damit die Erlaubnis zur konfessionsverschiedenen Ehe durch die zuständige kirchliche Autorität (Ortsordinarius, der auch an Seelsorger mit allgemeiner Trauungsvollmacht die Erlaubnis zur konfessionsverschiedenen Eheschließung delegieren kann) erteilt werden kann, muß nach Canon 1125 ein gerechter und vernünftiger Grund vorliegen. Was diesen „gerechten Grund" angeht, hat die Deutsche Bischofskonferenz erklärt, daß bei der besonderen Situation in Deutschland (hier leben viele Mitglieder anderer christlicher Gemeinschaften) in jedem Fall ein gerechter Grund vorliegt, die Erlaubnis zu erteilen[27].
Die in Canon 1125, Nr. 1–2 geforderten Versprechen seitens des katholischen Partners müssen auch im äußeren Bereich feststellbar und beweisbar sein, und der nichtkatholische Partner muß von diesen Versprechen rechtzeitig unterrichtet werden, damit er die Verpflichtung des Partners kennt und sie in geeigneter Weise mittragen kann.
Bevor der Ortsordinarius die Erlaubnis zur konfessionsverschiedenen

Eheschließung gibt, erfolgt eine Belehrung beider Partner über die Zwecke (Wohl der Ehegatten sowie Zeugung und Erziehung von Nachkommenschaft) und wesentlichen Eigenschaften (Einheit und Unauflöslichkeit) der Ehe. Beide Partner sind verpflichtet, an diesem „Brautunterricht" teilzunehmen, und müssen auch bekunden, daß sie weder die Ehezwecke noch die wesentlichen Eigenschaften der Ehe ablehnen. „Die deutschen Bischöfe hatten in ihren Ausführungsbestimmungen zum MP MatrMixt festgestellt, falls der nichtkatholische Partner zum Brautunterricht und Brautexamen nicht erscheine, müsse die Angelegenheit dem Ortsordinarius zur Entscheidung vorgelegt werden. Diese Vorschrift gewinnt durch die Bestimmung in Can. 1125 noch an Bedeutung"[28].

Eheschließungsform bei der Mischehe

Can. 1127 – § 1. Was die Eheschließungsform bei einer Mischehe betrifft, sind die Vorschriften des can. 1108 zu beachten; wenn jedoch ein Katholik eine Ehe mit einem Nichtkatholiken eines orientalischen Ritus schließt, ist die kanonische Eheschließungsform nur zur Erlaubtheit einzuhalten; zur Gültigkeit aber ist unter Wahrung der sonstigen Rechtsvorschriften die Mitwirkung eines geistlichen Amtsträgers erforderlich.
§ 2. Wenn erhebliche Schwierigkeiten der Einhaltung der kanonischen Form entgegenstehen, hat der Ortsordinarius des katholischen Partners das Recht, nach Befragen jedoch des Ordinarius des Eheschließungsortes und zur Gültigkeit unter Einhaltung irgendeiner öffentlichen Form der Eheschließung, von dieser in Einzelfällen zu dispensieren; es ist Aufgabe der Bischofskonferenz, Vorschriften zu erlassen, nach denen die genannte Dispens in einheitlicher Weise zu erteilen ist.
§ 3. Es ist verboten, vor oder nach der kanonischen Eheschließung gemäß § 1 eine andere religiöse Trauungsfeier zur Abgabe oder Erneuerung des Ehekonsenses vorzunehmen; gleichfalls darf keine religiöse Feier stattfinden, bei welcher der katholische Assistierende und der nichtkatholische Amtsträger zugleich, jeder in seinem Ritus, den Konsens der Partner erfragen.

Die kanonische Eheschließungsform ist nach geltendem Recht die reguläre Form, denn: „Nur jene Ehen sind gültig, die geschlossen werden unter Assistenz des Ortsordinarius oder des Ortspfarrers oder eines von einem

der beiden delegierten Priesters oder Diakons sowie vor zwei Zeugen..."[29]. Nach Canon 1127 gilt diese kanonische Formvorschrift auch für den Abschluß einer konfessionsverschiedenen Ehe und ist für sie verbindlich, auch dann, wenn die Trauung unter Beteiligung eines nichtkatholischen Geistlichen stattfindet.
Möchte ein katholischer Christ einen Christen der orientalischen Kirche heiraten, so soll die kanonische Formvorschrift ebenfalls Beachtung finden; hier gilt sie jedoch nur im Hinblick auf die Erlaubtheit der Trauung. Gesetzt den Fall, eine solche Trauung findet nicht in der oben erwähnten Form statt, ist die Ehe dennoch rechtlich gültig geschlossen. Allerdings ist laut Canon 1127, § 1 vorausgesetzt, daß an dieser Trauung ein geweihter Amtsträger mitwirkt.
Sollten bezüglich der Einhaltung der kanonischen Form große Schwierigkeiten auftreten, wird dem Ortsordinarius des katholischen Partners das Recht eingeräumt, von ihr zu dispensieren; allerdings muß irgendeine öffentliche Eheschließungsform eingehalten werden. Wegen der Einheitlichkeit der diesbezüglichen Durchführung soll die Bischofskonferenz für ihr Territorium bestimmte Normen für die Befreiung von der Formpflicht aufstellen. In jedem Fall ist das Recht des Ortsordinarius zur Dispens an den Rat des Ordinarius des Eheschließungsortes gebunden.
Auch im neuen Kirchenrecht bleibt die sogenannte „Doppeltrauung" verboten, d. h., bei einer „Mischehe" darf nur *ein* Assistierender den Konsens erfragen, und die Trauung darf nur (als Ausdruck der Einmaligkeit der Eheschließung) in *einem* Ritus vollzogen werden[30].

Mischehenseelsorge

Can. 1128 – Die Ortsordinarien und die anderen Seelsorger haben dafür zu sorgen, daß es dem katholischen Ehegatten und den Kindern aus einer Mischehe nicht an geistlicher Hilfe zur Erfüllung ihrer Pflichten fehlt; sie sollen den Ehegatten helfen, die Einheit im Ehe- und Familienleben zu pflegen.

Can. 1129 – Die Vorschriften der cann. 1127 und 1128 sind auch anzuwenden auf Ehen, denen das Hindernis der Religionsverschiedenheit nach can. 1086, § 1 entgegensteht.

Ein besonderes Problem in der sogenannten Mischehe ist die religiöse Erziehung der Kinder. Nach Canon 1125, Nr. 1 ist der katholische Partner verpflichtet, alles in seinen Kräften Stehende zu unternehmen, damit das Kind, das ja ein wesentliches Ziel der Ehe ist, katholisch getauft und erzogen wird.

Hier darf man nun aber nicht übersehen, daß bei aller Notwendigkeit einer solchen Forderung seitens der Kirche auch der nichtkatholische Ehepartner von seinem Gewissen her eine echte Verpflichtung zur religiösen Erziehung nach den Grundsätzen seiner Glaubensgemeinschaft spüren kann. Bevor aus diesem Grund innerhalb der Ehe Meinungsverschiedenheiten auftreten, sollten die Brautleute *vor* der Eheschließung in aller Offenheit und Ehrlichkeit darüber sprechen und versuchen, zu einer Übereinstimmung zu kommen; die jeweilige Gewissensverpflichtung des Partners ist dabei zu respektieren.

Wenn nun die Gewissensverpflichtung z. B. des evangelischen Christen zu evangelischer Taufe und Kindererziehung überwiegt und der katholische Partner eine solche Entscheidung nach gemeinsamen Überlegungen respektiert, darf der katholische Partner der evangelischen Taufe und Kindererziehung zustimmen, ohne dabei jedoch seine Mithilfe an der christlichen Erziehung zu versagen oder einzuschränken. Leichtfertig sollte und darf kein katholischer Partner auf katholische Taufe und Erziehung verzichten.

Aber auch dann, wenn sich der katholische Partner in Absprache mit seinem andersgläubigen Ehepartner für die katholische Taufe und Kindererziehung entscheiden kann, ist er mit dem Auftrag zur katholischen Kindererziehung in vielen Fällen überfordert. Bei allem guten Willen wird er diese Aufgabe allein nicht bewältigen können, und schließlich braucht er auch für sich selbst von der Kirche geistliche Güter und Hilfen.

Diese werden ihm durch Canon 1128 garantiert. Dieser Canon verpflichtet nämlich die Seelsorger, es nicht an geistlichen Hilfen für den katholischen Ehegatten und die Kinder aus einer Mischehe fehlen zu lassen, damit sie wirklich spüren, daß sie in der Gemeinschaft der katholischen Kirche ein „Zuhause" haben. Wenn jeder Partner diese „Heimat" in seiner Kirche erfährt und bejaht, kann auf dieser Grundlage die Einheit des ehelichen, familiären und religiösen Lebens wachsen.

Diese Hilfe soll aber auch jenen Kindern gewährt werden, die nicht katholisch getauft sind, aber in einer Mischehe leben, die Hilfe bezieht sich auch auf solche Ehen, denen das Hindernis der Religionsverschiedenheit entgegensteht. Die Heilssorge der Kirche muß alle Menschen umfassen!

Geheime Eheschließung

Can. 1130 – Der Ortsordinarius kann aus einem schwerwiegenden und dringenden Grund gestatten, daß eine Ehe geheim geschlossen wird.

Im Normalfall wird eine Ehe in der Öffentlichkeit der kirchlichen Gemeinschaft geschlossen; es kann jedoch besondere Lebenssituationen geben, in denen ein geheimer Abschluß der Ehe naheliegt, ja notwendig wird. Man nennt solche Ehen „Gewissensehen".
„Es handelt sich dabei um wirkliche, unter Anwendung der ordentlichen kirchlichen Eheschließungsform geschlossene Ehen. Der Unterschied besteht lediglich in der Geheimhaltung für den äußeren Bereich, d. h., die Eheschließung erfolgt geheim und ist von sämtlichen Beteiligten geheimzuhalten"[31].
Die geheime Eheschließung als Gewissensehe ist nur in wirklichen, schwerwiegenden Ausnahmefällen möglich, und es muß die Erlaubnis des Ortsoberhirten eingeholt werden.

Wirkungen der Ehe – Gattenrechte

Can. 1134 – Aus einer gültigen Ehe entsteht zwischen den Ehegatten ein Band, das seiner Natur nach lebenslang und ausschließlich ist; in einer christlichen Ehe werden zudem die Ehegatten durch ein besonderes Sakrament gestärkt und gleichsam geweiht für die Pflichten und die Würde ihres Standes.

Can. 1135 – Beide Ehegatten haben gleiche Pflicht und gleiches Recht bezüglich der Gemeinschaft des ehelichen Lebens.

In Canon 1134 geht es zunächst um die Gültigkeit der Ehe. „Gültigkeit" ist eine rechtliche Ausdrucksweise: „Gültig ist die Ehe, der kein rechtserheblicher Mangel anhaftet. Voraussetzungen der Gültigkeit sind mangelfreie Ehefähigkeit sowie mangelfreier Ehewille beider Partner und mangelfreie Eheschließung. Der gültigen Ehe kommen alle Rechtswirkungen zu, die der Ehe eigentümlich sind, sofern sie ein Rechtsinstitut ist. Aus der gültigen Eheschließung entsteht zwischen den Ehegatten ein seiner

Natur nach dauerndes und ausschließliches Band; in einer christlichen Ehe werden außerdem die Ehegatten durch ein besonderes Sakrament gestärkt und gleichsam geweiht, um die Würde und die Pflichten ihres Standes wahrzunehmen"[32].

Gerade in den Krisenzeiten im Eheleben dürfen die Eheleute auf die stärkende Gnade des empfangenen Sakramentes vertrauen und daraus neue Kraft schöpfen, die immer wieder zu einem echten Neubeginn im Eheall-tag führen kann. Die Bindung und Gemeinschaft mit einem anderen Partner bringt immer gewisse Probleme der Anpassung und des gegenseitigen Verstehens mit sich. Allein auf die eigenen Kräfte und auf den eigenen guten Willen zu vertrauen, wäre sicher zu wenig. Aus sich allein heraus schafft ein Mensch nicht lebenslange und ausschließliche Bindung. Die durch die christliche Ehe vermittelte sakramentale Gnade ist der Garant dafür, daß Ehe- und Familienleben mit seinen Pflichten und seiner gegenseitigen Mitverantwortung gelingen kann. Diese sakramentale Gnade setzt voraus, daß die Eheleute aber auch mit dieser Gnade mitwirken.

Wenn jeder Partner seine ihm auferlegten Pflichten treu und gewissenhaft erfüllt, garantiert er dadurch bereits die Sicherstellung der Rechte des anderen. Beide sind gemeinsam gleichermaßen verpflichtet, daß ihr eheliches Zusammenleben gelingen kann. Canon 1135 gewährleistet also die völlige rechtliche Gleichstellung von Mann und Frau in der Ehe.

Sakramentale Gnade als Geschenk Gottes und persönliches Engagement der Eheleute füreinander helfen und garantieren, daß das dauernde und ausschließliche Band der personalen Lebenseinheit in der christlichen Ehe nicht reißt.

Elternrecht und -pflicht

Can. 1136 – Die Eltern haben die sehr strenge Pflicht und das erstrangige Recht, nach Kräften sowohl für die leibliche, soziale und kulturelle als auch für die sittliche und religiöse Erziehung der Kinder zu sorgen.

In den Canones 226, § 2; 774, § 2; 793 und 795 ff. wurde bezüglich der besonderen Ehe- und Elternverpflichtungen ausführlich dargestellt, was dieser Canon 1136 erneut fordert, nämlich daß die Eltern die strenge Verpflichtung und das erste Recht haben, für die leibliche, soziale und kultu-

relle Erziehung ihrer Kinder zu sorgen; ebenso sind in erster Linie die Eltern verpflichtet, sich nach Kräften um die sittliche und religiöse Erziehung ihrer Kinder selbst zu kümmern. Verantwortete Elternschaft wird eine solche Verpflichtung nicht ernst genug nehmen können.
Wir möchten diesen Auftrag bewußt als eine Wirkung der Elternschaft (nicht der Ehe) bezeichnen. Wer sich zur Zeugung werdenden Lebens entschließt, ist für dieses Leben verantwortlich, also auch für das unehelich geborene Leben. Auch ungültig oder nicht miteinander verheiratete Eltern haben die ernste Verpflichtung und das vorrangige Recht, nach besten Kräften die umfassende Erziehung ihrer Kinder zu besorgen.

Rechtliche Stellung der Kinder

Can. 1137 – Ehelich sind die in einer gültigen Ehe oder in einer Putativehe empfangenen oder geborenen Kinder.

Can. 1138 – § 1. Vater ist jener, den die rechtmäßige Eheschließung als solchen ausweist, sofern nicht das Gegenteil aufgrund überzeugender Argumente bewiesen wird.
§ 2. Als ehelich vermutet werden jene Kinder, die mindestens 180 Tage nach dem Tag der Eheschließung oder innerhalb von 300 Tagen nach dem Tag der Auflösung der ehelichen Gemeinschaft geboren sind.

Can. 1139 – Nichteheliche Kinder werden legitimiert durch nachfolgende Eheschließung der Eltern, sei es eine gültige Ehe oder eine Putativehe, oder durch Reskript des Heiligen Stuhles.

Can. 1140 – Die legitimierten Kinder werden hinsichtlich der kanonischen Wirkungen in allem den ehelichen Kindern gleichgestellt, wenn nicht vom Recht etwas anderes ausdrücklich vorgesehen ist.

Über die rechtliche Stellung der Kinder werden in diesen Canones wesentliche Aussagen gemacht. Im Zusammenhang mit den Rechtsfolgen des Ehebundes wird festgestellt, daß jene Kinder als *ehelich* bezeichnet werden, die entweder aus einer gültigen Ehe oder aus einer Putativehe (eine für gültig gehaltene Ehe) empfangen oder geboren worden sind. Bezüglich der Rechtsvermutung der Ehelichkeit wird festgelegt, daß alle Kinder

ehelich sind, die frühestens 180 Tage nach Eheabschluß oder spätestens 300 Tage nach Auflösung des ehelichen Lebensbandes geboren worden sind.
Canon 1138, § 1 spricht die Rechtsvermutung aus, daß als Vater eines Kindes derjenige gilt, den die rechtmäßige Ehe als solchen darstellt, sofern nicht klar erkennbare Beweise dagegen sprechen.
Nichtehelich geborene Kinder werden dadurch legitimiert, daß die Eltern nach der Geburt des Kindes den Ehebund schließen; dadurch werden die unehelich geborenen Kinder den ehelichen gleichgestellt.
Außerdem kann die Legitimation eines unehelichen Kindes auch ohne nachfolgende Ehe der Eltern erfolgen, und zwar durch Reskript des Heiligen Stuhles. Zu bedauern ist, daß jedoch eine letzte, endgültige Gleichstellung des unehelichen Kindes mit dem ehelichen auch im neuen Codex nicht erfolgt, daß die unehelichen Kinder nur dann den ehelichen gleichgestellt werden, wenn nicht von Rechts wegen ausdrücklich etwas anderes bestimmt ist. Es kann also sein, daß das Recht eine Legitimation unehelich geborener Kinder nicht vorsieht bzw. ausschließt. Durch diese Einschränkung bleibt also immer eine gewisse Ungleichheit gegeben, die der Gesetzgeber besser hätte wegfallen lassen.

Unauflöslichkeit der Ehe

Can. 1141 – Die gültige und vollzogene Ehe zwischen Getauften kann durch keine menschliche Gewalt und aus keinem Grunde, außer durch den Tod, aufgelöst werden.

Die hinsichtlich Ehefähigkeit, Ehewille und Eheschließungsform gültig geschlossene (vgl. Can. 1134) und vollzogene Ehe von zwei getauften Christen kann durch keine menschliche Macht, also auch nicht durch den Papst, aufgelöst werden. Allein der Tod eines Gatten führt zur Auflösung eines Ehebandes. In diesem Canon 1141 ist die katholische Lehre von der Unauflöslichkeit der Ehe unmißverständlich formuliert, eine Ehescheidung kann es nach katholischer Lehre nicht geben.
Die Möglichkeit der Annullierung einer Ehe oder die Feststellung ihrer Nichtigkeit stehen dazu nicht im Widerspruch. Nach diesem Canon bezieht sich die Unauflöslichkeit auf die gültig geschlossene *und* vollzogene Ehe. Wenn eine „Ehe" nachweislich nicht vollzogen wurde, d. h., die

Ehepartner keinen geschlechtlichen Verkehr miteinander hatten, stellt das kirchliche Gericht lediglich fest, daß gar keine Ehe zustandegekommen ist. Was die Nichtigkeit einer Ehe anbelangt, geht es dabei nicht um die Auflösung eines bestehenden (in die Krise geratenen gültigen) Ehebandes, sondern ein kirchliches Gericht stellt fest, daß die „Ehe" von Anfang an ungültig war, d. h. nie zu Recht bestanden hat. Gründe für die Nichtigkeit einer Ehe können sein:

- bestehende Ehehindernisse (vgl. Cann. 1083 ff.);
- mangelnder Ehewille (Ausschluß der Bereitschaft zur Treue oder zur Zeugung von Nachkommenschaft; vgl. Can. 1101, § 2);
- Eheschließung unter Zwang (vgl. Can. 1103).

Auch wenn es keine kirchliche Ehescheidung geben kann und die Kirche nicht einmal kraft der ihr verliehenen stellvertretenden göttlichen Gewalt eine gültig geschlossene und vollzogene Ehe auflösen kann, sollte man aber doch bei den vielen Ehen, die scheitern, durchaus untersuchen, ob nicht das Vorliegen eines Ehehindernisses oder ein Mangel an ehelichem Willen zu dem Scheitern der Ehe geführt haben, wobei die Kirche bei allen ihren diesbezüglichen Untersuchungen und Prozessen nicht an den Aussagen der Heiligen Schrift, der Tradition und des kirchlichen Lehramtes vorbeigehen kann, die die Unauflöslichkeit jeder gültig geschlossenen Ehe bezeugen. Es geht also bei der Auflösung immer nur und ausschließlich um die echte Suche nach eventuellen Ehenichtigkeitsgründen, Willensmängeln, Formfehlern oder trennenden Ehehindernissen, die ja niemals ein bestehendes gültiges Eheband auflösen, sondern die ein Eheband erst gar nicht zustandekommen lassen.
Wenn das kirchliche Gericht in zwei Instanzen mit unabhängigen Prozessen und gleichlautenden Urteilen eine Ehe für „nichtig" bzw. „ungültig" erklärt, so kann man davon ausgehen, daß eine solche Ehe vor Gott niemals geschlossen wurde. Hier „scheidet" die Kirche also nicht, sondern stellt lediglich die absolute Nichtigkeit der Ehe fest. Nur die Kinder einer solchen „Ehe" sind ehelich, also legitim; ihr weiterer Lebensweg soll unter der Ungültigkeit der Ehe der Eltern keinen Schaden nehmen.

Auflösung bei Nichtvollzug

Can. 1142 – Die nicht vollzogene Ehe zwischen Getauften oder zwischen einem getauften und einem ungetauften Partner kann aus einem gerechten Grund auf Bitten beider Partner oder eines Partners, selbst wenn der andere dem widerstrebt, vom Papst aufgelöst werden.

Wie wir in Canon 1141 sahen, kann eine gültig geschlossene und vollzogene Ehe zwischen Getauften durch keine menschliche Macht und aus keinem Grund aufgelöst werden; wohl aber kann eine Auflösung des Ehebandes erfolgen, wenn die Ehe nicht sakramental zustande kam oder nicht vollzogen wurde. Nach Canon 1142 kann eine nicht vollzogene Ehe (= Ehe ohne einen ehelichen Beischlaf, d. h. ohne geschlechtliche Verbindung) vom Papst aufgelöst werden, wenn ein wirklich gerechter Grund (Zerrüttung bisheriger Ehe) für eine solche Auflösung besteht und wenigstens ein Partner darum bittet, selbst wenn der andere nicht damit einverstanden ist.
Allerdings ist die Auflösung einer solchen Ehe durch den Papst ein hoheitlicher Gnadenakt, auf den kein Christgläubiger einen Rechtsanspruch hat.
Manche Gläubige unterliegen in diesem Zusammenhang einem Trugschluß, der in seinem Inhalt und in seiner Konsequenz nicht aufrecht zu erhalten ist: Wenn ohne ehelichen Beischlaf die Ehe aufgelöst werden könne – der eheliche Beischlaf also gleichsam konstitutiv sei für das Eheband –, dann sei durch den vorehelichen Verkehr die Ehe eigentlich schon begründet und vollzogen, und von daher sei dann logischerweise voreheliche Beziehung nicht nur legal, sondern im tiefsten auch ehebegründend bei solchen Personen, die zu heiraten beabsichtigen.
Demgegenüber bleibt festzuhalten, daß voreheliche geschlechtliche Beziehungen weder eine Ehe konstituieren noch einen – gleichsam vorwegnehmenden – Vollzug der Ehe darstellen.

Paulinisches Privileg

Can. 1143 – § 1. Die von zwei Ungetauften geschlossene Ehe wird auf Grund des Paulinischen Privilegs zugunsten des Glaubens jenes Partners, der die Taufe empfangen hat, dadurch von selbst aufgelöst, daß von jenem Partner eine neue Ehe geschlossen wird, sofern der ungetaufte Partner sich trennt.
§ 2. Die Trennung des ungetauften Partners wird angenommen, wenn er nicht mit dem getauften Partner zusammenleben bzw. friedlich ohne

Schmähung des Schöpfers zusammenleben will, sofern nicht der getaufte Partner nach Empfang der Taufe ihm berechtigten Anlaß zur Trennung gegeben hat.

Can. 1144 – § 1. Damit der getaufte Partner eine neue Ehe gültig schließt, muß der ungetaufte Partner immer befragt werden, ob er:

1° auch selbst die Taufe empfangen will;

2° mit dem getauften Partner wenigstens friedlich ohne Schmähung des Schöpfers zusammenleben will.

§ 2. Diese Befragung muß nach der Taufe vorgenommen werden; jedoch kann der Ortsordinarius aus einem schwerwiegenden Grund erlauben, daß die Befragung vor der Taufe geschieht; er kann sogar auch von der Befragung vor oder nach der Taufe dispensieren, vorausgesetzt, durch ein wenigstens summarisches und außergerichtliches Verfahren steht fest, daß die Befragung nicht durchgeführt werden kann oder zwecklos ist.

Can. 1145 – § 1. Die Befragung ist in der Regel kraft der Autorität des Ortsordinarius des gläubig gewordenen Partners vorzunehmen; von diesem Ordinarius muß dem anderen Gatten Bedenkzeit für die Antwort gegeben werden, falls dieser darum bittet, jedoch mit dem Hinweis, daß nach fruchtlosem Ablauf der Frist sein Schweigen als negative Antwort verstanden wird.

§ 2. Auch die privat von dem gläubig gewordenen Partner vorgenommene Befragung ist gültig, ja sogar erlaubt, wenn die oben vorgeschriebene Form der Befragung nicht eingehalten werden kann.

§ 3. In beiden Fällen muß die erfolgte Befragung und ihr Ergebnis im äußeren Bereich rechtmäßig feststehen.

Can. 1146 – Der getaufte Partner hat das Recht, eine neue Ehe mit einem katholischen Partner einzugehen:

1° wenn der andere Partner negativ auf die Befragung geantwortet hat oder wenn die Befragung rechtmäßig unterlassen wurde;

2° wenn der ungetaufte Partner, gleich ob er bereits befragt wurde oder nicht, zunächst in einem friedlichen Zusammenleben ohne Schmähung des Schöpfers verharrt, nachher aber ohne gerechten Grund weggeht, unter Wahrung der Vorschriften der cann. 1144 und 1145.

Can. 1147 – Der Ortsordinarius kann gleichwohl aus einem schwerwiegenden Grund erlauben, daß der getaufte Partner, der vom Paulinischen Privileg Gebrauch macht, eine Ehe mit einem getauften oder einem ungetauften nichtkatholischen Partner eingeht, unter Wahrung auch der Vorschriften der Canones über die Mischehen.

Das Paulinische Privileg hat sein Fundament in der Heiligen Schrift: „Den übrigen sage ich, nicht der Herr: Wenn ein Bruder eine ungläubige Frau hat und sie willigt ein, weiter mit ihm zusammenzuleben, soll er sie nicht verstoßen. Auch eine Frau soll ihren ungläubigen Mann nicht verstoßen, wenn er einwilligt, weiter mit ihr zusammenzuleben. Denn der ungläubige Mann ist durch die Frau geheiligt, und die ungläubige Frau ist durch ihren gläubigen Mann geheiligt. Sonst wären eure Kinder unrein; sie sind aber heilig. Wenn aber der Ungläubige sich trennen will, soll er es tun. Der Bruder oder die Schwester ist in solchen Fällen nicht wie ein Sklave gebunden; zu einem Leben in Frieden hat Gott euch berufen"[33].
Das Privileg gilt für Ehen zwischen zwei Ungetauften (= eine Naturehe, die auch auf Lebenszeit bindet), von denen ein Partner sich bekehrt und taufen läßt und der andere Partner die Taufe nicht empfangen will, das harmonische Zusammenleben aufgrund der empfangenen Taufe des Partners verweigert und sich trennt, wobei der inzwischen Getaufte die Trennung nicht durch andere Gründe verursacht haben darf. Erst durch das Eingehen einer neuen Ehe des nunmehr Getauften wird die erste Ehe gelöst (also nicht schon durch die oben genannten Voraussetzungen).
Die Bedingungen für eine neue gültige Ehe des inzwischen Getauften sind in Canon 1144, § 1 klar formuliert; wichtig ist dabei vor allem die Befragung des ungetauften Partners, ob nicht auch er die Taufe empfangen oder wenigstens den Glauben des Partners in allen Belangen akzeptieren will, damit dessen Glaube keine Gefahr leidet.
Die Befragung hat in der Regel der zuständige Ordinarius des Getauften vorzunehmen; sollte er verhindert sein, ist auch eine private Befragung durch den konvertierten Gatten möglich. Wenn die Befragung ein ausdrückliches oder auch stillschweigendes negatives Ergebnis bringt, hat der getaufte Partner das Recht, eine neue Ehe zu schließen. Ebenso darf er wieder heiraten, wenn die Befragung rechtmäßig unterlassen wurde.
Canon 1146 geht davon aus, daß der inzwischen getaufte Partner jetzt einen katholischen Partner heiraten wird; doch das Gesetz besteht nicht

unbedingt darauf, wie Canon 1147 zeigt. Der getaufte Partner, der das Paulinische Privileg (Privilegium Paulinum) in Anspruch genommen hat, kann eine neue Ehe mit einem getauften oder ungetauften Partner eingehen unter Einhaltung der Mischehenbestimmungen und immer die Erlaubnis des Ortsoberhirten vorausgesetzt.

Lösung nichtchristlicher Mehrehen und bei Gefangenschaft oder Verfolgung

Can. 1148 – § 1. Ein Ungetaufter, der mehrere ungetaufte Ehefrauen gleichzeitig hat, kann nach Empfang der Taufe in der katholischen Kirche, sofern es ihm schwerfällt, bei der ersten von ihnen zu bleiben, eine dieser Frauen behalten, nachdem er die übrigen entlassen hat. Dasselbe gilt für eine ungetaufte Frau, die gleichzeitig mehrere ungetaufte Ehemänner hat.
§ 2. In den Fällen des § 1 ist die Ehe nach Empfang der Taufe in rechtmäßiger Form zu schließen; dabei müssen erforderlichenfalls auch die Vorschriften über die Mischehen und die anderen Rechtsvorschriften eingehalten werden.
§ 3. Der Ortsordinarius hat unter Würdigung der sittlichen, gesellschaftlichen und wirtschaftlichen Verhältnisse der Gegenden und der Personen dafür zu sorgen, daß den Bedürfnissen der ersten und der anderen entlassenen Ehefrauen gemäß den Grundsätzen der Gerechtigkeit, der christlichen Nächstenliebe und der natürlichen Billigkeit hinreichend Rechnung getragen wird.

Can. 1149 – Ein Ungetaufter, der nach dem Empfang der Taufe in der katholischen Kirche mit dem ungetauften Gatten wegen Gefangenschaft oder Verfolgung das Zusammenleben wiederaufzunehmen nicht in der Lage ist, kann eine andere Ehe eingehen, selbst wenn der andere Partner inzwischen die Taufe empfangen hat, unbeschadet der Vorschrift des can. 1141.

Can. 1150 – Im Zweifelsfall erfreut sich das Glaubensprivileg der Rechtsgunst.

Die Canones 1148 und 1149 gehen über die Möglichkeit des Paulinischen

Privilegs hinaus und machen in zwei weiteren besonderen Fällen die Auflösung der Ehe eines Ungetauften möglich: bei Polygamie und bei Gefangenschaft oder Verfolgung.

Wer also als Heide vor seiner Taufe mehrere Frauen hatte, muß sich nach der Taufe für eine Frau entscheiden, wenn er nach dem Glauben und der Überzeugung der katholischen Kirche leben will, was man durch die Bitte um den Taufempfang annehmen kann. Eigentlich wäre es naheliegend, wenn er die Frau bei sich behalten müßte, mit der er zuerst zusammengelebt hat. Wenn es jedoch für ihn schwierig ist, mit dieser ersten Frau zusammenzuleben, kann er *eine* seiner Frauen als Ehefrau auswählen. Alle anderen muß er entlassen, ohne jedoch seine Verantwortung für ihr weiteres Schicksal aufzugeben, die allein schon die Gerechtigkeit und die Nächstenliebe fordern. Ebenso ist der Oberhirte verpflichtet, dafür zu sorgen, daß den entlassenen Frauen genügend Lebensunterhalt zur Verfügung steht.

Auch hier muß die Kirche beweisen, daß sie bei aller Berechtigung der Forderungen, die sie an einen Taufbewerber und vor allem auch an seine Beziehungspersonen und an seine Umwelt stellt, eine Liebes- und keine Rechtskirche ist.

Trennung bei bleibendem Eheband

Can. 1151 – Die Ehegatten haben die Pflicht und das Recht, das eheliche Zusammenleben zu wahren, außer ein rechtmäßiger Grund entschuldigt sie davon.

Can. 1152 – § 1. Mag es auch nachdrücklich empfohlen sein, daß ein Ehegatte, bewogen von christlicher Nächstenliebe und aus Sorge um das Wohl der Familie, dem ehebrecherischen Partner Verzeihung nicht verweigert und das eheliche Zusammenleben nicht abbricht, so hat er doch das Recht, wenn er dessen Schuld nicht ausdrücklich oder stillschweigend verziehen hat, das eheliche Zusammenleben aufzuheben, außer er hat dem Ehebruch zugestimmt oder dazu Anlaß gegeben oder auch selbst Ehebruch begangen.

§ 2. Als stillschweigende Verzeihung gilt, wenn der unschuldige Gatte in Kenntnis des Ehebruchs freiwillig mit seinem Gatten ehelich verkehrt hat; die Verzeihung wird aber vermutet, wenn der unschuldige Gatte sechs Monate lang das eheliche Zusammenleben aufrechterhalten und

keine rechtlichen Schritte bei der kirchlichen oder weltlichen Autorität unternommen hat.
§ 3. Wenn der unschuldige Gatte von sich aus das eheliche Zusammenleben aufgehoben hat, soll er innerhalb von sechs Monaten der zuständigen kirchlichen Autorität den Trennungsgrund mitteilen; sie hat nach Prüfung aller Umstände zu erwägen, ob der unschuldige Gatte bewogen werden kann, die Schuld zu vergeben und die Trennung nicht auf immer fortzusetzen.

Can. 1153 – § 1. Wenn einer der Gatten eine schwere Gefahr für Seele oder Leib des anderen Gatten oder der Kinder herbeiführt oder auf andere Weise das gemeinschaftliche Leben unerträglich macht, gibt er dem anderen einen rechtmäßigen Grund, sich zu trennen, und zwar auf Grund eines Dekrets des Ortsordinarius und, wenn Gefahr im Verzug ist, auch kraft eigener Entscheidung.
§ 2. In allen Fällen ist nach Wegfall des Trennungsgrundes das eheliche Zusammenleben wiederherzustellen, wenn nicht von der kirchlichen Autorität etwas anderes verfügt ist.

Can. 1154 – Nach erfolgter Trennung der Ehegatten muß immer in geeigneter Weise für den nötigen Unterhalt und die Erziehung der Kinder gesorgt werden.

Can. 1155 – Der unschuldige Gatte kann den anderen Gatten lobenswerterweise wieder zum ehelichen Leben zulassen; in diesem Fall verzichtet er auf das Recht zur Trennung.

Dem fundamentalen Recht auf Ehe entspricht auch das Recht und die Verpflichtung der Eheleute, das eheliche Zusammenleben zu wahren und zu gestalten. Nur im gemeinsamen Streben können die Ziele von Ehe und Familie verwirklicht werden. Daher müssen beide Partner alles tun, damit die eheliche Lebensgemeinschaft ihnen zur Stärkung und zur gegenseitigen glücklichen Lebensbewältigung dient. Jeder der beiden vertraut ja darauf, daß der Partner ein ehrlicher, aufrichtiger und verantwortungsbewußter Wegbegleiter sein wird.
Wird jedoch eine Person diesem Anspruch nicht gerecht und liegen gerechte Gründe vor, so darf die Lebensgemeinschaft – wenn sie nicht mehr den erklärten Zielen dient – aufgehoben werden, ohne daß dabei je-

doch gleichzeitig das Eheband aufgehoben würde. Es kommt also zu einer Trennung der Ehegatten unter Weiterbestand des Ehebandes. Eine neue Eheschließung ist demnach unter solchen Umständen nicht möglich.
Was die Trennung angeht, so spricht man hier auch von einer „Trennung von Tisch und Bett", die dauernd (nur bei Ehebruch möglich) oder zeitweilig sein kann.
Bei Ehebruch empfiehlt das kirchliche Recht dem Gatten, aus christlicher Liebe und wegen des Wohles der Familie dem Partner, der die Ehe gebrochen hat, Verzeihung zu schenken und das gemeinsame eheliche Leben weiterzuführen. Das ist besonders dann anzuraten, wenn Kinder da sind, die eigentlich nur durch die Anwesenheit von Vater und Mutter wirklich Familie und Gemeinschaft erleben können. Die spezifische Rolle, die Vater und Mutter in der Familie haben, kann von einem Teil allein nach Auflösung der ehelichen Lebensgemeinschaft nicht angemessen übernommen werden. Die Kinder selbst können in einer solchen Krisenzeit ein gutes Bindeglied zwischen den Eltern sein; das Gefühl, oder besser die Überzeugung, vom Kind bzw. den Kindern gebraucht zu werden, kann den Eltern in der Krise wieder neue Kraft geben und neue Bereitschaft, das gemeinsame Ehe- und Familienleben weiterzuführen.
Was nun jedoch das Recht des Canon 1152 angeht, so gewährt es, trotz der oben beschriebenen und im gleichen Canon verankerten ausdrücklichen Empfehlung zum Verzeihen, dem betrogenen Gatten auch die Möglichkeit, das eheliche Zusammenleben aufzugeben, jedoch nicht, wenn er

- dem Ehebruch des Partners zugestimmt,
- zum Ehebruch selber Anlaß gegeben,
- ihn ausdrücklich oder stillschweigend vergeben oder
- selbst Ehebruch begangen hat.

Wenn einer dieser vier Tatbestände gegeben ist, ist die Aufhebung der ehelichen Lebensgemeinschaft nicht möglich.
Der unschuldige Partner kann ohne weiteren Antrag von Amts wegen im Falle von Ehebruch die Trennung durchführen. Allerdings ist er verpflichtet, innerhalb von sechs Monaten der kirchlichen Autorität von der Trennung Meldung zu machen, damit die Seelsorger informiert sind und dem getrennt lebenden Ehepaar und vor allem dessen Kindern besondere und geeignete pastorale Hilfen angedeihen lassen können mit dem Ziel einer möglichst schnellen, aber nicht voreiligen, oberflächlichen Versöhnung. Diese soll in jedem Fall angestrebt werden, denn auch getrennt le-

bende Eheleute leben in einem Bund, der als rechtliche, personale und religiöse Wirklichkeit sichtbar werden muß. Die personale Lebenseinheit zwischen Mann und Frau, das volle gegenseitige Übereignetsein, verträgt von seiner natürlichen Bestimmung her eigentlich keine Trennung von Tisch und Bett, die einen längeren Zeitraum überschreitet, auch wenn eine solche Trennung bei Ehebruch für dauernd rein rechtlich möglich und erlaubt wäre.

Neben der dauernden Trennung, die – wie wir sahen – rechtlich nur im Falle von Ehebruch möglich ist, gibt es laut Canon 1153, § 1 die Möglichkeit der zeitweiligen Trennung, und zwar (immer) dann, wenn einer der beiden Gatten dem anderen oder den gemeinsamen Kindern zur echten Gefahr für Seele oder Leib wird oder wenn das gemeinsame Leben im großen Umfang unerträglich wird.

Im Gegensatz zur eigenständigen Trennung bei Ehebruch, kann hier nur nach erhaltenem Dekret des Ortsoberhirten eine zeitweilige Trennung vorgenommen werden; nur dann, wenn unmittelbar Gefahr droht, darf der bedrohte Partner eigenmächtig handeln. Diese Vorsichtsmaßnahme ist sehr sinnvoll und in erster Linie deshalb angebracht, weil in diesem Fall nach einer gewissen Zeit die eheliche Lebensgemeinschaft wieder aufgenommen werden soll und daher eine kompetente, neutrale und unbefangene Stelle zunächst einmal prüfen soll, ob für das weitere Zusammenleben eine zeitweilige Trennung nützlich ist oder ob eine solche Trennung noch größeren Schaden anrichten würde, vor allem für die Familie. Selbst bei Gefahr im Verzug, wie sie Canon 1153, § 1 erwähnt, wäre sicher auch im pastoralen Gespräch zwischen Ehepartnern und Seelsorger oft bessere Hilfe möglich als durch eine Trennung. In der Zeit der Trennung werden die Fronten oft nur noch verschärft und verhärtet, was ja nicht im Sinne dessen sein kann, was die Trennung eigentlich bewirken soll.

Sobald der Trennungsgrund aufgehoben ist bzw. wegfällt, ist das gemeinsame Eheleben wieder aufzunehmen, es sei denn, die kirchliche Autorität hält nach verantwortungsbewußtem Abwägen eine andere Lösung (längere Trennung) für notwendig.

In jedem der aufgeführten Fälle haben die Eltern die Verpflichtung, die Sorge für das Wohlergehen und die Erziehung der Kinder ernst zu nehmen. Sie sind verpflichtet, dafür zu sorgen, daß es den Kindern an nichts fehlt, besonders im Bereich des Unterhaltes und der Erziehung.

Die hier vom Gesetzgeber geforderte Hilfe erscheint viel zu gering, denn der Verlust der Geborgenheit einer Familie und das tief prägende Erlebnis

der Trennung der Eltern kann im jungen Menschen einen Schock bewirken, an dem er sein Leben lang tragen muß.
Deshalb erscheint es notwendig, darauf hinzuarbeiten, daß das in Canon 1155 Ausgesagte möglichst bald nach der Trennung realisiert wird, daß nämlich der unschuldige Partner die Wiederzulassung zum gemeinsamen ehelichen Leben gewährt und die Trennung aufgibt.
Unserer Ansicht nach sollte die im kirchlichen Recht verankerte Möglichkeit der zeitweiligen Trennung nur im Extremfall angewandt werden, und zwar nur dann, wenn aller Voraussicht nach ausschließlich durch eine zeitweilige Trennung Schaden für Seele und Leib des Partners oder der Kinder abgewendet werden kann.
Im Regelfall sollte das Recht der zeitweiligen Aufhebung der ehelichen Lebensgemeinschaft nicht angewandt werden.

Einfache Gültigmachung der Ehe (convalidatio)

Can. 1156 – § 1. Für die Gültigmachung einer wegen eines trennenden Hindernisses nichtigen Ehe ist erforderlich, daß das Hindernis entfällt oder durch Dispens behoben wird und daß wenigstens jener Partner, der von dem Hindernis Kenntnis hat, den Konsens erneuert.
§ 2. Diese Konsenserneuerung wird vom kirchlichen Recht zur Gültigkeit der Gültigmachung verlangt, auch wenn beide Partner ursprünglich den Konsens geleistet und später nicht widerrufen haben.

Can. 1157 – Die Konsenserneuerung muß ein neuer Willensakt sein, der auf jene Ehe gerichtet ist, von der jener Partner, welcher den Konsens erneuert, weiß oder meint, daß sie von Anfang an nichtig war.

Can. 1158 – § 1. Ist das Hindernis öffentlich, so muß der Konsens von beiden Partnern in der kanonischen Form erneuert werden, unter Wahrung der Vorschrift des can. 1127, § 2.
§ 2. Kann das Hindernis nicht bewiesen werden, so genügt es, daß der Konsens privat und geheim erneuert wird, und zwar von dem Partner, der um das Hindernis weiß, vorausgesetzt, daß der Ehewille des anderen Partners fortdauert, oder von beiden Partnern, wenn das Hindernis beiden Partnern bekannt ist.

Can. 1159 – § 1. Eine wegen Konsensmangels ungültige Ehe wird gültig gemacht, wenn der Partner, der keinen Konsens geleistet hat, nunmehr den Konsens leistet, vorausgesetzt, der vom anderen Partner geleistete Konsens dauert fort.

§ 2. Wenn der Konsensmangel nicht bewiesen werden kann, genügt es, daß der Partner, der keinen Konsens geleistet hatte, privat und geheim den Konsens leistet.

§ 3. Kann der Konsensmangel bewiesen werden, so muß der Konsens in der kanonischen Form geleistet werden.

Can. 1160 – Eine wegen Formmangels ungültige Ehe muß zur Gültigmachung von neuem in der kanonischen Form geschlossen werden, unter Wahrung der Vorschrift des can. 1127, § 2.

Wir sahen bereits, daß zur Gültigkeit einer Ehe kein trennendes Ehehindernis, kein Willens- und Formmangel vorliegen darf. Wird eine dieser drei Bedingungen mit moralischer Sicherheit nicht erfüllt, ist die Ehe ungültig. Solange irgendwelche Zweifel bestehen, muß an der Gültigkeit der Ehe festgehalten werden. „Die Ehe erfreut sich der Rechtsgunst; deshalb ist im Zweifelsfall an der Gültigkeit der Ehe so lange festzuhalten, bis das Gegenteil bewiesen wird"[34].

Eine ungültige Ehe kann nach dem kirchlichen Recht entweder durch die einfache Gültigmachung (convalidatio simplex) oder durch die Heilung in der Wurzel (sanatio in radice) gültig gemacht werden. In den Canones 1156–1160 geht es um die einfache Gültigmachung. Hierbei ist zu unterscheiden, ob die Ursache der Ungültigkeit

- ein trennendes Ehehindernis,
- ein Konsensmangel oder aber
- ein Formmangel ist.

Für die Gültigmachung einer wegen eines trennenden Ehehindernisses (Cann. 1156–1158) ungültigen Ehe gilt als entscheidende Voraussetzung, daß das Ehehindernis behoben wird. Das Hindernis kann von selbst durch die Natur der Sache entfallen: das Hindernis des zu jungen Alters z. B. ist nach den entsprechenden fehlenden Jahren aufgehoben; das Hindernis des Ehebandes hört auf, wenn ein Partner stirbt; das Hindernis der Religionsverschiedenheit entfällt nach der Bekehrung.

Dispens kann im Grunde von allen Hindernissen gewährt werden, die nicht göttlichen, sondern kirchlichen Rechtes sind.

Ist ein Ehehindernis von selbst oder durch Dispens weggefallen, so muß wenigstens der Ehepartner, der Kenntnis von dem Ehehindernis hatte, den Konsens erneuern. Diese Erneuerung des ehelichen Willens fordert das kirchliche Recht zur Gültigkeit der Konvalidation auch dann, wenn ursprünglich beide Partner eine gültige Willenserklärung abgegeben hatten und sie auch später nicht widerrufen haben. Eigentlich wäre die Erneuerung des ehelichen Willens nicht notwendig; sie ist eine rein kirchenrechtliche Vorschrift, die ausschließlich der Rechtssicherheit dient. „Weil die Erneuerung des ehelichen Willens nur nach kirchlicher Vorschrift notwendig ist, kann die Kirche von dieser Vorschrift auch dispensieren"[35]. Die Konsenserneuerung ist hier ein neuer, eigener Willensakt, der sich auf die Ehe bezieht, die nach Meinung bzw. nach Wissen der Partner von Anfang an nichtig war. Es reicht also nicht aus, wenn die Partner an der bisher gelebten „Ehe" festhalten. Durch den neuen Willensakt muß nach der Intention desjenigen, der ihn bekundet, die ungültige Ehe zu einer gültigen gemacht werden.
Vor wem und wie der Konsens zu erneuern ist, besagt Canon 1158. Wenn das Hindernis öffentlich ist (d. h. beweisbar), muß der Konsens von beiden Gatten in der kanonischen Form erneuert werden, dabei darf nur von einem Amtsträger der Konsens erfragt werden. In jenen Fällen, bei denen das Hindernis nicht öffentlich ist, d. h. nicht bewiesen werden kann, genügt die private und geheime Konsenserneuerung (ohne Zeugen) dessen, der sich des Hindernisses bewußt ist; dabei muß jedoch der andere Teil weiterhin zu seiner damals abgegebenen Willenserklärung stehen. Ist das Hindernis geheim, doch beiden bewußt bzw. bekannt, so genügt die Konsenserneuerung beider in privater und geheimer Form, also ohne Zeugen. „Die Form der geheimen Erneuerung des Ehekonsenses steht ganz im Belieben der Beteiligten. Sie kann ausdrücklich oder stillschweigend vorgenommen werden..."[36].
Ist eine Ehe nichtig, weil wenigstens ein Ehepartner einen rechtlich nicht ausreichenden Ehewillen hatte (Can. 1159), kann eine solche Ehe nur durch nachträgliche rechtmäßige Willenserklärung gültig gemacht werden; dabei ist jedoch vorausgesetzt, daß der Ehewille des anderen Partners noch andauert. Wenn der Ehewille auf beiden Seiten fehlerhaft war, müssen auch beide den Konsens ohne Einschränkung neu leisten.
Kann man den Konsensmangel nicht beweisen, reicht es aus, daß der Teil, der den Mangel verursacht hat, privat und geheim den Konsens leistet; ist der Willensmangel jedoch beweisbar, muß die Konsensleistung in kanonischer Form erfolgen.

Was nun die wegen Formmangels (Can. 1160) nichtige Ehe angeht, wird sie dadurch gültig, daß sie erneut in kirchlicher Form geschlossen wird; auch hierbei darf wiederum nur ein Amtsträger den Ehewillen erfragen. Die Ehe muß insbesondere immer dann von neuem in der kanonischen Form geschlossen werden, „wenn die kirchliche Eheschließungsform vollständig gefehlt hat"[37].

Heilung in der Wurzel (sanatio)

Can. 1161 – § 1. Die Heilung einer ungültigen Ehe in der Wurzel ist ihre ohne Konsenserneuerung von der zuständigen Autorität gewährte Gültigmachung; sie bringt mit sich die Dispens von einem etwa vorhandenen Hindernis und von der kanonischen Form, wenn diese nicht eingehalten worden ist, sowie die Rückverlegung der kanonischen Wirkungen auf die Vergangenheit.
§ 2. Die Gültigmachung erfolgt im Zeitpunkt der Gewährung des Gnadenaktes; die rückwirkende Kraft aber ist so zu verstehen, daß sie vom Zeitpunkt der Eheschließung an gilt, wenn nicht etwas anderes ausdrücklich vorgesehen wird.
§ 3. Die Heilung der Ehe in der Wurzel darf nur gewährt werden, wenn es wahrscheinlich ist, daß die Partner das eheliche Leben fortsetzen wollen.

Can. 1162 – § 1. Wenn bei beiden Partnern oder bei einem Partner der Konsens fehlt, sei es, daß er von Anfang an gefehlt hat, sei es, daß er anfangs geleistet, später widerrufen wurde, kann die Ehe nicht in der Wurzel geheilt werden.
§ 2. Wenn der Konsens von Anfang an zwar gefehlt hat, aber später geleistet worden ist, kann die Heilung in der Wurzel von jenem Zeitpunkt an gewährt werden, zu dem der Konsens geleistet wurde.

Can. 1163 – § 1. Eine wegen eines Hindernisses oder wegen eines Mangels der rechtmäßigen Form ungültige Ehe kann unter der Voraussetzung geheilt werden, daß der Ehewille bei beiden Partnern fortdauert.
§ 2. Eine Ehe, die wegen eines Hindernisses des Naturrechts oder des positiven göttlichen Rechts ungültig ist, kann nur nach Wegfall des Hindernisses geheilt werden.

Can. 1164 – Die Heilung kann auch ohne Kenntnis eines oder beider Partner gültig gewährt werden; sie darf aber nur aus schwerwiegendem Grund gewährt werden.

Can. 1165 – § 1. Die Heilung in der Wurzel kann vom Apostolischen Stuhl gewährt werden.
§ 2. Sie kann vom Diözesanbischof in einzelnen Fällen gewährt werden, auch wenn mehrere Nichtigkeitsgründe in derselben Ehe zusammentreffen; dabei müssen für die Heilung einer Mischehe die Bedingungen des can. 1125 erfüllt sein; die Heilung in der Wurzel kann aber vom Diözesanbischof nicht gewährt werden, wenn ein Hindernis vorliegt, dessen Dispens gemäß can. 1078, § 2 dem Apostolischen Stuhl vorbehalten ist, oder wenn es sich um ein Hindernis des Naturrechts oder des positiven göttlichen Rechts handelt, das schon weggefallen ist.

Während bei einer einfachen Gültigmachung (convalidatio simplex) der entscheidende Rechtsakt von den ungültig verheirateten Partnern gesetzt wird, wie wir sahen, wird er bei der Heilung in der Wurzel (sanatio in radice) von der zuständigen kirchlichen Autorität gesetzt. Insgesamt gesehen bemüht sich die Kirche, allen Eheleuten, die in ungültiger Ehe leben, aber dennoch zusammenbleiben wollen, eine Möglichkeit der Konvalidation ihrer Ehe zu geben.
Die Eheheilung in der Wurzel geschieht ohne Konsenserneuerung der Partner durch hoheitlichen Gnadenakt; da die Eheleute selber keinen aktiven Beitrag zu leisten haben, kann die Eheheilung in der Wurzel auch ohne ihr Wissen vorgenommen werden, allerdings nur dann, wenn ein schwerwiegender Grund ein solches Vorgehen ratsam macht. „Zu denken ist etwa daran, daß beide Partner glauben, gültig verheiratet zu sein, obgleich sie tatsächlich in ungültiger Ehe leben; hier dürfte es die pastorale Klugheit verbieten, den guten Glauben zu zerstören und die Menschen ohne Not in Unruhe zu versetzen. Noch häufiger wird es vorkommen, daß ein an sich formpflichtiges Paar bloß zivil oder nach akatholischem Ritus heiratet, und ein Teil nach Jahren seine Ehe auch vor Gott und der Kirche ordnen will, wozu aber der andere unter keinen Umständen bereit ist, obgleich auch er an der Verbindung selbst festhält“[38].
Der hoheitliche Gnadenakt der Heilung in der Wurzel bewirkt, daß die bisher ungültige Ehe vom Moment der Gewährung des Gnadenaktes an als gültig gilt. Ein etwa vorhandenes Ehehindernis, das dispensabel, d. h.

nicht göttlichen Rechtes ist, wird durch die Heilung dispensiert; ebenso dispensiert die Eheheilung in der Wurzel von der Formpflicht, falls sie unterlassen wurde oder fehlerhaft war. Ebenso werden die kanonischen Rechtswirkungen des Eheabschlusses mit rückwirkender Kraft in Geltung gesetzt, es sei denn, es wäre diesbezüglich ausdrücklich eine andere Regelung getroffen.

Die Bedingung zur Heilung in der Wurzel wird in Canon 1162 aufgestellt: Zum Zeitpunkt der Gewährung des Gnadenaktes müssen beide Teile einen ausreichenden Ehewillen haben; hat ein solcher Ehekonsens von Anfang an gefehlt oder wurde er zu einem späteren Zeitpunkt widerrufen, ist eine Heilung in der Wurzel nicht möglich. Entscheidend ist also „die virtuelle Fortdauer des Ehewillens zum Zeitpunkt des Heilungsaktes"[39]. Zuständig für die Gewährung des Gnadenaktes der Eheheilung in der Wurzel ist der Heilige Stuhl, bzw. der Diözesanbischof in ganz konkreten Fällen, die ihm das Kirchenrecht in Canon 1165 gewährt.

Die Heilung in der Wurzel wird in dem Fall für Eheleute aktuell, wenn in ihrer Ehe offensichtliche rechtliche Mängel vorliegen, die ihre Ehe ungültig machen, sie jedoch ihr bestehendes Eheband nicht aufgeben wollen. „Mit dem Institut der sanatio in radice stellt das kanonische Recht ein Instrument zur Beseitigung konkreter Gewissensnöte zur Verfügung. Damit erweist es sich auch in dieser Hinsicht als ein wahrhaft geistliches Recht, das im Dienst des kirchlichen Sendungsauftrages, die Menschen zum Heil zu führen, steht und dazu seinen spezifischen Beitrag leistet"[40].

ANMERKUNGEN

1 GS, Art. 48; vgl. GS, Art. 49; LG, Art. 11.
2 M. Kaiser, Grundfragen des kirchlichen Eherechts, in J. Listl/H. Müller/H. Schmitz, Handbuch, S. 731.
3 GS, Art. 49.
4 GS, Art. 50.
5 Ebd.
6 M. Kaiser, Grundfragen, S. 739.
7 Ebd., S. 740.
8 GS, Art. 49.
9 H. Zapp, Die rechtliche Ehefähigkeit und die Ehehindernisse, in J. Listl/H. Müller/H. Schmitz, Handbuch, S. 755.
10 GS, Art. 26.

11 Vgl. M. Kaiser, Grundfragen, S. 745 f.
12 H. Zapp, Die Vorbereitung der Eheschließung, in J. Listl/H. Müller/H. Schmitz, Handbuch, S. 747.
13 Synode, Beschluß „Christlich gelebte Ehe und Familie" 3.1.1.1.2.
14 Ebd. 3.1.2.1.1.
15 H. Zapp, Die Vorbereitung, S. 748.
16 Vgl. H. Zapp, Die rechtliche Ehefähigkeit, S. 756.
17 H. Zapp, Die Vorbereitung, S. 752.
18 Vgl. Can. 1057, § 1.
19 B. Primetshofer, Der Ehekonsens, in J. Listl/H. Müller/H. Schmitz, Handbuch, S. 767.
20 Ebd.
21 Ebd., S. 783.
22 Ebd., S. 785.
23 Vgl. CIC von 1917: Can. 1079, § 2.
24 B. Primetshofer, Die Eheschließung, in J. Listl/H. Müller/H. Schmitz, Handbuch, S. 787.
25 H. Heinemann, Die konfessionsverschiedene Ehe, in J. Listl/H. Müller/H. Schmitz, Handbuch, S. 799.
26 Synode, Beschluß „Pastorale Zusammenarbeit der Kirchen im Dienst an der christlichen Einheit" 7.1.3.
27 Ausführungsbestimmung 1a, in AfkKR 139 (1970), S. 541.
28 H. Heinemann, Die konfessionsverschiedene Ehe, S. 801 f. (MP MatrMixt = Motuproprio „Matrimonia mixta" vom 30. 3. 1970, in AAS 62 (1970), S. 257–263).
29 Can. 1108, § 1.
30 Vgl. H. Heinemann, Die konfessionsverschiedene Ehe, S. 803.
31 H. Schwendenwein, Kirchenrecht, S. 389.
32 M. Kaiser, Grundfragen, S. 741.
33 1 Kor 7, 12–15.
34 Can. 1060.
35 R. Sebott, Das neue kirchliche Eherecht, Frankfurt/M. 1983, S. 218.
36 Ebd., S. 220.
37 H. Schwendenwein, Kirchenrecht, S. 409.
38 K. Th. Geringer, Nichtigerklärung, Auflösung und Trennung der Ehe, in J. Listl/H. Müller/H. Schmitz, Handbuch, S. 814 f.
39 Ebd. S. 813.
40 Ebd., S. 815.

Teil II Sonstige gottesdienstliche Handlungen

Spender und Empfänger der Sakramentalien

Can. 1168 – Spender der Sakramentalien ist der Kleriker, der mit der erforderlichen Vollmacht ausgestattet ist; einige Sakramentalien können gemäß den liturgischen Büchern nach dem Ermessen des Ortsordinarius auch von Laien gespendet werden, welche die entsprechenden Eigenschaften haben.

Can. 1170 – Segnungen sind vornehmlich Katholiken zu erteilen; sie können auch Katechumenen erteilt werden, und, wenn dem nicht ein Verbot der Kirche entgegensteht, sogar Nichtkatholiken.

Sakramentalien sind verschiedene liturgische Handlungen und heilige Zeichen, „durch die in einer gewissen Nachahmung der Sakramente Wirkungen, insbesondere geistlicher Natur, bezeichnet und kraft des Gebetes der Kirche erlangt werden. Die Sakramentalien beruhen auf kirchlicher Einsetzung und wirken ex opere operantis Ecclesiae. Hierdurch unterscheiden sie sich wesentlich von den Sakramenten. Für ihre Einsetzung, authentische Interpretation, Abschaffung und Änderung ist allein der Apostolische Stuhl zuständig"[1].
Das kirchliche Gesetzbuch und die liturgischen Bücher legen fest, *wer* Sakramentalien spenden darf.
Gewisse Sakramentalien können entsprechend den Vorschriften in den liturgischen Büchern auch von Laien vollzogen werden; vorausgesetzt, daß sie die dafür geforderten Eigenschaften aufweisen und der Ortsordinarius ihre Mitwirkung gutheißt. Der diesbezügliche Kompetenzbereich des Laien ist die Familie. „Die Segnungen im Leben der Familie werden im allgemeinen von den Eltern gespendet"[2].
Ein sinnvoller Brauch ist vor allem der Elternsegen, z. B. dann, wenn Kinder das Elternhaus verlassen (Kindergarten, Schule, Ferien usw.) oder wenn sie einen neuen Lebensabschnitt beginnen (Lehre, Studium, Heirat). Mit dem Segen erflehen die Eltern Gottes Schutz für ihre Kinder; die Kinder ihrerseits spüren, daß sie die Gegenwart und Hilfe Gottes in ihrem Leben benötigen, die durch die Segnung von Gott erbeten wird.

Die Empfänger von Segnungen sind in erster Linie die Katholiken; von ihrem Glaubensverständnis her haben sie am ehesten eine Beziehung dazu. Aber auch Katechumenen darf der Segen erteilt werden. Bei besonderen Anlässen (ökumenische Gottesdienste) können auch Nichtkatholiken gesegnet werden. Allerdings sollte in einem solchen Fall das Verständnis für die Bedeutung der Segnung bei ihnen vorhanden sein.

Teilnahme am Stundengebet

Can. 1174 – § 2. Zur Teilnahme am Stundengebet als einem Handeln der Kirche werden auch die übrigen Gläubigen je nach den Umständen nachdrücklich eingeladen.

Das Stundengebet der Kirche ist kein ausschließliches „Standesgebet" der Kleriker. Mehr und mehr erkennt man in der Kirche, daß das Stundenbuch ein Gebetbuch für alle ist, also auch für die Laien; es wird ihnen sogar nahegelegt, das Stundenbuch als ein Kirchengebetbuch zu betrachten. „Auch den Laien wird empfohlen, das Stundengebet zu verrichten, sei es mit den Priestern, sei es unter sich oder auch jeder einzelne allein"[3].
In diesem Sinne lädt Canon 1174, § 2 alle Gläubigen zum Stundengebet ein; auch wenn die Gläubigen nicht – wie die Kleriker – zum Stundengebet verpflichtet sind, wird es ihnen nachdrücklich empfohlen, eingedenk des Auftrages Jesu, der seine Jünger ermahnt, allezeit zu beten und darin nicht nachzulassen[4].
Vorzüglich mögen auch die Laien in kleineren Gruppen, also in Gemeinschaft, das Stundengebet verrichten, weil es von seinem theologischen Wesensverständnis her auf gemeinschaftliches Beten ausgerichtet ist.
Wer die Einladung zum Stundengebet annimmt, wird bald feststellen, daß er hier nicht leere Worte vorfindet, sondern Gottes Stimme hört, der zu seinem Volke spricht.
Im Stundengebet weiß sich der Gläubige mit vielen Menschen auf der ganzen Welt als betende Gemeinschaft verbunden; zur gleichen Zeit sprechen und überdenken viele Gleichgesinnte das Wort Gottes.
Die Laien werden das Stundengebet in seiner vollen Länge nicht täglich verrichten können; für viele wäre das schon aus beruflichen oder familiären Gründen eine Überforderung. Sie sollten sich aber bemühen, gerade das Morgenlob (Laudes) oder das Abendlob (Vesper bzw. Komplet) zu ver-

richten, um aus dem Inhalt dieser Gebete immer wieder neue Lebenskraft zu schöpfen.

Kirchliches Begräbnis

Can. 1176 – § 1. Den verstorbenen Gläubigen ist nach Maßgabe des Rechts ein kirchliches Begräbnis zu gewähren.
§ 2. Das kirchliche Begräbnis, bei dem die Kirche für die Verstorbenen geistlichen Beistand erfleht, ihren Leib ehrt und zugleich den Lebenden den Trost der Hoffnung gibt, ist nach Maßgabe der liturgischen Gesetze zu feiern.
§ 3. Nachdrücklich empfiehlt die Kirche, daß die fromme Gewohnheit beibehalten wird, den Leichnam Verstorbener zu beerdigen; sie verbietet indessen die Feuerbestattung nicht, es sei denn, sie ist aus Gründen gewählt worden, die der christlichen Glaubenslehre widersprechen.

Can. 1177 – § 1. Die Exequien müssen für jeden verstorbenen Gläubigen im allgemeinen in der Kirche der eigenen Pfarrei gefeiert werden.
§ 2. Es ist aber das Recht eines jeden Gläubigen oder derjenigen, die für das Begräbnis des verstorbenen Gläubigen zu sorgen haben, eine andere Kirche für die Exequien zu wählen, wenn der Rektor dieser Kirche zustimmt und der eigene Pfarrer des Verstorbenen verständigt worden ist.
§ 3. Wenn der Todesfall sich außerhalb der eigenen Pfarrei ereignet hat und der Leichnam nicht zu ihr überführt und auch keine andere Kirche für die Exequien rechtmäßig bestimmt worden ist, sind die Exequien in der Kirche der Pfarrei zu feiern, in der sich der Todesfall ereignet hat, sofern das Partikularrecht nicht etwas anderes bestimmt.

Can. 1180 – § 1. Wenn die Pfarrei einen eigenen Friedhof hat, sind die verstorbenen Gläubigen auf ihm zu beerdigen, wenn nicht vom Verstorbenen selbst oder von denen, die für das Begräbnis des Verstorbenen zu sorgen haben, rechtmäßig ein anderer Friedhof bestimmt wurde.
§ 2. Allen aber ist es erlaubt, wenn es nicht durch das Recht untersagt ist, den Friedhof für ihr Begräbnis zu wählen.

Can. 1181 – Was die Stolgebühren anläßlich des Begräbnisses betrifft, sind die Vorschriften des can. 1264 zu beachten, wobei aber sichergestellt sein muß, daß die Begräbnisfeier ohne Ansehen der Person gehalten und den Armen nicht die gebührende Begräbnisfeier vorenthalten wird.

Can. 1182 – Nach dem Begräbnis hat die Eintragung in das Totenbuch nach Maßgabe des Partikularrechts zu erfolgen.

Can. 1183 – § 1. Hinsichtlich des Begräbnisses sind die Katechumenen den Gläubigen gleichzustellen.
§ 2. Wenn Eltern vorhatten, ihre Kinder taufen zu lassen, diese aber vor der Taufe verstorben sind, kann der Ortsordinarius gestatten, daß sie ein kirchliches Begräbnis erhalten.
§ 3. Getauften, die einer nichtkatholischen Kirche oder kirchlichen Gemeinschaft zugezählt werden, kann das kirchliche Begräbnis nach klugem Ermessen des Ortsordinarius gewährt werden, wenn nicht ihr gegenteiliger Wille feststeht, und unter der Voraussetzung, daß ein eigener Amtsträger nicht erreicht werden kann.

Can. 1184 – § 1. Das kirchliche Begräbnis ist zu verweigern, wenn sie nicht vor dem Tod irgendwelche Zeichen der Reue gegeben haben:
1° offenkundigen Apostaten, Häretikern und Schismatikern;
2° denjenigen, die sich aus Gründen, die der christlichen Glaubenslehre widersprechen, für die Feuerbestattung entschieden haben;
3° anderen öffentlichen Sündern, denen das kirchliche Begräbnis nicht ohne öffentliches Ärgernis bei den Gläubigen gewährt werden kann.
§ 2. Wenn irgendein Zweifel aufkommt, ist der Ortsordinarius zu befragen, dessen Entscheidung befolgt werden muß.

Can. 1185 – Dem vom kirchlichen Begräbnis Ausgeschlossenen muß auch jegliche Begräbnismesse verweigert werden.

Durch das kirchliche Begräbnis nimmt die gläubige Gemeinschaft Abschied vom irdischen Leben eines ihrer Glieder und erfleht ihm geistliche Hilfe von Gott. Dem Leib, der in der Taufe besonders geheiligt wurde, soll beim kirchlichen Begräbnis noch einmal besondere Ehre zuteil werden. Für die Angehörigen des Verstorbenen bedeutet die kirchliche Begräbnisfeier Trost und Hoffnung in einer menschlich gesehen oft schweren Stunde; schließlich ist gerade die gläubige Hoffnung auf die Auferstehung auch dieses Leibes, der zu Grabe getragen wird, der stärkste Trost, den die Kirche vermitteln kann.
Im Glauben an die Auferstehung ist die Form der Beerdigung zweitrangig;

auch wenn die Kirche die Gläubigen mahnt, ihre verstorbenen Angehörigen nach alter Tradition zu beerdigen, ist doch eine Verbrennung des Leichnams keineswegs untersagt, es sei denn, man will mit der Verbrennung ausdrücken, daß mit dem Tod „alles aus und vorbei" sei. Wer jedoch z. B. aus hygienischen Gründen sich für die Feuerbestattung entschließt, dabei aber fest an die Auferstehung der Toten glaubt, ist zu dieser Form berechtigt.
In jedem Fall haben alle verstorbenen Christgläubigen (auch die Katechumenen) ein Recht auf das kirchliche Begräbnis, ein Anspruch, der allen aufgrund der empfangenen Taufe als Glieder der Kirche zukommt. Nur dann, wenn das Recht aus bestimmten Gründen aberkannt wird, kann das kirchliche Begräbnis nicht stattfinden (bei Apostaten, Häretikern und Schismatikern; bei solchen, die eine Feuerbestattung aus Gründen, die der christlichen Lehre entgegenstehen, anordnen und auch bei offenkundigen Sündern, wenn das kirchliche Begräbnis bei den übrigen Gläubigen ein öffentliches Ärgernis hervorrufen würde)[5].
Wenn aber einem Christgläubigen nicht von Rechts wegen der Anspruch auf das kirchliche Begräbnis aberkannt wurde, ist der zuständige Seelsorger verpflichtet, für das kirchliche Begräbnis zu sorgen. Die Exequien müssen in der Kirche, die Beerdigung auf dem Friedhof der eigenen Pfarrei vollzogen werden. Allerdings hat jeder Gläubige bzw. haben diejenigen, die für die kirchliche Beerdigung eines Angehörigen zu sorgen haben, das Recht, eine andere Kirche bzw. einen anderen Friedhof für die Exequien und die Beerdigung zu wählen, sofern dieser Wunsch vom Rektor der ausgewählten Kirche erfüllt werden kann; stimmt er zu, muß der zuständige Pfarrer des Verstorbenen benachrichtigt werden.
Wenn jemand außerhalb der eigenen Pfarrei stirbt und sich mit der Überführung Schwierigkeiten ergeben, so sind die Exequien in der Pfarrkirche des Sterbeortes zu feiern; auch in einem solchen Fall muß der zuständige Pfarrer des Verstorbenen verständigt werden, damit die Eintragung in das Totenbuch erfolgen kann.

Heiligen-, Bilder- und Reliquienverehrung

Can. 1186 – Um die Heiligung des Gottesvolkes zu pflegen, empfiehlt die Kirche der besonderen und kindlichen Verehrung der Gläubigen die selige, immerwährende Jungfrau und Gottesmutter Maria, die Christus zur Mutter aller Menschen bestimmt hat, und fördert sie die wahre und echte Verehrung der anderen Heiligen, durch deren Vorbild die Gläubigen auferbaut und durch deren Fürsprache sie gestützt werden.

Can. 1187 – Öffentlich verehrt werden dürfen nur die Diener Gottes, die durch die Autorität der Kirche in das Verzeichnis der Heiligen und Seligen aufgenommen worden sind.

Can. 1188 – Der Brauch, in Kirchen heilige Bilder für die Verehrung durch die Gläubigen anzubringen, ist beizubehalten; sie sind jedoch in mäßiger Zahl und in angemessener Ordnung aufzustellen, damit beim christlichen Volk nicht Verwunderung entsteht und kein Anlaß für eine weniger rechte Verehrung gegeben wird.

Was die Verehrung der Heiligen betrifft, lehrt das II. Vat. Konzil, daß die Christgläubigen die Heiligen, besonders die Gottesmutter, verehren und auf ihren großen fürbittenden Einfluß vertrauen sollen. „Daß aber die Apostel und Martyrer Christi, die mit ihrem Blut das höchste Zeugnis des Glaubens und der Liebe gegeben hatten, in Christus in besonderer Weise mit uns verbunden seien, hat die Kirche immer geglaubt, sie hat sie zugleich mit der seligen Jungfrau Maria und den heiligen Engeln mit besonderer Andacht verehrt und hat fromm ihre fürbittende Hilfe erbeten"[6].

In gleicher Weise empfiehlt Canon 1186 die Verehrung der Heiligen; diese dient dazu, daß die Gläubigen durch das Vorbild der Heiligen ermuntert werden, deren Lebensweg nachzuahmen und daraus für den eigenen Weg Mut zu schöpfen, der ihr Leben trägt und sinnvoll werden läßt. Die Fürbitte der Heiligen, die der Gläubige durch seine Verehrung erfleht, unterstützt ihn, damit auch er wie sie sein ewiges Ziel bei Gott erreichen kann.

Allerdings darf die liturgische Verehrung nur den Dienern Gottes erwiesen werden, die von der kirchlichen Autorität offiziell als Heilige oder Selige anerkannt wurden.

Was die Verehrung der heiligen Bilder angeht, ist Mäßigung zu wahren! Jede übertriebene Verehrung, vor allem während der liturgischen Feiern, ist zu unterlassen. „Bilder, die falschen Glaubensvorstellungen Vorschub leisten oder Anlaß für Glaubensirrtümer sind, dürfen nicht aufgestellt werden"[7].

Die Heiligen-, Bilder- und Reliquienverehrung dient ausschließlich der

Heiligung des Volkes Gottes. Jeder Versuch, mit Reliquien Handel zu treiben, stellt ein großes Unrecht dar und ist nach dem Kirchenrecht strikt verboten.

Gelübde, Eid

Can. 1191 – § 2. Wenn es nicht vom Recht verboten ist, sind alle fähig, Gelübde abzulegen, die den entsprechenden Vernunftgebrauch besitzen.

Can. 1193 – Das Gelübde verpflichtet aufgrund seiner Natur nur denjenigen, der es ablegt.

Can. 1200 – § 1. Wer freiwillig schwört, etwas tun zu wollen, ist aufgrund der besonderen Pflicht der Gottesverehrung gehalten zu erfüllen, was er durch den Eid bekräftigt hat.

Das Gelübde ist eine Form der Gottesverehrung, über die meist nur im Zusammenhang mit Ordensleuten gesprochen wird. Es ist ein Versprechen, das Gott gegeben wird, jedoch nur dann gültig ist, wenn es in vollkommener Freiheit, also ohne jeglichen inneren oder äußeren Zwang, abgelegt wird[8].

Alle Menschen können Gelübde ablegen, vorausgesetzt, daß sie hinreichenden Vernunftgebrauch besitzen und abschätzen können, welche rechtlichen Wirkungen ihr Gelübde hat.

Wer ein Gelübde ablegt, muß von Rechts wegen dazu auch bevollmächtigt sein. Das Gelübde kann nur den verpflichten, der es ablegt; eventuelle Nichterfüllung nimmt keinen Menschen aus dem Lebenskreis des Gelobenden in die Pflicht.

Was den Eid betrifft, so unterscheidet man einen Aussageeid und einen Versprechenseid. Canon 1200, § 1 handelt vom Versprechenseid; es ist ein Versprechen, dessen Erfüllungsabsicht durch die eidliche Bekräftigung eine besondere Betonung erfahren soll. Gott wird als Zeuge dafür angerufen, daß jemand sein Versprechen wirklich ernst nimmt und einlösen möchte. Weil Gott angerufen wird, gleichsam als Bürge, ist derjenige, der freiwillig schwört, etwas zu tun, auch verpflichtet, das Versprechen wirklich zu halten.

ANMERKUNGEN

1 N. Ruf, Das Recht der katholischen Kirche, S. 293. „Ex opere operantis Ecclesiae" bedeutet „aus dem Vollzug der vollziehenden Kirche", d. h., die durch die Sakramentalien vermittelte Gnade wirkt aufgrund der kirchlichen Bevollmächtigung derer, die sie vollziehen. Im Gegensatz dazu wirkt die Gnade der Sakramente „ex opere operato" („aus dem vollzogenen Vollzug"), d. h. aufgrund des Vollzugs des Sakramentes selbst, unabhängig von dessen Spender.

2 Benediktionale, Studienausgabe für die katholischen Bistümer des deutschen Sprachgebietes, Einsiedeln 1978, Pastorale Einführung Nr. 19, S. 16.

3 SC, Art. 100.

4 Vgl. Lk 18,1; 21,36.

5 Vgl. N. Ruf, Das Recht der katholischen Kirche, S. 297 f.

6 LG, Art. 50.

7 H. Maritz, Die Heiligen-, Bilder- und Reliquienverehrung, in J. Listl/H. Müller/H. Schmitz, Handbuch, S. 846.

8 Vgl. Can. 1191, § 3.

Teil III Heilige Orte und Zeiten

Freier Zugang zu den Kirchen

Can. 1214 – Unter Kirche versteht man ein heiliges, für den Gottesdienst bestimmtes Gebäude, zu dem die Gläubigen das Recht freien Zugangs haben, um Gottesdienst vornehmlich öffentlich auszuüben.

Unter dem Begriff „Kirche" (ecclesia) versteht man ganz allgemein im deutschen Sprachgebrauch ein Gebäude, in dem Gottesdienste stattfinden, die für die Allgemeinheit bestimmt sind; im Gegensatz zu Kapellen, in denen primär Gottesdienste für ganz konkrete Gemeinschaften abgehalten werden.

Da eine Kirche also einen Versammlungsort für die Allgemeinheit darstellt, ist sie allen Gläubigen zur öffentlichen Gottesverehrung zugänglich. In der Kirche wird auch das in Canon 213 verbürgte Grundrecht auf die Zuwendung geistlicher Güter, vor allem des Wortes Gottes und der Sakramente, verwirklicht. Schon allein deshalb spricht der kirchliche Gesetzgeber von einem Recht der Gläubigen, sich in der Kirche aufzuhalten und am öffentlichen Gottesdienst teilzunehmen.

Wenn auch jede Kirche in diesem Sinne Öffentlichkeitscharakter hat, so ist es aus pastoralen Gründen doch ratsam, im Normalfall die eigene Pfarrkirche den anderen Kirchen vorzuziehen, um so dem Gefühl der Anonymität in einer fremden Kirche vorzubeugen. Gerade Gottesdienst feiern ist ja ein gemeinschaftliches Tun, das um so besser gelingt, je intensiver der einzelne in seiner Gemeinde Gemeinschaft mit Gleichgesinnten, mit Familienangehörigen, Bekannten und Freunden erleben kann.

Es ist eine große pastorale Aufgabe, mit ganzer Kraft zu versuchen, die Zusammengehörigkeit der Gemeinschaft der Gläubigen in unseren Gottesdiensten spürbar und erlebbar zu machen. Was den Jüngern von Emmaus wirklich die Augen geöffnet hat, sind keine gelehrten Diskussionen gewesen, sondern das gemeinsame Tun, das Brechen des Brotes. In der erfahrenen und erlebten Gemeinschaft erkannten sie den Herrn und auch den Sinn seines Tuns.

Wallfahrtsstätten

Can. 1230 – Unter Heiligtum versteht man eine Kirche oder einen anderen heiligen Ort, zu dem aus besonderem Frömmigkeitsgrund zahlreiche Gläubige mit Gutheißung des Ortsordinarius pilgern.

Can. 1234 – § 1. In Heiligtümern sind den Gläubigen reichlicher die Heilsmittel anzubieten durch eifrige Verkündigung des Gotteswortes, durch geeignete Pflege des liturgischen Lebens, besonders der Feier der Eucharistie und des Bußsakramentes, wie auch der gutgeheißenen Formen der Volksfrömmigkeit.

Neben der „Pfarr-Kirche", dem normalen und regelmäßigen Versammlungsort der Gemeinde, nennt das neue Kirchenrecht auch die Wallfahrtsstätten (sanctuaria), also Kirchen oder andere heilige Orte, zu denen aus besonderen Gründen der Frömmigkeit viele Gläubige pilgern, um Erhörung in persönlichen Anliegen zu erbitten und um neue Kraft für die Lebensbewältigung zu schöpfen.
Zu diesen Kraftquellen gehören besonders der Sakramentenempfang der Buße und der Eucharistie. Neben der Verkündigung des Wortes Gottes sollen den Gläubigen daher besonders die Heilsmittel der Sakramente angeboten werden.
Das Kirchenrecht betont ausdrücklich die Genehmigung der Wallfahrtsstätten durch die kirchliche Autorität, damit im Zusammenhang mit an sich wertvollen Andachtsübungen Mißbräuche vermieden werden. Jeder übertriebene oder entartete „Wallfahrtskult" soll durch die Überprüfung seitens der kirchlichen Autorität vermieden werden.
Auch in unserer Zeit erfreuen sich die Wallfahrtsstätten (Altötting, Kevelaer, Marienbaum) großer Beliebtheit. Viele Menschen finden Erhörung und Trost und kehren gestärkt an Leib und Seele in den Alltag zurück; dabei spielt sicher auch das Erlebnis einer großen, vertrauensvoll betenden Gemeinschaft eine nicht unbedeutende Rolle.

Gebot der Sonntagsheiligung

Can. 1247 – Am Sonntag und an den anderen gebotenen Feiertagen sind die Gläubigen zur Teilnahme an der Meßfeier verpflichtet; sie haben sich darüber hinaus jener Werke und Tätigkeiten zu enthalten, die den Gottesdienst, die dem Sonntag eigene Freude oder die Geist und Körper geschuldete Erholung hindern.

Seit Tausenden von Jahren haben die Menschen aus der ihnen geschenkten Zeit bestimmte Tage ausgewählt, an denen sie Gott in besonderer Weise verehren wollten. Die Römer besaßen z. B. 132 heilige Tage, im Alten Bund war der Sabbat der Tag des Herrn. Der christliche Sonntag jedoch ist ein neuer Beginn und nicht eine Fortsetzung des alttestamentlichen Sabbats.
Seit apostolischer Zeit ist das Herrenmahl der Inhalt der wöchentlichen Gemeindefeier. „Die Feier des Herrenmahles folgt einem Auftrag des Herrn: Tut dies zu meinem Gedächtnis! Gewiß steht dort nicht: Tut dies *wöchentlich* zu meinem Gedächtnis; aber dennoch kann man kaum angesichts der ältesten, immer und überall festgehaltenen Überlieferung nur von einem Kirchengebot sprechen"[1]. Der heilige Paulus schreibt: „Ob Neumond oder Sabbat, das sind nur Schattenbilder des Künftigen; die Wirklichkeit aber ist Christus"[2].
Der Sonntag hat, wie das II. Vat. Konzil sagt, seinen apostolischen Ursprung in der Auferstehung Christi: „Aus apostolischer Überlieferung, die ihren Ursprung auf den Auferstehungstag Christi zurückführt, feiert die Kirche Christi das Pascha-Mysterium jeweils am achten Tage, der deshalb mit Recht Tag des Herrn oder Herrentag genannt wird. An diesem Tag müssen die Christgläubigen zusammenkommen, um das Wort Gottes zu hören, an der Eucharistiefeier teilzunehmen und so des Leidens, der Auferstehung und der Herrlichkeit des Herrn Jesus zu gedenken und Gott dankzusagen..."[3].
So versammeln wir uns also einerseits am Sonntag, um das Wort Gottes zu hören und um des Leidens und der Auferstehung Christi zu gedenken[4]. Wir feiern aber auch, um Gott Dank zu sagen, „der uns in seinem großen Erbarmen wiedergeboren hat zu lebendiger Hoffnung durch die Auferstehung Jesu Christi von den Toten"[5].
Der Sonntag ist in der Tat der christliche Urfeiertag, er „ist Fundament und Kern des ganzen liturgischen Jahres"[6]. Jeden Sonntag werden wir uns

der österlichen Zuversicht neu gewiß. Deshalb ist auch jeder Gottesdienst an Sonn- oder Feiertagen eine echte Feier, die bedeutet, Zeit zu haben für Christus. Der Kernpunkt des Sonntags war für die junge Kirche von Anfang an die gemeinschaftlich vollzogene Eucharistiefeier.

„Das sollte man bedenken, wenn gerade heute wieder viel diskutiert wird, ob eine solche von der Kirche ausgesprochene Verpflichtung sinnvoll ist. Man hört oft, daß gerade die Feier der Eucharistie am Sonntag vom Wesen her keine Verpflichtung von außen verträgt, daß sie nur sinnvoll ist als das in Freiheit und Freude vollzogene Gedächtnis des Herrn. Sogar erwachsene, gebildete und ernstzunehmende Leute, die durchaus christlich und kirchlich eingestellt sein wollen, versäumen oft und regelmäßig die Sonntagsmesse und sind von der Schwere ihres Verschuldens allgemein kaum zu überzeugen"[7].

Das Sonntagsgebot als die Verpflichtung, jeden Sonn- und gebotenen Feiertag am Meßopfer teilzunehmen, ist ein positives Kirchengebot; in Canon 1247 ist die Sonntagspflicht im formalrechtlichen Sinn zu einem allgemeinen Gesetz erhoben. Die Nichteinhaltung dieses Kanons ist jedoch mit keinerlei Kirchenstrafen belegt. Die Konzilskongregation sprach allerdings in ihren pastoralen Anweisungen von einer schweren Verpflichtung bzw. von einem schweren göttlich-kirchlichen Gebot, das darin begründet sei, daß es sich bei der Meßfeier um den vorzüglichsten Akt des äußeren und öffentlichen Kultes handle, der Gott geschuldet wird[8].

„Die Teilnahme an der gemeinsamen sonntäglichen Eucharistiefeier ist der selbstverständliche sichtbare Ausdruck des Christusglaubens der Gemeinde, eine *Ordnung,* die im Christsein selbst wurzelt, die überall unbestritten und allen als christliche Grundverpflichtung bewußt ist. So ist die Sonntagspflicht ein Gesetz, das sich bindend aus dem Wesen des Neuen Bundes ergibt und dessen Beobachtung als Beweis für die Zugehörigkeit zu Christus zu werten ist"[9].

„Das Gebot der Kirche will die innere Verpflichtung nur bewußtmachen und unterstreichen. Es will eine Hilfe zur Selbstbindung sein und deutlich machen, daß die Teilnahme an der Eucharistiefeier nicht dem Belieben des einzelnen überlassen bleiben kann"[10].

Auch wenn vom Kirchenrecht in Canon 1247 gefordert wird, den Sonntagsgottesdienst nicht zu versäumen, ist eine nur gesetzliche Erfüllung des Sonntagsgebotes kein hinreichendes Motiv für die Teilnahme am Gottesdienst; wie könnte man bei einer solchen Einstellung aktiv mitwirken und das im Gottesdienst Erfahrene im Alltag verwirklichen?

„Es bleibt aber auch unumstritten, daß sich heute viele gegen das Gebot wehren, am Sonntag an der Eucharistiefeier teilnehmen zu sollen. Sie wenden ein, dem mündigen Christen stehe es zu, sich selbst frei zu entscheiden. Aller Zwang wird grundsätzlich abgelehnt. Zudem meint man, die Feier der Eucharistie vertrage keine Verpflichtung von außen; Erzwungenes sei wertlos"[11].

Natürlich muß man betonen, daß eine gezwungene Teilnahme an der Eucharistiefeier, also ohne innere Freude und Teilnahme, wenig Sinn hat. Die Kirche aber will und kann keinen Zwang ausüben. Sie ist nämlich die Gemeinschaft der in freier Entscheidung an den Herrn Glaubenden. In der Kirche wird niemand gezwungen; jeder kann und soll frei entscheiden. Mit dem Sonntagsgebot will die Kirche auch keine Gewalt ausüben, sondern in ihm drückt sich ihre Sorge um die Eucharistie als Gemeinschaftsfeier aus, die durch das Fernbleiben von Gläubigen schwer beeinträchtigt wird.

„So ist das Sonntagsgebot als eine pastorale Mahnung, als Ausdruck der Sorge der Kirche um ihre Gemeinschaft zu verstehen und zu interpretieren, wobei es ihr nur und allein um das *Heil* des einzelnen Gliedes geht. Die Kirche weiß, wie ohne diese Teilnahme am Gottesdienst das religiöse Leben des einzelnen verkümmert"[12].

Da die Kirche um die Schwäche ihrer Glieder weiß, will sie durch dieses Gebot die Gewissenspflicht wachrufen und helfen, Nachlässigkeit und Bequemlichkeit zu überwinden. So ist die Verpflichtung zur sonntäglichen Eucharistiefeier „mehr und ganz etwas anderes als eine pädagogische Maßnahme; daß ihr Besuch sodann zur Pflicht gemacht wurde, ist zunächst eine Konsequenz ihrer wahren Bedeutung, dann aber darüber hinaus wohl die bedeutende Tat des eigentlichen Hirtenamtes"[13].

Entgegen vielerlei Strömungen, auch in der Kirche, die sich gegen diese sonntägliche Pflicht richten, müssen wir unmißverständlich an der Sonntags- und gebotenen Feiertagspflicht festhalten, und zwar nicht nur aus Ehrfurcht vor der Tradition, sondern vor allem, um intensivere Gemeinschaft erleben und erfahren zu können mit Christus und mit Christen.

Neben der Verpflichtung zur Mitfeier der Eucharistie fordert Canon 1247 die Enthaltung jener Werke und Tätigkeiten, die den Gottesdienst verhindern und die den Geist des Sonntags stören. Gerade diese Bestimmung zeigt, daß das kirchliche Sonntagsgebot im Sinne der Freiheit *für* die Menschen und nicht des Zwanges erlassen wurde: Der Sonntag soll der Freude und Erholung dienen, entsprechend dem Wort Jesu: „Der Sabbat ist für den Menschen da, nicht der Mensch für den Sabbat"[14]. Dies kann gerade heute nicht genug betont werden, in einer Zeit, in der sich viele

Menschen angewöhnt haben, am Sonntag das zu erledigen, „wozu sie während der Woche nicht gekommen sind".
Natürlich sind hier solche Dienste ausgenommen, deren Verrichtung auch am Sonntag unerläßlich ist, vor allem die unverzichtbaren Dienste am Menschen. Hier sind die betreffenden Gläubigen verpflichtet, zu einem anderen Zeitpunkt – wenn möglich am Vorabend – am Gottesdienst teilzunehmen.

Form der Erfüllung des Sonntagsgebotes

Can. 1248 – § 1. Dem Gebot zur Teilnahme an der Meßfeier genügt, wer an einer Messe teilnimmt, wo immer sie in katholischem Ritus am Feiertag selbst oder am Vorabend gefeiert wird.
§ 2. Wenn wegen Fehlens eines geistlichen Amtsträgers oder aus einem anderen schwerwiegenden Grund die Teilnahme an einer Eucharistiefeier unmöglich ist, wird sehr empfohlen, daß die Gläubigen an einem Wortgottesdienst teilnehmen, wenn ein solcher in der Pfarrkirche oder an einem anderen heiligen Ort gemäß den Vorschriften des Diözesanbischofs gefeiert wird, oder daß sie sich eine entsprechende Zeit lang dem persönlichen Gebet oder dem Gebet in der Familie oder gegebenenfalls in Familienkreisen widmen.

Wir haben oben zu verdeutlichen versucht, daß das Gebot der Sonntagspflicht nicht aufgegeben werden kann und soll. Allerdings wird in absehbarer Zeit die Form der Erfüllung des Gebotes intensiver überdacht werden müssen. In bestimmten Gegenden oder Lebenssituationen wird die sonntägliche Eucharistiefeier nicht immer möglich sein. In priesterarmen oder priesterlosen Gebieten kann das Sonntagsgebot auch durch den Besuch nichteucharistischer Gottesdienste gleichwertig erfüllt werden.
So betont das II. Vat. Konzil: „Zu fördern sind eigene Wortgottesdienste an den Vorabenden der höheren Feste... sowie an den Sonn- und Feiertagen, besonders da, wo kein Priester zur Verfügung steht; in diesem Fall soll ein Diakon oder ein anderer Beauftragter des Bischofs die Feier leiten"[15].
Auch Wortgottesdienste sind Orte der Christusbegegnung. Dies hat besonders die liturgische Erneuerung wieder mehr in unser Bewußtsein gerufen, nämlich daß Christus, der in seiner Gemeinde gegenwärtig ist,

auch in seinem heilbringenden Wort und im Beten und Singen der Gemeinde wirkt: „Wo zwei oder drei in meinem Namen versammelt sind, da bin ich mitten unter ihnen"[16].
„Eine besondere Bedeutung bekommen diese priesterlosen Gottesdienste zunächst in den priesterlosen Gemeinden, in Diaspora- und Missionsgebieten, aber auch in unseren Großstädten, in denen die einzelnen Geistlichen allein schon mit Gottesdienst- und Eucharistiefeiern und der gesamten Seelsorgearbeit überlastet sind. Ebenso in den kleinen ländlichen Gemeinden, in denen Geistliche bis zu sieben und mehr Gemeinden *versorgen* müssen, indem sie dabei ihre äußere und innere Gesundheit unverantwortlicherweise aufs Spiel setzen. Hier erkennen wir einen echten Notstand..."[17].
Wenn unter solchen Bedingungen Wortgottesdienste von Diakonen oder auch Laien angeboten werden, die den Richtlinien des Diözesanbischofs entsprechen, wird mit ihrem Besuch die Sonntagspflicht erfüllt.
Aber auch überall dort, wo Gläubige verhindert sind, den Gottesdienst der Pfarrkirche zu besuchen, sind sie eingeladen, eine Zeitlang persönlich zu beten oder auch im Familienkreis Gott zu loben und zu preisen. *Wer* die Bereitschaft hat, mit Gott in lebendiger Verbindung zu bleiben, wird auch dann, wenn seine Lebenssituation bzw. seine beruflichen Verpflichtungen einen Gottesdienstbesuch nicht möglich machen, Gelegenheiten finden zum persönlichen oder gemeinschaftlichen Gebet.

Fasten- und Abstinenzvorschriften

Can. 1249 – Alle Gläubigen sind, jeder auf seine Weise, aufgrund göttlichen Gesetzes gehalten, Buße zu tun; damit sich aber alle durch eine bestimmte gemeinsame Beachtung der Buße miteinander verbinden, werden Bußtage vorgeschrieben, an welchen die Gläubigen sich in besonderer Weise dem Gebet widmen, Werke der Frömmigkeit und der Caritas verrichten, sich selbst verleugnen, indem sie die ihnen eigenen Pflichten getreuer erfüllen und nach Maßgabe der folgenden Canones besonders Fasten und Abstinenz halten.

Can. 1250 – Bußtage und Bußzeiten für die ganze Kirche sind alle Freitage des ganzen Jahres und die österliche Bußzeit.

Can. 1251 – Abstinenz von Fleischspeisen oder von einer anderen Speise entsprechend den Vorschriften der Bischofskonferenz ist zu halten an allen Freitagen des Jahres, wenn nicht auf einen Freitag ein Hochfest fällt; Abstinenz aber und Fasten ist zu halten an Aschermittwoch und Karfreitag.

Can. 1252 – Das Abstinenzgebot verpflichtet alle, die das vierzehnte Lebensjahr vollendet haben; das Fastengebot verpflichtet alle Volljährigen bis zum Beginn des sechzigsten Lebensjahres. Die Seelsorger und die Eltern sollen aber dafür sorgen, daß auch diejenigen, die wegen ihres jugendlichen Alters zu Fasten und Abstinenz nicht verpflichtet sind, zu einem echten Verständnis der Buße geführt werden.

Can. 1253 – Die Bischofskonferenz kann die Beobachtung von Fasten und Abstinenz näher bestimmen und andere Bußformen, besonders Werke der Caritas und Frömmigkeitsübungen, ganz oder teilweise an Stelle von Fasten und Abstinenz festlegen.

Aufgrund göttlichen Gesetzes sind alle Gläubigen verpflichtet, Buße zu tun; so ist der Inhalt der wohl kürzesten Predigt Jesu für alle Christgläubigen in ihrer Gesamtheit wie auch für jeden einzelnen eine echte Verpflichtung: „Die Zeit ist erfüllt, das Reich Gottes ist nahe. Kehrt um, und glaubt an das Evangelium"[18].
Auch das II. Vat. Konzil ruft die Gläubigen zur Buße auf, die nicht nur jeder in seinem persönlichen Lebensbereich tun, sondern die auch öffentlichen und sozialen Charakter haben soll: „Die Buße der vierzigtägigen Fastenzeit sei nicht bloß eine innere und individuelle Übung, sondern auch eine äußere und soziale. Die Bußpraxis soll je nach den Möglichkeiten unserer Zeit und der verschiedenen Gebiete wie auch nach den Verhältnissen der Gläubigen gepflegt... werden"[19].
Das, was Jesus bereits eindeutig verkündet hat, wurde nicht nur vom Konzil näher erläutert, sondern auch vom Kirchenrecht in den oben angeführten Canones 1249–1253 festgelegt[20].
Was die teilkirchliche Regelung der Deutschen Bischofskonferenz bezüglich der Fasten- und Abstinenzvorschriften betrifft, so wurde folgende sinnvolle Feststellung getroffen: Aschermittwoch und Karfreitag sind gebotene Fast- und Abstinenztage. An den Bußtagen (alle Freitage des Jahres, ausgenommen jene, auf die ein Festtag fällt) sind alle Gläubigen verpflichtet, ein Freitagsopfer zu bringen, das nach persönlicher Wahl beste-

hen kann: in einem Werk der Nächstenliebe, in einer Tat der Frömmigkeit (Gebet, Lesung der Heiligen Schrift, geistliche Lesung, Werktagsmesse) oder in einem spürbaren Verzicht, z. B. auf Alkohol und Tabak, auch auf Fleischspeisen, wobei das dadurch Ersparte für Menschen in Not gegeben werden sollte.
Auf die Fastenzeit als die große Bußzeit wird besonders hingewiesen, vor allem auf die Verpflichtung zur Osterkommunion und bei schwerer Schuld zum Empfang des Bußsakramentes. In der Fastenzeit soll jeder ein Geldopfer für die hungernde Welt geben (Aktion MISEREOR)[21].
Auch wenn die bisherige Abstinenz (der Verzicht auf Fleischspeisen) ihren besonderen, zeichenhaften Charakter natürlich nicht verliert, ist sie nicht mehr die einzige und ausschließlich sinnvolle und mögliche Form der Buße und Abtötung.
Ähnliche veränderte Bestimmungen hat die Österreichische Bischofskonferenz erlassen, ebenso die Bischofskonferenz der Schweiz.

ANMERKUNGEN

1 P. Boekholt, Eucharistie, S. 111.
2 Kol 2,16–17;
Daß es bereits in der Urkirche Schwierigkeiten mit der Erfüllung der Sonntagspflicht gab, zeigt eine Stelle des Hebräerbriefes, wo die Gläubigen nachdrücklich zur Teilnahme am Gottesdienst aufgefordert werden: „Laßt uns nicht unseren Zusammenkünften fernbleiben, wie es einigen zur Gewohnheit geworden ist, sondern ermuntert einander..." (Hebr 10,25).
3 SC, Art. 106; vgl. EM, Art. 25; J. Godart, Aux origines de la célébration eucharistique, in Questions liturgiques 265 (1970), S. 89–112.
4 Vgl. V. E. Fiale, Ist die „Messe" urkirchlich?, in Erbe und Auftrag 47 (1971), S. 197–205; J. Kilmartin, Das letzte Abendmahl und die frühesten Eucharistiefeiern der Kirche, in Concilium 4 (1968), S. 733–739; ders., The Eucharist in the Primitive Church, Englewood Cliffs, 1965.
5 1 Petr 1,3.
6 SC, Art. 106.
7 P. Boekholt, Eucharistie, S. 115.
8 Vgl. Konzilskongregation, Instructio de fidelibus exhortandis ut Missae sacrificio... intersint, 4. 7. 1941, in AAS 33 (1941), S. 389–390.
9 P. Boekholt, Eucharistie, S. 116.
10 Synode, Beschluß „Gottesdienst" 2.3.
11 P. Boekholt, Eucharistie, S. 118.
12 Ebd.

13 W. Dirks, Wandlungen der Frömmigkeit, in J. B. Metz, Weltverständnis im Glauben, Mainz 1965, S. 260.

14 Mk 2, 27.

15 SC, Art. 35, Nr. 4.

16 Mt 18, 20; vgl. SC, Art. 7.

17 P. Boekholt, Eucharistie, S. 139.

18 Mk 1, 15.

19 SC, Art. 110.

20 Vgl. Paul VI., Apostolische Konstitution „Poenitemini", 17. 2. 1966, in AAS 58 (1966), S. 177–198, Nr. 6–47.

21 Weisungen zur kirchlichen Bußpraxis, die vom Ständigen Rat der Deutschen Bischofskonferenz in seiner Sitzung vom 20. 11. 1978 verabschiedet wurden. Unter anderem abgedruckt in ABl München-Freising 1979, S. 66–71. Diese Bußordnung löst jene von 1970 ab, und zwar in einer exakteren Weise.

Buch V Kirchenvermögen

Materielle Beiträge der Gläubigen

Can. 1260 – Die Kirche hat das angeborene Recht, von den Gläubigen zu fordern, was für die ihr eigenen Zwecke notwendig ist.

Can. 1261 – § 1. Es ist den Gläubigen unbenommen, zugunsten der Kirche vermögenswerte Zuwendungen zu machen.
§ 2. Der Diözesanbischof ist gehalten, die Gläubigen an die in can. 222, § 1 genannte Verpflichtung zu erinnern und in geeigneter Weise auf ihre Erfüllung zu drängen.

Can. 1262 – Die Gläubigen sollen der Kirche durch erbetene Unterstützung Hilfe gewähren, und zwar gemäß den von der Bischofskonferenz erlassenen Normen.

Can. 1266 – In allen Kirchen und Kapellen, auch wenn sie einem Ordensinstitut gehören, die tatsächlich ständig den Gläubigen offenstehen, kann der Ortsordinarius eine besondere Spendensammlung für bestimmte pfarrliche, diözesane, nationale oder gesamtkirchliche Vorhaben anordnen, welche nachher an die Diözesankurie sorgfältig abzuführen ist.

Die Kirche kann ihre weltweiten Aufgaben, die auf das Heil der Seelen ausgerichtet sind, nicht ohne materielle Mittel durchführen, d. h., sie benötigt zur Durchführung ihrer spezifischen Sendung auch zeitliche Güter, auf die sie einen Anspruch hat (ius nativum). So kann die Kirche wie jedes andere Rechtssubjekt auf jede gerechte Weise des natürlichen oder positiven Rechtes zeitliche Güter erwerben[1].
Die Gläubigen haben sowohl die Pflicht als auch das Recht, für die geordnete Durchführung des Gottesdienstes, die Sicherstellung des angemessenen Unterhalts des Klerus und anderer Kirchenbediensteter und für die Ausübung der Werke des Apostolats und der Caritas ihren materiellen Beitrag zu leisten. Nur durch den Beitrag aller kann die gemeinsame Aufgabe einer Gemeinschaft, wie sie die Kirche darstellt, erfüllt werden.
Auch Canon 222, § 1 statuiert, wie wir sahen, die Grundpflicht aller

Gläubigen, der Kirche materielle Unterstützung zukommen zu lassen. Dem Staat kommt es nicht zu, die Kirche hier in irgendeiner Form zu bevormunden bzw. ihre diesbezüglichen Aktivitäten einzuschränken. Das der Kirche von Natur aus zustehende Recht, von ihren Mitgliedern zeitliche Güter einzufordern, ist insofern als ein ursprüngliches Recht der Kirche zu betrachten, „als es nicht vom Staat abgeleitet ist und unabhängig von dessen Anerkennung besteht. Im Blick auf das biblische Zeugnis und die Tradition der Kirche sowie angesichts der weitreichenden, nicht zuletzt auch Mission, Caritas und Erziehung einschließenden Aufgaben der Kirche kann die grundsätzliche theologische Legitimität dieses Rechts nicht bezweifelt werden. Die Unabhängigkeit der Kirche vom Staat, von einzelnen und von gesellschaftlichen Gruppen sowie die Wirksamkeit ihrer Verkündigung und ihres Dienstes beruhen zu einem wesentlichen Teil auf der Geordnetheit und der Ergiebigkeit ihrer finanzwirtschaftlichen Basis. Um der Gerechtigkeit und der Rechtssicherheit willen ist dabei eine klare Normierung gefordert"[2].

Beteiligung der Laien an der Vermögensverwaltung

Can. 1279 – § 2. Für die Vermögensverwaltung derjenigen öffentlichen juristischen Person, die von Rechts wegen, nach der Stiftungsurkunde oder den eigenen Statuten keine eigenen Verwalter hat, hat der Ordinarius, dem diese unterstellt ist, geeignete Personen für den Zeitraum von drei Jahren zu berufen; sie können vom Ordinarius wieder ernannt werden.

Can. 1282 – Alle, Kleriker oder Laien, die aufgrund eines rechtmäßigen Titels an der kirchlichen Vermögensverwaltung teilhaben, sind gehalten, ihre Aufgaben im Namen der Kirche nach Maßgabe des Rechts zu erfüllen.

Can. 1283 – Bevor die Verwalter ihr Amt antreten:

1° müssen sie vor dem Ordinarius oder seinem Bevollmächtigten einen Eid ablegen, ihr Amt gut und treu zu verwalten;

2° ist ein genaues und ins einzelne gehendes und von ihnen zu unterzeichnendes Bestandsverzeichnis der Immobilien, der beweglichen Sachen, seien sie wertvoll oder sonstwie den Kulturgütern zuzurechnen, oder anderer Sachen mit deren Beschreibung und Wertangabe anzufertigen bzw. ein vorliegendes Bestandsverzeichnis zu überprüfen;

3° muß ein Exemplar dieses Bestandsverzeichnisses im Archiv der Verwaltung, ein weiteres im Archiv der Kurie aufbewahrt werden; in beiden Exemplaren ist jede Veränderung zu verzeichnen, die das Vermögen erfährt.

Can. 1284 – § 1. Alle Verwalter sind gehalten, ihr Amt mit der Sorgfalt eines guten Hausvaters zu erfüllen.

§ 2. Deshalb müssen sie:

1° darüber wachen, daß das ihrer Sorge anvertraute Vermögen auf keine Weise verlorengeht oder Schaden leidet; zu diesem Zweck müssen sie, soweit erforderlich, Versicherungsverträge abschließen;

2° dafür sorgen, daß das Eigentum an dem Kirchenvermögen auf nach weltlichem Recht gültige Weise gesichert wird;

3° die Vorschriften sowohl des kanonischen als auch des weltlichen Rechts sowie alle Bestimmungen beachten, die von dem Stifter, dem Spender oder der rechtmäßigen Autorität getroffen worden sind, besonders aber verhüten, daß durch Nichtbeachtung der weltlichen Gesetze der Kirche Schaden entsteht;

4° Vermögenseinkünfte und Erträgnisse genau und zur rechten Zeit einfordern und sie sicher verwahren und nach dem Willen des Stifters oder nach den rechtmäßigen Bestimmungen verwenden;

5° die Zinsen aufgrund von Darlehen oder Hypotheken in der festgesetzten Zeit begleichen und dafür sorgen, daß das aufgenommene Kapital in geeigneter Weise getilgt wird;

6° das Geld, das nach Bestreitung der Ausgaben übrigbleibt und nutzbringend angelegt werden kann, mit Zustimmung des Ordinarius für Zwecke der juristischen Person anlegen;

7° die Einnahmen- und Ausgabenbücher wohlgeordnet führen;

8° am Ende jeden Jahres über die Verwaltung Rechenschaft ablegen;

9° Dokumente und Belege, auf die sich vermögensrechtliche Ansprüche der Kirche oder des Institutes gründen, gebührend ordnen und in einem entsprechenden und geeigneten Archiv aufbewahren, authentische Kopien derselben aber, soweit sich das leicht durchführen läßt, im Archiv der Kurie hinterlegen.

§ 3. Die jährliche Erstellung von Haushaltsplänen über die Einnahmen und Ausgaben durch die Verwalter wird dringend empfohlen; dem Partikularrecht aber bleibt es überlassen, diese anzuordnen und Art und Weise der Aufstellung genauer zu bestimmen.

Can. 1286 – Die Vermögensverwalter haben:

1° bei der Beschäftigung von Arbeitskräften auch das weltliche Arbeits- und Sozialrecht genauestens gemäß den von der Kirche überlieferten Grundsätzen zu beachten;

2° denjenigen, die aufgrund eines Vertrages Arbeit leisten, einen gerechten und angemessenen Lohn zu zahlen, so daß sie in der Lage sind, für ihre und ihrer Angehörigen Bedürfnisse angemessen aufzukommen.

Can. 1287 – § 1. Unter Verwerfung jeder entgegenstehenden Gewohnheit sind die Verwalter jedweden kirchlichen Vermögens, seien sie Kleriker oder Laien, soweit sie nicht der Leitungsgewalt des Diözesanbischofs rechtmäßig entzogen sind, verpflichtet, alljährlich dem Ortsordinarius Rechenschaft abzulegen, der die Rechnungslegung dem Vermögensverwaltungsrat zur Prüfung zu übergeben hat.

§ 2. Über die Vermögenswerte, die der Kirche von Gläubigen gespendet werden, haben die Verwalter den Gläubigen gegenüber Rechenschaft abzulegen gemäß den vom Partikularrecht festzulegenden Bestimmungen.

Can. 1288 – Die Verwalter dürfen ohne schriftliche Erlaubnis des eigenen Ordinarius einen Prozeß weder im Namen einer öffentlichen juristischen Person beginnen noch vor einem weltlichen Gericht anhängig machen.

Can. 1289 – Auch wenn die Verwalter zu ihrem Dienst nicht aufgrund eines Kirchenamtes verpflichtet sind, können sie den übernommenen Dienst nicht eigenmächtig niederlegen; wenn durch die eigenmächtige Aufgabe der Kirche Schaden erwächst, sind sie zur Wiedergutmachung verpflichtet.

Die Kirche legt Wert darauf, daß an der Vermögensverwaltung besonders Laien beteiligt werden. So wünscht es auch das II. Vat. Konzil: „Die Kirchengüter im eigentlichen Sinne sollen die Priester sachgerecht und nach den Richtlinien der kirchlichen Gesetze verwalten, wenn möglich unter Zuhilfenahme erfahrener Laien“[3]. Demzufolge hat das neue Kirchenrecht die diesbezügliche Beteiligung der Laien in seinen Gesetzen verankert.

Laien, die als geeignete Persönlichkeiten angesehen werden (z. B. Kompetenz auf dem Gebiete der Vermögensverwaltung), können vom Oberhirten für die Verwaltung der Güter einer öffentlichen juristischen Person berufen werden; Voraussetzung dafür ist, daß die juristische Person kei-

nen eigenen Verwalter hat. Die Amtszeit dieses Vermögensverwalters beträgt drei Jahre; allerdings kann sie vom Oberhirten neu bestätigt werden. Bevor ein Laie sein Verwaltungsamt antritt, muß er den Eid ablegen, sein Amt gewissenhaft und treu zu verwalten. Ebenso ist ein Inventar aufzustellen.
Für Pfarreien wird in Canon 537, wie wir bereits ausführten, ein Vermögensverwaltungsrat vorgeschrieben, in dem geeignete Gläubige dem Pfarrer ihre Hilfe bei der Verwaltung des Vermögens zukommen lassen.
Das Vertrauen, das die Kirche diesen Personen schenkt, muß von ihnen respektiert werden, d. h., sie müssen entsprechende Sorgepflicht bei der Ausübung ihres Amtes walten lassen, wie Canon 1284, § 2 detailliert ausführt.
Ein wichtiges Element im Bereich der Vermögensverwaltung ist der jährliche Rechenschaftsbericht über Güter, die der Regierungsgewalt des Oberhirten nicht rechtmäßig entzogen sind.

Verfügungsausführung (Schenkungen und Vermächtnisse)

Can. 1300 – Die Willensverfügungen von Gläubigen, die zu frommen Zwecken Schenkungen vornehmen oder etwas hinterlassen, sei es durch Verfügung unter Lebenden oder von Todes wegen, und die rechtsgültig angenommen wurden, sind auf das sorgfältigste zu erfüllen auch im Hinblick auf die Art ihrer Verwaltung und die Verwendung des Vermögens, vorbehaltlich der Vorschrift von can. 1301, § 3.

Wenn eine sogenannte „fromme Zuwendung“ rechtmäßig angenommen wurde, ist der Geberwille, d. h. der Wille des gläubigen Gebers bzw. des Hinterlassenden (sei es durch Verfügung unter Lebenden oder von Todes wegen durch Testament, Vermächtnis oder Erbvertrag), gewissenhaft zu erfüllen, auch was die Verwaltung und Verwendung dieser Güter angeht.

ANMERKUNGEN

1 Vgl. Can. 1259.
2 A. Hollerbach, Kirchensteuer und Kirchenbeitrag, in J. Listl/H. Müller/H. Schmitz, Handbuch, S. 890.
3 PO, Art. 17; vgl. ebd., Art. 21.

Buch VI Strafbestimmungen in der Kirche

Strafanspruch der Kirche

Can. 1311 – Es ist das angeborene und eigene Recht der Kirche, straffällig gewordene Gläubige durch Strafmittel zurechtzuweisen.

Wenn der kirchliche Gesetzgeber in Canon 1311 betont, daß die Kirche ein ursprüngliches und eigenständiges Recht hat, straffällig gewordene Christgläubige mit entsprechenden Sanktionen zu belegen, so tut er das in der Überzeugung, daß die Kirche als eine Gemeinschaft von Menschen die Verpflichtung hat, ihre Ideale, Werte und Ordnungen zu schützen zum Wohle der ganzen Gemeinschaft.

Dort, wo dieser Schutz nicht ausreicht, muß sie durch Sanktionen die Ordnung in der kirchlichen Gemeinschaft aufrechterhalten. Erklärtes Ziel ist dabei nicht, die betroffenen Menschen bloßzustellen oder sogar die in der Taufe grundgelegte Zugehörigkeit zur Kirche rückgängig zu machen, sondern es geht nur darum, das Selbstverständnis der Kirche als brüderliche Gemeinschaft zu wahren. Dabei geht die Kirche von der Überzeugung aus, daß die Verfehlung einer Einzelperson nicht eine Privatangelegenheit zwischen ihr und Gott sein kann. Daran hat die Kirche immer festgehalten.

„Grobe sittliche Verfehlungen von Gemeindegliedern wurden nicht als Störung des privaten Verhältnisses einzelner zu ihrem Gott individualisiert, sondern sie galten als Beschmutzung des reinen Bildes der Kirche und wurden daher einem Urteilsspruch vor der Gemeindeöffentlichkeit unterworfen. Es zeigt sich hier bereits eine für die Kirche charakteristisch gebliebene Denkweise, daß nämlich schweres sittliches Versagen nicht nur das Gewissen des Sünders belastet, sondern immer auch die Gemeinde Jesu Christi trifft, wie umgekehrt ein schwerer Verstoß gegen die Ordnung der kirchlichen Heilsgemeinschaft immer auch den Rechtsbrecher vor seinem Gewissen schuldig werden läßt"[1].

Schweres Versagen im Bereich der kirchlichen Gemeinschaft hat die Aussonderung dieses Gliedes aus der Gemeinschaft zur Folge, bis durch Sühne und Buße die zerbrochene Einheit wiederhergestellt ist. „Eine solche Absonderung des sündigen Gliedes von der Gemeinschaft stellt das Seelenheil des Betroffenen in Frage. Der aus der Kirchengemeinschaft Ausgestoßene ist abgeschnitten von dem Strom des göttlichen Lebens, was sich am sinnfälligsten zeigt im Versagen der Teilnahme am Herrenmahl. Eine derartige Ausschließung ist aber niemals endgültig gemeint, so daß eine Wiederaufnahme für immer ausgeschlossen wäre. Vielmehr kann der Sünder, sofern er nur bereit ist zur Sühne und Besserung, von neuem in die heilsvermittelnde Gemeinschaft zurückkehren. Ob ein Ausgestoßener den helfenden Aspekt der ihm auferlegten Strafe erkennt und nutzt, hängt von ihm selber ab. Die Kirche kann für ihn beten, aber sie kann einen hartnäckig Verstockten nicht mit äußeren Mitteln zwingen, dem Sinn und Zweck der Strafmaßnahme zu entsprechen"[2].

So kann man feststellen, daß der Sinn der kirchlichen Strafe ausschließlich der Sühne und Besserung und damit letztlich dem *Heil* des einzelnen dient, dem sich die Kirche bei *all* ihrem Tun, auch beim Strafen, verpflichtet weiß und das sie selbst bei Anwendung von äußeren Zwangsmitteln immer vor Augen hat.

Dem Sich-beugen muß dann auch die Gesinnungsänderung folgen, die Reue und der gute Vorsatz zur Besserung. „Grundidee einer Anwendung der kirchlichen Strafgewalt ist, damit an die sittliche Verantwortlichkeit eines Menschen zu appellieren. In der Tat erreicht eine Kirchenstrafe ihren Vollsinn nicht, wenn sie nur nach außen ein Sich-beugen unter dem Zwang auslöst und nicht auch als Gewissensanruf verstanden wird. Es wird immer von dem tatsächlich vorhandenen oder nicht vorhandenen Kirchenbewußtsein eines Schuldigen abhängen, ob er die Strafe in ihrem umfassenden Sinngehalt annimmt oder ob sie an ihm abprallt"[3].

Wenn wir nun im Rahmen unseres gestellten Themas lediglich einige Canones mit Strafbestimmungen anfügen, geschieht das in erster Linie zur Information und der Vollständigkeit halber.

Einige Strafbestimmungen

Can. 1321 – § 1. Niemand wird bestraft, es sei denn, die von ihm begangene äußere Verletzung von Gesetz oder Verwaltungsbefehl ist wegen Vorsatz oder Fahrlässigkeit schwerwiegend zurechenbar.

§ 2. Von einer durch Gesetz oder Verwaltungsbefehl festgesetzten Strafe wird betroffen, wer das Gesetz oder den Verwaltungsbefehl überlegt ver-

letzt hat; wer dies aber aus Unterlassung der gebotenen Sorgfalt getan hat, wird nicht bestraft, es sei denn, das Gesetz oder der Verwaltungsbefehl sehen anderes vor.
§ 3. Ist die äußere Verletzung des Gesetzes oder des Verwaltungsbefehls erfolgt, so wird die Zurechenbarkeit vermutet, es sei denn, anderes ist offenkundig.

Can. 1322 – Wer dauernd ohne Vernunftgebrauch ist, gilt als deliktsunfähig, auch wenn er gesund schien, als er Gesetz oder Verwaltungsbefehl verletzte.

Can. 1336 – § 1. Sühnestrafen, die den Täter entweder auf Dauer oder für eine bestimmte oder unbestimmte Zeit treffen können, sind außer anderen, die etwa ein Gesetz festgelegt hat, folgende:
1° Verbot oder Gebot, sich in einem bestimmten Ort oder Gebiet aufzuhalten;
2° Entzug einer Vollmacht, eines Amtes, einer Aufgabe, eines Rechtes, eines Privilegs, einer Befugnis, eines Gunsterweises, eines Titels, einer Auszeichnung, auch wenn sie nur ehrenhalber verliehen wurde;
3° Verbot, das auszuüben, was unter n. 2 aufgeführt ist, oder Verbot, dieses an einem bestimmten Ort oder außerhalb eines bestimmten Ortes auszuüben; diese Verbote haben niemals die Nichtigkeit von Akten zur Folge;
4° Strafversetzung auf ein anderes Amt;
5° Entlassung aus dem Klerikerstand.
§ 2. Tatstrafen können nur jene Sühnestrafen sein, die in § 1, n. 3 aufgeführt werden.

Can. 1337 – § 1. Das Verbot, sich in einem bestimmten Ort oder Gebiet aufzuhalten, kann sowohl Kleriker als auch Ordensleute treffen; das Aufenthaltsgebot aber kann Weltkleriker und, im Rahmen ihrer Konstitutionen, Ordensleute treffen.
§ 2. Damit ein Aufenthaltsgebot für einen bestimmten Ort oder ein bestimmtes Gebiet erlassen werden kann, muß die Zustimmung des betreffenden Ortsordinarius eingeholt werden, es sei denn, es handelt sich um ein Haus, das zur Buße oder Besserung auch für außerdiözesane Kleriker bestimmt ist.

Can. 1338 – § 1. Rechtsentziehungen und Verbote, die in can. 1336, § 1, nn. 2 und 3 aufgeführt werden, berühren niemals Vollmachten, Ämter, Aufgaben, Rechte, Privilegien, Befugnisse, Gunsterweise, Titel, Auszeichnungen, die nicht in der Verfügungsgewalt des die Strafe festsetzenden Oberen stehen.
§ 2. Einen Entzug der Weihegewalt kann es nicht geben, sondern nur das Verbot, sie selbst oder einige ihrer Akte auszuüben; ebenso kann es keine Aberkennung von akademischen Graden geben.
§ 3. Bezüglich der Verbote von can. 1336, § 1, n. 3 ist die Vorschrift über die Beugestrafen in can. 1335 zu beachten.

Can. 1345 – Sooft einem Täter der volle Gebrauch der Vernunft gefehlt hat oder er eine Straftat aus Furcht, Notlage, Leidenschaft, Trunkenheit oder einer ähnlichen Geistestrübung begangen hat, kann der Richter auch von jedweder Bestrafung absehen, wenn er der Überzeugung ist, auf andere Weise könne seine Besserung eher gefördert werden.

Can. 1346 – Sooft ein Täter mehrere Straftaten begangen hat, wird es, falls die Häufung der Spruchstrafen allzu groß erscheint, dem klugen Ermessen des Richters überlassen, die Strafen innerhalb angemessener Grenzen zu ermäßigen.

Can. 1364 – § 1. Der Apostat, der Häretiker oder der Schismatiker ziehen sich die Exkommunikation als Tatstrafe zu, unbeschadet der Vorschrift des can. 194, § 1, n. 2; ein Kleriker kann außerdem mit den Strafen gemäß can. 1336, § 1, nn. 1, 2 und 3 belegt werden.
§ 2. Wenn andauernde Widersetzlichkeit oder die Schwere des Ärgernisses es erfordern, können weitere Strafen hinzugefügt werden, die Entlassung aus dem Klerikerstand nicht ausgenommen.

Can. 1365 – Wer sich verbotener Gottesdienstgemeinschaft schuldig macht, soll mit einer gerechten Strafe belegt werden.

Can. 1366 – Eltern oder solche, die Elternstelle vertreten, welche die nichtkatholische Taufe oder Erziehung ihrer Kinder veranlassen, sollen mit einer Beugestrafe oder einer anderen gerechten Strafe belegt werden.

Can. 1367 – Wer die eucharistischen Gestalten wegwirft oder in sakrilegischer Absicht entwendet oder zurückbehält, zieht sich die dem Apostolischen Stuhl vorbehaltene Exkommunikation als Tatstrafe zu; ein Kleriker kann außerdem mit einer weiteren Strafe belegt werden, die Entlassung aus dem Klerikerstand nicht ausgenommen.

Can. 1368 – Wenn jemand etwas vor einer kirchlichen Autorität versichert oder verspricht und dabei einen Meineid leistet, soll er mit einer gerechten Strafe belegt werden.

Can. 1369 – Wer in einer öffentlichen Aufführung oder Versammlung, entweder durch öffentliche schriftliche Verbreitung oder sonst unter Benutzung von sozialen Kommunikationsmitteln, eine Gotteslästerung zum Ausdruck bringt, die guten Sitten schwer verletzt, gegen die Religion oder die Kirche Beleidigungen ausspricht oder Haß und Verachtung hervorruft, soll mit einer gerechten Strafe belegt werden.

Can. 1370 – § 1. Wer physische Gewalt gegen den Papst anwendet, zieht sich die dem Apostolischen Stuhl vorbehaltene Exkommunikation als Tatstrafe zu, der, wenn es ein Kleriker ist, eine weitere Strafe je nach Schwere der Straftat hinzugefügt werden kann, die Entlassung aus dem Klerikerstand nicht ausgenommen.
§ 2. Wer so gegen einen Bischof handelt, zieht sich die Strafe des Interdikts als Tatstrafe zu und, wenn es ein Kleriker ist, auch die Suspension als Tatstrafe.
§ 3. Wer physische Gewalt gegen einen Kleriker oder einen Ordensangehörigen in Mißachtung des Glaubens, der Kirche, der kirchlichen Gewalt oder eines kirchlichen Amtes anwendet, soll mit einer gerechten Strafe belegt werden.

Can. 1371 – Mit einer gerechten Strafe soll belegt werden:

1° wer außer dem in can. 1364, § 1 genannten Fall eine vom Papst oder einem Ökumenischen Konzil verworfene Lehre vertritt oder eine Lehre, worüber can. 752 handelt, hartnäckig ablehnt und, nach Verwarnung durch den Apostolischen Stuhl oder den Ordinarius, nicht widerruft;

2° wer sonst dem Apostolischen Stuhl, dem Ordinarius oder dem Oberen, der rechtmäßig gebietet oder verbietet, nicht gehorcht und nach Verwarnung im Ungehorsam verharrt.

Can. 1372 – Wer sich gegen eine Maßnahme des Papstes an ein Ökumenisches Konzil oder das Bischofskollegium wendet, soll mit einer Beugestrafe belegt werden.

Can. 1373 – Wer öffentlich wegen irgendeiner Maßnahme der kirchlichen Gewalt oder eines kirchlichen Amtes Streit der Untergebenen oder Haß gegen den Apostolischen Stuhl oder den Ordinarius hervorruft oder die Untergebenen zum Ungehorsam gegen diese auffordert, soll mit dem Interdikt oder anderen gerechten Strafen belegt werden.

Can. 1374 – Wer einer Vereinigung beitritt, die gegen die Kirche Machenschaften betreibt, soll mit einer gerechten Strafe belegt werden; wer aber eine solche Vereinigung fördert oder leitet, soll mit dem Interdikt bestraft werden.

Can. 1375 – Wer die Freiheit eines Dienstes, einer Wahl, der kirchlichen Gewalt oder den rechtmäßigen Gebrauch geistlicher oder anderer kirchlicher Güter behindert oder einen Wähler oder einen Gewählten oder jemanden einschüchtert, der kirchliche Gewalt oder einen kirchlichen Dienst ausübt, kann mit einer gerechten Strafe belegt werden.

Can. 1376 – Wer eine bewegliche oder unbewegliche heilige Sache entweiht, soll mit einer gerechten Strafe belegt werden.

Can. 1377 – Wer ohne vorgeschriebene Erlaubnis Kirchenvermögen veräußert, soll mit einer gerechten Strafe belegt werden.

Can. 1381 – § 1. Wer sich ein Kirchenamt anmaßt, soll mit einer gerechten Strafe belegt werden.

§ 2. Einer widerrechtlichen Amtsanmaßung wird der unrechtmäßige Amtsverbleib nach Entzug des Amtes oder nach Ausscheiden aus dem Amt gleichgesetzt.

Can. 1390 – § 1. Wer einen Beichtvater wegen der in can. 1387 genannten Straftat fälschlich bei einem kirchlichen Oberen anzeigt, zieht sich die Tatstrafe des Interdiktes zu, und, wenn es sich um einen Kleriker handelt, auch die Suspension.

§ 2. Wer einem kirchlichen Oberen eine andere verleumderische Anzeige eines Delikts macht oder sonst den guten Ruf eines anderen verletzt, kann mit einer gerechten Strafe belegt werden, eine Beugestrafe nicht ausgenommen.

§ 3. Der Verleumder kann auch gezwungen werden, eine angemessene Wiedergutmachung zu leisten.

Can. 1391 – Je nach Schwere des Vergehens kann mit einer gerechten Strafe belegt werden:

1° wer ein falsches öffentliches kirchliches Dokument herstellt oder ein echtes verändert, zerstört, unterdrückt oder ein falsches oder verändertes Dokument benutzt;

2° wer ein sonstiges gefälschtes oder verändertes Dokument in einer kirchlichen Angelegenheit verwendet;

3° wer in einem öffentlichen kirchlichen Dokument falsche Angaben macht.

Can. 1397 – Wer einen Menschen tötet oder durch Gewalt oder Täuschung entführt, festhält, verstümmelt oder schwer verletzt, soll je nach Schwere der Straftat mit den in can. 1336 genannten Rechtsentzügen und Verboten bestraft werden; die Tötung aber einer der in can. 1370 genannten Personen wird mit den dort festgesetzten Strafen belegt.

Can. 1398 – Wer eine Abtreibung vornimmt, zieht sich mit erfolgter Ausführung die Tatstrafe der Exkommunikation zu.

Can. 1399 – Außer den Fällen, die in diesem oder in anderen Gesetzen geregelt sind, kann die äußere Verletzung eines göttlichen oder eines kanonischen Gesetzes nur dann mit einer gerechten Strafe belegt werden, wenn die besondere Schwere der Rechtsverletzung eine Bestrafung fordert und die Notwendigkeit drängt, Ärgernissen zuvorzukommen oder sie zu beheben.

ANMERKUNGEN

1 R. A. Strigl, Grundfragen des kirchlichen Strafrechts, in J. Listl/H. Müller/H. Schmitz, Handbuch, S. 923.

2 Ebd., S. 923 f.

3 Ebd., S. 925.

Buch VII Prozesse

Gerichtswesen im Allgemeinen

Anrufung des Heiligen Stuhles

Can. 1417 – § 1. Aufgrund des Primates des Papstes steht es jedem Gläubigen frei, seine Streit- oder Strafsache in jeder Gerichtsinstanz und in jedem Prozeßabschnitt dem Heiligen Stuhl zur Entscheidung zu übergeben oder bei ihm einzubringen.
§ 2. Die Anrufung des Apostolischen Stuhles unterbricht, außer im Fall der Berufung, jedoch nicht die Ausübung der Jurisdiktion des Richters, der die Sache schon in Angriff genommen hat; er kann deshalb das Verfahren bis zum Endurteil fortsetzen, außer der Apostolische Stuhl hat dem Richter zu erkennen gegeben, daß er die Sache an sich gezogen hat.

Mit der Hirtengewalt, die Christus seiner Kirche übertragen hat, ist auch die richterliche Gewalt, d. h. die Befugnis, Recht zu sprechen, verbunden. Bereits in der Urkirche gab es Unstimmigkeiten und Streitigkeiten, die beigelegt werden mußten. „Die Kirche nimmt gemäß ihrer Lehrverkündigung das Recht in Anspruch, Streitigkeiten, die über ihre inneren Angelegenheiten entstehen, nach ihren Gesetzen zu entscheiden und die Entscheidung durch entsprechende Zwangsmittel durchzuführen. Sie weiß sich ebenso mit der Befugnis ausgestattet, ihre Glieder, die sich gegen die Gesetze vergehen, zu mahnen, zu warnen, mit Strafe zu bedrohen und zu bestrafen“[1].
Canon 1417 gibt jedem Christgläubigen die Möglichkeit, seine Streit- und Strafsachen dem Heiligen Stuhl zur Entscheidung zu übergeben. Diese Anrufung des Heiligen Stuhles in jedem Prozeßabschnitt beruht auf dem Primat des Papstes. Kein Gläubiger soll in seinen Rechtssachen (Streit- oder Strafsachen) auf ein ordentliches Verfahren verzichten müssen.
Ganz allgemein kennt das kirchliche Recht drei verschiedene Instanzen:

- 1. Instanz: die bischöflichen Gerichte als Untergerichte;
- 2. Instanz: Metropolitangerichte und als Oberinstanz und gleichzeitig
- 3. Instanz: Päpstliche Gerichte (Römische Rota, Apostolische Signatur).

Bei der Einbringung gerichtlicher Klagen ist im Normalfall diese Instanzenordnung einzuhalten. „Damit soll die Nachprüfung der Entscheidungen untergeordneter Gerichte und somit ein umfassender Rechtsschutz gewährleistet sein"[2].

Mitwirkung der Laien bei kirchlichen Gerichten

Can. 1421 – § 2. Die Bischofskonferenz kann die Erlaubnis geben, daß auch Laien als Richter bestellt werden, von denen einer bei der Bildung eines Kollegialgerichtes herangezogen werden kann, soweit eine Notwendigkeit dazu besteht.

Can. 1424 – Der Einzelrichter kann in jedem Verfahren zwei erprobte Kleriker oder Laien als beratende Beisitzer hinzuziehen.

Can. 1425 – § 4. Sollte etwa ein Kollegialgericht nicht eingerichtet werden können, so kann die Bischofskonferenz, solange diese Unmöglichkeit besteht, für erstinstanzliche Verfahren die Erlaubnis erteilen, daß der Bischof die Gerichtssachen einem Kleriker als Einzelrichter überträgt; dieser soll, falls dies möglich ist, einen beratenden Beisitzer und einen Vernehmungsrichter hinzuziehen.

Die Diözesanrichter müssen in der Regel Kleriker sein; die regionale Bischofskonferenz kann jedoch gestatten, daß auch Laien zu Richtern bestellt werden, von denen immer dann, wenn eine Notwendigkeit dazu besteht, jeweils *einer* zur Bildung eines Kollegialgerichts herangezogen werden kann.
Eine Voraussetzung für die Berufung zum Richter ist sein guter Ruf sowie das Doktorat oder Lizentiat im kanonischen Recht. Die Mitwirkung eines Laien im Richterkollegium neben den geistlichen Richtern ist nicht ausschließlich auf Männer beschränkt, sondern auch Frauen zugänglich.
Der Einzelrichter kann nach Canon 1424 in jedem Verfahren unter anderem auch Laien als beratende Beisitzer hinzuziehen. Beisitzer und Vernehmungsrichter sind zwar keine erkennenden Richter, sondern ihr Dienst besteht lediglich in einer sachkundigen Beratung des klerikalen Einzelrichters; aber auch dieser Dienst ist nicht zu unterschätzen und

zeigt, daß die fachkundigen Laien selbst im Bereich der Gerichtsverfassung und Gerichtsordnung mitzusprechen haben, ja, daß ihre Mitsprache gefragt und gewünscht ist.

Laien als Vernehmungsrichter und Berichterstatter

Can. 1428 – § 1. Der Richter oder der Vorsitzende des Kollegialgerichtes kann einen Vernehmungsrichter zur prozessualen Beweiserhebung bestimmen. Dieser ist aus den Richtern des Gerichtes oder aus den Personen auszuwählen, die vom Bischof für diese Aufgabe ermächtigt sind.
§ 2. Der Bischof kann zur Aufgabe eines Vernehmungsrichters Kleriker oder Laien ermächtigen, die sich durch gute Lebensführung, Klugheit und Fachkenntnisse auszeichnen.
§ 3. Aufgabe des Vernehmungsrichters ist es lediglich, entsprechend dem richterlichen Auftrag Beweise zu erheben und diese dem Richter zuzuleiten; außer es steht der Auftrag des Richters entgegen, kann er vorläufig entscheiden, welche Beweise und wie diese zu erheben sind, wenn darüber etwa bei der Wahrnehmung seiner Aufgabe eine Frage auftauchen sollte.

Can. 1429 – Der Vorsitzende des Kollegialgerichtes muß einen Richter des Kollegiums zum Berichterstatter bestellen, der im Richterkollegium über die Prozeßsache zu berichten und die Urteile schriftlich auszuarbeiten hat; aus gerechtem Grund darf ihn der Vorsitzende durch einen anderen Richter ersetzen.

Can. 1435 – Sache des Bischofs ist es, Kirchenanwalt und Bandverteidiger zu ernennen; sie können Kleriker oder Laien sein, sollen einen guten Leumund sowie das Doktorat oder Lizentiat des kanonischen Rechtes haben und durch Klugheit und Eifer für die Gerechtigkeit bewährt sein.

Can. 1436 – § 1. Das Amt des Kirchenanwaltes und des Bandverteidigers kann ein und dieselbe Person wahrnehmen, nicht aber in derselben Sache.
§ 2. Kirchenanwalt und Bandverteidiger können sowohl für die Gesamtheit der Prozesse als auch für einzelne Prozesse bestellt werden; aus gerechtem Grund können sie jedoch vom Bischof abberufen werden.

Can. 1437 – § 1. In jedem Prozeß muß ein Notar mitwirken, so daß Pro-

zeßniederschriften nichtig sind, wenn sie nicht von ihm unterzeichnet sind.
§ 2. Die von Notaren ausgefertigten Schriftstücke genießen öffentlichen Glauben.

Ein Laie kann nunmehr vom Bischof also auch für die Aufgabe eines Vernehmungsrichters bestellt werden, vorausgesetzt, der betreffende Laie hat eine gute Lebensführung und zeichnet sich durch besondere Klugheit und Bildung aus.
Ebenso kann ein Laie im Kollegialgericht die Aufgabe des Berichterstatters übernehmen.
Laien können auch als Kirchenanwalt, Bandverteidiger oder Notar mitwirken. Neben dem guten Ruf ist für diese Aufgabenbereiche das Doktorat oder Lizentiat des kanonischen Rechtes vorgeschrieben.

Gütliche Einigung in Streitsachen

Can. 1446 – § 1. Alle Gläubigen, vor allem aber die Bischöfe, sollen eifrig bemüht sein, daß Rechtsstreitigkeiten im Gottesvolk ohne Beeinträchtigung der Gerechtigkeit nach Möglichkeit vermieden und baldmöglichst friedlich beigelegt werden.
§ 2. Wann immer der Richter irgendeine Aussicht auf Erfolg erkennt, soll er es zu Beginn eines Rechtsstreites und auch zu jedem anderen Zeitpunkt nicht unterlassen, die Streitteile zu ermuntern und ihnen behilflich zu sein, daß sie in gemeinsamer Überlegung für eine der Billigkeit entsprechende Beilegung des Streites sorgen; er soll ihnen dazu geeignete Wege aufzeigen und sich auch angesehener Personen zur Vermittlung bedienen.
§ 3. Wenn der Rechtsstreit um das private Wohl der Parteien geht, soll der Richter erwägen, ob der Streit nützlicherweise durch Vergleich oder Schiedsspruch gemäß cann. 1713–1716 beendet werden kann.

Jedem Christgläubigen steht es zu, sein Recht zu suchen, auch wenn die christliche Botschaft eher den Verzicht auf das unbedingte Recht fordert, als sich in irgendein Unrecht zu begeben.
Dementsprechend verlangt Canon 1446 von allen Gläubigen, Rechtsstrei-

tigkeiten untereinander möglichst zu vermeiden und um friedvolle Beilegung anstehender Konflikte bemüht zu sein. Streitigkeiten innerhalb des Gottesvolkes sind ein echter Hemmschuh für eine überzeugende Verkündigung der Frohbotschaft; sie stehen im krassen Gegensatz zur Botschaft und zum Auftrag der Nächstenliebe. Auch das Wort Jesu von der Feindesliebe ist mehr als ein „frommes Erbauungswort".

Sicherung der Rechtspflege

Can. 1454 – Alle Personen, die das Gericht bilden oder darin mitwirken, müssen einen Eid ablegen, ihre Aufgabe ordnungsgemäß und getreu zu erfüllen.

Can. 1455 – § 1. Richter und Gerichtspersonen sind zur Wahrung des Amtsgeheimnisses verpflichtet, in einer Strafsache stets, in einer Streitsache aber dann, wenn den Parteien aus dem Bekanntwerden einer Prozeßhandlung Schaden erwachsen könnte.
§ 2. Sie sind immer auch zur Geheimhaltung verpflichtet bezüglich der Erörterung, die zwischen den Richtern eines Kollegialgerichtes vor der Urteilsfällung stattfindet, und auch bezüglich der verschiedenen Stimmabgaben und der dabei vertretenen Auffassungen unter Wahrung der Vorschrift des can. 1609, § 4.
§ 3. Sooft die Natur einer Sache oder der Beweise so beschaffen ist, daß aus der Bekanntgabe der Prozeßakten oder Beweise der Ruf anderer gefährdet wird oder daß Anlaß zu Streit oder Ärgernis oder ein sonstiger Nachteil dieser Art entstehen würde, kann der Richter Zeugen, Sachverständige, Parteien und deren Anwälte oder Prozeßbevollmächtigte eidlich zur Geheimhaltung verpflichten.

Can. 1456 – Dem Richter und allen Gerichtspersonen ist verboten, gelegentlich ihrer gerichtlichen Tätigkeit irgendwelche Geschenke anzunehmen.

Für alle Dienstleistenden an kirchlichen Gerichten ist Diskretion das oberste Gebot; das versteht sich eigentlich von selbst. Die Wahrung des Amtsgeheimnisses gilt natürlich für Kleriker wie für Laien im kirchlichen Dienst, also auch für die Mitarbeiter des Tribunals.

Der Eid, ihr Amt ordnungsgemäß und getreu zu erfüllen, macht alle Personen, die das Gericht bilden, zu glaubwürdigen Anwälten der Gerechtigkeit. Um über jeden Verdacht erhaben zu bleiben, ist es verboten, im Zusammenhang mit der gerichtlichen Arbeit Geschenke irgendwelcher Art anzunehmen. Das gesamte gerichtliche Personal hat sich also in absoluter und konsequenter Weise jeder Bestechlichkeit strikt zu enthalten.

Parteifähigkeit

Can. 1476 – Jeder, ob getauft oder ungetauft, kann vor Gericht als Kläger auftreten; die rechtmäßig belangte Partei ist verpflichtet, sich zu verantworten.

Can. 1477 – Selbst wenn ein Kläger oder eine belangte Partei einen Prozeßbevollmächtigten oder Anwalt bestellt hat, ist er dennoch stets verpflichtet, persönlich nach Weisung des Rechtes oder des Richters vor Gericht zu erscheinen.

Can. 1478 – § 1. Minderjährige und solche, die des Vernunftgebrauches entbehren, können, unbeschadet der Bestimmung von § 3, vor Gericht nur durch ihre Eltern, Vormünder oder Pfleger handeln.
§ 2. Glaubt der Richter, daß die Rechte der Minderjährigen im Widerstreit mit den Rechten der Eltern, Vormünder oder Pfleger stehen oder daß diese die Rechte der Minderjährigen nicht ausreichend wahren können, so sollen sie vor Gericht durch einen vom Richter bestellten Vormund oder Pfleger handeln.
§ 3. In geistlichen und mit diesen zusammenhängenden Sachen können Minderjährige, wenn sie den Vernunftgebrauch erlangt haben, ohne Zustimmung ihrer Eltern oder ihres Vormundes klagen und sich verantworten, und zwar selbständig, wenn sie das vierzehnte Lebensjahr vollendet haben, anderenfalls durch einen vom Richter bestellten Pfleger.
§ 4. Entmündigte und Geistesschwache können selbständig vor Gericht nur auftreten, um sich wegen eigener Straftaten zu verantworten, oder auf Anordnung des Richters; in allen übrigen Fällen müssen sie sich als Kläger und als belangte Partei durch ihre Pfleger vertreten lassen.

Alle Personen sind also parteifähig, d. h., jeder Getaufte und Ungetaufte kann als Kläger vor Gericht ziehen; der zu Recht belangte Teil muß sich verantworten.

Bei Minderjährigen, Entmündigten, Geisteskranken und Geistesschwachen ist das prozessuale Auftreten beschränkt. Sie werden durch ihre Eltern, Vormünder oder Pfleger vor Gericht vertreten, allerdings nur dann, wenn ihre Rechte nicht im Konflikt mit denen der Eltern, Vormünder oder Pfleger stehen und wenn diese Gruppen die Rechte der Minderjährigen und der ihnen Gleichgestellten hinreichend schützen können. Sind sie dazu nicht in der Lage, werden sie vor Gericht von einem anderen Vormund oder Pfleger vertreten, den der jeweilige Richter für sie bestellt.

Kläger und Beklagter können sich vor dem kirchlichen Gericht auch durch einen Anwalt vertreten lassen, es sei denn, daß das Gesetz ausdrücklich persönliches Erscheinen verlangt.

Minderjährige, die zum Vernunftgebrauch gelangt sind und das 14. Lebensjahr vollendet haben, können in geistlichen bzw. damit zusammenhängenden Angelegenheiten selbst vor Gericht als Kläger oder Beklagte tätig werden.

Im Ablauf eines Verfahrens vor dem kirchlichen Gericht wird versucht, wie im weltlichen Recht jedem Kläger und Beklagten sein Recht zukommen zu lassen; jeder hat ein Anrecht auf einen fairen, gerechten Prozeß, in dem die Kirche nach ihren Gesetzen entscheidet.

Die Kirche ist eine Gemeinschaft von Menschen, mit allen Stärken und mit allen Schwächen, die einer jeden Gemeinschaft anhaften können und auch wohl anhaften. Die Kirche hat unter anderem durch die Ausübung der Rechtsprechung dafür zu sorgen, daß jedem Menschen Gerechtigkeit widerfährt.

„Wenn die Kirche sich bei dem Gebrauch der ihr vom Herrn übertragenen Gewalt der Gerechtigkeit verpflichtet weiß, kommt sie um die Ausübung von Rechtsprechung nicht herum. Denn das Recht als eine (gerechte) Ordnung des Geltens ist immer in Gefahr, unbeachtet zu bleiben oder gestört zu werden. Das objektive Recht kann einerseits unsicher oder widersprüchlich sein, es kann andererseits übertreten werden. Die subjektiven Rechte können zweifelhaft sein oder verletzt werden; sie müssen auch gegen Säumnis, d. h. gegen Rechtsverweigerung, geschützt werden. Die Kirche kann nicht darauf verzichten, unsichere Rechtsverhältnisse zu klären, streitige Rechtsfragen zu entscheiden und Straftaten aufzuklären. Sie muß dem Schwachen und Unschuldigen gegen den Starken und Schuldigen zu Hilfe kommen“[3].

ANMERKUNGEN

1 G. May, Grundfragen kirchlicher Gerichtsbarkeit, in J. Listl/H. Müller/H. Schmitz, Handbuch, S. 953.
2 P. Wirth, Gerichtsverfassung und Gerichtsordnung, in J. Listl/H. Müller/H. Schmitz, Handbuch, S. 964.
3 G. May, Grundfragen kirchlicher Gerichtsbarkeit, S. 954.

Das
Heil der Seelen
muß
in der Kirche
immer
das
oberste Gesetz
sein

(aus Canon 1752)

Literaturverzeichnis

K. Rahner / H. Vorgrimler, Kleines Konzilskompendium. Sämtliche Texte des Zweiten Vaticanums, Freiburg – Basel – Wien 1966 ([17]1984).

Gemeinsame Synode der Bistümer in der Bundesrepublik Deutschland. Beschlüsse der Vollversammlung. Offizielle Gesamtausgabe I, Freiburg – Basel – Wien [2]1966.

M. Abler, Gottesdienst erleben – leben aus dem Gottesdienst. Der Ort der Laien in der Liturgie, Regensburg 1980.

P. Boekholt, Das Geheimnis der Eucharistie in der kirchlichen Rechtsordnung. Grundriß der partikularen Gesetzgebung für die Bistümer in der Bundesrepublik Deutschland, Rom 1981.

P. Boekholt, Eucharistie. Geheimnis des Lebens in der Gemeinde. Aktuelle Fragen der pastoralen Praxis, Rom 1982.

J. David / F. Schmalz, Wie unauflöslich ist die Ehe, Aschaffenburg 1979.

J. Höffner, Buße und Vergebung, Köln 1975.

R. Lettmann, Vom Glauben der Gemeinde getragen. Gedanken und Anregungen zum pastoralen Dienst, Kevelaer 1980.

J. Listl / H. Müller / H. Schmitz, Handbuch des katholischen Kirchenrechts, Regensburg 1983.

K. Mörsdorf, Kirchenrecht I, München 1964.

N. Ruf, Das Recht der katholischen Kirche. Nach dem neuen Codex Iuris Canonici für die Praxis erläutert, Freiburg – Basel – Wien 1983.

H. Schwendenwein, Das neue Kirchenrecht. Gesamtdarstellung, Graz 1983.

R. Sebott, Das neue kirchliche Eherecht, Frankfurt / Main 1983.

A. Winklhofer, Kirche in den Sakramenten, Frankfurt / Main 1968.

A. Ziegenaus, Umkehr, Versöhnung, Friede. Zu einer theologisch verantworteten Praxis von Bußgottesdienst und Beichte, Freiburg–Basel–Wien 1975.

P. M. Zulehner, Umkehr: Prinzip und Verwirklichung am Beispiel Beichte, Frankfurt/Main 1979.

Register

Hinweise zur Benutzung: Die jeweiligen Stichworte verweisen sowohl auf einzelne Stellen als auch auf längere Passagen des Buches. Bei häufig vorkommenden Stichworten sind jeweils nur die zentralen Stellen angegeben.